新时代刑法理论的自觉

Consciousness of Criminal Law Theory in the New Era

姚建龙 ◎ 著

北京大学出版社
PEKING UNIVERSITY PRESS

图书在版编目(CIP)数据

新时代刑法理论的自觉 / 姚建龙著. -- 北京：北京大学出版社, 2025. 1. -- ISBN 978-7-301-35994-5
I．D924.01
中国国家版本馆 CIP 数据核字第 2025ZJ7368 号

书　　　　名	新时代刑法理论的自觉 XINSHIDAI XINGFA LILUN DE ZIJUE
著作责任者	姚建龙　著
责 任 编 辑	孙维玲　刘秀芹
标 准 书 号	ISBN 978-7-301-35994-5
出 版 发 行	北京大学出版社
地　　　　址	北京市海淀区成府路 205 号　100871
网　　　　址	http://www.pup.cn　新浪微博：@北京大学出版社
电 子 邮 箱	zpup@pup.cn
电　　　　话	邮购部 010-62752015　发行部 010-62750672 编辑部 021-62071998
印 　刷 　者	大厂回族自治县彩虹印刷有限公司
经 　销 　者	新华书店
	965 毫米×1300 毫米　16 开本　24.5 印张　329 千字 2025 年 1 月第 1 版　2025 年 1 月第 1 次印刷
定　　　　价	88.00 元

未经许可，不得以任何方式复制或抄袭本书之部分或全部内容。
版权所有，侵权必究
举报电话：010-62752024　电子邮箱：fd@pup.cn
图书如有印装质量问题，请与出版部联系，电话：010-62756370

目录

第一章 习近平法治思想中的刑事法要义 / 001
  一、刑事政策论：宽严相济，以发展的眼光看问题 / 001
  二、刑事立法论：完善对违法犯罪行为的惩治和矫正法律 / 005
  三、刑事司法论：坚持公正司法，守住防范冤错案件的底线 / 008
  四、犯罪治理论：综合施策、标本兼治 / 013
  结语 / 022

第二章 刑法教义学概念考 / 024
  一、刑法教义学的概念起源与基本内涵 / 025
  二、刑法教义学的发展逻辑 / 033
  三、刑法教义学何以兴盛 / 041
  结语 / 047

第三章 论民法的刑法化 / 049
  一、公私法的融合：公法私法化与私法公法化 / 050

二、从私法公法化到民法刑法化 / 055
三、民法刑法化的法典体现及其评价 / 061
四、后民法典时代的刑法改革 / 066
结语 / 070

第四章 法典化语境下刑事立法的理性与抉择
——刑法多元立法模式的再倡导 / 072

一、刑法再法典化应当保持理性 / 073
二、现行刑法所存在的问题 / 079
三、多元立法模式的倡导 / 088
结语 / 098

第五章 否定四要件犯罪构成理论之再反思 / 100

一、否定四要件说之观点梳理与再辨析 / 101
二、变革之后的冷思考：立足于中国语境的理论抉择 / 112
三、基于四要件说改良的本土犯罪构成理论 / 123
结语 / 131

第六章 刑法因果关系中的行为概念：解构与重塑 / 133

一、问题提出：刑法因果关系中理论构建之两大困境 / 133
二、正本溯源：刑法因果关系核心要素的多视角考察 / 139
三、概念重塑：刑法因果关系之中的"案件客观行为" / 143
结语 / 148

第七章 当代中国的责任理论：一个学术史的研究 / 149

一、我国责任理论研究进展梳理 / 149
二、从心理责任论到功能责任论：德国责任理论的发展 / 155

三、规范责任还是功能责任：我国责任观念的争议 / 159
四、改进和融合：我国责任观念的发展 / 168
结语 / 171

第八章　不教而刑：下调刑事责任年龄的立法反思 / 172
一、刑事责任年龄的百年变迁与趋向 / 175
二、作为观念折射的刑事责任年龄 / 184
三、例外的正当性及其实现路径 / 194
结语 / 204

第九章　化学阉割的本土化：不完美但必要的正义 / 206
一、化学阉割的起源与发展 / 206
二、本土化视角下的化学阉割 / 214
三、引入化学阉割的立法考量 / 225
结语 / 231

第十章　聚众或在公共场所当众猥亵儿童"情节恶劣"之辨正 / 233
一、限制性条件说有违司法实践一般做法与法理 / 234
二、限制性条件说不符合体系解释的要求 / 239
三、限制性条件说有违历史解释的规律 / 243
四、"情节恶劣"应为提示性条款之主张 / 250
结语 / 257

第十一章　价值判断在抽象性法律规定中的运用
　　　　——以奸淫幼女"情节恶劣"的解释与适用为切入 / 259
一、奸淫幼女"情节恶劣"在司法实践中的困境 / 260
二、奸淫幼女"情节恶劣"与价值判断的教义学融合路径 / 267
三、奸淫幼女"情节恶劣"与价值判断的司法融合路径 / 275

四、余论：价值判断的限度问题 / 282

第十二章　区块链技术下个人信息刑法保护论纲 / 285
　　一、信息化社会背景下刑法谦抑性与犯罪化关系之反思 / 286
　　二、区块链技术对个人信息技术保护的理论路径与风险 / 291
　　三、区块链的技术特征对个人信息刑法保护的认定困境 / 295
　　四、区块链时代个人信息刑法保护认定困境的应对建议 / 298
　　结语 / 302

第十三章　反黑刑法立法四十年回顾与展望 / 304
　　一、反黑刑法立法四十年之变迁历程 / 305
　　二、反黑刑法立法四十年之基本内容 / 312
　　三、反黑刑法立法之反思与完善建议 / 317
　　结语 / 323

第十四章　生物安全的刑法保障 / 325
　　一、刑法保障视域下之"生物安全"的内涵厘清 / 326
　　二、刑法内外：生物安全刑法保障的立法变迁 / 334
　　三、立法展望：生物安全刑法保障的完善建议 / 340
　　结语 / 347

第十五章　"坚持受贿行贿一起查"的刑法立法检视与回应 / 349
　　一、对向犯理论视角下的"坚持受贿行贿一起查" / 350
　　二、"坚持受贿行贿一起查"法治化趋势下的内涵解析 / 356
　　三、行贿罪在"坚持受贿行贿一起查"法治化下的立法选择 / 361
　　结语 / 369

主要参考文献 / 371

后　　记 / 383

第一章
习近平法治思想中的刑事法要义

习近平高度重视刑事法治，有关刑事法治的丰富论述构成了习近平法治思想的重要组成部分，其思想深刻、体系完整，既包括刑事政策、刑事立法、刑事司法等刑事法治基本问题的观点，也包括腐败犯罪、黑恶势力犯罪、网络犯罪、恐怖主义犯罪、毒品犯罪等具体犯罪的治理方略，是指导刑事法治建设的根本依循。

一、刑事政策论：宽严相济，以发展的眼光看问题

尽管关于刑事政策的定义众说纷纭，但一般认为刑事政策反映的是国家或执政党预防和惩治犯罪的基本立场和方略。习近平在深刻阐释宽严相济刑事政策的同时，提出了"以发展的眼光看问题"的刑事政策新思想，并且在指导如何处理企业家犯罪的论述中精辟分析了刑事政策与刑法的关系。

（一）慎刑恤囚、矜老恤幼

特赦是国际通行的刑事政策措施，也是我国宪法和刑事诉讼法规定的刑事制度。党的十八大以来，习近平签署了两次特赦令，激活了自 1975 年以来备而未用长达 40 年的特赦制度，生动诠释了习近平慎刑恤囚、矜老恤幼的刑事政策思想。2015 年，在中国人民抗日战争暨反法西斯战争胜利七十周年之际，习近平签署特赦令，特赦了 31527 名罪犯。[1] 本次特赦对象是依据 2015 年 1 月 1 日前人民法院作出的生效判决正在服刑、释放后不具有现实社会危险性的四类罪犯。[2]"这是我国改革开放以来第一次实行特赦，具有重大政治意义和法治意义。"[3] 2019 年，在中华人民共和国成立七十周年之际，习近平再次签署特赦令，对依据 2019 年 1 月 1 日前人民法院作出的生效判决正在服刑的九类罪犯实行特赦，但有五种情形之一的不予特赦。[4]

两次特赦既有明确的特赦对象，也有明确的禁止情形，在传承中华法治文明慎刑恤囚传统的同时，也做到了审慎有度、宽严相济。从两次特赦的对象范围与禁止情形来看，除了特定经历与特定贡献的罪犯外，年满七十五周岁、身体严重残疾且生活不能自理的老年犯和犯罪的时候不满十八周岁被判处三年以下有期徒刑或者剩余刑期在一年以下的未成年犯均被列为特赦对象，并且在特赦令执行中实际成为占比最重的特赦对象，这是对中华法治文明中矜老恤幼传统的传承与弘扬。

---

［1］ 参见《特赦部分服刑人员工作圆满完成》，载《光明日报》2016 年 1 月 26 日。

［2］ 详见《中华人民共和国主席特赦令》（2015）。

［3］ 习近平：《论坚持全面依法治国》，中央文献出版社 2020 年版，第 197 页。

［4］ 详见《中华人民共和国主席特赦令》（2019）。

（二）重典维护人民群众生命安全和身体健康

如果说两次特赦反映了习近平宽严相济刑事政策思想中"宽"的一面，那么对于侵害人民群众生命安全和身体健康犯罪主张用"重典"，则反映了习近平宽严相济刑事政策思想中"严"的一面。

近年来，食品、药品、生态环境等领域出现了一些严重危害人民群众生命安全和身体健康的典型案件，对此习近平明确要求"对违法者用重典，用法治维护好人民群众生命安全和身体健康"[1]。在谈到群众关心的疫苗安全时，习近平也多次强调要"严厉打击违法违规，确保疫苗生产和供应安全"，"抓紧完善相关法律法规，尽快解决疫苗药品违法成本低、处罚力度弱等突出问题"[2]。在对"长生疫苗案"的指示中，习近平指出："案件性质恶劣，令人触目惊心。有关地方和部门要高度重视，立即调查事实真相，一查到底，严肃问责，依法从严处理。"[3] 针对破坏生态环境的行为，习近平多次作出重要指示，要求严厉查处："要牢固树立生态红线的观念。在生态环境保护问题上，就是要不能越雷池一步，否则就应该受到惩罚"，"对破坏生态环境的行为，不能手软，不能下不为例"[4]。

对于食品、药品、生态环境等涉及人民群众生命和身体健康重大安全问题"用重典"的主张，是习近平法治思想中"坚持以人民为中

---

[1]《习近平主持召开中央全面依法治国委员会第二次会议并发表重要讲话》，新华社，https://www.gov.cn/xinwen/2019-02/25/content_5368422.htm，2024年10月3日访问。

[2]《加强领导科学统筹狠抓落实 把改革重点放到解决实际问题上来》，载《光明日报》2018年9月21日。

[3]《强调要一查到底严肃问责 始终把人民群众的身体健康放在首位 坚决守住安全底线》，载《人民日报》2018年7月24日。

[4] 习近平：《习近平谈治国理政》（第一卷），外文出版社2018年版，第209页。

心"的核心要义在刑事法领域的生动体现。习近平指出："全面依法治国最广泛、最深厚的基础是人民，必须坚持为了人民、依靠人民。要把体现人民利益、反映人民愿望、维护人民权益、增进人民福祉落实到全面依法治国各领域全过程。推进全面依法治国，根本目的是依法保障人民权益。要积极回应人民群众新要求新期待，系统研究谋划和解决法治领域人民群众反映强烈的突出问题，不断增强人民群众获得感、幸福感、安全感，用法治保障人民安居乐业。"[1]

刑法是社会治理的最后"堤坝"，在维护人民利益、增强人民群众安全感中居于特别重要的地位。对于侵犯人民群众生命安全和身体健康的重大安全问题，人民群众反映强烈的突出问题，刑法要积极发挥"重典"的作用。近年来，我国刑事立法日益凸显回应型立法等特征，对于人民群众反映强烈的领域，刑法在修改中积极进行回应。例如 2020 年 12 月 26 日通过的《刑法修正案（十一）》摒弃争议，果断对于高空抛物、抢夺方向盘等严重影响人民群众安全感的行为增设了新的罪名等，这些修改均是对人民群众反映强烈的案件的积极回应。尽管刑法的这种犯罪化立法趋向在学术界不乏争议，但是符合"重典维护人民群众生命安全和身体健康"的刑事政策要求，也需要法学界从这个角度去把握刑法修改的思路。

（三）以发展的眼光看问题

2018 年 11 月，习近平总书记在关于民营企业的重要讲话中指出："对一些民营企业历史上曾经有过的一些不规范行为，要以发展的眼光看问题，按照罪刑法定、疑罪从无的原则处理，让企业家卸下思想包袱，轻装前进。我多次强调要甄别纠正一批侵害企业产权的错案冤

---

[1]《坚定不移走中国特色社会主义法治道路　为全面建设社会主义现代化国家提供有力法治保障》，载《人民日报》2020 年 11 月 18 日。

案,最近人民法院依法重审了几个典型案例,社会反映很好。"[1]

在上述讲话中,习近平总书记以民营企业家犯罪为例,提出了"以发展的眼光看问题"的刑事政策,并且对于如何应用"以发展的眼光看问题"的刑事政策进行了精辟的阐述,其中包含两个重要的观点。一是对于历史上的一些不规范行为,要用发展的眼光看。"发展的眼光"是对犯罪的认识论,既涉及对犯罪社会危害性的发展性评价,也涉及对犯罪违法性的发展性判断,其中蕴含着丰富的辩证法思维。二是在处理时要遵守"罪刑法定、疑罪从无"的原则,对于侵害企业产权的错案冤案要甄别纠正。"以发展的眼光看问题"运用于具体案件的处理时,必然涉及刑事政策与刑法的关系这一刑法理论与实践中存在重大争议的问题。习近平关于"按照罪刑法定、疑罪从无原则处理"的论述,一方面主张刑事政策介入刑法仍然要遵循罪刑法定原则,另一方面也强调刑事政策介入刑法,要以发展的眼光看问题,遵循疑罪从无原则。这一充满辩证法的论断,超越了刑法是否为刑事政策不可逾越的屏障的纯理论争议,[2] 让"以发展的眼光看问题"的刑事政策成为可以具体指导刑事司法实践的可操作性规则。

二、刑事立法论:完善对违法犯罪行为的惩治和矫正法律

根据实践发展的需要,不断推进刑事立法特别是对违法犯罪行为惩治和矫正法律的完善,是习近平法治思想中关于刑事立法完善的重要观点。对于如何完善刑事立法,习近平主张"废止劳动教养制度,

---

[1] 习近平:《习近平谈治国理政》(第三卷),外文出版社2020年版,第267页。
[2] "刑法是刑事政策不可逾越的屏障"(李斯特语)。引自〔德〕克劳斯·罗克辛:《刑事政策与刑法体系(第二版)》,蔡桂生译,中国人民大学出版社2011年版,第3页。

完善对违法犯罪行为的惩治和矫正法律"[1]，劳动教养制度的废止也成为新时代全面依法治国的重要成就之一。

（一）完善刑事立法是形成完备的法律规范体系的要求

尽管中国特色社会主义法律体系已经在2011年宣布建成，[2]但是法律体系的完善只有进行时，没有完成时。正如习近平所指出的："我们国家和社会生活各方面总体上实现了有法可依，这是我们取得的重大成就。同时，我们也要看到，实践是法律的基础，法律要随着实践发展而发展。"[3]刑事法是中国特色社会主义法律体系的重要组成部分，不断推进刑事法的完善是"形成完备的法律规范体系"的必然要求。[4]

习近平就如何完善立法有很多重要论述，其要义主要有三，作为立法重要组成部分的刑事立法当然也应遵循。首先，完善刑事立法有两个基本途径，即制定新的法、修改现行法。正如习近平所指出的："我们需要继续完善法律。一个是要适时制定新的法律，一个是要及时修改和完善现行法律。"[5]其次，完善刑事立法要坚持问题导向。习近平明确指出："要坚持问题导向，提高立法的针对性、及时性、系统性、可操作性，发挥立法引领和推动作用。"[6]最后，推进科学

---

〔1〕 习近平：《论坚持全面依法治国》，中央文献出版社2020年版，第33页。

〔2〕 参见中华人民共和国国务院新闻办公室：《中国特色社会主义法律体系（2011年10月）》，人民出版社2011年版。

〔3〕 中共中央文献研究室编：《习近平关于全面依法治国论述摘编》，中央文献出版社2015年版，第43页。

〔4〕 参见习近平：《论坚持全面依法治国》，中央文献出版社2020年版，第93页。

〔5〕 同上书，第20页。

〔6〕 同上书，第73页。

立法、民主立法是提高刑事立法质量的根本途径。习近平指出,"建章立法需要讲求科学精神,全面认识和自觉运用规律"[1];"推进科学立法、民主立法,是提高立法质量的根本途径。科学立法的核心在于尊重和体现客观规律,民主立法的核心在于为了人民、依靠人民。要完善科学立法、民主立法机制,创新公众参与立法方式,广泛听取各方面意见和建议"[2]。

(二)废止劳动教养制度,完善对违法犯罪行为的惩治和矫正法律

在提出完善刑事立法总体思路与途径的同时,习近平总书记也对于如何完善刑事立法提出了明确的要求,即"废止劳动教养制度,完善对违法犯罪行为的惩治和矫正法律"[3]。

党的十八大以来,刑事立法取得了重大的进步,对违法犯罪行为的惩治和矫正法律不断完善。2013年11月,中共十八届三中全会通过《中共中央关于全面深化改革若干重大问题的决定》,正式废止了劳动教养制度。2020年3月,根据《国务院关于修改和废止部分行政法规的决定》,进一步废止了《卖淫嫖娼人员收容教育办法》,收容教育制度退出历史舞台。2020年12月,《刑法修正案(十一)》将"收容教养"更名为"专门矫治教育",同步修订的《中华人民共和国预防未成年人犯罪法》(以下简称《预防未成年人犯罪法》)完善了专门教育制度,"收容教养退出历史舞台"[4]。至此,我国劳动教养及相关制度均被废止,这是中国特色社会主义法治建设的重大进步。

---

[1] 习近平:《论坚持全面依法治国》,中央文献出版社2020年版,第199页。
[2] 同上书,第95页。
[3] 同上书,第33页。
[4] 参见朱宁宁:《收容教养退出历史舞台建立专门矫治教育制度》,载《法治日报》2021年1月5日。

废止劳动教养及相关制度后所形成的对违法犯罪行为的惩治和矫正"空间"需要通过完善刑事法来填补。近年来，刑法加大了轻罪立法的进程，填补了劳动教养制度废止后违法犯罪行为惩治的空白，也将对违法犯罪行为的惩治进一步纳入了法治的轨道。与此同时，我国也加快了完善矫正法的立法进程。2019年12月28日，《中华人民共和国社区矫正法》（以下简称《社区矫正法》）经十三届全国人大常委会第十五次会议表决通过，并于2020年7月1日起实施。《中华人民共和国监狱法》（以下简称《监狱法》）的修订也已经提上了议事日程。我国对违法犯罪行为惩治和矫正的法律体系日趋完善。

三、刑事司法论：坚持公正司法，守住防范冤错案件的底线

习近平有着深厚的人民情怀，能够深刻感知老百姓对于司法公正的期待和对司法不公的深恶痛绝，因而他高度重视刑事司法改革，反复强调刑事司法要坚持公正司法，守住防范冤错案件的底线。

（一）司法不公与冤错案的负面影响

习近平指出："公正司法是维护社会公平正义的最后一道防线。所谓公正司法，就是受到侵害的权利一定会得到保护和救济，违法犯罪活动一定要受到制裁和惩罚。如果人民群众通过司法程序不能保证自己的合法权利，那司法就没有公信力，人民群众也不会相信司法。法律本来应该具有定分止争的功能，司法审判本来应该具有终局性的作用，如果司法不公、人心不服，这些功能就难以实现。"[1] 在第十八届中央政治局第四次集体学习时，习近平严厉批判刑事司法不公的

---

[1] 中共中央文献研究室编：《习近平关于全面依法治国论述摘编》，中央文献出版社2015年版，第67页。

现象:"现在常有一些所谓'捞人'的事,声称可以摆平什么腐败案件、操作改变死刑判决,要价很高,有的高达几百万元。是不是有这样的事?这些钱花到哪里去了?得好处的有多少人、多少环节?这不就是说花钱可以免罪、花钱可以买命吗?有的司法人员吃了被告吃原告,两头拿好处。这样的案例影响很坏!群众反映强烈。"[1]

习近平还说:"英国哲学家培根说:'一次不公正的裁判,其恶果甚至超过十次犯罪。因为犯罪虽是无视法律——好比污染了水流,而不公正的审判则毁坏法律——好比污染了水源。'这其中的道理是深刻的。"[2] 在2014年1月7日召开的中央政法工作会议上,习近平又针对错案提出了著名的"法治公式":"要懂得'100-1=0'的道理,一个错案的负面影响足以摧毁九十九个公正裁判积累起来的良好形象。执法司法中万分之一的失误,对当事人就是百分之百的伤害。"[3] 以上论述深刻而又形象地说明了冤错案的巨大危害。

(二)造成冤错案的深层次原因是司法职权配置和权力运行机制不科学

习近平精辟分析了冤案发生的原因。"近年来,司法机关依法纠正了呼格吉勒图案、聂树斌案、念斌案等一批冤假错案,受到广大群众好评。造成冤案的原因很多,其中有司法人员缺乏基本的司法良知和责任担当的问题,更深层次的则是司法职权配置和权力运行机制不科学,侦查权、检察权、审判权、执行权相互制约的体制机制没有真正形成。"[4]

习近平的上述论述深刻指出了冤错案发生的两大原因。一是司法

---

[1] 中共中央文献研究室编:《习近平关于全面依法治国论述摘编》,中央文献出版社2015年版,第68页。
[2] 同上书,第71页。
[3] 同上书,第96页。
[4] 习近平:《加强党对全面依法治国的领导》,载《求是》2019年第4期。

人员缺乏基本的司法良知和责任担当。对于司法人员的良知,习近平曾经多次论述:"执法不严、司法不公,一个重要原因是少数干警缺乏应有的职业良知"[1],"许多案件,不需要多少法律专业知识,凭良知就能明断是非,但一些案件的处理就偏偏弄得是非界限很不清楚。各行各业都要有自己的职业良知,心中一点职业良知都没有,甚至连做人的良知都没有,那怎么可能做好工作呢?"[2]在习近平看来,司法人员的良知包括职业良知和做人的良知,"政法机关的职业良知,最重要的就是执法为民"[3]。二是冤错案发生的深层次原因在于司法体制不完善、司法职权配置和权力运行机制不科学、人权司法保障制度不健全。习近平一针见血地指出,司法不公与冤案发生的原因在于司法体制不完善,特别是司法权的配置与运行机制不科学。这也为司法体制改革,特别是刑事司法体制的深入改革指明了方向。

(三)推进司法责任制,深化以审判为中心的刑事诉讼制度等改革

在深刻指出司法不公与冤错案发生原因的基础上,习近平提出了系统的改革方案。针对司法人员缺乏基本的司法良知和责任担当的问题,习近平一方面要求加强政法队伍建设,开展全国政法队伍教育整顿;推进司法责任制改革,"让审理者裁判、由裁判者负责",防止领导干部干预司法"批条子""打招呼";[4]另一方面,要求健全错案防止、纠正、责任追究机制,"在执法办案各个环节都要设置隔离墙、通上高压线,谁违反制度就要给谁最严厉的处罚,终身禁止从事法律

---

[1] 习近平:《论坚持全面依法治国》,中央文献出版社2020年版,第46页。
[2] 同上书,第46—47页。
[3] 同上书,第47页。
[4] 参见《为千秋伟业夯基固本——习近平法治思想引领新时代全面依法治国纪实》,载《人民日报》2020年11月19日。

职业，构成犯罪的要依法追究刑事责任"[1]；"造成冤假错案或者其他严重后果的，一律依法追究刑事责任"[2]。对于司法腐败，习近平深恶痛绝并多次严厉批评，表明了零容忍的坚决态度："我们一定要警醒起来，以最坚决的意志、最坚决的行动扫除政法领域的腐败现象……对司法腐败，要零容忍，坚持'老虎''苍蝇'一起打，坚决清除害群之马。"[3] 针对冤错案发生的深层次原因，习近平提出了系统的刑事司法改革方案，其内容主要有以下几点。

其一，重心是深化"以审判为中心的刑事诉讼制度改革守住防范冤错案件的底线"[4]。以审判为中心的刑事诉讼制度改革，"目的是促使办案人员树立办案必须经得起法律检验的理念……保证庭审在查明事实、认定证据、保护诉权、公正裁判中发挥决定性作用"[5]。习近平指出："这项改革有利于促使办案人员增强责任意识，通过法庭审判的程序公正实现案件裁判的实体公正，有效防范冤假错案产生。"[6] 习近平强调，要严格实行非法证据排除规则，"全面落实认罪认罚从宽制度"[7]；严格规范减刑、假释、保外就医程序等改革，"健全冤错案件发现受理、审查办理、监督纠正等机制"[8]。

---

[1] 中共中央文献研究室编：《习近平关于全面依法治国论述摘编》，中央文献出版社2015年版，第72页。

[2] 同上书，第74页。

[3] 同上书，第76页。

[4] 《为千秋伟业夯基固本——习近平法治思想引领新时代全面依法治国纪实》，载《人民日报》2020年11月19日。

[5] 习近平：《论坚持全面依法治国》，中央文献出版社2020年版，第102页。

[6] 同上。

[7] 中央全面依法治国委员会办公室：《推进法治中国建设夯实中国之治的法治根基》，载《求是》2020年第22期。

[8] 习近平：《论坚持全面依法治国》，中央文献出版社2020年版，第172页。

其二，建立行政执法与刑事司法衔接机制。行政执法与刑事司法脱节是司法不公与冤假错案发生的土壤。习近平指出："现在有一种现象，就是在环境保护、食品安全、劳动保障等领域，行政执法和刑事司法存在某些脱节，一些涉嫌犯罪的案件止步于行政执法环节，法律威慑力不够，健康的经济秩序难以真正建立起来。这里面反映的就是执法不严问题，需要通过加强执法监察、加强行政执法与刑事司法衔接来解决。"[1]

其三，优化司法权配置，推动实行审判权和执行权相分离的体制改革试点，统一刑罚执行体制。[2] 近年来，刑事执行领域所存在的问题受到广泛关注，这既是针对司法体制改革中的痼疾所提出的针对性要求，也是刑事司法改革的难点。

其四，保障人民群众参与司法，"推进审判公开、检务公开、警务公开、狱务公开"[3]。人民群众监督是防止司法不公的重要途径，拓展人民群众监督的渠道，保证人民群众对司法的参与，推进司法公开，才能切实保障人民群众的监督权。

其五，要避免炒作渲染，防止"舆论审判"。习近平指出："要处理好监督和干预的关系，坚持社会效果第一，避免炒作渲染，防止在社会上造成恐慌，特别是要防止为不法分子提供效仿样本。前几年发生的暴力伤害幼儿园儿童和中小学生案件，2013年发生的福建厦门公共汽车纵火案、首都机场爆炸案等，经一些媒体渲染炒作后，有的引发了连锁反应。对司法机关尚未或正在办理的案件，媒体可以报道，但不要连篇累牍发表应该怎么判、判多少年等评论，防止形成'舆论

---

〔1〕 中共中央文献研究室编：《习近平关于全面依法治国论述摘编》，中央文献出版社2015年版，第58—59页。

〔2〕 参见习近平：《论坚持全面依法治国》，中央文献出版社2020年版，第99页。

〔3〕 同上。

审判'。"[1]

四、犯罪治理论：综合施策、标本兼治

习近平高度重视犯罪治理，对于腐败犯罪、网络犯罪、恐怖主义、毒品犯罪等主要类型犯罪治理都有丰富的论述。从习近平所关注的主要犯罪类型来看，都具有影响党长期执政、国家长治久安的特点，这也体现了习近平作为卓越政治家的视野和高度。

（一）腐败犯罪防控：一体推进不敢腐、不能腐、不想腐

"腐败是社会毒瘤，是影响经济社会发展、国家长治久安的致命风险。反对腐败、建设廉洁政治，保持党的肌体健康，始终是我们党一贯坚持的鲜明政治立场。"[2] 对于腐败发生的原因，习近平有过深入的分析："为什么党内这么多高级干部走上犯罪的道路？根本原因在于理想信念动摇了，但对党纪国法没有敬畏之心也是一个重要原因。"[3] 此外，"相当多的人是长期不学法、不懂法。许多腐败分子在其忏悔录中都谈到，不知法是自己走向腐败深渊的一个重要原因"[4]。早在地方工作期间，习近平就明确反对"腐败不可避免论"："有一段时间曾流行'腐败不可避免论'，有人认为改革开放必然会带来腐败现象。如果是这样——改革开放不是带来民心的振奋，而是民

---

[1] 习近平：《论坚持全面依法治国》，中央文献出版社 2020 年版，第 53 页。

[2] 习近平：《打铁还需自身硬——关于党要管党、从严治党》，载《光明日报》2014 年 7 月 16 日。

[3] 习近平：《论坚持全面依法治国》，中央文献出版社 2020 年版，第 225 页。

[4] 同上书，第 137 页。

心的颓废；不是增强了党的凝聚力，而是带来民心的涣散——那决不是我们所要进行的改革开放。我们党的宗旨和社会主义制度的本质，都决定了我们不能容忍腐败现象的滋生和蔓延。我们的目标是：既要发展经济，又要廉洁的政府、清明的政风！"[1]

习近平提出了系统的腐败犯罪防控的对策，其要义是"深刻把握党风廉政建设规律，一体推进不敢腐、不能腐、不想腐"[2]；通过"强化不敢腐的震慑，扎牢不能腐的笼子，增强不想腐的自觉，通过不懈努力换来海晏河清、朗朗乾坤"[3]；"只有坚持依法严厉惩治、形成不敢腐的惩戒机制和威慑力，坚持完善法规制度、形成不能腐的防范机制和预防作用，坚持加强思想教育、形成不想腐的自律意识和思想道德防线，才能有效铲除腐败现象的生存空间和滋生土壤"[4]。

习近平特别强调："要善于用法治思维和法治方式反对腐败，加强反腐败国家立法，加强反腐倡廉党内法规制度建设，让法律制度刚性运行"[5]，"铲除不良作风和腐败现象滋生蔓延的土壤，根本上要靠法规制度。"[6] 就如何推进反腐倡廉法规制度建设，习近平提出了

---

[1] 习近平：《摆脱贫困》，福建人民出版社1992年版，第26—27页。

[2] 习近平：《习近平谈治国理政》（第三卷），外文出版社2020年版，第549页。

[3] 《习近平谈治国理政》（第三卷），外文出版社2020年版，第52页。

[4] 习近平：《加强权力制约和监督，推进反腐倡廉法规制度建设》，载习近平：《论坚持全面依法治国》，中央文献出版社2020年版，第151页。也有学者将习近平法治思想中反腐法治理论的核心要义概括为八点：善于用法治思维和法治方式反腐败，坚持以零容忍态度惩治腐败，"老虎""苍蝇"一起打，把权力关进制度的笼子里，发挥巡视的震慑作用，推进国家监察体制改革，坚决反对特权思想特权现象，更加科学有效地防治腐败。参见彭新林：《习近平法治思想中反腐败法治理论的核心要义和时代意义》，载《人民法院报》2020年12月3日。

[5] 中共中央文献研究室编：《习近平关于全面深化改革论述摘编》，中央文献出版社2014年版，第71页。

[6] 习近平：《论坚持全面依法治国》，中央文献出版社2020年版，第150页。

四点要求：一是要坚持宏观思考、总体规划，二是要系统完备、衔接配套，三是要务实管用、简便易行，四是要责任明确、奖惩严明。[1]同时，习近平还强调："法规制度的生命力在于执行……加强反腐倡廉法规制度建设，必须一手抓制定完善，一手抓贯彻执行。"[2]具体而言：一是强化法规制度意识，二是加大贯彻执行力度，三是加强监督检查，四是健全问责机制。

作为最严厉的制裁措施，刑法在"强化不敢腐的震慑"中的作用是不言而喻的，近年来刑法的修改和应用，充分体现了刑法的震慑作用。2015年《刑法修正案（九）》增加了终身监禁制度，规定对犯贪污罪、受贿罪，被判处死刑缓期执行的，人民法院根据犯罪情节等情况可以同时决定在其死刑缓期执行2年期满依法减为无期徒刑后，终身监禁，不得减刑、假释。迄今，已有武长顺、白恩培、魏鹏远、于铁义等多名官员被处终身监禁。尽管党和国家确立了"保留死刑，严格控制和慎重适用死刑"政策，但是对于特别严重的腐败犯罪仍然注重发挥死刑的震慑作用。2018年3月，山西省吕梁市人民政府原副市长张中生因受贿罪、巨额财产来源不明罪，被判处死刑，成为十八大以来首个因为受贿罪被处死刑立即执行的官员，体现了对于严重腐败犯罪坚决适用死刑的立场。

需要指出的是，在构建"不敢腐、不能腐、不想腐"长效机制中充分发挥刑罚的震慑作用，关键并不在于刑罚的严厉性，而在于刑罚的不可避免性。正如意大利刑法学家贝卡里亚所言："对于犯罪最强有力的约束力量不是刑罚的严酷性，而是刑罚的必定性……因为，即

---

[1] 习近平：《论坚持全面依法治国》，中央文献出版社2020年版，第152—153页。

[2] 同上书，第154—156页。

便是最小的恶果，一旦成了确定的，就总令人心悸。"[1] 对此习近平深刻指出："反腐败高压态势必须继续保持，坚持以零容忍态度惩治腐败。对腐败分子，发现一个就要坚决查处一个。"[2]

（二）扫黑除恶：把维护国家政治安全放在第一位

根据习近平指示精神，2018年1月中共中央、国务院发出《关于开展扫黑除恶专项斗争的通知》，随后中央政法委召开全国扫黑除恶专项斗争电视电话会议，为期三年的"扫黑除恶"专项斗争在全国范围内迅速展开并取得了全面胜利。习近平以伟大政治家的视野，透彻地看到了黑恶势力对于人民安居乐业、社会安定有序、国家长治久安、党的执政基础的巨大危害，因此特别强调扫黑除恶专项斗争"要把维护国家政治安全放在第一位"[3]。扫黑除恶专项斗争也因此具有政治站位更高、打击对象更加精准、治理理念更加全面、涉及部门更加广泛等特点，呈现出与此前的打黑专项斗争的显著不同。

习近平深刻地分析了黑恶势力做大的原因是执法不严以及执法部门充当保护伞："一些黑恶势力长期进行聚众滋事、垄断经营、敲诈勒索、开设赌场等违法活动，老百姓敢怒不敢言。黑恶势力怎么就能在我们眼皮子底下从小到大发展起来？我看背后就存在执法者听之任之不作为的情况，一些地方执法部门甚至同黑恶势力沆瀣一气，充当保护伞。执法部门代表的是人民利益，决不能成为家族势力、黑恶势

---

[1]〔意〕贝卡里亚：《论犯罪与刑罚》，黄风译，中国大百科全书出版社2003年版，第59页。
[2] 习近平：《习近平谈治国理政》（第一卷），外文出版社2018年版，第394页。
[3]《着力提高政法工作现代化水平 建设更高水平的平安中国法治中国》，载《光明日报》2020年1月18日。

力的保护伞。"[1]因此,习近平强调要把扫黑除恶同反腐败结合起来,既抓涉黑组织,也抓后面的"保护伞","严惩横行乡里、欺压百姓的黑恶势力及充当保护伞的党员干部,廓清农村基层政治生态"[2],在"坚决打击黑恶势力及其'保护伞'"[3]的同时,还"要推动扫黑除恶常态化……让城乡更安宁、群众更安乐"[4]。

(三)网络犯罪治理:切断网络犯罪利益链条,持续形成高压态势

基于网络在国家安全与社会治理中的特殊作用,习近平对于网络犯罪治理多次作出重要指示。习近平指出:"网络空间是亿万民众共同的精神家园。网络空间天朗气清、生态良好,符合人民利益。网络空间乌烟瘴气、生态恶化,不符合人民利益。谁都不愿生活在一个充斥着虚假、诈骗、攻击、谩骂、恐怖、色情、暴力的空间。互联网不是法外之地。利用网络鼓吹推翻国家政权,煽动宗教极端主义,宣扬民族分裂思想,教唆暴力恐怖活动,等等,这样的行为要坚决制止和打击,决不能任其大行其道。"[5]

在访问美国期间,习近平总书记向全世界宣告了严厉打击网络犯罪的立场:"中国是网络安全的坚定维护者。中国也是黑客攻击的受害国。中国政府不会以任何形式参与、鼓励或支持任何人从事窃取商业秘密行为。不论是网络商业窃密,还是对政府网络发起黑客攻击,都是违法犯罪行为,都应该根据法律和相关国际公约予以打击。国际

---

[1] 习近平:《论坚持全面依法治国》,中央文献出版社2020年版,第224—225页。
[2] 同上书,第191页。
[3] 同上书,第5页。
[4] 同上。
[5] 习近平:《论党的宣传思想工作》,中央文献出版社2020年版,第196页。

社会应该本着相互尊重和相互信任的原则，共同构建和平、安全、开放、合作的网络空间。中国愿同美国建立两国共同打击网络犯罪高级别联合对话机制。"[1] 与此同时，习近平还明确主张，"维护网络安全不应有双重标准，不能一个国家安全而其他国家不安全，一部分国家安全而另一部分国家不安全，更不能以牺牲别国安全谋求自身所谓绝对安全"[2]；"各国应该共同努力，防范和反对利用网络空间进行的恐怖、淫秽、贩毒、洗钱、赌博等犯罪活动。不论是商业窃密，还是对政府网络发起黑客攻击，都应该根据相关法律和国际公约予以坚决打击"[3]。

对于如何加强网络犯罪治理，维护网络安全，习近平提出了系统的对策：一是"要依法严厉打击网络黑客、电信网络诈骗、侵犯公民个人隐私等违法犯罪行为，切断网络犯罪利益链条，持续形成高压态势"[4]；二是"要深入开展网络安全知识技能宣传普及，提高广大人民群众网络安全意识和防护技能"[5]；三是"要加快网络立法进程，完善依法监管措施，化解网络风险"[6]。

（四）打击恐怖主义：零容忍、法治化、常态化

习近平指出，"恐怖主义已成为我们当前面临的最严峻和急迫的安全挑战"[7]；"恐怖主义和极端思潮泛滥，是对和平与发展的严峻

---

[1] 习近平：《论坚持推动构建人类命运共同体》，中央文献出版社2018年版，第238页。

[2] 习近平：《论党的宣传思想工作》，中央文献出版社2020年版，第172页。

[3] 同上。

[4] 同上书，第302页。

[5] 同上。

[6] 同上书，第207页。

[7] 习近平：《开拓机遇 应对挑战——在金砖国家领导人非正式会晤上的发言（2015年11月15日）》，人民出版社2015年版，第4页。

考验"[1]。

对于恐怖主义,习近平指出:"必须采取零容忍态度。"[2] 对于一些国家在反恐问题上的双重标准,习近平提出:"打击恐怖主义和极端势力,需要凝聚共识。恐怖主义不分国界,也没有好坏之分,反恐不能搞双重标准。同样,也不能把恐怖主义同特定民族宗教挂钩,那样只会制造民族宗教隔阂。"[3] 习近平强调:"国际社会必须携起手来,按照联合国宪章宗旨和原则以及其他公认的国际关系基本准则,进一步加强反恐合作,特别要注重标本兼治,不搞双重标准"[4],合作的领域包括"反恐经验交流、情报分享、线索核查、执法合作等。"[5] 习近平深刻地指出:"没有哪一项政策能够单独完全奏效,反恐必须坚持综合施策、标本兼治。"[6] 习近平强调指出要"推进反恐维稳法治化常态化。"[7] 2015年12月,全国人大常委会通过了《中华人民共和国反恐怖主义法》,进一步将反恐纳入了法治化轨道,也有利于保障反恐的常态化。

---

[1] 习近平:《习近平谈治国理政》(第二卷),外文出版社2017年版,第462页。

[2] 习近平:《习近平谈治国理政》(第一卷),外文出版社2018年版,第355页。

[3] 习近平:《习近平谈治国理政》(第二卷),外文出版社2017年版,第462页。

[4] 习近平:《开拓机遇 应对挑战——在金砖国家领导人非正式会晤上的发言(2015年11月15日)》,人民出版社2015年版,第4页。

[5] 同上书,第4—5页。

[6] 习近平:《习近平谈治国理政》(第二卷),外文出版社2017年版,第462页。

[7] 习近平总书记在第三次中央新疆工作座谈会上的讲话,转引自李永君:《以习近平法治思想为指导推进反恐维稳法治化常态化》,载《检察日报》2020年12月25日第3版。

(五)禁毒:厉行禁毒方针,打好人民战争

自近代以来,我国深受毒品的危害。2014年6月,习近平在对禁毒工作所作重要指示中指出:"禁毒工作是事关人民幸福安康、社会和谐稳定的一项重要工作。"[1] 2015年6月25日,在会见全国禁毒工作先进集体代表和先进个人时习近平再次强调:"毒品是人类社会的公害,是涉及公共安全的重要问题,不仅严重侵害人的身体健康、销蚀人的意志、破坏家庭幸福,而且严重消耗社会财富、毒化社会风气、污染社会环境,同时极易诱发一系列犯罪活动";"禁绝毒品,功在当代、利在千秋。禁毒工作事关国家安危、民族兴衰、人民福祉,厉行禁毒是党和政府的一贯立场和主张。"[2]在习近平法治思想的指导下,中共中央、国务院印发《关于加强禁毒工作的意见》,禁毒工作正式纳入了国家安全战略。

习近平高度肯定了近年来我国所取得的禁毒成绩。2014年6月,习近平总书记指出:"近年来,各地区各部门贯彻落实中央关于禁毒工作的决策部署,深入开展禁毒斗争,取得了明显成效。"[3] 2015年6月25日,习近平总书记在会见全国禁毒工作先进集体代表和先进个人发表的重要讲话中肯定:"近年来,各地区各有关部门认真贯彻落实党中央关于禁毒工作的决策部署,深入开展禁毒斗争,综合治理毒品问题,有效遏制了毒品问题快速蔓延势头,为保障人民安居乐业作

---

[1]《加强组织领导 广泛发动群众 持之以恒把禁毒工作深入开展下去》,载《人民日报》2014年6月26日。

[2] 徐隽:《增强做好禁毒工作政治责任感 坚定不移打赢禁毒人民战争》,载《人民日报》2015年6月26日。

[3]《加强组织领导 广泛发动群众 持之以恒把禁毒工作深入开展下去》,载《人民日报》2014年6月26日。

出了重要贡献。"[1] 2018年6月，习近平总书记就禁毒工作作出的重要指示中再次肯定："党的十八大以来，国家禁毒委和各地区、各有关部门坚决贯彻中央决策部署，主动作为、攻坚克难，推动禁毒工作取得重要阶段性成果。"[2]

对于如何做好禁毒工作，习近平总书记多次作出重要指示，概括起来主要有以下基本要求。一是党委和政府要高度重视，坚持以人民为中心，厉行禁毒，打好人民战争。2014年6月，习近平对禁毒工作作出的重要指示中要求："各级党委和政府要深刻认识毒品问题的危害性、深刻认识做好禁毒工作的重要性，以对人民高度负责的精神，加强组织领导，采取有力措施，持之以恒把禁毒工作深入开展下去。"[3] 2020年6月，他在对禁毒工作作出的重要指示中再次要求："各级党委和政府要坚持以人民为中心的发展思想，以对国家、对民族、对人民、对历史高度负责的态度，坚持厉行禁毒方针，打好禁毒人民战争，完善毒品治理体系，深化禁毒国际合作，推动禁毒工作不断取得新成效，为维护社会和谐稳定、保障人民安居乐业作出新的更大贡献。"[4] 二是"要强化重点整治，严厉打击各类毒品犯罪活动，坚决遏制毒品问题蔓延势头。要标本兼治、多管齐下，坚持源头治理、系统治理、综合治理、依法治理，统筹运用法律、行政、经济、教育、文化等手段，综合采取禁吸、禁贩、禁种、禁制等措施，加强

---

[1] 徐隽：《增强做好禁毒工作政治责任感 坚定不移打赢禁毒人民战争》，载《人民日报》2015年6月26日。

[2] 《走中国特色的毒品问题治理之路 坚决打赢新时代禁毒人民战争》，载《人民日报》2018年6月26日。

[3] 《加强组织领导 广泛发动群众 持之以恒把禁毒工作深入开展下去》，载《人民日报》2014年6月26日。

[4] 《坚持厉行禁毒方针 打好禁毒人民战争 推动禁毒工作不断取得新成效》，载《人民日报》2020年6月26日。

宣传引导，广泛发动群众，最大限度减少毒品的社会危害"〔1〕。三是"做好禁毒工作需要有坚定的意志、扎实的工作。要从青少年抓起，从广大人民群众教育和防范抓起，让广大人民群众积极追求健康文明的生活方式。各级党委和政府要加强组织领导，做到认识到位、措施到位、责任到位、保障到位，确保禁毒工作各项部署要求落到实处。全社会要关心支持禁毒工作，为推进平安中国、法治中国建设作出新的更大的贡献"〔2〕。

结语

习近平法治思想中的刑事法治要义生动体现了习近平的人民情怀，也鲜明地体现了习近平法治思想对于中华传统法治文明重视刑事法治传统的传承与弘扬。近年来，我国刑事法治建设与理论研究具有明显的移植西方经验与理论的特征，某种程度上已经出现了在移植中迷失自我的趋向。刑事法学者"不应当也无法沉醉于自我之中，而应当更进一步关注现实，尤其是中国特色社会主义进入新时代的现实"〔3〕。正如习近平所强调的，"我们不能做西方理论的'搬运工'，而要做中国学术的创造者、世界学术的贡献者"〔4〕；习近平法治思想为我国刑事法理论研究的未来发展指明了方向。理解习近平法治思想中的刑事法要义要避免陷入西方刑事法学理论的误区，应注重从

---

〔1〕《加强组织领导 广泛发动群众 持之以恒把禁毒工作深入开展下去》，载《人民日报》2014年6月26日。

〔2〕徐隽：《增强做好禁毒工作政治责任感 坚定不移打赢禁毒人民战争》，载《人民日报》2015年6月26日。

〔3〕姚建龙：《社会变迁中的刑法问题》，北京大学出版社2019年版，第17页。

〔4〕习近平：《论坚持全面依法治国》，中央文献出版社2020年版，第176页。

人民领袖、卓越政治家的角度深刻领悟习近平法治思想的博大精深，立足中国国情与本土法治特色深刻领悟习近平法治思想的时代特征，从中华法治文明的历史传承角度深刻领悟习近平法治思想的历史底蕴，坚持以习近平法治思想为指导，努力形成本土化的刑事法理论。

第二章
刑法教义学概念考

刑法教义学概念诞生多年，与之相关的论文、著作汗牛充栋，仅中国知网数据库中直接以刑法教义学为主题的论文就有六百多篇，硕博论文亦有将近百篇，涉及刑法教义学的论文有将近七千篇。可以说，关于刑法教义学的研究是非常丰富的，投身刑法教义学研究的学者也越来越多。一方面，刑法学者积极运用"教义学"的刑法研究方法，对人民群众广泛关注的实务问题展开分析。例如，从"酒驾入刑"到"高空抛物罪"再到"铁链女案"，刑法学者们纷纷对其展开各自的教义学评价，在坚守司法论的解释立场下充分回应了人民群众的关切，一定程度上体现了刑法教义学的实践功效。另一方面，刑法学者们还在刑法学的基础理论研究中，贯彻了"教义"立场，不仅寻求让刑法教义学成为刑法研究的主流方法，而且企图使"刑法教义学"本身成为刑法研究的对象，实现刑法的教义学化。比如，以"刑法教义"为标题的论文就超过二百篇，论述主题从个案辨析到理念聚讼，从程序争议到实体争论，从功能关系到体系建构等，应当说有关刑法教义学的理论功效的确大放异彩。更为关键的是，即便不以"刑法教义学"之名，但行"刑法教义学"之实的刑法学研究已经成为事实上的默认规则，否则相关研究成果在刑法学界"寸步难行"，其俨然成为刑法中的显学。

然而，且不论涉及热点事件的刑法教义学结论能否让多数人真正信服，也不论其以无可抵挡的态势统领了当前中国刑法研究是否合适，就以多数刑法学者默认使用该概念并以此展开研究而言，是否能够真正理解其内涵特征，都尚属疑问。更遑论与过往的刑法研究方法相比，刑法教义学是否真的具有独一无二的绝学能力，并能够真正解决那些根植于中国大地的社会治理矛盾，均是尚难定论之事。而在有的研究中，刑法教义学的概念内涵也几经变换，不仅存在研究前期与后期不相同的状况，而且存在同一篇论文中前后不统一的现象。实际上，刑法学者大多根据自己的需要对刑法教义学的内涵和外延进行定义，然后使用，多数学者并未对其概念的准确定义达成共识。此外，也未曾有学者针对"刑法教义学"这一概念的源起作明确的历史考证（仅有对"教义"的考证）。

因此，系统梳理我国四十多年的刑法研究中刑法教义学这一概念的历史源流，厘定其概念起源和基本内涵，了解它经过了怎样的发展流变，又具备哪些不同的内涵，进而形成了什么样的特质，最终是因为哪些因素不仅在中国成功扎根，而且成为当前刑法研究的主流，对于我们真正理解何谓刑法教义学，并在恰当的意义上使用它，具有非常重要的意义。

一、刑法教义学的概念起源与基本内涵

教义学研究与德国的刑法发展历程息息相关，有着一个上百年的渐变历程，经历了从信仰到质疑、从排斥到推崇的反复期间才最终成

为当前德国刑法学研究的主流。因此,刑法教义学在我国的兴盛同样亦非一蹴而就的,若刑法教义学存在突然的流行,定然会有其他方面(或领域)的征兆。事实上,关于"刑法教义学"概念最初的起源和内涵的确是源自"法教义学",因而需要回到法理学中去,以历史的眼光对其进行评价界定。

(一)概念起源——来自法理学界的传导

关于"刑法教义学"这一概念产生于何时,依照我国陈兴良教授的说法,是他在2005年的一篇论文《刑法教义学方法论》中首次提出。[1] 然而,笔者通过文献查阅,进行探本溯源时,发现我国刑法教义学的确立实与法理学界颇有渊源。事实上,有关法教义学的论争正是发端于法理学界,然后渐次传导至部门法领域,进而有了部门法学者的参与。

首先,法理学者们最早使用"教义学"一词。早在1994年,朱苏力教授翻译波斯纳的《法理学问题》一书时,就使用了"教义学解释"之词语,此时教义学解释几乎等同于"法律解释",但尚未有法教义学之论争。[2] 2000年,在郑永流教授翻译的阿图尔·考夫曼的《法哲学、法律理论和法律教义学》[3] 中,首次使用了"法律教义学",并在其翻译的乌尔弗里德·诺伊曼的《法律教义学在德国法文化中的意义》[4] 中维持了这种翻译。而后,舒国滢教授在2001年也

---

[1] 参见陈兴良:《刑法教义学方法论》,载《法学研究》2005年第2期。
[2] 参见季卫东:《"当代法学名著译丛"评介(选登)》,载《比较法研究》1994年第1期。
[3] 参见〔德〕阿图尔·考夫曼:《法哲学、法律理论和法律教义学》,郑永流译,载《外国法译评》2000年第3期。
[4] 参见〔德〕乌尔弗里德·诺伊曼:《法律教义学在德国法文化中的意义》,郑永流译,载郑永流主编:《法哲学与法社会学论丛》(五),中国政法大学出版社2002年版,第15页。

使用了该名词，其认为法律教义学即"教义学法学（Dogmatische Rechtswissenschaft）"，是一门"法律概念和法律制度的自成体系的基础学问"，一门以"科学"的趣味来构建的法律学问[1]，他在《法律论证理论》中明确将其译为"法教义学"。与上述学者不同，童世骏教授于 2003 年翻译哈贝马斯的《在事实与规范之间：关于法律和民主法治国的商谈理论》时则将其译为"法理学"或"法律学说"。[2]

其次，法理学界最早并且持续关注"教义法学""法教义学"等词的德文原文"Rechtsdogmatik"或"juristiche dogmatik"的含义及其起源考察。显而易见，该词的德文词根在词源上来自拉丁语"Dogma"。[3] 例如，德国法理学者魏德士指出，"Dogma"首先是在哲学中被使用，然后进入神学概念中，而这一观念得到了我国大多数学者的认同。[4] 继而，法理学界后来更多的是关注该词德文的译法，如武秀英教授指出，德文中还有"Dogmatische rechtswissenschaft"（教义学法学）一词[5]，我国台湾地区学者也就"Rechtsdogmatik"的译名展开过激烈的探讨。[6] 但是，雷磊教授特别指出"Dogma"（经

---

[1] 参见舒国滢：《走出概念的泥淖——"法理学"与"法哲学"之辨》，载《学术界》2001 年第 1 期。

[2] 参见〔德〕哈贝马斯：《在事实与规范之间：关于法律和民主法治国的商谈理论》，童世骏译，生活·读书·新知三联书店 2003 年版，第 106 页。值得注意的是，童世骏在 2014 年的修订版中，跟随主流重译为"教义学"。

[3] "趣词，WordOriginsDictionary"，"Dogma"，https://www.quword.com/etym/s/dogma，2022 年 10 月 31 日访问。

[4] 参见〔德〕魏德士：《法理学》，丁晓春、吴越译，法律出版社 2005 年版，第 136 页。

[5] 参见武秀英、焦宝乾：《法教义学基本问题初探》，载《河北法学》2006 年第 10 期。

[6] 如陈妙芬的《Rechtsdogmatik——法律释义学，还是法律信条论？》（载《月旦法学杂志》2000 年第 3 期），系统分析了"Rechtsdogmatik"的翻译问题。王世洲教授的译法即深受我国台湾地区的翻译影响。

赫尔贝格考证）最早是在医学文献中使用。[1]

最后，同样是法理学界最早就"法教义学"的功能关系展开过激烈的讨论。例如，早在 2003 年，颜厥安教授即通过阐述法教义学任务的方式确定其内涵，主要有"法律概念的逻辑分析""将此一分析综合而成一体""运用此一分析结果于司法裁判之论证"。[2]焦宝乾教授则从功能论出发，认为法教义学不仅有法律解释的功能，更具有批判功能（知识论上的贡献）。[3]与此同时，邓正来教授则旗帜鲜明地反对并批判了法教义学是法条主义的绝对实定法。[4]此后，才有一些部门法学者开始参与到法教义学论争之中，如陈兴良教授力倡刑法教义学，而陈瑞华教授对在刑法中引入法教义学，试图构建一个封闭体系的"教义刑法学"提出了质疑和批评。[5]

由此可见，是法理学界最早针对"教义法学""法教义学"从译名到内容、从定义到实践都展开了颇为激烈的争论。因此，"法教义学"实际源自法理学界，而后才出现了"宪法教义学""民法教义学""刑法教义学""行政法教义学"乃至"商法教义学"等一系列部门法教义学。[6]从名词上，刑法教义学只是在"法教义学"上加了个

---

[1] 参见雷磊：《法教义学观念的源流》，载《法学评论》2019 年第 2 期。
[2] 参见颜厥安：《法与实践理性》，中国政法大学出版社 2003 年版，第 151 页。
[3] 参见焦宝乾：《法教义学的观念及其演变》，载《法商研究》2006 年第 4 期。
[4] 参见邓正来：《中国法学向何处去——建构"中国法律理想图景"时代的论纲（第二版）》，商务印书馆 2011 年版，第 74—78 页。
[5] 如陈瑞华教授对未经本土转化即引入现成的欧陆刑法教义学持否定的态度。参见陈瑞华：《刑事诉讼的中国模式》，法律出版社 2008 年版，代序言第 4 页。
[6] 参见王旭：《中国行政法学研究立场分析——论法教义学立场之确立》，载郑永流主编：《法哲学与法社会学论丛》（第 11 期），北京大学出版社 2007 年版；蒋大兴：《商法：如何面对实践？——走向/改革"商法教义学"的立场》，载《法学家》2010 年第 4 期。

"刑"字。

当然,就"刑法教义学"一词而言,以刑法教义学为主题在中国知网搜索到的文献中,的确是陈兴良教授最早提出。然而,徐久生教授在 2001 年翻译出版的《德国刑法教科书》中就已经有了"刑法教义学和刑事政策学家"之名[1],同样王世洲教授在 2005 年翻译出版的《德国刑法总论》中则将其译为"刑法信条学"。[2] 所以,即便站在部门法的立场,"刑法教义学"这一概念也并非由陈兴良教授最早提出。倘若认为徐久生教授书中的"刑法教义学"实为"刑法教义学家",而非提出了"刑法教义学"之概念并定义之,那么,"刑法信条学"无疑与"刑法教义学"的概念实质等同,仅是译名上的差别。

所以,即便不能十分明确"刑法教义学"这一概念是由谁以及在什么时间提出,但可以肯定的是,该概念的起始并非如陈兴良教授所言是他最早在法理学界翻译介绍了德国法教义学。[3] 因为,陈兴良教授并不通晓德文,不可能凭空地创造出该名词,况且陈兴良教授区分本体论与方法论的刑法教义学,与林来梵教授将法教义学区分为本体论的部门法教义学与方法论的法教义学几乎如出一辙。[4] 因此,陈兴良教授撰写《刑法教义学方法论》一文之时,该概念(至少包摄的内容)业已有之,因而只可能是继受自他人。

---

[1] 参见〔德〕汉斯·海因里希·耶赛克、托马斯·魏根特:《德国刑法教科书》,徐久生译,中国法制出版社 2001 年版,第 59 页。

[2] 参见〔德〕克劳斯·罗克辛:《德国刑法 总论》(第 1 卷),王世洲等译,法律出版社 2005 年版,第 117 页及以下。

[3] 参见陈兴良:《注释刑法学经由刑法哲学抵达教义刑法学》,载《中外法学》2019 年第 3 期。

[4] 参见林来梵、郑磊:《基于法教义学概念的质疑——评〈中国法学向何处去〉》,载《河北法学》2007 年第 10 期。

(二) 基本内涵——法理性质的方法论

通过上述"刑法教义学"概念的历史脉络梳理,刑法教义学的起源已经较为明晰,这也导致此时刑法教义学的基本内涵是偏向法理、具有方法论属性的。例如,"法教义学"在法理学界中被定义为一种研究方法,是教义地阐释法律规范,进行解释适用。源自法理学的刑法教义学,同样也被绝大多数学者认为是一种刑法研究方法,本质即为刑法解释学,是立足部门法的解释方法。更为关键的是,刑法教义学作为一种解释方法,等同于刑法解释学,有着极为深刻且厚重的历史根据。

第一,刑法教义学是刑法解释学存在法理支撑。上文已述,教义学首先是作为一种法学研究方法在法理学界引起探讨,无论承认与否,教义学或多或少是以"法条主义"为基础。因此,当教义学传导至各部门法领域当中时,其作为一种研究方法的属性是为各部门法领域所公认的,刑法学也不例外。正如德国学者一般不认为法哲学属于法学本体论,反而承认法学首先是教义学的,并且认同法教义学的基本内涵是法律解释或解释学活动,阿尔尼奥更是将这种"Legal Dogmatics"视为法学研究的四种基本方法之一。[1]因此,当法理学界认为法教义学即一种法律解释方法,刑法教义学自然也遵循这一命题。此外,刑法教义学发展至今,其作为一种刑法解释方法也是最为典型、最为核心的概念。例如,不仅有学者在探讨行政刑法的理论体系时,旗帜鲜明地表示"以刑法教义学和法历史学为分析工具,就行政刑法的规范属性、行政犯罪的立法边界和适用解释、行刑衔接的程序

---

[1] See Aulis Aarnio, *On Law and Reason*, Springer, 2009, Introduction, pp. 1-2.

设计与证据转化等行政刑法的几个重要基础问题进行梳理研究"[1],将刑法教义学与法历史学作为刑法研究的并列的分析工具,更有学者坚定地声称"刑法教义学就是刑法解释学,不应该在刑法解释学之外再建立一门刑法教义学"。

第二,刑法教义学是刑法解释学存有历史渊源。1979年《中华人民共和国刑法》(以下简称《刑法》)制定出台以后,因其条文多粗犷不精,大多数司法实务者亦缺乏相关法学法律知识教育,所以在具体运用法律时就必然要求对现行法律的有关内容进行解释和说明,因此刑法学界的主要工作之一是为立法者们作刑法注释(或解释)工作,以使法条得到恰当的适用,而且这项工作已经在第一代刑法学人的努力之下颇为成熟。[2] 1997年《刑法》颁布实施以后,尽管在刑法学研究中以法条为批判对象的研究方法颇为主流,但解释法律的工作从未消失过。例如,有学者曾细致入微地考察了"解释法律"与"法律解释"的区别与联系,指出虽然"解释法律"与"法律解释"都以法律为对象进行阐释,但"法律解释"只能是让人更准确地理解法律,而"解释法律"可能会让人产生多义性的理解,前者并不以体系化为目标,是个法学命题,后者是能形成体系化的学问,是个哲学命题。[3] 可见,彼时刑法学界已然有了较为深刻的解释工作及其研究,否则不会专门针对"解释法律"与"法律解释"作出区别。

同时,这也说明在我国法律研究的早期,"解释法律"的目的也并不在于体系建构,而在于揭橥法律条文的具体含义,从而使得法条得到更加精准的适用。质言之,对法条的解释只是一种手段,是为了

---

[1] 参见田宏杰:《知识转型与教义坚守:行政刑法几个基本问题研究》,载《政法论坛》2018年第6期。

[2] 参见刘升平:《中国社会主义法律解释问题研究》,载《政法论坛》1985年第5期。

[3] 参见谢晖:《解释法律与法律解释》,载《法学研究》2000年第5期。

法律适用这一目的服务的，民法如此，刑法亦如是。由于"解释法律"自1979年《刑法》制定就从未停止，刑法学者也未曾就该工作特殊命名，因此，当刑法教义学传入中国时，刑法学者并不会认为其与过去的刑法解释有何区别，最多将其视为一种来自国外的新的刑法研究方法，其基本含义也被刑法解释学这一概念所包摄。

第三，刑法教义学是刑法解释学存有现实依据。纵观在刑法解释领域的相关学术争议，主要有三大板块：扩张解释与类推解释、客观解释与主观解释以及形式解释与实质解释之争。关于类推解释之存废，及其与扩张解释之间的界限的研究讨论甚早，在1997年《刑法》制定之前就有学者进行过相关学术研究。[1] 尽管当时的学术争议主要围绕在罪刑法定主义与类推制度（类推解释）之间，尚未转向以扩张解释与类推解释为焦点，但扩张解释与类推解释的区别和联系一直有被提及，而自刑法教义学被引入后，关于扩张解释与类推解释的界限探讨，更是勃然猛增。此后，客观解释与主观解释论战兴起，继而形式解释与实质解释又起争战，倘若说前者只是在我国的语境下探讨属于域外的理论争议，那么后者则是完全立足于本土的解释方法之争。而无论是扩张解释与类推解释，还是客观解释与主观解释、形式解释与实质解释，本质上均是围绕是否应当教义地解释法条。因而，一个无可争议的事实是，这些解释方法之间的争议都属于刑法教义学的核心内容。由此可见，刑法教义学作为刑法解释方法，在学术上有

---

[1] 例如，〔日〕赤坂昭二：《罪刑法定主义》，何鹏、张光博译，载《环球法律评论》1981年第1期；甘雨沛：《国外刑法理论中具有世界趋向性的几个问题》，载《社会科学战线》1981年第3期；王勇：《论类推》，载《政治与法律》1987年第2期；利子平：《试论刑法中之类推与扩张解释》，载《南昌大学学报（人文社会科学版）》1988年第3期；薛瑞麟：《论刑法中的类推解释》，载《中国法学》1995年第3期；陈泽宪：《刑法修改中的罪刑法定问题》，载《法学研究》1996年第6期；马克昌：《罪刑法定主义比较研究》，载《中外法学》1997年第2期。

切实的现实依据,过往具体的解释方法之争即为例证。

至此,笔者对"刑法教义学"这一概念的真正起源和基本内涵作了一个简要的分析与界定。事实上,从上述分析可以看出刑法教义学在诞生之初,它的基本内涵与概念起源保持了一致,前者是法理学中方法论在部门法的具体形式,后者则表现为先有法理的"法教义学"后有"刑法教义学"。具言之,刑法教义学就是指刑法的一种解释方法,尽管其在国内的后续发展出乎意料,并衍生出了其他内涵,而远不止方法论这一基本内涵。

二、刑法教义学的发展逻辑

作为刑法解释方法已经是刑法教义学的鲜明属性。然而,随着德日刑法知识、方法的全面引入,刑法教义学在经历了一系列的争论后,俨然不满足于方法论的基本内涵。例如,有学者在刑法教义学发展了一段时期后,即区分了作为知识论的刑法教义学以及作为方法论的刑法教义学。后者,就是指以法条为先验正确的对象,当司法实务出现不适配的情况,合理解释法条,从而使得法条能够应用于不适配的法条,与刑法解释学一致。前者内涵则蕴含三个维度,一是刑法教义学即刑法原理知识,尤其德日体系的刑法知识;二是通过司法论的刑法教义学解释,由此产生的本土刑法知识;三是域内外知识能否相互适配并在学术与实践中达至良好的效用,形成体系化的知识体系。

实际上,前两个维度才是严格意义上的知识论,该刑法教义学概念的外延指向是知识,两个维度的差异仅是知识来源的差异,但第三个维度则不同,该教义学知识的存在形式、存在内容和存在价值都具备更高层级的意义。然而,刑法教义学仅到此发展还远远不够,在体系化的知识体系的基础上(也即第三个维度的知识论),有学者针对刑法教义学有更为细致的比较划分,从认识论、本体论和功能论上去定义刑法教义学[1]，使得刑法教义学本身成为研究对象和内容，乃至如今在原本的方法论上都进行了一定的突破，大有指代刑法学学科的态势。

（一）扩展为知识体系的刑法教义学

有学者认为刑法教义学即刑法知识的教义学化，包括对刑法的信仰、解释刑法的方法和以刑法为逻辑起点的知识体系。[2] 毫无疑问，此时的刑法教义学不仅是一种刑法研究方法（刑法解释学），也是一类刑法知识，更是一个充满虔诚韵味的思想理念。

事实上，早有法理学者承认了法教义学在知识论上的重要贡献，认为法教义学会批判性地重构知识，比如刑法中的盗窃定义，法教义学即针对盗窃的秘密性内涵展开了颇具影响力与思维力的批驳，最终其成为一种新的教义学知识。[3] 因此，可以说作为知识的刑法教义学与作为方法的刑法教义学几乎是同步发展，但早期学者更关注其方法论内涵，只是近来随着刑法教义学的愈发主流，有关德日的刑法知识被更加系统地介绍引入，以至作为知识论的刑法教义学内涵得到了更多的关注。更为重要的是，通过教义学批判所形成的新的本土刑法知识也更具体系性，进而导致刑法教义学超越了知识论与方法论的集合，成为一个内涵更为广泛的知识体系。

一是"法益（Rechtsgut）"概念及其理论阐释。法益概念及其理论是由德国学者首创，经由日本学者翻译后于民国时期传入我国，但我国学者对它的关注和研究甚晚，而且还因为一段特殊时期中断了

---

[1] 参见张勇：《刑法教义学的源流、体系与功能》，载《四川大学学报（哲学社会科学版）》2021年第5期。
[2] 参见陈兴良：《刑法知识的教义学化》，载《法学研究》2011年第6期。
[3] 参见焦宝乾：《法教义学的观念及其演变》，载《法商研究》2006年第4期。

与民国时期的法律传承。[1] 相较于对法益理论的研究，这一概念名词在刑法领域中出现时间则较早，如在 1997 年《刑法》制定前就已经有学者提到过此概念，而且是转述日本刑法学者的著作内容[2]，此后虽有学者针对法益理论展开讨论，但是基于阶级立场进行批判，而非借鉴引入。[3] 因此，法益概念及其理论最初在我国的刑法领域中只是处于纯粹介绍性的状态。然而，彼时通晓日文的刑法学者应当是了解法益及其相关理论的，而且国内法理学者也早有译著涉及该概念。[4] 所以，不论刑法学者是否赞同该概念，作为一个域外的刑法知识，法益概念及其理论的确带给本土刑法学全新的知识探讨。例如，从耶林和李斯特的利益说到目的论的法益说，均有大量著作文献被翻译介绍[5]，刑法学者也曾专门对刑法法益理论展开过理论分析，并由此拉开了我国对于犯罪本质是社会危害性还是法益侵害的争论。[6] 就此而言，作为知识论的刑法教义学甚至比作为方法论的刑法教义学起源更早，然而由于未形成本土的法益理论及概念体系，我国刑法学者争议的内容基本没有超越德国、日本学者对法益理论的学

---

[1] 参见刘芝祥：《法益概念辨识》，载《政法论坛》2008 年第 4 期。

[2] 参见马克昌：《想象的数罪与法规竞合》，载《法学》1982 年第 1 期。

[3] 参见孙立全、刘仁华：《犯罪学的科学基石》，载《社会科学》1983 年第 4 期。

[4] 如日本学者伊东研祐的《法益概念史的研究》（成文堂 1984 年版）；邓正来、姬敬武翻译的美国学者 E. 博登海默的《法理学——法哲学及其方法》（华夏出版社 1987 年版）。刑法部门法学者针对法益的专著较晚，如丁后盾的《刑法法益原理》（中国方正出版社 2000 年版）、张明楷的《法益初论》（中国政法大学出版社 2003 年版）。

[5] 参见〔德〕李斯特：《德国刑法教科书（修订译本）》，徐久生译，法律出版社 2006 年版，第 8 页；〔日〕甲斐克则：《刑法立法与法益概念的机能》，载《法律时报》2003 年第 2 号，第 8 页。

[6] 参见杨春洗、苗生明：《论刑法法益》，载《北京大学学报（哲学社会科学版）》1996 年第 6 期。

理探讨范围。因此，法益聚讼的这一时期仍主要是德日体系的刑法知识的介绍性引入。

二是阶层式的犯罪构成理论的引入融合。特别是，其在学说上的繁盛比之法益理论有过之而无不及，如古典犯罪论体系（贝林—李斯特体系）、新古典犯罪论体系（迈尔、梅兹格尔）、目的论犯罪论体系（韦尔策尔）、新古典与目的论相结合的二阶层体系和目的理性犯罪论体系（罗克辛），其中每个体系内部又有若干种分歧和学说。在阶层式的犯罪构成理论上，则不仅在知识引介上有较多的研究，更为关键的是围绕犯罪构成理论逐渐形成了一个较为本土的刑法学知识体系。例如，有学者根据阶层式犯罪理论的内容修正了我国的四要件犯罪体系，核心旨在将犯罪客体从犯罪构成体系中剔除[1]，还有学者根据阶层式的思考方式重构或提出了新的犯罪论体系。[2] 坚持四要件的学者亦或多或少接受了阶层式犯罪构成理论的知识论贡献，进而重新思考了传统犯罪理论的评价方式，如高铭暄教授即认为传统犯罪构成理论存在犯罪客体、犯罪客观方面、犯罪主体、犯罪主观方面依次排列的规律性。[3] 关于犯罪构成理论的争议高峰第一次出现在 2003 年前后，但彼时尚未形成较为体系性的知识，而在 2010 年前后的第二次争议高峰，阶层式犯罪构成理论与传统犯罪理论以及本土刑事司法实践开始了融合，尽管至今尚未完成，但阶层式犯罪构成理论已逐渐于我国本土形成了系统性的知识体系，最典型的莫过于张明楷教授的刑法教科书和陈兴良教授的学术专著（《教义刑法学》《共同犯罪论》等）。此时，几乎所有学者（包括法科生）均一定程度接受了德日体系的刑法知识，并以此为基础结合解释方法运用于实践中，进而产生

---

[1] 代表性学者为黎宏教授、刘宪权教授。
[2] 代表性学者为周光权教授、黄明儒教授。
[3] 参见高铭暄：《对主张以三阶层犯罪成立体系取代我国通行犯罪构成理论者的回应》，载《刑法论丛》2009 年第 3 卷。

（独特）本土刑法知识。

三是其他复杂德日刑法理论的体系建构。近年来，随着德日留学、访学和交换学习的青年学者进一步增多，更多的德日刑法著作和论文被翻译到国内，刑法学者也纷纷对其中的理论学说展开探讨，如被害人自陷风险理论、客观归责理论、多重因果关系理论、风险社会理论、行为无价值与结果无价值等。而这些来自德日的理论学说，基本都被自动归为刑法教义学当中的应有之义，亦即都是刑法教义学的知识/理论，最重要的是这些深奥的德日理论之间还存在较强的逻辑性和体系性，以致主张刑法教义学的学者们不得不以更加宏大的视角对其进行建构性研究，如有学者借助德日刑法知识结合我国立法规定、司法实践撰写了十分体系化的专题性著作。[1] 与此同时，接受刑法教义学方法论的学者也在经意或不经意间地对本土司法实践进行教义学化的改造，以求契合刑法教义学理论，有的甚至成功运用至司法实务中（如昆山反杀案）。因而，虽然刑法教义学整体上的知识内容愈发庞杂，但是刑法学者对其知识结构的搭建却更精致，更加突出体系性和逻辑性。

由上可知，尽管纯粹知识论的刑法教义学并不比作为刑法解释方法的刑法教义学起源得晚，但刑法教义学成为一个为刑法学者所共同信仰的知识体系，时间上却晚于作为方法论的刑法教义学。所以，刑法教义学是伴随着德日刑法知识的逐步深入引介和学者们的推崇运用，遵循着从介绍阐释到引入融合再到体系建构的发展逻辑，而从刑法解释方法这一维度逐步地扩展为一个更加广阔的知识体系概念。然而，这样不断体系建构的最终结果却可能导致刑法教义学更加不满足于只是一个共同信仰的知识体系，而是向更为宏大的概念扩张——成

---

[1] 如陈璇教授所著《紧急权：体系建构与基本原理》（北京大学出版社2021年版）。

为刑法学学科。

（二）逐步指代刑法学学科的刑法教义学

过去，曾有学者认为刑法教义学是一门研究法律规定的解释、体系化和发展，以及刑法领域中各种科学理论观点的学科。[1] 现如今，很少会有学者明确地宣称刑法教义学即为狭义的刑法学学科或者以刑法教义学指代刑法学科，但这并不妨碍学者们在使用"刑法教义学"概念时以及进行所谓的"刑法教义学研究"时自觉或不自觉地将二者等同之。

第一，刑法教义学正在指代刑法学学科。一般而言，在语言学（符号学）中，一个概念（语言学中则是记号）的所指对象是较为固定的，人们理解它所表达的含义也是较为精确的。质言之，针对刑法教义学这一概念的内涵，刑法学者应当是有共识的。然而，刑法学者恰恰就此尚未达成统一认识，即便是一个概念最为核心的肯定性选项都存在争议（如上文所阐述的知识与方法哪个更为关键），而这构成了刑法教义学概念被肆意滥用的前提，并导致部分研究当中，刑法教义学的所指对象就是刑法学学科的现象发生。例如，很少会有学者针对刑法解释学概念本身展开研究，绝大多数是进入该概念的内部领域中，寻找其中分化出来的小点；刑法教义学则不然，学者们现在已经开始对"刑法教义学"这一词本身做文章，虽然尚未达成学科的态势，但整体趋势明显，如专门探讨其方法论、知识论、本体论、功能论等的研究。[2] 更进一步，有学者甚至直接定义了刑法学以刑法教

---

[1] 参见冯军：《刑法教义学的先行思考》，载《法学研究》2013年第6期。
[2] 陈兴良教授以"刑法教义学"为题，发表了一系列文章，如《刑法教义学中的类型思维》《刑法教义学：方法及其应用》《刑法教义学中的价值判断》《刑法教义学中的规范评价》《刑法教义学中的形式理性》等等，将其中的"刑法教义学"替换为"刑法学研究"恐怕并无不妥。

义学为内容,并由此展开了刑法教义学的实体和程序两个维度的分析,几乎将刑法教义学等同于刑法学学科。[1]且不论这种定义及研究路径合适与否,但体现的趋势是显而易见的,可以说,刑法教义学所指对象不仅正在转变为"刑法学学科",而且是在加速转变。

第二,刑法教义学的能指范围逐渐庞杂,非刑法学学科无以指称。概念(记号)由能指和所指组成,所指面构成内容面,能指面构成表达面。[2]当前,刑法研究中动辄冠以"某某的刑法教义学研究""刑法教义学的某某",使得刑法教义学的能指范围更为庞杂,非"刑法学学科"之内涵(所指)不能支撑起目前的刑法教义学研究的"盛态"。比如,曾有学者认为刑法教义学具有严密的体系性,也即强调较为封闭的体系性,更加注重逻辑推演的结构证成,但现在却有学者主张刑法教义学是以问题为导向的开放体系(或科学的刑法教义学应当如此)。[3]不仅如此,刑法教义学能指的范围亦忽大忽小,时而体现为传统的刑法学下位概念,如刑法教义学与刑事政策学[4];时而体现为新生的刑法学,如与"政法法学"相区隔[5],后者属于过时且基本不可用的刑法学(类似印度法系)。事实上,纵观目前的刑法学研究,"不教义非刑法"的态势俨然形成,乃至从法科生毕业论文至法学期刊的选稿上,应用"刑法教义学"将会使文章更为博人眼

---

[1] 参见胡选洪:《刑法教义学的向度》,四川大学出版社2016年版,目录及第7页。

[2] 参见〔法〕罗兰·巴尔特:《符号学原理》,李幼蒸译,中国人民大学出版社2008年版,第26页。

[3] 参见陈璇:《探寻刑法教义学的科学品质:历史回望与现实反思》,载《清华法学》2023年第4期。

[4] 自费尔巴哈提出刑事政策(学),到"李斯特鸿沟""罗克辛贯通"等,这一对关系得到许多学者的赞同,不仅如此,国内针对刑法教义学还衍生出刑法教义学与刑法解释学、刑法教义学与刑法社会学等等。

[5] 参见刘艳红:《刑法学变革的逻辑:教义法学与政法法学的较量》,载《法商研究》2017年第6期。

球,至于该"刑法教义学"到底指代何者,反而无关紧要。再如,基本所有德日刑法理论如客观归责说、违法的二元论等,还有德日刑事立法和判决如日本背信罪之处罚等,均不再以比较法称之,反而属于刑法教义学,也即所谓的超国别的刑法学。[1] 因此,刑法教义学能指的界域如此之广,倘若概念本身不作更大的扩张认定,几乎不能涵摄这些对象。

第三,刑法教义学的方法论突破既往限制,大有综合之势。任何一个科学的学科,在方法论上必然是多元的,否则不能为其复杂的内容提供适应现代社会的知识更迭,相反作为学科内部的某一侧面(形成小领域的研究),在方法论上应当是单一的,如此才能与该学科不同侧面的研究统合起来共同构成一个完整的学科。例如,广义的刑法学虽然包括犯罪学与刑事法学,但毫无疑问二者的研究方法和研究路径并不一致,犯罪学讲究"现象—原因—对策"的分析路径和偏实证主义的经验研究,刑事法学则讲究"以法条为适用中心"的分析路径和偏规范主义的逻辑研究。然而,刑法教义学发展至今,在研究方法上不再满足于规范性的分析,反而寻求经验性的材料以提升其科学性。[2] 但任何一种研究方法定然会有其局限性,不可能是完美的,因此刑法教义学若作为一种研究方法,并不需要打破其安身立命的规范分析特征,转而向经验主义靠拢。所以,一个显而易见的事实是,在这里的刑法教义学并不是一种研究方法,也不是广义刑法学下的一个研究侧面,而是指代整个刑法学的含义。进一步而言,当前主流的刑法教义学者已经明确阐述刑法教义学不排斥其他社会科学的研究方

---

[1] 参见〔德〕埃里克·希尔根多夫:《超国界刑法学》,刘畅译,载《南大法学》2022年第4期。

[2] 参见赵军:《探索、检验与刑法教义学的"翻新"——从经验方法拓展到研究取向转变》,载《中国法律评论》2023年第3期。

法和结论[1],在方法论上的多元化正是构成现代学科的标志性特征之一,因而将其作为刑法学研究的一个侧面仍然过于狭窄。

综上所述,"刑法教义学"这一概念内涵在时间上呈现朝向体系化的学科的扩张发展逻辑,由丰富的德日理论充实其知识体系、多元的研究方法增添其方法属性,两者共同构成刑法教义学指代刑法学学科的基础。继而,倘若再结合刑法教义学最初的基本内涵,刑法教义学的发展历程则可以概括描述为依次发展、逐步体系化的三个阶段:作为解释方法的刑法教义学、作为知识体系的刑法教义学和作为指代刑法学科的刑法教义学。

同时,理解刑法教义学这样一个发展逻辑和历程才能明白,为何现在刑法学者在使用此概念时会不自觉地有时大而化之,有时却小而用之,却不会先明确其内涵,因为无论在何种意义上使用此概念,均可以找到相对应层级的历史渊源和现实根据。

三、刑法教义学何以兴盛

相较于刑法教义学在德国历经百年后的兴盛,刑法教义学在我国被提出后似乎很快就被大部分刑法学者接受。时至今日,随着刑法教义学概念的多维化,大多数刑法学者更是不假思索地使用刑法教义学,不论是方法论上的主流选择,还是学科意义上的阐释,均表现出"不教义非刑法"的趋势,这是十分不可思议的。结合上述对刑法教义学概念梳理和发展逻辑考察,笔者认为,之所以刑法教义学被提出后以无可匹敌的态势掌握了刑法学研究的话语权,恐怕肇因于当时刑法学者不满研究现状的主观需求价值和刑法教义学显然不同于其他刑

---

[1] 参见车浩:《理解当代中国刑法教义学》,载《中外法学》2017年第6期。

法学研究的客观内容价值这两方面的原因。前者是构成直接原因的外部因素，后者则是构成内生因素的根本原因。

（一）外部成因——急不可待的主观价值需求

实际上，就当时的刑法学研究大环境而言，刑法学的发展已经陷入一个难以突破的瓶颈期，急需一个外部的新生水源或力量，来打破这一暮气沉沉的现状，进而促使刑法学研究朽木生花，得到更加深入的发展。

首先，与日俱增的德日背景学者大力倡导。德日学派的刑法学者的大力推动与刑法教义学的迅速流行有着密不可分的关系。彼时，法学界留学之风盛行，这也是改革开放初期的时代背景所致，学者们急于重建遭破坏的法学研究和法治社会，因而积极从域外学习借取经验，刑法学者则多选择前往德国、日本、法国和意大利等典型的大陆法系国家。当时，自德日留学或访学归来的学者就有张明楷、梁根林、白建军、李海东、劳东燕、江溯等，整个刑法学界德日背景的学者日益增多，因而在学说主张上当然地认同德日刑法理论。因此，"刑法教义学"这样一个如此典型的德国刑法名词，得到了他们的极力推崇，相关理论亦得到推广。可以说，德日背景学者大力倡导是刑法教义学流行起来的最直接原因。

其次，本土刑法研究缺乏深度的理论展开。本土刑法研究重建之后，多数研究均是针对立法条文展开适用分析，进而批判之，从而提出学者自己的立法建议，并不会汲取更多的理论转化为对法条的解释适用。正如有学者曾针对当时国内的刑法研究作出了"尚未起步，就已经到头了"的发问[1]，也有学者坦言我国刑法研究必须要从苏俄

---

[1] 参见李海东：《刑法原理入门（犯罪论基础）》，法律出版社1998年版，代自序第1—2页。

刑法转向德日刑法的路径依赖[1]，核心指向都是彼时的刑法学研究过于宏大宽泛，理论不够深入。由此，促进了刑法教义学这一概念及其理论在使用上的频次增加。

再次，刑法教义学足够"教义"的价值取向。上文指出，在"教义学"提出之始，同样还有"信条学"之译名，二者背后的知识理论和方法理念是相同的。但颇令人疑惑的是，刑法学界中刑法教义学很快被认可并大行其道，而刑法信条学却很快销声匿迹。其中的缘由恐怕是刑法教义学比刑法信条学显得更加"教义"，更具有德日刑法理论的特征。因此，刑法教义学更能与本土刑法研究区分开来，从而彰显其独特的教义色彩，也恰好满足了刑法学者对足够"教义"的域外刑法价值认同。所以，刑法学者更愿意使用"刑法教义学"这一概念及其理论。

最后，特殊时期宽松的政治和社会文化环境。任何一个理论学说的兴盛发达，都与特定的历史时期和时代背景相关，如马克思主义理论的兴盛与资本主义的腐化（包括第二次世界大战的时代背景）、凯恩斯国家干预理论的兴盛与市场经济的失灵（包括经济大萧条的时代背景）等。刑法教义学在中国的兴盛恰恰也是因为20世纪八九十年代的改革开放时代背景，整个社会处于宽松的政治环境，以及反思过去为何法治建设会停滞的文化思考当中，因而对域外的刑法概念和理论大多数时候采取了囫囵吞枣式的全盘吸收，甚至有时是不假思索地盲目推崇。事实上，有部分学者有本土意识地排斥这样的学术研究行为[2]，但这并不妨碍彼时宽松的政治环境下，充分译介域外刑法，

---

[1] 参见陈兴良：《刑法的知识转型（方法论）（第二版）》，中国人民大学出版社2017年版，第40—42页。

[2] 且不说刑法领域的学术争议，刑法之外，朱苏力教授的《送法下乡：中国基层司法制度研究》《法治及其本土资源》等著作，以及对"法教义学"的批判是为立基本土法学未来发展的思考，并不支持对域外法理论的完全借鉴。

因此即便刑法教义学过于"教义"而不被部分学者认同，它仍然可以很适意地在国内发展壮大。

正是由于以上因素，刑法教义学不只是流行兴盛，还发展得愈来愈火热，乃至现如今逐步走向神坛，所有的刑法研究都应当是遵循"教义学原理"，当然，在此过程中其内涵也是在不断发展扩充的。然而，上述因素只是刑法教义学为何得到推崇并独步刑法学林的外部原因，是属于偏向主观的价值需求。换言之，无论是留学德日的学者倡导之，还是他们对本土刑法研究不满，企图"西学为用"的"洋务运动"，都只是促使"刑法教义学"这一概念及其理论能够迅速传播的直接原因，多数刑法学者尚处于表面的主观认同。倘若刑法教义学这一概念背后的理论是空洞的、非科学性的，不具备实用功能，刑法教义学也只会在刑法学者热情消散后的审视之下又迅速消弭，并不会形成当前"不教义非刑法"的宏大局面。因此，刑法教义学定然有着能够促使其得到持续的发展，并于此过程中吸引了更多的刑法学者"投怀送抱"成为拥趸的根本原因。

（二）内部成因——寸长片善的客观价值内容

刑法教义学刚引介不久尚未成气候之时，就已经饱受批评，如有学者曾指出刑法教义学是毫无意义地造名词。[1] 然而，刑法教义学本身仍然坚挺不倒，获得了绝大多数刑法学者的力挺并得到了充分肯定，围绕刑法教义学展开的研究持续繁荣至今。其中除了上述的外部因素，恐怕更为核心的根本原因应当是其具有与既往的刑法研究范式大为不同且优秀的内生特质。笔者认为可概括为以下三点，即以司法论为起始、以法条的不可批判性为根本、以严密体系性和形式逻辑性

---

[1] 参见陈瑞华：《刑事诉讼的中国模式（第三版）》，法律出版社2018年版，序言第3—5页。

为表象的三大内核。

第一,以司法论为起始。刑法教义学之所以能迅速传播,并持续得到刑法学者的认同,最关键的内核特征在于解释理念上的司法论,同时也是其对国内刑法学界最重要的贡献之一。所谓解释理念上的司法论,体现在两个维度:其一,要求刑法学者不再是以高高在上的客观第三方的身份,而是以一个真实的司法参与者身份,将自己视为基层一线的司法工作人员,去思考如何适用法条。而当法条文义与案件事实出现不适配的情况之时又应当如何去解释法条,使得法条得到正确的适用,案件得到妥当的处理。其二,要求刑法学者和司法实务者更应遵从客观目的解释[1],而非主观目的解释(立法者原意)。即,不仅刑法学者应当抛弃探究法条制定之初立法者为何如此表述、具体含义到底是什么,而且司法实务者更应当与立法者保持距离,根据案件发生时的客观现实情况,选择适用法条、解释变化之。正是解释理念在这两个维度上的突破,给予了当时的刑法学研究一个新的视角,并推动着刑法教义学研究持续发展。

第二,以法条的不可批判性为根本。刑法教义学之所以区别于刑法学研究中的其他方法或知识,最突出的特征在于法条的不可批判性。这一内核特征与当时刑法学者不满于不够深入的刑法学研究形成呼应,一方面刑法学者的研究都是以批判法条为展开,在理论建构上难以有精致细密的发展,另一方面刑法教义学主张绝对不可批判法条,而当以法条为中心阐释之,进而构建与该法条有关的刑法学研究体系,包括从语义到逻辑、从事实到规范、从个案到类型的理论建构。通过强调法条的权威性、强制性,既实现了刑法学者以及司法实务者对立法条文的尊崇,不对法条进行批判的展开,又使得二者与立

---

[1] 客观目的解释是一种具体的解释方法,但同时更是一种解释理念,所有其他的具体解释方法均可以选择客观目的的路径或者主观目的的路径。

法者之间保持距离,可以通过解释的方法达至刑法适用的目的。

第三,以严密体系性和形式逻辑性为表象。刑法教义学之所以获得绝大多数刑法学者的支持,即便在不断的发展中饱受批判,仍然具备强盛的生命力和迷人的吸引力,部分是因为其严密的体系性和形式的逻辑性。严密体系性与法条的不可批判性密切相关,后者要求在具体实践中以某法条为中心展开解释适用,并进行一定的理论构建,而前者则是要在此基础上,打通各法条之间、整个刑法文本之间的关联性和协调性,所有刑法理论呈现出"牵一发而动全身"的严密结构,不仅极大增强了刑法学研究的专业性,加深了刑法理论的专业槽,而且通过整体理论的严密构建,从而削减现实新类型事件的论证负担,为实践问题的解决提供方向性的指引。形式的逻辑性则与司法论有着莫大关系。以往刑法学者的研究不是司法论的,而司法实务者的实践虽然属于司法论,却多是以社会危害后果或一般人认为应当受到处罚进而解释法条[1]的适用,不以法律规定形式为前提,亦不严格依照逻辑推理而径直以需释罪。因此,形式的逻辑性在这些方面作出了极大的变革,使得刑法研究者注重司法论的解释理念,司法实务者更加遵守法律的形式内容,避免罪刑擅断。可以说,刑法教义学的严密体系性和形式逻辑性极大地推动了我国新的法治建设理念更迭。

正是以上三点极为优秀的内生因素使得"刑法教义学"这一概念及其理论被多数刑法学者不加审视地使用,进而成为当前的主流方法、知识体系乃至成为指代刑法学学科的概念,并且在青年学者心目当中成为无冠之冕。

总的来看,刑法教义学能够迅速成为刑法研究中的主流话语,一是由于特殊时期的外部情势所导致,特别是当时刑法学者不满于研究现状的心理诉求导致其传播之迅速可见一斑;二是因为发展过程中所

---

[1] 有的情形下,甚至以领导的指示批示为依据。

体现出来的内生特质，不论是作为方法还是作为知识体系的刑法教义学，均能为多数刑法学者所认可，并在持续发展过程中不断深化。

结语

刑法教义学已经在国内悄然走过二十年历程。但是，迄今为止并没有多少学者在使用该概念时明确其内涵及论域，与其说是刑法学者的疏忽，不如说刑法教义学这一概念实在是扩张得过于宽泛，因此一定程度上导致刑法学者无须特别区分之。因此，整体而言，本书试图针对刑法教义学展开以下梳理：刑法教义学的起源——源自法理学；刑法教义学的基本内涵——过去的刑法教义学是刑法解释，现在的刑法教义学已经无所不包；刑法教义学的发展逻辑——从解释方法到知识体系再到指代刑法学学科的阶段性体系扩张；以及刑法教义学从诞生到现今为什么持续地在繁荣——盖因于外部的主观价值需求和内生的客观价值内容。

概而言之，本文从刑法教义学过去是什么、现在是什么、为什么兴盛三个维度展开了纯粹的学术史分析。从结论上看，刑法教义学似乎具备当然成为我国刑法学研究主流的所有必要要素，特别是因刑法教义学的主观价值需求和客观价值内容，在很大程度上促使刑法教义学不断地繁荣发展。从过程上看，刑法教义学的发展逻辑与发展历程高度一致，均是随着时间的推进渐趋复杂，在概念上从解释方法到知识体系再到指代刑法学学科，在逻辑上遵循精致化、体系化的体系建构。然而，这样的刑法教义学概念是否真的契合我国本土刑法研究，又能否对我国司法实务和刑法理论产生真正具有社会价值的推动力量，值得提出疑问。例如，有学者对刑法教义学表示坚决反对，认为这不仅是在概念名词上翻炒新名词，更重要的是，寄希望于一种相对稳定的理论体系或理论标准来规范司法实践完全是不可能的，因为不存在至善至美、周至无瑕的理论注释。[1] 就此而言，针对刑法教义学的研究并不能止于赞扬，还需要对其进行实事求是的辩证考察，如现在的刑法教义学概念内涵是否合适、目前的发展现状又是否合理，以及其在理论或实践中是否表现出难以避免的错误、其未来的改善方向又是怎样的，这些问题都值得进一步深入研究。

---

[1] 参见杨兴培：《刑法学：诸多名词概念亟待斟酌》，载《法治研究》2018年第2期。杨兴培教授明确反对"刑法教义学"概念，但并不排斥来自刑法教义学的思维方式，例如其本人即放弃了犯罪客体这一概念。

第三章
论民法的刑法化

2020年5月28日，第十三届全国人民代表大会第三次会议表决通过《中华人民共和国民法典》（以下简称《民法典》）。作为新中国法治史尤其是私法立法史上最具代表性的集大成者，《民法典》对推进全面依法治国与国家治理体系、治理能力现代化都具有里程碑意义。

在从一元的政治社会向政治国家与市民社会二元分立转型的过程中，刑法自身的特征也趋于从政治刑法转向市民刑法。有鉴于此，笔者曾于2001年就1997年《刑法》的立法趋向提出了"刑法的民法化"这一命题。[1] 与之相对，本次《民法典》也出现了较多具有公法性质乃至"刑事法色彩"的条文，民法更进一步"侵蚀"了传统刑法的空间，这一趋向是否亦可称为"民法的刑法化"值得探究。从公私法融合的角度，无论"民法的刑法化"还是"刑法的民法化"，其

---

[1] 详见姚建龙：《论刑法的民法化》，载《华东政法学院学报》2001年第4期。

本质体现的都是公私法关系的合理调整，二者相向而行又殊途同归。

一、公私法的融合：公法私法化与私法公法化

公法与私法二分的法学研究及法律制度由来已久，通常认为，在罗马法时代以乌尔比安为始即真正开始区分所谓"公法"与"私法"的概念，其中公法也即与国家公务如宗教祭祀、国家机关活动等相关的法律制度，而私法则是与个人利益如所有权、债权、婚姻家庭等领域相关的规范。[1] 然而究竟何种规范系与"国家公务相关"，何种制度又系与"私人利益相关"，长久以来一直都是一个争论不休的问题。即使历经利益说、规范上下隶属关系说、法律关系主体说等学说，其往往都因民法保护交易安全之旨趣、父母子女关系之隶属性、行政契约之私法属性等明显问题进而难以成立。[2]

以我国台湾地区司法实践对行政契约性质的确定为例，我国台湾地区司法机构释字第 348 号及释字第 533 号体现出对合同识别的"焦灼"，也即只要认为契约内容包含：（1）契约作为行政处分之手段；（2）约定内容与行政机关公权力义务相关；（3）约定内容包含人民公法上的权义；（4）约定事项中包含显然偏袒行政机关之事项——其中任何之一者，皆可认定为非私法契约类型的行政契约。[3] 这也使得纯粹意义的私法契约在实际生活中较为有限，私人也往往为社会所赋予的角色所绑定，超脱于传统民事法律关系意义上的"平等主体"而

---

[1] 参见曲可伸：《罗马法原理》，南开大学出版社 1988 年版，第 33—34 页。

[2] 参见王泽鉴：《民法总则（增订版）》，中国政法大学出版社 2001 年版，第 12—13 页。

[3] 参见于立深：《行政协议司法判断的核心标准：公权力的作用》，载《行政法学研究》2017 年第 2 期。

成为"消费者""侵权受害者""商事主体"等角色。这种现象按照社会学家米德的说法，个体成为了"泛化的他人"，而群体成员的价值观念、对个体的期望等逐步内化为了个体的组成部分。[1] 换言之，在现代法律体系中，很大意义上公法与私法之间的界限在具体的规则中已经难以如同罗马法时代一般泾渭分明。以此为基础，形成了一种公私法融合的趋势，甚至出现了一种介于公法与私法之间的复合领域。[2] 具体而言则包括两个维度的发展：

一是公法的私法化。如前述笔者《论刑法的民法化》一文所提倡，由于市民社会与政治国家二元分立的转向，尤其是1997年《刑法》及1996年《中华人民共和国刑事诉讼法》（以下简称《刑事诉讼法》）的出台已经较为明显地体现出一种"公法私法化"的趋势，同样在公私法融合的环境下，在民事法改革中也可能走向从"公法私法化"到"私法公法化"的过渡。这一点在近二十余年作为公法代表的刑事法律制度改革中尤为凸显：其一，在刑事实体法层面以罚金刑与没收财产刑作为附加刑之一，以及在民事责任与刑事责任发生冲突时民事赔偿优先的原则所带来的民事化路径使得我国的刑事制裁制度颇具民事特色，罚金刑也从1979年《刑法》的20个条文增加至百余个条文；其二，1997年修订《刑法》时将长久以来为国内司法实践所忽视的亲告罪重新拾起，形成了侮辱、诽谤、暴力干涉婚姻自由、虐待、侵占五大与人身密切相关犯罪的亲告化设置；其三，2012年修正的《刑事诉讼法》在第五编第二章以3个条文专门规定了刑事公诉案件的和解程序，2018年修正的《刑事诉讼法》确立认罪认罚从宽制度后，最高人民法院、最高人民检察院等也持续发文完善相关指导意

---

[1] 参见〔美〕乔治·H. 米德：《心灵、自我与社会》，赵月瑟译，上海译文出版社1992年版，第135—145页。

[2] 参见叶秋华、洪荞：《论公法与私法划分理论的历史发展》，载《辽宁大学学报（哲学社会科学版）》2008年第1期。

见,刑事和解制度更是被冠以"中国版的辩诉交易"之称,仿佛打破了传统刑事诉讼制度由国家包打天下的刻板印象,而将刑事追诉这一包含报应主义色彩的法律程序处分权由国家逐渐转移到了个人。

二是私法的公法化。即使民法作为私法的代表,从其主要调整的对象即市场经济而言,垄断经济对古典经济学所提倡的契约自由的破坏导致传统的私法自治日趋式微;从社会背景而言,环境污染、侵害众多消费者权益的社会现实导致私权管制能力有限的弱点被无限暴露;从伦理角度而言,自由也不再成为一统天下的普世准则,而应当辅之以公义、平等的多元价值理念。[1] 私法也不得不突破以传统的法律行为作为实现私法自治工具的范例转而应对国家、社会的要求。在较为传统意义上的市民社会,追求的是作为私权个体的自治权,以及对所有财产的自由处分权与交易权,"每个人都以自身为目的,其他一切在他看来都是虚无……特殊目的通过同他人的关系就取得了普遍性的形式,并且在满足他人福利的同时满足自己……"[2] 同时由于市民社会缺乏官方、统一的信息整合与筛选机制,因而具有强烈的陌生人社会属性,交易双方对各自所掌握的信息往往并不了解,这就引发了交易的风险,而市场经济背景下自由贸易所引发的潜在交易风险往往需要由私人自身承担(在私法中较为典型的制度如民法善意取得、表见代理等)。与之对应,以社群主义作为基本理念之一的刑事法律制度设计不仅要求以私人的生活空间作为法律制度规制的重点,更要求以特定社会关系所认可的共同伦理价值体系作为法律所保护利益的参照(这种伦理价值体系不等同于道德规范,而往往可能具有一定的强制性)。这一点也在刑事法等公法领域的研究中得到了体现,

---

〔1〕 参见钟瑞栋:《"私法公法化"的反思与超越——兼论公法与私法接轨的规范配置》,载《法商研究》2013年第4期。

〔2〕〔德〕黑格尔:《法哲学原理》,范扬、张企泰译,商务印书馆1961年版,第197页。

如一些学者针对作为刑事制裁措施主体的刑罚本质进行研究时即指出："向公民发出就被指控违反保障社群利益的法律作出答辩的要求，其适格主体和答辩指向都是社群组织。"[1] 近代政治哲学与伦理学研究也显示，只有当所谓的"民主"不仅在自由主义为导向的自由权利与政治参与权利中得以体现，同时在特定社群之中的社会参与及文化参与权同样得以体现时，这样的多元文化才能包容共存。[2] 任何个体、任何社会组织、任何政府部门之间都有其所代表的社会价值、文化背景与道德交往的共同价值准则，这些主体间的多元性特征并不表现为一种完全的异化过程，而系二者本来面目在现代社会中的展示。

过去民法以"有法律依法律、无法律依习惯"的基本准则而存在，奉行"法无禁止即自由"，保护公民个体权益的扩张性趋势，故原则上也允许类推的适用；刑法以"法无明文规定不为罪、法无明文规定不处罚"作为奉行罪刑法定主义的圭臬，原则上禁止类推，故也倾向于限制国家公权力的谦抑思想。对此也有论者提出"民法要扩张，刑法要谦抑"的口号，强调从立法论角度在制定刑法时应当遵循谦抑的思想，民法应当保护市场经济的自由流通运转。[3] 然而实际的情况却是，无论从社会背景、部门法理念还是立法原则角度，其往往都体现了公私法二者理念的相互渗透，如民法中的惩罚性赔偿制度，共同诉讼、公益诉讼制度，以及刑法中的刑事和解制度等。质言之，作为法律体系基本分类的公法与私法之间素有一种"剪不断，理还乱"的关系，这也与二者融合的时代背景有着密切的关系。实际上

---

[1]〔英〕安东尼·达夫：《刑罚、沟通与社群》，王志远等译，中国政法大学出版社 2018 年版，第 111 页。

[2]〔德〕尤尔根·哈贝马斯：《包容他者》，曹卫东译，上海人民出版社 2018 年版，第 168 页。

[3] 参见王利明：《民法要扩张 刑法要谦抑》，载《中国大学教学》2019 年第 11 期。

理想中的公私二分的研究方式本就极为困难。从经济学的成本效益视角，作为法律调整对象的人的自私性与社会性的双重属性，使得在社会合作之中二者不得不相互协调；[1]从法律作为治理社会的方式之一角度，公私二分、各自为政的思路使得较多在社会治理层面的问题难以以各自独立的视角进行合理有效的干预；从世界社会法学发展史而言，公私二分的立法模式已经逐步由绝对走向相对，由一元走向二元，这种趋势按照日本学者美浓部达吉的观点即为"公法与私法的结合"——当存在违反某种义务情形之时，一面构成公法上制裁的原因，他面在私法上的契约亦不能生效。[2]质言之，个人是社会的个人，国家是社会的国家，个人、社会、国家三者之间的关系本就难以割舍，私法的公法化以及公法的私法化两种路径的融合也代表了未来社会尤其是立法发展的一个趋势。

这一点也在国内近些年来尤其是党的十八大以来新时代背景下的一些政策表述中得到了体现：其一，"人类命运共同体"的思想即揭示了全球化时代下人之为人所应当具有的共同利益及共同的价值信仰追求，现代社会所面临的制度性及技术性风险已经无法通过传统市民社会的私人力量得以应对，而作为广义社群思想的世界主义所倡导的全球意识、人类的共同性等问题都对人类命运共同体具有重要作用。[3]其二，与之对应，求同基础上也意味着存异，这意味着对多元文化社会所采取的包容性态度，也即"开放包容"的政治理念。在此基础上，个体不再仅是私人的市民，也是社群的公民；公民也不再

---

[1] 参见龚刚强：《法体系基本结构的理性基础——从法经济学视角看公私法划分和私法公法化、公法私法化》，载《法学家》2005年第3期。

[2] 参见〔日〕美浓部达吉：《公法与私法》，黄冯明译，中国政法大学出版社2003年版，第250页。

[3] 参见蔡拓：《世界主义与人类命运共同体的比较分析》，载《国际政治研究》2018年第6期。

仅是国家的公民，也是世界的公民。如同美国学者史珂拉所言，在美国，"争取公民权的斗争一直都是压倒一切的归属这一政体的要求，是打破排他壁垒、寻求认同的努力，而不是一种公民深度参与政治活动的热望"[1]。为防止行业及主体背景壁垒，从个人、社会到国家，都无时无刻不在面对与自身文化观念、文化能力具有深度隔阂者的合作、交流、共融与发展，这也是多元主义包容他者的必要前提。其三，在求同且存异的基础上谋求发展与进步，也即"务实创新"的时代理念。这也是实事求是精神思想的重要内核。民法所应当面对的社会现实问题固然多样，但其中较为重要的一部分即是风险社会"财富分配逻辑"与"风险分配逻辑"的结合。[2] 私人力量难以应对公共性、群体性问题的困境必然需要通过民法自身作为基本法律予以回应。以此为基础，务实创新的理念则为以民法为代表的私法区别于传统意义上"各家自扫门前雪"式的法律体系提出了更高的定位。质言之，公法私法化与私法公法化两种路径本就系一体两面、殊途同归的表现。

二、从私法公法化到民法刑法化

我们发现，从各国公私法二者融合的趋势看，大都系以民法与行政法的对比角度来分析"私法公法化"的具体体现。笔者概括如下：（1）行政契约的公法属性；（2）国家征收征用私人财产的合法性；（3）不动产与特殊动产登记管理制度的完善与建立；（4）从狭义的家庭监护或学校监护到国家监护理念间的变化与演进等。刑法作为典型

---

[1] 参见〔美〕茱迪·史珂拉：《美国公民权：寻求接纳》，刘满贵译，上海人民出版社2006年版，第4页。

[2] 参见〔德〕乌尔里希·贝克：《风险社会：新的现代性之路》，张文杰、何博闻译，译林出版社2018年版，第17页。

的公法，其在统一的法秩序下与民事立法、民事司法理念的扩张趋势有着极为密切的关系。这种差异为何得以呈现，从私法公法化的趋势中如何体现刑法在其中发挥的作用，进而实现从私法公法化到民法刑法化的过渡？其中则必然涉及刑民关系的衔接及其分野问题。至少在当前的刑法及民法学理论研究以及对应的刑事法律规范中，这种关系已经有了初步的讨论。具体而言，笔者认为可以分为两个维度：

第一是时间维度，也即"先刑后民"的关系是否存在以及应否存在。对此陈兴良教授即提出"刑民竞合场合下对于刑民能够区分的采用先刑后民的司法原则，而不能区分的采用先民后刑司法原则"[1]。将其定位为司法原则的同时，另一重隐忧即在于：同一事实的"可分性"判断主体为何？判断标准为何？论者似乎没有得出清晰的结论，也难以得出较为清晰的结论。归其原因，就诉讼程序的处分权而言，民事诉讼除非涉及公益，原则上应当归属于当事人行使请求权的诉讼行为，而刑事诉讼的处分权（尤其是其中最为核心的定罪、量刑权）原则上却应当归属于司法机关，这必然导致国家权益与个人权益之间的关系发生不可调和的冲突。但至少在近年来最高人民法院的相关司法解释中这种"先刑后民"的思维得以体现，如1998年《最高人民法院关于在审理经济纠纷案件中涉及经济犯罪嫌疑若干问题的规定》中即确立了经济领域的民事诉讼，人民法院自己发现时驳回起诉、经公安机关或检察机关发现犯罪嫌疑附送材料时移送有关机关的基本思路。有鉴于此，在刑事司法实践尤其是经济相关犯罪的司法实践中可以得出：其一，刑民之间"可分性"的判断权主体在于司法机关；其二，对同一事实属于刑事案件还是民事案件原则上应当分别判断，经司法机关审查认为属于经济犯罪的适用"先刑后民"的理念。

---

[1] 参见陈兴良等：《关于"先刑后民"司法原则的反思》，载《北京市政法管理干部学院学报》2004年第2期。

第二是空间上的判断标准问题,这也是经由上述最高人民法院司法解释所确定的"民刑分别判断"这一重要原则。从民法及刑法各自的理论体系而言,其必然带来不同的判断基础逻辑。民事不法不能代替刑事违法,民事规则也不能堵截刑事判断。无论民事不法行为还是刑事违法行为,都包含不同的前提、条件、结论等法律规则基本要素,换言之,不能因同一行为系民事违法或民事不当进而否认其在刑事法律中的意义。其中的原因是多方面的,具体而言:其一,较多讨论刑民关系者都从违法角度区分民事不法与刑事违法之间的关系,[1]但民法在规制违法行为的同时也规制合法行为,甚至合法行为(如民事法律行为)系民法理论构建的重要基石,如法谚所言"法律行为是私法自治的工具",在法秩序统一原理下,就同一案件事实其合法性判断根据往往是统一的。[2]这也导致较多形似"刑民关系"的论述系放之四海皆准而缺乏针对性,同样能够适用于行政法与刑法之间的关系探讨中,也即强调较之于前置性法律所规定的违法行为及其对应的处罚措施而言,刑法制裁具备自身的严厉性、司法判断的实质性等,这在本质上探讨的是刑法与其他法律的关系而非民刑之间的关系。其二,就规范研究所强调的典型性而言,无论民法还是刑法,皆需以一定的模型、标准、范式作为构建理论体系的参照。如刑法中的"故意作为正犯既遂"及民法中的"典型合同"概念等。然而较之刑法不典型亟须规避或予以科学性或理性化的提倡,[3]民法之不典型

---

[1] 具体可参见夏勇:《刑法与民法——截然不同的法律类型》,载《法治研究》2013年第10期;陈兴良:《民事欺诈和刑事欺诈的界分》,载《法治现代化研究》2019年第5期;江伟、范跃如:《刑民交叉案件处理机制研究》,载《法商研究》2005年第4期;于改之:《刑民分界论》,中国人民公安大学出版社2007年版。

[2] 参见陈兴良:《刑民交叉案件的刑法适用》,载《法律科学(西北政法大学学报)》2019年第2期。

[3] 参见白建军:《论刑法不典型》,载《法学研究》2002年第6期。

更为常见且被法律所允许,类推适用的正当性及其有效性使得民事法律具备天然向外扩张的趋势。其三,民法以保障公民自主决定私人生活空间作为圭臬,而私人生活世界的多元必然导致很多尚未被法律规定的法律事实出现。其中较为典型的如无名合同中各自转移所有权交易的情形,根据民法原理其大都参照买卖合同进行处理,再如民法中大量出现法律未作规定同时当事人也未以明示或默示方式约定时所作的补充性规定,也体现了法律世界对多元生活世界涵摄的"妥协",而在刑法中这种"口袋性"规定原则上是应当被限制、避免的。

如何看待这种"民法扩张,刑法谦抑"趋势下的民刑关系呢?从私法公法化延伸出的路径为何选择了"民法刑法化"而非"民法行政法化"?笔者认为其中具备较为深层次的原因。

其一,该概念的产生源于实体法律规范所规制对象的范围程度不同。在现代社会,作为国家管理社会的重要方式,政府参与社会生活的领域极广,较之传统意义上政府的"守夜人"角色,现代行政法所规制的政府系全方位、多样性的福利政府,系"从摇篮到坟墓"[1]的一条龙服务,某种程度上近似于"大管家"的角色,这也导致了作为规制政府行为的现代行政法调整范围的广延性。与之相反,刑法需要面对社会冲突,也即论者所谓"从'土地革命'到'权利革命'"[2]。换言之,刑法自身必须面对人性恶的假设,即使任何论者

---

[1] 值得注意的是,刑民关系研究之重要代表日本学者佐伯仁志、道垣内弘人即以"从试管到墓场"这一生命个体由生到死之过程反映刑民关系在生活中的广延性与连续性,这与当前多从行政法视角研究公私关系似乎有着一脉相承的特点。具体可参见〔日〕佐伯仁志、道垣内弘人:《刑法与民法的对话》,于改之、张小宁译,北京大学出版社 2012 年版。然而如笔者前文所言,公私法融合本就是现代社会发展的趋势,其二者之间的借鉴所受限制尤其是部门法范畴的限制明显更为有限,刑法作为公法代表之一,其受到民法扩张后理念的介入更趋于成为常态。

[2] 卢建平:《社会敌意(社会冲突)的制度调控——兼论刑法的面孔》,载《山东警察学院学报》2010 年第 5 期。

以"预防"为名试图美化刑法自身的属性,然而脱胎、进化于报复理念的报应正义却始终是刑法所回馈社会正义的基本"价值操守"之一。质言之,就刑法自身的"名正言顺""名副其实"而言,归根结底仍然系报应本身。如论者充满黑格尔式辩证色彩的论述,"报应"尽管与人类复仇心理存在不解之缘,但作为法律报复的刑罚,其诞生之时即是对野蛮复仇的否定。[1] 人类社会需要以法律的方式将公众所接受的"恶"予以正当化,在公私法融合的背景下,"法律"自身也趋于公私法的复合形态,这也使得民法更多地可能面对人性之"恶"的成分。

其二,该概念的产生与民事法自身易于扩张、类推的特征有关。当民事法以私人自治、人性善的基本立论为前提却附带具体法律适用扩张之实,必然导致面向人性恶的趋势。民法的扩张某种程度上即可能直接面对这种人性之"恶",而非位于个体之上的一个全方位政府。与之对应,行政法则往往在行政合理、行政合法、正当程序等原则的制约下,其作为立论前提的"恶"之假设在于政府而非个人,这导致很多形式层面讨论的行政法与民法的关系之间实则存在一定程度上的鸿沟,也即从人性善假设到人性恶假设再到政府恶假设的过渡。如果说国家权力扩张尚且成为以合法行政原则等的约束,那么犯罪及其对应的刑罚措施则必然要求民法同样应当以维护社会秩序作为本位。

其三,该概念的产生与民事诉讼、刑事诉讼、行政诉讼三者各自的救济主体关系演变进程有关。传统民事诉讼为"民告民",行政诉讼为"民告官",而刑事诉讼为"官告民",从逻辑外延上纯粹"官告官"式的诉讼程序在国内仍尚属稀缺。如前所述,当前刑事诉讼已经通过自诉案件的形式进行了相应的突破,而行政诉讼的主体仍处于相

---

[1] 参见邱兴隆:《刑罚理性辩论——刑罚的正当性批判》,中国检察出版社2018年版,第11页。

对狭义上的定位。较之近年来逐步推广开展的行政、民事公益诉讼，显然刑事诉讼已经较早地以刑事和解等制度借鉴了民法的理念和经验，强调作为被害者等私权主体在刑事诉讼中的参与权乃至处分权，体现了刑民二者相互借鉴的思想。如前述笔者《论刑法的民法化》一文中所言，公私法融合的终极关怀本质即在于人的权利，[1]无论从刑事法保障人权及民事法保障私权的角度，其终极目的皆在于保障人之为人所应当具有的基本条件，而这样的诉讼程式模式也为民法刑法化创造了有利条件。

在这样的影响下，有必要对何为民法的刑法化作出一个准确界定。笔者认为至少具备三个层次的含义：其一，所谓的民法刑法化强调的是民刑二者在理念上的近似或重合。在统一法秩序理念下民法与刑法之间的分野不再如此突出。如前所述，除认可在合法性判断层面的法秩序统一理念外，即使在刑法中对"可罚的违法性"正当性本身其也必然依靠逻辑、体系、目的的三者统一方才得以确立。[2]其二，如前所言，在社群共同利益作为导向的法律制度模式下，民法已经日趋从最为狭义的私人关系中"收缩"。民法不是家规家矩，更不是纯粹的私人合同，而是以国家法律的面貌出现的规制、调整自然人、法人与其他组织民事行为的制度规范。其三，刑法多为义务法，通过犯罪与刑罚的方式规定公民生活何者不可为而非何者可为。由于刑法自身趋近私人人性之基础，其以义务性规则为第一性规则的特征使得民事法律由狭义的"权利本位"走向了多元意义上的"权利—义务"本位，刑法思维与刑法理念也开始逐渐进入民法的视野。这样的思维在现代民法中的"通知义务""注意义务""谨慎义务""照管义务"等

---

[1] 参见姚建龙：《论刑法的民法化》，载《华东政法学院学报》2001年第4期。

[2] 王昭武：《法秩序统一性视野下违法判断的相对性》，载《中外法学》2015年第1期。

已经得到了充分的体现。本书认为,从私法公法化到民法刑法化,并不是一种违反私人自治"初心"的背叛,而是顺应历史趋势和现实需要而呈现出的一种法律演进的重要特征,也是迎合了时代发展要求的国内法律体系进一步走向成熟的表现。

三、民法刑法化的法典体现及其评价

法律作为一种社会现象,其最为直观的体现往往是已经成为条文的制度本身,而与其直接相关的法律活动即是立法。笔者认为,与当前时代背景相对应,本次《民法典》出台较为明显地体现了刑法的立法理念,也体现了作为部门法之一尤其是中国特色社会主义法治体系中核心的基本法律所肩负的开放、包容的胸怀。具体而言,当下的《民法典》文本至少有三点重要变化体现了其刑法化特征:

第一是行为层面,对过去刑法已经规定但《中华人民共和国民法总则》(以下简称《民法总则》)、《中华人民共和国合同法》(以下简称《合同法》)、《中华人民共和国物权法》(以下简称《物权法》)等尚未规定或存在争议的法律关系,《民法典》进行了回应,体现了《民法典》对公共空间领域的深入。如过去为刑事法所普遍关注的高利贷行为,根据2015年《最高人民法院关于审理民间借贷案件适用法律若干问题的规定》所确立的规则,借贷双方约定年利率不足24%的系有效债,年利率为24%—36%的系自然债,而年利率为36%以上的系无效债,然而这种作为无效民事法律行为的情形促使其无效的原因为何,系合同目的不能实现?系违反强制性规范?系恶意悖俗侵害债权的情形?似乎该解释尚未作出回应。有鉴于此,2019年最高人民法院、最高人民检察院、公安部、司法部即联合印发《关于办理非法放贷刑事案件若干问题的意见》,以刑事法中扰乱社会管理秩序、破坏社会主义市场经济秩序相关章节犯罪予以了应对。《民法典》第六百八十条也作出了禁止高利贷的相关规定，即"禁止高利放贷，借款的利率不得违反国家有关规定"。

再如对长期以来民法学研究中争议颇多的高空抛物民事责任问题，在2020年5月22日第十三届全国人民代表大会第三次会议上关于草案的说明中也指出，本次《民法典》予以保留的重要原因在于为了保障人民群众生命财产安全，并针对处理时行为人确定困难的问题，强调有关机关依法及时调查，并要求建筑物管理人采取必要的安全保障措施。[1] 从立法机关的释义中，可以看出对本条款予以保留并完善的最终导因即是明确责任主体，将责任归属方向予以限制。在刑事法领域，何者以及何种程度上对已经被制造并客观实现的风险能够被归责或承载，本身就不仅应当考虑构成要件自身的形式性规定，也应当涉及其效力归属的实质范畴，系一个较为复杂的问题。但从各国刑事立法的现状而言，无不通过如犯罪形态、共同犯罪、竞合论与罪数论等方式将风险的客观归属予以具体化。民法并非不关注风险问题，从最为典型的民事法律行为合同订立中的风险负担，再到《民法典》第五百三十三条沿用《最高人民法院关于适用〈中华人民共和国合同法〉若干问题的解释（二）》第二十六条确立商业风险作为排除成立情势变更原则的要件，再到合同履行层面《民法典》第五百七十三条确立提存标的物毁损灭失风险由债权人承担等规定，都无不在体现这么一个理念：当事人私法自治能力空间有限，对于某些在实际生活中出现的风险，立法者不得不通过价值衡量的方式进行抉择。对交易主体而言，风险背后可能隐藏着巨大的收益，也可能导致其承担较为严重的责任，故为防止"得到好处全归个人，承担责任留给社会"的人性恶本质显露及相应治理失范的情况出现，《民法典》作为国家

---

[1] 参见《中华人民共和国民法典（含草案说明）》，中国法制出版社2020年版，第216页。

基本法律之一，将特定交易情形下的风险归属予以明确。

第二是责任层面，尤其是自甘风险条款民事责任的承担问题，部分体现了民法刑法化的思想。对自愿参加具有一定风险的文体活动进而因其他参加者行为造成损害的，原则上不得请求承担侵权责任的规定，即体现了刑法中被害人自我答责视角的介入。通常意义上的民事侵权行为所产生的是相对之债、法定之债，系特定人请求相对人实施或不实施一定行为的权利。而法经济学视角下的民事侵权行为及侵权责任设立的意义即在于将高交易成本所导致的外部性予以内部化，即侵权法自身的预防功能。[1] 为何《民法典》得以在侵权责任编作出如此贴近于刑事法理念的规定？这在本次《民法典》立法过程中对该条文所存在的争议中得以体现。在最初的草案中，条文前半段表述系"自愿参加具有危险性的活动受到损害的……"[2]，此后则将其修改为"具有一定风险的文体活动"，系对"自甘风险"条文适用前提的一个限制，溯源之所在也即对"民事主体在何种程度范围内应当对私人所创设或实现的风险予以分配、负担"这一问题的回答，这必然关联到刑法所牵涉的报应问题。即使从刑法角度，同样存在刑事制裁的预防功能，但以报应为社会正义基础的法律理念却往往是民事法律所不能接纳的。如论者所言，自我决定权在刑法适用中的一大表现即被害人视角同意他人实施风险行为的自我答责思想，[3] 这一点也在日本 1995 年千叶地方法院相关案例中有所体现：被告人在被害人指挥下以从未有过的驾驶方法进行泥地比赛练习，最终导致被害人死亡，

---

[1] 参见程啸：《侵权责任法（第二版）》，法律出版社 2015 年版，第 27 页。

[2] 《民法典侵权责任编草案再次提请审议确立"自甘风险"规则新增"自助行为"制度》，http://www.npc.gov.cn/zgrdw/npc/cwhhy/13jcwh/2018-12/25/content_2067934.htm，2020 年 6 月 12 日访问。

[3] 参见车浩：《被害人教义学在德国：源流、发展与局限》，载《政治与法律》2017 年第 10 期。

此时法院认为被害人具备自身接受危险的现实化而否定在行为上成立业务过失致死罪的指控，同时在民事审判中法院以不可预见结果发生为由否定了赔偿义务。[1]而在与日本刑法有承袭渊源的德国也通过客观归属理论中的"允许风险的归责"加以排除对体育运动等活动中犯罪的成立。[2]当行为人创设风险排除社会相当性时，其行为规则往往应当至少在正当性意义上被限缩，而这种外部性进行内部化的经济风险转移方式也在《民法典》中（尤其是其订立沿革过程中）得到了体现。在这一意义上，刑法中报应主义限制处罚正当性的思想反映在了《民法典》的条文中。

第三是法律后果层面中的赔偿条款尤其是惩罚性条款的设置，体现了民事法律后果同样可能具备刑法的惩罚思想。以侵权责任法为例，除沿用2010年《中华人民共和国侵权责任法》（以下简称《侵权责任法》）针对明知产品存在缺陷而予以销售造成损害的惩罚性赔偿及1999年《合同法》第一百一十五条所规定的定金罚则条款外，《民法典》第一千一百八十五条所规定的故意侵害他人知识产权情节严重、第一千二百三十二条所规定的违反法律故意污染环境或破坏生态造成严重后果两种情形，都较完整地在民事法领域体现了刑法的惩罚性思想。国家公权力的膨胀所隐含的往往是侵犯私人空间的欲望。由于刑法系法律体系中的二次法，其惩罚严厉性的背后必然是国家权力的不当扩张进而侵犯公民个人权益的危险，这也在近年来刑事法学谦抑性思想的理论研究中得到了深刻的总结与反思。然而惩罚作为公法领域尤其是刑事法领域所特有的哲理思想，其正当性本身即不可否认，这也在本次《民法典》立法的进程中得到了体现。其中较为重要的原因之一如前所述，产品责任、污染环境、知识产权保护等领域本

---

[1] 参见冯军：《刑法中的自我答责》，载《中国法学》2006年第3期。
[2] 具体参见〔德〕克劳斯·罗克辛：《德国刑法学 总论》（第1卷），王世洲等译，法律出版社2005年版，第251—252页。

就具备极强的专业性和公众性，在风险社会中强势者也极易利用弱势者信息缺乏的现状实施侵害进而为自身牟利，损害众多普通公众的利益。法律作为社群的重要组成部分应予介入，对此《民法典》也进行了积极的回应。

那么如何看待当下这种"民法刑法化"现象在民法典中的具体体现，也即民法典刑法化的现象呢？这种潜在的立法趋势是否正如哈耶克在《致命的自负》中所言，"因科学技术成就，加强了人类理性控制能力的幻觉，进而对人类自由形成不断的威胁"[1]？笔者认为其核心仍如前所言，在于求同基础上的存异：

一则是求同。就法律规范或经济体制运行而言，无论政府失灵或市场失灵，其核心都在于制度本身与其所规制的社会环境的不相适应。既存在所谓国家或政府利用自身公权力"干预"自由市场经济的运行，同样也可能存在以私人利益"介入"公共空间进而侵犯公共管理秩序，如政府权力寻租、侵犯公司商业秘密等法律制度本身所不容许的行为。即使在民事法律中也存在如《民法典》第一百五十三条违反强制性规定或违背公序良俗的民事法律行为无效的规定。只不过何为"强制性规定"及"公序良俗"或许仍然需要未来的理论研究及《民法典》相应的司法解释对其进行深入明确。2001年在法学界引起广泛讨论的"泸州遗赠案"两审判决所受到的批评也是在于"公共秩序、公共道德"究竟在何种程度上能介入民事法律规制领域存在的质疑，然而论者却从未否认一个基本的立论逻辑，即无论对于民法还是刑法而言，明确性及可适用性皆系其矢志不渝的向往。明确、精简、稳定、可预期可适用的法律制度与法律体系素来为民法和刑法研究者与实务从事者所追求。如奠定近现代刑法罪刑法定原则基石的贝卡里

---

[1] 参见〔英〕F.A.哈耶克：《致命的自负》，冯克利、胡晋华等译，中国社会科学出版社2000年版，第4页。

亚所言，从本质上来说，刑罚即应为公开、及时、必需，并在既定条件下尽量轻微、与犯罪相对称并由刑法所规定。[1]这是民法与刑法作为国家基本法律制度所承担的重任，也是保障公民人之为人基本条件的法律制度的应有特征。

二则是存异。这体现的是民法与刑法因理论出发点不同而导致的体系建构之间的差异，尤其是刑事法不应过度介入民法的思想。以对所谓"不知情者"的处理方式为例，较之对不知情者的保护，如民法典中的法人章程约定的内容、特殊动产与法人的登记效力、所有权保留约定等不得对抗善意第三人的规定，效力待定合同被追认前善意相对人的撤销权设置，善意无权占有人对因维护产生的必要费用请求权确立等规定，"不知法者不为罪"的法律规则本就在刑事法理论及实务中极为有限地被适用。虽然在本次民法典修订中体现了刑法化的趋势，但仍需谨防刑事法尤其是带有严厉制裁性的法律措施对私人生活的渗透。刑法是维护社会公义的最后一道防线，也是不到万不得已不应轻易触碰的法律底线。故这种民法刑法化的趋势现状是否应当成为未来民事、刑事司法与立法改革的应有之义，则有待根据未来民法典的司法应用及刑事立法改革，结合国内的实际情况以及未来时代发展需要进行进一步的观察、探讨与思考。

四、后民法典时代的刑法改革

在公私法融合的背景下，无论民法刑法化还是刑法民法化，往往都殊途同归于对人之为人所应有的基本权利的保障。本书认为，虽然当前国家已经存在具有法典形式但无法典称谓的刑事法律体系，但民

---

[1] 参见〔意〕贝卡里亚：《论犯罪与刑罚》，黄风译，中国大百科全书出版社1993年版，第125页。

法典所体现出的刑法化趋势仍系未来刑事立法与刑事司法改革所应当密切关注的重点,值得未来刑法改革借鉴与反思。较之1979年、1997年两部刑法制定所处的时代背景,民法典的订立经历了信息时代和技术革命高速发展所带来的种种便利条件,立法过程自身也不再是纯粹如同卢梭所言:"立法权系国家心脏,行政权系国家大脑,大脑麻痹,人可能活着;但心脏停止机能,人立马即会死亡。"[1]无论是社会公众还是法学研究者、立法建议者,都可通过X光、病理解剖等方式了解这个"国家心脏"的内在架构、运作机理及其独有特征,立法不再仅仅是国家权力的能源所在,国家权力的运作自身也可能对立法产生反向的作用,这一点在已经表决通过的民法典中以重点变动的方式有了较为明显的诠释。民法典也逐步走向了由封闭到开放、由孤立到共融、由内省到扩张的趋势。作为现代社会尤其是承袭大陆法系国家成文法形式的当代国内立法及法学理论研究的沿革背景,其必然走向的是在形成各自理论体系基础、实践操作方法的前提下各法典之间的融合趋势。如前所述,近现代公私法截然二分的模式实际上已较难发挥其应有之义。就民法基石而言,其所提倡的"平等主体观"必然由于规则适用自身的扩张性特征转而求助于社会法乃至公法的政治性需要;而就刑法基石而言,其所维护的"谦抑性"二次法理念也极大限制了其对私人空间的侵犯。无论如何,这是未来以法典作为基本法律制度改革模式的国内法律体系所应当予以借鉴、思考的重中之重。

民法典时代已经到来,在民法典刑法化的客观趋势下,后民法典时代的刑法改革又应当何去何从?作为新中国第一个以"典"命名的法律规范,《民法典》所承载的历史使命与时代意义是不言而喻的。

---

[1] 〔法〕卢梭:《社会契约论》,何兆武译,商务印书馆2003年版,第113页。

那么就刑法而言，是否应当"顺应时代"，在适当时机推动国内"刑法典"的建立？作为数十年民事立法改革的集大成者，《民法典》对于国内未来的刑法制度改革具有何种程度上的意义？这是当前每一个刑法从业者、学习者、研究者应当关注的问题。笔者认为，在依法治国构建法治国家的时代背景下，在建设中国特色社会主义法治事业的历史使命下，民法典编纂的历史现状也对未来的刑法改革具有较为深远的启发意义。承接现代性社会的应然要求、各国民法理论与实务的借鉴以及具有中国本土民情特色的民法制度，其继受过程必然是集学术化、科学化、现代化于一体的产物，[1] 这一点也在民法典中得到了充分的体现。

第一，刑法改革应严格遵循谦抑性的原则，合理限制刑法的适用范围。这是现代刑法所必然遵循的制度设计逻辑基础。如前所言，民法典中所体现的刑法化特征，其本质系民事法律适用扩张的应然体现，民法典编纂不是另起炉灶、推倒重来，而是承前启后、继往开来。[2] 如论者所言，如果立法者不了解国家及特定历史时期思想意识形态领域，尤其是占据主导地位的思想意识，不了解与其相关立法的情况及其对各立法的指导性作用，那必然难以深入把握相关立法精神实质。[3] 较之20世纪80年代始制定民法草案后又因经济体制改革而导致民法典编纂转向"先零售后批发"进而形成《中华人民共和国民法通则》《合同法》《物权法》《中华人民共和国婚姻法》《中华人民共和国继承法》《侵权责任法》等相对零散的法律的立法沿革过程，国内早在1951年即已有《中华人民共和国惩治反革命条例》等规定了无期徒刑、死刑等刑事罚则的相关制度，在经过1979年、1997年

---

[1] 参见高伟：《维亚克尔的法律继受理论与中国的民法继受》，载《政治与法律》2007年第6期。

[2] 参见王轶：《民法典之"变"》，载《东方法学》2020年第4期。

[3] 参见周旺生：《立法论》，北京大学出版社1994年版，第236页。

两次大的修订后逐步形成了一部刑法、一个单行刑法、十二个修正案、若干立法及司法解释的法律体系，相较于民事立法改革已属比较全面甚至是走在前面的。尤其是1997年《刑法》所确立的"罪刑法定"等保障人权的基本理念更是与民事法私法自治原则相对应而形成了现代刑法理念的基石。刑事立法改革不只是理论研究的试验田，也不只是已有司法实践经验的简单相加，更不是任何理论研究者一家之言的制度签字化，而是一个兼具经验性与前瞻性特征的复杂过程，当任何论者试图越过国内实定法规定而寻求外部性借鉴的时候，其必然面临刑法所追求的核心价值理念的反驳批判。未来刑法改革亦应以人为本位，遵循谦抑原则，进一步合理限制刑法的适用范围。

第二，刑法改革中应当遵循刑罚宽缓化的脉络，防止重刑主义思想在刑事司法与刑事立法中的滥用。《民法典》通过后，有相关论者建议"适时编撰统一刑法典、继续削减死刑罪名"等，其重要动因即是将法律作为人之为人的基本保障方式予以确立。实际上，从立法体例上而言，1979年、1997年两部刑法通过总则、分则设置的方式已经具有法典的特征（只是尚未采用"法典"之名），但在具体的司法实践中重实体轻程序、重惩罚轻保护的思想仍然较为普遍。笔者认为，为体现本次《民法典》的特性，刑法不应"随波逐流"而称"典"。换言之，本次《民法典》订立本就是在民法刑法化的背景下所产生，我国素有重刑主义的刑事司法传统，同时过度重视刑罚预防功能的刑法自身必然导致的是对公民私权的侵犯。本次《民法典》订立所体现的刑法化趋势正是公私法融合背景下殊途同归的应然结论，法律作为人之为人的重要保障手段，更应体现对个体基本权利的尊重与保障，这也是1997年《刑法》相较于1979年《刑法》的一大进步之处。

第三，刑法改革应当以服务社会及个人为本位，而非以惩罚手段僭越社会经济文化发展的客观规律以实现冲动盲目的公众情绪。近年

"现象立法"俨然成为立法和司法所鄙夷的对象。诚然任何的法律制定与运行都不可为社会舆论尤其是经人为粉饰引导的社会舆论所制约、绑架,然而对于经充分论证、研究而反映社会现实问题的立法意见理应经审慎、适当、有效的考量而进入刑法改革的方向。就刑事法改革自身而言,原则上能交由民事法及其他前置法解决的责任承担问题都应交由其负责,这也是刑法服务社会本位的必然要求。从刑法自身来看,如论者所言,"法益"理念的抽象性、专业意见在未来立法过程中的式微以及具有事后建构性的法教义学兴起等,使得立法者应对经验世界的变化而作出了实用主义的现象立法选择。[1] 鉴于此,应当进一步明确未来社会刑法以人为本的核心理念,凸显刑法的人文关怀。

结语

从 1997 年 3 月 14 日第八届全国人大第五次会议修订《刑法》到 2020 年 5 月 28 日第十三届全国人大第三次会议表决通过《民法典》,其间沧海桑田,国内法律体系也发生了翻天覆地的变化。互联网及信息技术的发达使得公众能在较短时间内及时、准确地了解到最新的立法动态及法律条文内容,立法也日趋走向公开、透明、完善,这无疑是进步的表现。较之 23 年前的《刑法》修订,本次《民法典》的订立汇集了数代国内民法学人共同的智慧,也体现了区别于传统大陆法系德、法等国民法典所具备的鲜明时代意义。

作为我国法律体系母法的《宪法》规定,中华人民共和国的一切权力属于人民。无论是笔者《论刑法的民法化》一文中所明确的从政治刑法到市民刑法中刑法逐步退出市民生活的转型,还是本书中所提

---

[1] 参见陈金林:《现象立法的理论应对》,载《中外法学》2020 年第 2 期。

倡的从市民社会民法到社群社会民法中民法逐步"侵蚀"传统刑法空间的过渡，其本质都是保障个体自由、维护社会秩序的制度化方式。任何法律制度，其最终的目的都是保障人的生存，保障人的生活安宁及其幸福向往的基本追求，这也是现代法律体系中政治国家与市民社会二元分立的应然体现。质言之，无论是民法的刑法化还是刑法的民法化，其本质都是殊途同归的。统一法秩序理念所追求的诸法精神内核的借鉴与统一并非促使现代法律体系回归诸法合体、刑民不分的历史局限性传统，但其排斥各部门法理论研究及立法改革相互孤立、各司其职而缺乏交流的现状，体现在本次《民法典》订立对过去国内民事法发展的经验总结与理论积累概括过程，无疑是对未来刑法尤其是刑事立法改革的一个重要参照，也是现代立法技术与法律理念的一个进步。民法典刑法化是一个未来的趋势，公私二法的融合也是现代法治理念及法律制度建设较之千余年前罗马法时代法的一个重要进步。为了这一进步不被落空，为了这一进步不被滥用，更为了刑民关系的厘清与完善，未来广大刑法及民法学人更需打破行业壁垒，实现共同努力、共同进步。

第四章
法典化语境下刑事立法的理性与抉择

——刑法多元立法模式的再倡导

"法典编纂之举是立法史上一个世纪之大事业。国家千载之利害，生民亿兆之休戚，均依此而定。"[1]《民法典》是我国立法史上第一部名称中带有"典"的法律。但是这并不意味着《民法典》是中华人民共和国成立以来的第一部法典，因为一部法律是不是法典，关键不在于该部法律的名称中是否带有"典"字，而是取决于该部法律是否具有体系性与完备性的法典基本特征。基于此，应当认为我国刑法早已是实质意义上的法典，无论是1979年《刑法》还是1997年修订的《刑法》，都具备法典的基本特征。1997年《刑法》分为总则与分则两部分，且各章之间体系结构完整而协调，具备明显的体系性特征；另外，1997年《刑法》一直坚持的是单一刑法典模式，将刑法的基本原

---

[1]〔日〕穗积陈重：《法典论》，李求轶译，商务印书馆2014年版，序第1页。

则及各种罪刑规范全部囊括其中，突出了我国刑法的完备性特征。因此，应当承认，我国现行《刑法》虽无"法典"之名，却具有法典之实，是实质意义上的刑法典。这说明我国刑法学者所称的刑法再法典化必然不是像民法典编纂一样要重新制定一部新的刑法典，而应当是对现有《刑法》进行全面而彻底的修改。本章将在该语境下讨论我国刑法再法典化所应当保持的理性与抉择。

尽管我国刑法学界对刑法再法典化基本已经达成共识，但是对刑法再法典化立法模式的选择仍然存在着较大分歧，主要体现在刑法典的多元立法模式与单一刑法典模式的争论上。立法模式的选择决定着我国刑法体系未来一段时间的格局。单一刑法典模式意味着我国刑法将继续保持现行刑法"大而全"的格局，把所有的罪刑规范都纳入刑法典中；多元立法模式则意味着我国刑法体系将呈现以刑法典为核心、单行刑法与附属刑法规范散落分布的多元格局。《民法典》的成功编纂对通过法典编纂提升法律的体系化和易适用性具有示范作用，然而，将现行刑法再法典化是否也应当沿袭《民法典》的法典编纂模式？我国现行《刑法》在其施行的二十多年的时间里到底存在哪些问题？单一刑法典模式是否能够继续满足现代法治国家的发展需要？本章将针对上述问题展开论述，并在单一刑法典模式与多元立法模式的争论中，选择出一种更能满足我国法治现代化需求的刑法立法模式。

一、刑法再法典化应当保持理性

亨利·梅因曾说："大凡半开化的国家，民法少而刑法多；进化的国家，民法多而刑法少。"[1] 也即，在法治程度较低的国家，刑事立法就详细、完备；而在法治程度较高的国家，民法在整个国家的法

---

[1] 〔英〕梅因：《古代法》，沈景一译，商务印书馆1959年版，第207页。

律文化中处于重要地位，刑法相对萎缩。由此可见，刑法的发展与民法的发展并不是亦步亦趋的，反而是一种你进我退的态势，所以刑法再法典化应当认识到刑事立法与民事立法所存在的差异，从而在立法上保持理性，即使有民法典成功编纂的经验在前，也不宜盲目跟从。

首先，民法典编纂与刑法再法典化的目的各不相同。那些对大陆法系国家和普通法系国家的法律体系演变进行了比较研究的学者们发现，大多数大陆法系国家已经发生了根本性的变化，特别是20世纪以来，一些大陆法系国家为了使民法典适应社会发展的新变化，开始不断用各种法律技术来修补民法典施行过程中所产生的裂缝，那些特别立法虽然采用了在根本上与法典一致的体例，但是其增加了与特殊的事实相对应的补充或展开，将民法典所调整的范围不断"抢走"，甚至创设了一个"微观系统"，使得法典的中心地位摇摇欲坠，由此产生了"解法典化"的现象。[1] 显然，一些大陆法系国家正面临着"解法典化"或"法典重构"的问题，在此潮流之下，我国为何如此执着于制定一部《民法典》？有学者认为，由于我国没有民法典，以上这些问题都还没有发生的基础，所以我们不能以"解法典化"或"法典重构"的现象来否定法典对促进我国立法发展和维护社会秩序所发挥的重要作用，以此来否定我国对民法法典化道路的选择更是站不住脚的。[2] 在《民法典》通过以前，我国虽然曾经几次提出要编纂民法典，但是最终都没有成功，从而导致我国的民法体系长期是由9部单行民事法律组成，各个民事法律不仅不成体系地散落在各处，彼此之间还多有冲突而不能融洽无间。这些相互冲突的法律需要相互

---

[1] 参见〔秘鲁〕玛利亚·路易莎·穆里约：《大陆法系法典编纂的演变：迈向解法典化与法典的重构》，许中缘、周林刚译，载许章润主编：《清华法学》（第八辑），清华大学出版社2006年版，第82页。

[2] 参见王利明：《法律体系形成后的民法典制定》，载《广东社会科学》2012年第1期。

协调，形成一个逻辑严密、价值自洽的规范群，才能便于司法适用，有效规范社会生活。[1] 在民事法律体系基本形成之下，编纂《民法典》实质上可以被看作以民事部门法典的单一化、整体再法典化为核心的民事法律规范体系的统合化、现代化运动。[2] 由此可见，《民法典》的编纂以整合民事法律规范为主要目的，中国民法体系化也必须走法典化道路，这既是因为通过制定《民法典》能够提高民法的体系化程度，也是因为制定《民法典》是梳理、整合现有民法规范的有效方法。但是，刑法所面临的是如何解决现行刑法内部矛盾不断、外部衔接不畅、无法及时应对社会发展变化的问题。这些问题的产生，既是因为我国现行《刑法》已经施行了一段时间，而且在其施行的二十多年时间内，中国的社会生活发生了翻天覆地的变化，从而加快了刑法典"裂缝"的产生速度；这也是单一刑法典立法模式本身所存在的不足所导致的，例如，单一刑法典为了保持法典的稳定性无法及时回应社会变化而进行法条修改。而且，这些问题都无法通过简单修订单一刑法典的方式（刑法修正案）而彻底解决。其他大陆法系国家在制定单一刑法典后，都陆续颁布了大量的单行刑法或附属刑法规范以解决单一刑法典所产生的系列问题，这说明"大而全"的单一刑法典难以承受现实之重。

其次，民法和刑法在法律体系中所起到的作用有着明显不同。《民法典》被誉为"新时代人民权利的宣言书"，是以保障人民的私权为主，也是人民私权的第一次保障；而刑法是"二次法"，即人民权利的二次保障法，只有当民事、行政、经济法律调整不能的时候才应由刑法"出手"。民法作为前置法只需要保障其法律体系的内部和谐，

---

[1] 参见薛军：《中国民法典编纂：观念、愿景与思路》，载《中国法学》2015年第4期。

[2] 参见朱广新：《民法典编纂：民事部门法典的统一再法典化》，载《比较法研究》2018年第6期。

通过各民事法律规范之间融洽无间地衔接保障人民私权；然而刑法作为二次保障法，不仅需要保证其自身法律体系的内部和谐，还需要在法秩序相对统一的前提下，承接前置法的相关规定，将某些行为作为犯罪处理。另外，刑法不仅需要与民法衔接，还需要与行政、经济等法律规范衔接，而行政犯罪、经济犯罪的变动性较强，一旦前置法的相关规定发生改变，刑法也理应作出相应的变化，所以刑法作为二次保障法注定无法自说自话，需要随前置法的改变而作出相应的变化，否则就会产生刑法与前置法脱节的问题。实践证明，单一刑法典已经陷入了保持法典的稳定性与及时适应社会变化的矛盾之中。与民法典不同，许多大陆法系国家的刑法典一开始就没有将所有的罪刑规范都集中在刑法典中。例如，德国只是将总则性的规定与那些特别重要的罪名规定在刑法典中，即所谓的核心刑法。相应地，将那些与特定领域有密切联系的犯罪规定在附属刑法之中。[1] 日本、意大利等大陆法系国家都只是在刑法典中规定了一些如故意杀人、抢劫等自然犯，其他罪刑规范都散布于其他法律中，且条文数量远超刑法典中的规定。此外，我们还应当认识到，在现代文明的法治社会里，法律在调整社会关系、规范社会行为的过程中，必然是多向善而勿为恶，多民事而少刑事，多经济而少行政，多教育而少刑罚，多明确而少模糊，多细腻而少粗犷。[2] 随着民法在现代文明的法治社会中的作用越来越大，刑法势必也会更加保持谦抑，所以，我国刑法在未来几乎不再可能继续保持现有的民刑、行刑衔接方式，刑法必然要主动向民法、行政法靠拢，借助民法和行政法的力量实现法益保护、犯罪治理的目的。因此，考虑到刑法本身所具有的特殊性以及未来法治社会中各部

---

[1] 参见张明楷：《刑法的解法典化与再法典化》，载《东方法学》2021年第6期。

[2] 参见张宝峰：《民法和刑法的比例》，载《人民法院报》2011年4月15日。

门法的地位,刑法再法典化如果盲目地学习《民法典》的立法模式,并不一定是最好的选择,而在前置法中规定相应行为的罪刑规范,不仅可以与前置法更好地衔接在一起,还能够避免刑法典被频繁地修改。

最后,民法典编纂的动力并不来自学术上的自觉,而是以强烈的政治引导作为动力源。有学者曾指出,2004年往后的十年时间里,虽然民法学界普遍认为我国应当制定一部民法典,但是对于我国民法典的"整体构造",却明显缺乏清晰的共识,"久而久之,民法典编纂这个话题便渐行渐远,几乎是被民法学界遗忘(或许是绝望)"[1]。但是这种状况很快发生了扭转,2014年通过的《中共中央关于全面推进依法治国若干重大问题的决定》为我国编纂民法典孕育了种子,不久后民法典编纂工作便开始启动。2017年,张德江同志在《在第十二届全国人民代表大会第五次会议上的讲话》更是明确提出,要继续加快推进民法典各分编的编纂工作,确保到2020年形成一部具有中国特色、体现时代精神、反映人民意愿的民法典。可见,政治引导是我国民法典编纂工作顺利开展的主要驱动力,民法典的编纂工作也正是在党中央和全国人大所规划的路线上有条不紊地展开。即使如此,我国《民法典》最终都没有成为一部包罗万象的民事法典,仍有一些民法的重要组成部分尚未被纳入《民法典》中。例如,知识产权法作为民法中的关键部分却没有被纳入《民法典》中独立成编。这是因为知识产权法所涉及的内容较为复杂,而且随着社会的发展与科技的进步势必还要进行频繁的修改,如果将其纳入《民法典》中将会破坏《民法典》的稳定性。虽然知识产权法的相关内容并未在《民法典》中独立成编,但是《民法典》将知识产权的类型和内容在总则部分予以概括

---

[1] 参见薛军:《当我们说民法典,我们是在说什么》,载《中外法学》2014年第6期。

性确认。如果知识产权法对某一事项未作出相应规定，就可以适用《民法典》的相关规定进行处理，避免无法可依的情况发生。由此可见，法典并不是包含的内容越多就越科学，教科书式的民法典观念已经逐渐被抛弃，不值得中国民法典编纂者去追随。基于学理体系构造立法体系，应该有其限度，且要出于实用主义的考虑，将法典更多地看作为司法裁判提供具体规范依据的文本。[1] 所以单一法典模式并不是追求科学立法的最佳选择，刑法再法典化应当打破单一刑法典在法治建设中能够发挥重要作用的幻想，重新审视单一刑法典所存在的弊端。

另外，我国当前关于刑法再法典化的讨论显然是以学术争论为主。一方面是因为刑法学者在看到民法典编纂成功后认为，作为同样具有重要地位的部门法，刑法的法典编纂工作应不甘人后，遂提出刑法再法典化的命题。另一方面是因为刑法学者逐渐认识到了现行刑法在施行过程中存在的诸多问题，于是就此展开了充分的讨论。但是，这些讨论似乎和民法学界在2004年之后十年关于民法典编纂问题的讨论极为相似，各种关于刑法再法典化的刑法理论各有优劣且众说纷纭，难以达成共识，在众多刑法理论的争鸣中，刑法再法典化更应当保持理性，仔细斟酌。

综上所述，《民法典》不仅是中华人民共和国第一部以"典"命名的法律，还是改革开放四十多年来民事立法的集大成者，是以将单行民事立法进行系统整合为导向，以编纂出一部体系协调、结构巧妙、内容耦合为目的的法典。但是，刑法再法典化并不是要像民法典编纂一样，制定出一部全新的法典，而应当站在我国法治现代化的角度，考量我国刑法在未来所应当发挥的作用，避免学术上的冲动。因

---

[1] 参见薛军：《中国民法典编纂：观念、愿景与思路》，载《中国法学》2015年第4期。

此,刑法再法典化不能盲目以民法典编纂的成功经验为指引,而是要重新理性审视现行刑法所面临的问题,以刑法再法典化的探讨为契机,选择一种最合适的立法模式,以满足犯罪治理与社会发展变化的需要,提升我国刑法的效能。

二、现行刑法所存在的问题

继续坚持现行的单一刑法典立法模式是刑法再法典化众多理论中的重要观点,然而,坚持现有的立法模式并不意味着正确。我国现行刑法自1997年修订以来出现了诸多问题,我国刑法学者也逐渐认识到单一刑法典所存在的弊端。只有抓住我国现行刑法所暴露出的问题,才有利于我国在刑法再法典化的理论争辩中,找到既能够解决我国现行刑法所存在的问题,又能满足我国刑法未来发展需求的合适路径。总的来说,我国的现行刑法大致存在如下三个问题。

(一)现行刑法的刑法渊源太过单一

1979年《刑法》颁布之时,我国刚走上改革开放的道路,国家的政治、经济等方面都发生了明显的变化,社会发展和犯罪态势也随之变动,刑法典很快就无法跟上该时期社会发展的脚步。为了缓解刑法典与当时的社会发展出现明显脱节的矛盾,国家立法机关相继出台了22个单行刑法规定,对刑法典内容加以衔接与调整,并在各部门法中增加了附属刑法规范。[1] 但是,这种对刑法典进行不断增补的立法方式很快遇到了新的问题,随着单行刑法与附属刑法规范数量的不断增加,刑法的适用出现了体系混乱甚至条文之间相互矛盾的严重问

---

[1] 参见刘之雄:《单一法典化的刑法立法模式反思》,载《中南民族大学学报(人文社会科学版)》2009年第1期。

题。因此，我国通过对1979年《刑法》进行全面修订，从而制定了1997年《刑法》，把1997年以前所制定的各个单行刑法全部废止，将各种附属刑法规范吸收到1997年《刑法》中，从而形成了现在的单一刑法典模式。为了维持单一刑法典的格局，1997年至今，我国对刑法典的修改几乎都是以修正案的形式对刑法典进行补充和修订。全国人大常委会虽然在1998年通过了《关于惩治骗购外汇、逃汇和非法买卖外汇犯罪的决定》，但是从其内容来看，该单行刑法仅第一条创设了骗购外汇罪并规定有具体的罪状和刑罚，其他条文都只是规定"依照刑法第xx条处罚"；从实际使用的角度来看，有学者通过裁判文书网以"骗购外汇"为关键词搜索得到了134份一审判决书，其中仅有两份判决书判处被告人骗购外汇罪，90％的被告人都是以非法经营罪论处。由此可见，该单行刑法已是名存实亡。该学者更是直言，不如称其为"死亡"的单行刑法更为适宜。[1]

附属刑法规范也几乎是名存实亡。附属刑法规范是指规定在非刑事法律中关于犯罪及其刑罚的法律规范，其特点是规定于经济法、行政法等非刑事法律中。我国当前在各部门法中规定刑事责任的条文基本分为两种：一种是宣示性立法，也就是不针对任何具体行为规定刑事责任，而是在整个法条用一个条文进行表述。例如，2014年修订通过的《中华人民共和国环境保护法》（以下简称《环境保护法》）就在第六十九条中直接规定："违反本法规定，构成犯罪的，依法追究刑事责任。"2019年修订通过的《中华人民共和国证券法》（以下简称《证券法》），也是在其第二百一十九条采取了这种立法方式。第二种是针对具体的行为，在条文的前部或后半部分单一规定"依法追究刑事责任"。例如，2018年修订的《中华人民共和国产品质量法》第六

---

〔1〕 参见李晓明：《再论我国刑法的"三元立法模式"》，载《政法论丛》2020年第3期。

十五条就在该条前部规定,"各级人民政府工作人员和其他国家机关工作人员有下列情形之一的,依法给予行政处分;构成犯罪的,依法追究刑事责任";该法的第五十七条、第六十八条则是采取在条文后半部分规定"构成犯罪的,依法追究刑事责任"的立法方式。笔者认为,我国当前在行政法中规定刑事责任的条文不能被认为是附属刑法规范,因为这些规定刑事责任的条文缺乏实质性内容,只是单一采用"依法追究刑事责任""依照刑法有关规定"等注意性规定,由于缺乏罪刑规范,实际上已经不能称之为附属刑法规范。此外,现行刑法典所规定的行政犯,在前置法中大多是采取"构成犯罪的,依法追究刑事责任"的方式进行提示。如果这样的规定还能够让人知道哪些行为可能会涉及刑事犯罪,那么,另一种在整部法律最后规定"违反本法规定,构成犯罪的,依法追究刑事责任",却是让人完全摸不着头脑,公众根本无法根据这些提示了解罪与非罪的界限。由于欠缺明确的指引,即使公众知道这些行为可能构成犯罪,却依然会陷入无法区分此罪与彼罪的困境之中。

(二) 现行刑法与其他部门法衔接不畅

1997年《刑法》在其施行的二十多年的时间里,确实起到了整合刑法规范、提高司法效率、适应社会生活变化的作用。有学者认为,刑法法典化更加适合中国社会发展的需要,将成为未来刑法立法坚定不移的发展方向。[1]但是在刑法适用的过程中,刑法典的"一家独大"造成与其他法律难以衔接的问题同样遭到了诸多学者的批评。有学者认为,针对中国"单一法典化"的刑法特点,在立法指导思想和价值观念表达上往往过分追求理想化状态与面面俱到,在立法目标的

---

[1] 参见赵秉志:《当代中国刑法法典化研究》,载《法学研究》2014年第6期。

确定与实现等方面也有一些偏差。例如，对于经济犯罪和网络犯罪，刑法未能解决好与经济法和行政法之间的衔接关系以及规制重心，又在立法标准的精细度以及可操作性等方面出现缺陷，甚至出现了法典权威压倒法官自由裁量的情况。[1] 还有学者认为，基于法典编纂的理念全面修订刑法典必须注重服务于完善以宪法为统帅的中国特色社会主义法律体系，需要仔细推敲其与"周边"相关法律的衔接、协调问题。[2] "上帝的，归上帝；恺撒的，归恺撒。"这句话极好地体现了部门法各司其职的现象，但是这样的法律现象正面临着巨大挑战。一方面是民刑交叉、行刑交叉案件越来越多，说明民刑、行刑之间的界限正在越来越模糊。这是因为，刑法作为其他部门法的二次保障法，本身就需要与其他部门法相衔接，但是在过去的衔接中，刑法中部分行政犯的相关规定并没有遵从前置法中的相关规定。例如，在《刑法修正案（十一）》通过之前，我国在侵犯著作权犯罪方面存在长时间的民刑严重脱节的问题，具体表现为刑法对侵犯著作权罪与销售侵权复制品犯罪中"发行""销售"两个关键术语的界定和解释，与《著作权法》中相同术语的规定完全不同。刑法将《著作权法》中并不构成违法的行为认定为刑事犯罪行为，以及在认定侵犯著作权罪时偏离《著作权法》规定的侵权构成要件。[3] 虽然侵犯著作权犯罪中的民刑脱节问题在《刑法修正案（十一）》通过以后得到了部分解决，但是依然需要不断调整并在司法实践中继续贯彻民刑衔接的理念，这样才能真正解决侵犯著作权罪中的民刑脱节问题。

---

[1] 参见李晓明：《再论我国刑法的"三元立法模式"》，载《政法论丛》2020年第3期。

[2] 参见周光权：《法典化时代的刑法典修订》，载《中国法学》2021年第5期。

[3] 参见王迁：《论著作权保护刑民衔接的正当性》，载《法学》2021年第8期。

其次，刑法与其他部门法的衔接，还存在着虽然行政法中规定了应当承担刑事责任的情形，但是刑法却未规定相应的罪刑规范的问题。有学者以《中华人民共和国建筑法》（以下简称《建筑法》）多个条款为例。《建筑法》中的部分条文规定了建设单位，以及建筑设计、施工、监理单位对于建筑工程质量安全所应承担刑事责任的情形，但《建筑法》的这些规定在刑法分则中并未得到全部确认。[1]从《建筑法》相关条文来看，建筑法相关规范的目的是保障建筑工程的质量与安全，而《刑法》第一百三十四条、第一百三十五条、第一百三十七条的规范目的则仅限于保护建筑工程的安全问题。该学者认为，建筑工程的安全和质量是不同的，建筑质量达标，可以说它在某种意义上是安全的，而建筑工程安全并不意味着其质量完全合格。由此可见，对于《建筑法》所规定的建筑工程质量不合格应当承担刑事责任的情形，并未在刑法中有相应的规定，《建筑法》与刑法之间出现了明显的衔接缝隙。事实上，刑法与其他部门法的衔接也都存在着这些问题。

最后，劳动教养制度被废除，我国原有的"行政处罚—劳动教养—刑罚"的三级制裁体制变成了"行政处罚—刑罚"的二级制裁体制，随之而来的问题就是：原来由劳动教养规制的那些较为严重的违法行为应该如何处理？从实践来看，我国通过采取适当降低犯罪门槛的方式，将原本适用劳动教养的部分严重违法行为吸收进了刑法的规制范围。《刑法修正案（八）》和《刑法修正案（九）》中一系列新增的轻微犯罪或者犯罪类型，就是在弥补废除劳动教养制度后的处罚空档。但是，将原本不属于刑法规制范围的行为大量纳入刑法规制范围，从而导致刑事处罚将部分行政处罚架空，该做法是否符合当代刑

---

[1] 参见童德华：《当代中国刑法法典化批判》，载《法学评论》2017年第4期。

法的基本精神是非常值得商榷的。[1] 近年来，我国通过对法律的修改，将部分罪名的入罪门槛予以提升，以设置必须受到行政处罚为入罪条件的方法，避免刑事处罚的扩张。例如，《刑法》第二百九十条第三款所规定的"扰乱国家机关工作秩序罪"，要求"多次扰乱国家机关工作秩序，经行政处罚后仍不改正，造成严重后果的"才构成此罪，明显提高了入罪门槛，将行政处罚作为前置程序，说明立法机关已经意识到不能将所有原本应当采取劳动教养的行为全部交由刑法进行规制。无独有偶，逃税罪、非法狩猎罪也相继将行政处罚作为前置程序，对经过行政处罚而不改或再犯的行为才动用刑法予以惩罚。这说明，我们对刑事处罚被积极适用的问题并非无计可施，只是还需要将刑事处罚与行政处罚之间的衔接进行更合理的划分。

（三）现行刑法无法有效应对社会变化与犯罪发展

一个固化、死板的刑法典必然不能满足国家社会发展的需求，在对刑法典修订的进程中，除了整体修改外，出台刑法修正案也是一个谨慎而合理的修法途径。因为刑法修正案不仅可以维护刑法典的整体性和单一性，还可以适应社会发展变迁，也可以按照修法幅度的不同而改变修法程序。以 2012 年《刑事诉讼法》修正案提请全国人大表决通过为例，对于修法幅度较大的刑法修正案也可以采取这种立法方式。[2] 但是从采取刑法修正案修订刑法的实践来看，单一刑法典借助刑法修正案进行局部修法的方式适应社会变化存在诸多问题。首先，刑法修正案似乎已经突破了审慎而适当修法的原则，例如《刑法修正案（二）》与《刑法修正案（十）》仅有一个条文。此外，部分

---

[1] 参见付立庆：《积极主义刑法观及其展开》，中国人民大学出版社 2020 年版，第 3 页。

[2] 参见赵秉志：《当代中国刑法法典化研究》，载《法学研究》2014 年第 6 期。

条文还面临着反复被修改的问题，如《刑法》第一百五十一条连续经历了三次修改，如此修改已经很难让人相信还属于审慎而适当地修法。其次，刑法修正案完全没有根据修法幅度大小来调整修法程序，例如修改的条文数量超过五十条的《刑法修正案（八）》和《刑法修正案（九）》最终都没有提请全国人大表决通过。鉴此，支持单一刑法典模式的学者企图借助刑法修正案应对社会变化发展的方法，实际上存在着僭越立法权的问题。如果想要解决架空全国人大立法权的问题，还要思考什么样的修改幅度应当提请全国人大表决通过。

笔者认为，修改幅度应当分为数量上的修改与内容上的修改两个层面。数量上的修改是指当刑法修正案修改的条文超过一定数量，就必须提请全国人大表决通过，具体的数量标准应当由全国人大决定，比如刑法修正案八、九、十一修改条文的数量都在五十条左右，修改幅度较大，因此这三个刑法修正案就应当交由全国人大表决通过。内容上的修改是指当刑法修正案对刑法的基本原则和重要制度进行修改时，该修正案就必须提请全国人大表决通过。笔者曾提出，与刑法总则条款相似，如果所要调整和修改的刑法重要制度会对整个刑法体系产生影响，或是牵连到相关的刑法分则条款的适用，那么就不能通过刑法修正案的方式进行修改。[1] 例如，《刑法修正案（十一）》调整了未成年人刑事责任年龄，这一修改会对整个刑法体系产生一定的影响，从严格意义上说，这样的修正就应当由全国人大而非全国人大常委会表决通过。最后，刑法修正案的灵活性特点事实上也并非其独有，即使是支持单一刑法典模式的学者也同样承认单行刑法和附属刑法规范具有这种灵活性。[2] 所以，支持采取刑法修正案的方式修订

───────

〔1〕 参见姚建龙、林需需：《多样化刑法渊源之再提倡——对以修正案为修改刑法唯一方式的反思》，载《河南警察学院学报》2018年第6期。

〔2〕 参见赵秉志：《当代中国刑法法典化研究》，载《法学研究》2014年第6期。

刑法的学者所提出的灵活性实际上并非其独有优势。我国社会发展已经进入了新时代，发展的速度不断加快，犯罪形势也在随之不断变化，这会导致刑法需要调整的领域会越来越多且调整的幅度也会不断加大，如果仍要继续坚持使用刑法修正案这一修法方式，又要兼顾对立法权的尊重，那么，单一刑法典将会再次陷入立法程序较为烦琐、法典的长期稳定性遭到破坏的囹圄之中。

此外，在已经步入新时代的中国社会中，更复杂的社会关系和更高新尖的科学技术都对刑法提出更多要求，特别是金融、环境等领域的法益和犯罪行为有其特殊性，需要予以有针对性的特别处理。[1] 首先，随着科技的不断发展进步，新型犯罪层出不穷，新型网络犯罪、新型毒品犯罪正在以不同的新兴形式进入我们的视野。例如，新兴的元宇宙技术可能引发犯罪形式的变化，在元宇宙发展的早期，元宇宙空间内可能出现盗窃、诈骗等形式的犯罪以及数据犯罪；随着元宇宙技术的不断发展，在元宇宙技术高级发展阶段，元宇宙空间可能出现侵犯人身权利的犯罪。虽然讨论元宇宙犯罪和以前讨论人工智能犯罪一样都还为时尚早，但是我们可以从中发现当今的社会生活正在受到科技的巨大影响，而犯罪形式也正遭到猛烈冲击。除了新增一些以前从未有过的犯罪，当前还出现了大量传统犯罪新型化的趋势。例如，传统的诈骗犯罪已经落伍，网络诈骗已然成为主流；传统的盗窃方法正在逐步隐没，偷换二维码、盗窃虚拟财产、利用网络盗窃财物等新型盗窃方式正在兴起；利用网络猥亵他人使得传统猥亵犯罪获得了新的犯罪形式。其次，疑难复杂犯罪数量明显上升。譬如，犯罪人从以前的流窜作案到现在变为利用网络即可实现同时对不同地方的人实施犯罪行为，从而导致一个案件往往涉及多个省市甚至是境外；网

---

[1] 参见曹波、于世淇：《论新时代统一刑法典模式的辩驳与坚持》，载《重庆理工大学学报（社会科学）》2020 年第 10 期。

络犯罪疑难复杂案件的另外一个原因是，网络犯罪的隐蔽性较传统犯罪有着显著提升，办案人员取证难度大，而且多数利用网络实施犯罪的案件并不像传统犯罪仅侵害单一的法益，它们通常会侵害多个法益，从而导致案件变得更加复杂，也给立法者带来挑战。最后，21世纪的新型犯罪更容易造成严重的危害结果。传统犯罪的犯罪手段相对简单且指向性明确，但是，现在的大量犯罪存在着犯罪手段复杂多样、犯罪指向性模糊的问题。例如，近年来频发的食品、药品安全犯罪案件，随着电子商务、物流技术的发展进步，大量不符合标准的食品、药品流向全国各地，极容易导致严重的危害结果且难以查清全部的受害者。再如，近年来激增的侵犯公民个人信息犯罪，该类犯罪所侵害的公民个人信息往往都是数以万计甚至更多。如2022年的超星学习通数据库疑似发生信息泄露事件，所涉及的个人信息就达到1.7亿条。单一刑法典在应对上述问题时显得格外捉襟见肘，因为犯罪态势的快速变化意味着刑法典要及时进行回应，而单一刑法典又存在无法频繁修改的问题，导致单一刑法典顾此失彼，无法有效应对社会变化与犯罪发展。

因此，我国的刑法典事实上正面临着外部协调不力、内部体系遭受严重冲击的内外交困的问题。与此同时，刑法修正案的修法形式还受到了僭越立法权和修改频率过高与修改幅度过大的批评。正如日本学者穗积陈重教授所说："依据时势之变迁，屡屡将有修正性质的法律编入法典之中。如将此加入，就会发生弊害……若频繁地修改法典之中的条文，则就会搅乱日后整部法典的秩序。因此人们就要具备识别法典其有效与无效部分之能力。"[1] 所以，如果继续坚持单一刑法典的立法模式并继续以刑法修正案的方式修改刑法典，就像是给破旧

---

[1]〔日〕穗积陈重：《法典论》，李求轶译，商务印书馆2014年版，第20页。

的衣服打上了一层又一层的补丁，虽然在形式上弥补了刑法典的漏洞，但是难以解决刑法典的内部问题，而且还会破坏法典的秩序，导致法典失去指引作用。

三、多元立法模式的倡导

显而易见，现行刑法所暴露出的问题大多是受社会高速发展的影响所致。陈兴良教授很早之前就提出："社会结构形态的变迁必然引起刑法功能、概念与文化的嬗变。"[1]这说明刑法典的制定必然与当时的时代发展相关联，所以，刑法再法典化也应当顺势而变，不能墨守成规。笔者认为，我国应当借助刑法再法典化的契机，顺势从单一刑法典模式向多元立法模式转换，这样既能根除单一刑法典模式所带来的问题，也能使我国刑法有效应对社会的发展变化，还能契合我国刑法未来的发展方向。

（一）采取多元立法模式并非重蹈覆辙

有反对多元立法模式的学者认为，我国的立法实践已经表明，分散立法的模式，由于立法思想不统一、立法方式不协调，导致刑法典、单行刑法、附属刑法之间存在不少矛盾冲突，甚至给人以杂乱无章之感，影响了刑法施行的效果。[2]

众所周知，我国在1997年《刑法》出台之前就曾作过多元立法模式的尝试。我国1979年颁布的《刑法》基本上是以1922年《苏俄

---

[1] 陈兴良：《从政治刑法到市民刑法——二元社会建构中的刑法修改》，载陈兴良主编：《刑事法评论》（第1卷），中国政法大学出版社1997年版，第1页。

[2] 参见周光权：《法典化时代的刑法典修订》，载《中国法学》2021年第5期。

刑法典》为蓝本而制定的,是一部统一的刑法典,但是在刑法典制定过程中缺乏对中国社会未来发展的预判,从而导致1979年《刑法》未能与改革开放所带来的社会迅速发展和剧烈变化相适应。为了解决当时刑法典所存在的问题,全国人大常委会在1981年6月10日通过了一部仅有四条的单行刑法,由此拉开了我国刑法典与单行刑法并行的多元立法模式的序幕。立法者在不断地增加单行刑法数量的同时,还在其他部门法律中附设了130多个附属刑法条文,可见多元立法模式的探索得到了立法者的肯定。但是1997年《刑法》却将15个单行刑法纳入新通过的刑法典中,并将另外8个单行刑法中有关刑事责任的规定也纳入了刑法典中,与此同时,还将1979年《刑法》所规定的200多个罪名增加到400多个,以满足社会治理的需要,从而又将我国《刑法》恢复为一部统一、完备的刑法典。有学者认为,1997年修改《刑法》恢复为统一刑法典模式充分表明在其他大陆法系国家盛行的多元立法模式,在我国存在"水土不服"的突出问题。[1]但是,笔者认为,这样的判断过于片面。虽然多元立法模式确实造成了我国该时期刑法适用的混乱,但是我们应当意识到,之所以会产生单行刑法、附属刑法规范与刑法典相矛盾的问题,主要是因为我国当时的立法技术较为落后,无法通过立法上的设计使单行刑法、附属刑法规范与刑法典保持协调。如果继续采取多元立法模式还需要花费较多的时间进行立法研究,而我国当时急需一部全面、系统的新刑法典,社会需求未能给优化多元立法模式更多的时间;相比之下,单一刑法典模式俨然是当时更能立竿见影地解决问题且更成熟的立法选择。由此可见,1997年的《刑法》修订以解决单行刑法、附属刑法规范与刑法典之间的矛盾为主要目的,并未认真论证单一刑法典的科学性与合理

---

[1] 参见周光权:《法典化时代的刑法典修订》,载《中国法学》2021年第5期。

性，所以据此来说明多元立法模式在我国存在"水土不服"的问题并不具有说服力，反而说明，多元立法模式的价值尚未被立法者完全发现，还有待我国刑法学界对此进行深入研究。

事实上，再采取多元立法模式不但不是重蹈覆辙，反而体现了我国刑法典发展变化的否定之否定规律。我国 1979 年《刑法》施行期间，正因为立法机关先后通过了 22 个单行刑法，才及时弥补了刑法典在执行过程中出现的"裂缝"，及时地维持了社会稳定并满足了当时犯罪治理的需求。而 1997 年《刑法》将此前的单行刑法"取其精华，去其糟粕"，并根据社会发展需要增加罪名，进行立法完善，可以说是推翻了之前的多元立法模式，并由此使得我国刑法典更加科学有序。现如今，1997 年《刑法》暴露出了单一刑法典模式所存在的诸多弊端，而多元立法模式却显得更具优越性，当然不应认为再选择多元立法模式就是重蹈覆辙。我们当前所选择的多元立法模式实际上已不再是之前的多元立法模式。由于立法技术的精进以及我国刑法学者对多元立法模式更深入的学习，还有数倍于之前的刑法学者建言献策，如今再选择多元立法模式必将能够使我国刑法体系得到更科学的发展，推动我国刑法典的实效性更上一层楼。如是，从 1979 年《刑法》到 1997 年《刑法》，再到现今的刑法再法典化探讨，说明了我国刑法典的发展变化其实就是一个否定之否定的过程。我们不应将目光过分地停留在过去的多元立法模式所存在的问题之上，而应当用发展的眼光看待刑法再法典化的问题。

（二）采取多元立法模式能够有效应对社会的发展变化

我国刑法再法典化的核心目标必然是要制定出一部符合社会发展需要、内在结构严谨、具有生命力的刑法典。日本的穗积陈重教授在其著作《法典论》中指出：法典并不能终止单行法，社会千变万化，虽然颁布了法典，但是新生事物层出不穷，所以任何国家在法典编纂之后，都会颁布多部单行成文法，规定社会的新事物。[1] 日本明治六年（1873）三月，司法省奏请修订律例时也提到："所谓律之大纲，不足以数尽万变罪状，何况制度日日精进，禁令月月更新，不可固守旧例。"[2] 虽然继续坚持单一刑法典模式修改法典可以暂时解决刑法典当前存在的问题，但是社会发展是永不停歇的，刑法典一经修订，势必又会迎来新的修改问题，单一刑法典模式的弊端无法彻底根除。相较于单一刑法典，多元立法模式就更能够有效应对社会的发展变化，通过修改单行刑法或附属刑法规范既能满足社会变化的立法需求，又能避免单一刑法典模式下"打补丁"式的修法方式。

多元立法模式是指将原来单一刑法典的内容分为以刑法典为核心，单行刑法与附属刑法规范相补充的结构。采取多元立法模式的刑法典应当将刑法总则的全部内容予以保留，将刑法分则中关于破坏社会主义市场经济秩序罪和妨害社会管理秩序罪中涉及经济、行政法的罪名，以及贪污贿赂罪和《刑法修正案（九）》新增的恐怖主义活动犯罪规定在单行刑法或附属刑法规范中，单行刑法作为刑法典的补充。有支持多元立法模式的学者认为，可以针对黑社会性质犯罪、恐怖主义犯罪、毒品犯罪等复杂领域的犯罪设立单行刑法，但是没必要对少年、军人这些特殊群体设立单行刑法。[3] 笔者赞同该学者提出的对复杂领域的犯罪设立单行刑法的设想，但是笔者认为，对未成年人这一特殊群体也应当通过设立单行刑法予以特别保护。就未成年人与军人在刑法上受到的立法保障而言，军人犯罪已经被系统地规定在了现行《刑法》第十章"军人违反职责罪"中，而现行《刑法》关于

---

[1] 参见〔日〕穗积陈重：《法典论》，李求轶译，商务印书馆2014年版，第21页。

[2] 同上书，第50页。

[3] 参见李晓明：《再论我国刑法的"三元立法模式"》，载《政法论丛》2020年第3期。

未成年人的条文却散乱地分布在各个角落。笔者曾经指出:"创建现代意义上的少年刑法,应当成为我国今后少年司法改革和刑法改革的重点内容之一。"[1]对未成年人设立单行刑法,既能够体现未成年人在刑法中的特殊地位,又能够将有关未成年人的刑法规定进行系统梳理,这也是将儿童利益最大化原则在立法上的践行。附属刑法规范则主要是保障经济、行政等部门法规的有效实施,故应当具备依附性。具体而言,就是将现行《刑法》的第三章"破坏社会主义市场经济秩序罪"和第六章"妨害社会管理秩序罪"中涉及经济法或行政法的罪名重新合并,形成这些相关立法中的"附属刑法"。这些罪名受社会变化的影响较大,为了保持刑法典的长期稳定,将这些罪名从刑法典中分离,既有利于随着社会变化的情况随时调整罪刑规范,又有利于行刑、民刑规定的衔接。由此可见,采取多元立法模式的刑法就像是一棵大树,刑法典是树干,单行刑法与附属刑法规范是树枝;刑法需要调整的领域越广,这棵大树就越枝繁叶茂,同时为了适应社会生活的不断变化,大树上的枝叶也可以根据变化及时地进行修剪。此外,需要刑法予以重点保护的领域,那部分的枝叶就更茂密,刑法不应当过多介入的领域,那部分的枝叶就应当随之稀疏。只有长满枝叶的大树才方便根据环境变化的具体情况进行修剪,如果一棵树仅有树干没有枝叶,当需要随着环境的变化进行修剪时,只能是大刀阔斧地进行劈砍,既不经济也不灵活。

最后,我国当前的社会生活较1997年修订《刑法》时已经发生了翻天覆地的变化,科学技术的快速发展不仅催生了许多新型犯罪,也推动了一部分传统犯罪"升级换代"。人工智能、元宇宙等技术日新月异,在未来,科技的发展速度会不断加快,从而继续给社会生活带来更加剧烈的改变。由此可见,现代犯罪的复杂多样性与危害结果

---

[1] 姚建龙:《论少年刑法》,载《政治与法律》2006年第3期。

的难以控制性都意味着刑法"大包大揽"的单一刑法典立法模式将难以为继。对于那些新兴且复杂的领域,我们需要更多地听取相关领域专家的意见,从而进行更为精细的立法,这样才能对新型犯罪进行有效的治理。如果继续循着单一刑法典"大包大揽"的立法模式走下去,那么刑法典就会显得过于臃肿,从而导致活动不便,跟不上社会发展的步伐。如意大利民法学家伊尔蒂所说,那些仍然保留在民法典中的剩余规范,就如同树干上的枯枝一样,或迟或早,它们会从树干上凋落,被调整具体事项或个别类型关系的整合性法律所吸收。[1]我们应当直面单一刑法典模式无法有效应对社会变化与犯罪发展的问题,想要在日新月异的社会变化中提升刑法的社会治理能力,就应该选择能够及时跟上社会变化脚步的多元立法模式。

(三)采取多元立法模式更契合我国刑法未来发展方向

立法模式的合理性是相对的,我国刑法典的立法模式经历了从统一到分散到再统一的过程。应当说,单一刑法典模式与多元立法模式各具优劣。但也不难发现,一国对于立法模式的选择定将立足于刑法未来的发展方向,以解决现行刑法之"裂缝"为目的。因此,我国刑法再法典化在作出抉择时,应当将立法模式是否契合我国刑法未来发展方向作为重要的考量因素。

第一,随着市民社会与政治国家的二元分立,特别是在1996年《刑事诉讼法》及1997年《刑法》都相当突出地表现出了"公法私法化"的趋势,在公私法融合的趋势下,民事法变革中也出现了从"公

---

[1] 参见〔意〕那塔利诺·伊尔蒂:《解法典化的时代》,薛军译,载徐国栋主编:《罗马法与现代民法》(第四卷),中国人民大学出版社2004年版,第96页。

法私法化"向"私法公法化"转变的势头。[1] 刑法作为二次保障法,其目的就是保障部门法的实施;如果刑法继续坚持自我封闭,那就无法有效地保障部门法的实施。因此,刑法不可能在公私法融合的大趋势下独善其身,我们必须站在我国社会变化与刑法典未来发展方向的角度选择与其相适应的立法模式。从大陆法系国家的法典演变来看,不仅民法典逐步由封闭走向融合,刑法典也出现了从孤立到扩张的趋势。我国长期学习其他大陆法系国家的立法及法学研究成果,必然也将在形成理论框架基础、实务操作方法的前提条件下走各个部门法融合的道路。[2] 因此,刑法作为各部门法的二次保障法,如果不积极地与各部门法融合,刑法的罪刑规范就难以与其他部门法的规定相协调,当部门法需要刑法"出手"时,刑法却"隐藏"了起来;而当部门法不需要刑法"出手"时,刑法却主动"发动"。如此一来,便会导致刑法丧失最后保障功能。而采取多元立法模式能够促进刑法与其他部门法相融合。比如,在启用附属刑法规范后,相关的罪刑规范直接规定在其他部门法律中,避免对一个定义有着不同的理解;同时,附属刑法规范可以将行政犯的犯罪构成要件与前置法的规定紧密关联,进而解决了刑法与其他部门法衔接不紧密的问题。

此外,随着我国法治建设进程的不断推进,可以预见的是,刑法的部分功能未来将被民法、行政法等其他法律逐渐替代。例如,我国当前正在不断完善的社区矫正制度、刑事和解制度、非刑罚性处置措施,都体现了刑事责任、民事责任融合发展的必然趋势。所以,刑法作为二次保障法,对于某些特定事务应当主动"放权",没必要认为只有规定在刑法典中才能够实现规制的目的。采取多元立法模式可以

---

[1] 参见姚建龙、申长征:《论民法的刑法化》,载《法治社会》2020年第5期。

[2] 同上。

让立法者充分认识到刑法立法是立法中的重要环节,而非优先事项,从而限制刑法规范的扩张,并促进刑法与相关部门法的协调发展。在司法上,附属刑法规范不仅能够减少刑法和其他部门法规定的脱钩现象,还可以明确犯罪的成立要件,让司法工作人员与公众清晰地认识到罪与非罪的界限。

但仍需强调的是,笔者支持我国刑法采取多元立法模式是为了打破刑法的封闭体系,使得刑法能够更好地与其他部门法相衔接,但这不意味着刑法要盲目追随部门法。以民刑衔接为例,虽然民法与刑法有着明显的融合趋势,但是我们应当认识到二者在理念、原则等方面存在显著差异,不能为了融合而将二者强行趋同。一方面,如上所述,由于《民法典》与刑法再法典化之间具有显著差异,所以刑法再法典化绝不能盲目追随《民法典》;另一方面,虽然民法和刑法之间联系的日趋紧密对推动刑事责任实现方式民事化、解决我国轻罪化的问题具有重要意义,但是刑法作为二次保障法,应当保持自己独特的评价标准。例如民法中规定有无过错责任原则,即行为人只要导致损害结果的出现,不论其是否具有主观过错都将承担侵权责任。而在刑法中,行为人的主观要件作为犯罪必备的构成要件之一,决不能被跨越。所以无论民法与刑法如何融合,刑法都要坚守自己应有的独立姿态。

第二,无论选择何种立法模式,保持法典的稳定性与坚持刑法的谦抑性原则必定是我国刑法发展持之以恒的追求。日本学者井田良教授认为,"区分刑法典与特别刑法所具有的实际意义是,刑法典的修改往往容易受到政治性的关注,而采取特别法既可以避免刑法典的修改发展成为一个政治问题,也能够应对社会变化进行敏捷的法律修改。因此,只要能够在特别刑法领域进行新的立法或者法律修改,就不要轻易修改刑法典。"[1] 所以，为了避免刑法典因应对社会变化而进行频繁的修改，刑法典除了可以保留总则条文外，还可以将自然犯大量地保留在刑法典中，这是因为自然犯属于相对稳定的传统型犯罪，受社会变化的影响较小，将自然犯保留在刑法典中不会破坏其长期稳定性。但是这并不意味着应当将行政犯都从刑法典中剥离。日本近年的几次刑法典的修改，在刑法典中规定行政犯罪的现象越来越普遍，而且日本也有许多自然犯规定在特别刑法中，例如劫持航空器的犯罪、绑架人质罪等自然犯并没有规定在刑法典中。由此可见，采取多元立法模式的刑法典分则的内容，并不是以自然犯与行政犯为区分标准，而是以稳定性为标准，对于罪刑规范相对稳定的犯罪应当规定在刑法典分则中，对于罪刑规范受社会变化影响较大的犯罪则从刑法典中抽离。如此一来，既不会对现有的刑法体系造成较大的冲击，又能够尽可能地保持刑法典的长期稳定，还能够及时应对社会变化而进行较为灵活的法律修改。

另外，我国刑法近年的"情绪立法"问题受到了刑法学界和司法实务人员的大量关注，其中包括无视前置法的规定而贸然启动刑法予以规制的例子，这其实是单一刑法典模式下的刑法与其他部门法规定衔接不畅所导致的。以醉驾入刑为例，立法者在尚未认真地考虑相关部门法的规定是否得到有效贯彻与执行的情况下，就将醉驾行为纳入刑法的规制范围。这虽然在客观上极大地减少了酒驾的发生，但是笔者并不认为这是刑法威慑优胜于其他法律的体现，而是由于醉驾的入刑门槛较低，稍有不慎就可能构成犯罪，而犯罪所带来的附随后果都极为严重，如被剥夺或者限制某些权利及从事某些职业的资格，已经从事相关工作的亦将被终止职业资格，其子女未来的政审也将受到影

---

[1]〔日〕井田良：《讲义刑法学·总论（第2版）》，有斐阁2018年版，第56页。转引自张明楷：《日本刑法的修改及其重要问题》，载《国外社会科学》2019年第4期。

响,等等。所以,与其说是刑法威慑发挥了重要作用,倒不如说犯罪附随后果震慑了醉驾。另外,在我国,某一事物想要得到民众重视或信赖,这一事物必须"够格"或"够一定级别",否则可能"不太被当回事"。[1] 相比之下,多元立法模式作为更能促进刑法与其他部门法紧密衔接的立法模式,不仅能够让民众清晰明了地看到,某一事物不仅有前置法的相关规定,同时也有刑法予以规制,说明该事物需要得到足够重视;也能让民众看到罪与非罪的界限,理解司法工作人员的处理结果;最重要的是,有前置法的相关规定在前,司法工作人员在适用附属刑法规范时必然要自问:前置法的规定是否足以惩罚行为?从而在一定程度上限制了刑法的冲动,保障了刑法的谦抑性。

第三,我国刑法必然以减少空白罪状、坚持贯彻罪刑法定原则为未来立法的方向。有人大代表指出,全面修订刑法必须进一步落实罪刑法定原则,减少空白罪状的立法,减少关于定罪的授权性规定,将罪刑关系明确化,减少刑法立法在合宪性、合法性方面的疑问。[2] 空白罪状是指刑法中没有具体地规定某一犯罪的构成要件,而是指明部分犯罪构成要件由其他法律、法规进行补充规定。由此可见,我国刑法未来的发展动向必将是减少空白罪状的数量,坚持贯彻罪刑法定原则。然而,如果继续采取单一刑法典模式,只会使得空白罪状的数量有增无减,因为随着社会的发展与科技的进步,法律所调整的领域将会不断扩张,其中不乏一些高精尖的特定领域,随之而来的问题即是空白罪状的立法只会有增无减。再加上单一刑法典模式下的刑法与其他部门法之间的衔接不畅,罪刑法定原则将会进一步受到冲

---

[1] 参见柏浪涛:《德国附属刑法的立法述评与启示》,载《比较法研究》2022年第4期。

[2] 参见朱宁宁:《应按照法典编纂理念全面修订刑法》,载《法治日报》2022年3月11日。

击。有学者以生物安全法与刑法衔接为例，明确提出，由于生物安全法涉及众多复杂且专业要求较高的方面，将罪刑规范直接规定在前置法中能够使得规范的适用更加清晰明确，减少空白罪状的产生，并且能更好地发挥刑法的指引功能与预防效果。[1] 不过，不得不承认的是，即使采取多元立法模式，部分罪刑规范也仍需要依靠其他部门法的规定予以补充，只不过在多元立法模式下，部门法所禁止的行为都能够在附属刑法规范中一一对应，即使相关部门法的规定发生调整，附属刑法规范也能够随之进行改变。如此一来，不仅在形式上减少了空白罪状的出现，还有效解决了刑法与其他部门法规定不协调的问题，使得罪刑规范更加清晰明确。这就既贯彻了罪刑法定原则，也限制了刑法侵入其他部门法所规制的领域，并由此整合了刑法与其他部门法的关系，使之能够更加密切配合。

结语

面对《民法典》颁布所带来的法典化热，刑法立法者应当保持冷静和定力。从知识产权法作为民法的重要组成部分却没有被纳入《民法典》独立成编来看，未来的民事立法并非绝无颁布特别法的可能，所以刑法典也没必要强行追求单一刑法典模式。刑法典立法模式的选择应从所处时代发展需要的角度出发。1997年《刑法》修订时所处的时代急需一部新的刑法典整合杂乱无章的刑事法律规范，所以单一刑法典模式成为当时的最优选；但是在社会正在高速发展变化的今天，我们已经充分认识到了单一刑法典模式所存在的问题。片面追求单一刑法典并不符合社会发展的现实，也不符合各个部门法打破壁垒走向

---

[1] 参见吴小帅：《论刑法与生物安全法的规范衔接》，载《法学》2020年第12期。

"公私法融合"的动向,多元立法模式似乎成为更符合这个时代需求的选择。因此,无须认为我国刑法典从单一刑法典模式向多元立法模式转换是一种倒退,而要深刻认识到这种转换实际上是反映了我国刑事立法顺应时代发展需要的进步,也充分体现了我国刑法典发展变化的否定之否定"规律"。

第五章
否定四要件犯罪构成理论之再反思

2016年5月17日，习近平总书记在哲学社会科学工作座谈会中明确指出，要加快构建中国特色哲学社会科学，他不仅强调了中国哲学社会科学必须旗帜鲜明地坚持马克思主义，还为构建中国特色哲学社会科学指明具体方向。[1] 2022年中共中央办公厅在《国家"十四五"时期哲学社会科学发展规划》中强调，要"以加快构建中国特色哲学社会科学为主题，以提升学术原创能力为主线，以加强学科体系、学术体系、话语体系建设为支撑……为全面建设社会主义现代化国家提供有力思想和智力支持"[2]。2023年2月，中共中央办公厅、国务院办公厅印发的《关于加强新时代法学教育和法学理论研究的意见》再次重申："加强中国特色社会主义法治理论研究，提升法学研

---

[1] 参见习近平：《在哲学社会科学工作座谈会上的讲话（2016年5月17日）》，载《人民日报》2016年5月19日。

[2] 《中办印发〈国家"十四五"时期哲学社会科学发展规划〉》，载《人民日报》2022年4月28日。

究能力和水平,加快构建中国特色法学学科体系、学术体系、话语体系,为建设中国特色社会主义法治体系、建设社会主义法治国家、推动在法治轨道上全面建设社会主义现代化国家提供有力人才保障和理论支撑。"在构建中国特色哲学社会科学与"三大体系"建设的时代课题下,犯罪构成理论将是构建中国自主的刑法知识体系所无法逾越的问题。

一、否定四要件说之观点梳理与再辨析

刑法学界关于四要件说的批评与质疑由来已久,20 世纪 80 年代以来,就有学者对四要件说提出了质疑,但是并未使其产生根本性动摇。对四要件说真正带来挑战的是 2009 年司法部发布的《国家司法考试大纲》,其将刑法部分的犯罪构成理论由四要件说改为构成要件该当性、违法性、有责性的三阶层论,引起了我国刑法学界的剧烈震动。进入新时代以来,各种改造四要件说的声音仍不绝于耳,批评者主要还是站在三阶层论的角度对四要件说发动责难,择其要点,再辨析如下。

(一)社会危害性理论是四要件犯罪构成理论的前提性缺陷之再辨析

有学者指出,我国现有的四要件犯罪构成理论作为犯罪成立的终局,因为社会危害性以及但书(犯罪概念的定量因素)的存在,而受到了质(社会危害性)和量(但书)两方面的阉割。[1] 还有批评者认为,社会危害性理论会利用其"犯罪本质"的外衣,给违反罪刑法定原则的刑罚处罚提供看似带有刑法色彩的理论依据,同时还会在司

---

[1] 参见付立庆:《中国传统犯罪构成理论总检讨》,载陈兴良主编:《刑事法评论》(第 26 卷),北京大学出版社 2010 年版。

法实践中对国家的法治建设带来副作用。[1] 更有一些激进的学者提出，要将社会危害性的概念逐出注释刑法学领域。[2] 进入新时代以后再回头审视可以发现，这些批评意见能否成立其实存在疑问。

首先，"社会危害性理论是类推制度存在的依据"这一观点已是过去式。我国1979年《刑法》第七十九条确实规定了"本法分则没有明文规定的犯罪，可以比照本法分则最相类似的条文定罪判刑"，并同时在第十条中设置了但书规定。鉴于此，1979年《刑法》虽然明确规定了刑事违法性标准并划定了一个基本的犯罪圈，但是可以通过第七十九条的类推规定进行入罪从而打破罪刑法定的界限，进而导致社会危害性与罪刑法定原则发生冲突。由此可见，在当时的立法状况下，如果将社会危害性理论贯彻到底，必然会出现社会危害性理论凌驾于罪刑法定原则之上、实质特征压倒形式特征的问题。然而1997年《刑法》不但去除了类推制度，同时还确立了罪刑法定原则，这让社会危害性成为类推制度的依据或突破罪刑法定原则的问题成为历史。无论是我国现行《刑法》第十三条的规定，还是我国的传统刑法理论，都表明犯罪成立必须符合三个特征，即社会危害性、刑事违法性及应受刑罚惩罚性。虽然社会危害性是犯罪的基本属性，是判断刑事违法性和应受刑罚惩罚性的基础，但这并不意味着具有一定社会危害性的行为就成立犯罪。简而言之，任何犯罪都必须兼具社会危害性、刑事违法性及应受刑罚惩罚性，缺一不可。

其次，认为社会危害性会凌驾于犯罪构成理论之上的错误性也是自不待言。如上所述，社会危害性并非当权者或法官的主观臆断，而是通过犯罪构成四要件的有机统一将其体现。例如，甲模仿影视剧给

---

[1] 参见李海东：《刑法原理入门（犯罪论基础）》，法律出版社1998年版，第8页。

[2] 参见陈兴良：《社会危害性理论——一个反思性检讨》，载《法学研究》2000年第1期。

乙扎小人，希望乙因此死亡。甲虽然在主观上具有社会危害性，但是其行为不可能产生社会危害，因此不构成犯罪。再如，甲偷了一张白纸，根据社会危害性理论，很难对这样的行为得出入罪的结论，因为行为的社会危害性太小，不需要被认定为犯罪。这再次说明，我国是根据体现和反映社会危害性的犯罪构成要件来认定犯罪，这说明我国的犯罪构成是形式与实质的统一，而非具有两个认定犯罪的标准。[1]因此，以形式违法性为前提的社会危害性不可能凌驾于犯罪构成理论之上，反而是由主客观因素共同决定。

最后，不能将社会危害性从刑法领域中"驱逐"。即使是支持三阶层犯罪论体系的学者也不得不承认，我国的社会危害性理论和三阶层论的实质违法性一样，两者都是揭示犯罪的实质。依据李斯特的观点，实质的违法性就是社会危害性，而社会危害性又意味着对法益造成侵害或威胁。在此意义上，所谓社会危害性就是实质的违法性或对法益的侵害与威胁。[2]因此，如果将社会危害性去除出去，再引进一个与其实质意义相同的法益概念，完全是换汤不换药。这种做法不仅严重缺乏对我国刑法理论的客观态度，还是一种对大陆法系犯罪论体系的照搬。

（二）四要件犯罪构成理论过于平面、缺乏层次性之再辨析

四要件说犯罪构成体系是耦合式的，而三阶层论犯罪构成体系则是递进式的，对比来看，四要件说确实在形式上体现出平面组合的特征，而三阶层论体现出了立体重合的特点。所以有学者认为，大陆法系国家的三阶层论是将对行为的客观判断与主观判断分层次进行。而

---

〔1〕 参见刘艳红：《晚近我国刑法犯罪构成理论研究中的五大误区》，载《法学》2001年第10期。

〔2〕 参见张明楷：《法益初论》，中国政法大学出版社2000年版，第208页。

我国的四要件说将主观判断与客观评价一次性完成,无法分清应当对哪一个构成要件优先进行判断,从而难以阻止司法工作者对是否符合主观构成要件的率先判断。这种平面结构的犯罪构成理论最直接的后果就是会使人们形成先考察完主观要件再考察客观要件的习惯,轻易地将毫无法益侵害性却具有主观恶性的行为(但并非实行行为)确定为犯罪,并在某些问题上无可避免地陷入主观主义的陷阱之中。[1]更有学者认为,当代中国耦合式的犯罪构成理论根本就是没有体系,是体系建构的初级阶段,而将诸要件整合后形成的阶层体系是体系建构的高级阶段。[2]

笔者认为,把四要件说认为是更容易导致定罪上的主观主义是缺乏说服力的见解。正如有学者指出,以日本的犯罪论体系为例,战前日本普遍采取主观主义犯罪观,而战后却是客观主义犯罪观大行其道。如果说坚持客观主义还是主观主义的差异会影响犯罪论体系的话,那么日本的犯罪论体系也应当随之发生巨大变化,然而日本的三阶层犯罪论体系在二战前后并没有发生根本上的变化。[3]由此可见,即使是具有层次性的犯罪构成体系也曾采取定罪上的主观主义,所以批评四要件说缺乏层次性而容易导致主观主义的观点并不合理。另外,犯罪论体系其实是实现刑法目的的体系,随着刑法目的中重点的变迁,体系论也会发生变化,在此意义上,不可能存在绝对唯一的犯罪论体系。[4]所以如果认为刑法的根本目的在于保护法益,那就会

---

〔1〕 参见周光权:《犯罪构成理论:关系混淆及其克服》,载《政法论坛》2003年第6期。

〔2〕 参见陈兴良主编:《犯罪论体系研究》,清华大学出版社2005年版,第94页。

〔3〕 参见黎宏:《我国犯罪构成体系不必重构》,载《法学研究》2006年第1期。

〔4〕 参见〔日〕大谷实:《刑法讲义总论(新版第2版)》,黎宏译,中国人民大学出版社2008年版,第85页。

将在客观上侵害或威胁了法益的行为认定为违法，而不将行为人的故意、过失等主观恶意纳入法益侵害的判断范围，从而将违法判断与责任判断相区分；相反，如果认为刑法的根本目的在于维护国家的规范秩序，这样就会先考虑行为人是以何种主观心理实施了什么样的行为，只要行为人实施了具有主观恶性的危害行为，就能考虑行为人的行为是否构成犯罪。因此，是否会造成定罪上的主观主义并不是由犯罪构成体系所决定，可以说，犯罪构成体系只是一副皮囊，关键在于赋予其什么样的灵魂。[1]

将四要件说视为体系构建的初级阶段的看法更是体现出了批评者对四要件的明显偏见。首先，四要件说与三阶层论虽然在表现形式上存在差异，但是实质内容基本一致。我国的犯罪构成是指由刑事实体法规定的，决定行为所具有的社会危害性及其程度，并为成立该种犯罪所必需的客观条件与主观要件的总和。这与三阶层论认为犯罪成立必须具备构成要件符合性、违法性、有责性三个条件一样，都是犯罪成立的标准，只是犯罪认定的形式不同。三阶层论首先判断是否具有构成要件该当性，再依次判断违法性、责任。而我国的四要件说是将犯罪构成要件分为四部分，只有四个要件都齐全了，才称得上是犯罪成立。既然都是认定犯罪成立的标准，难道采取不同的形式就能分出理论的高低吗？况且，三阶层论所谓的严密逻辑性和清晰的层次性也是徒有其表，而我国的四要件说也并非混乱无序。贝林（Beling）认为构成要件应当是一个脱离违法性与有责性的纯粹事实判断，并根据构成要件无价值性和客观性的基调提出了古典构成要件论。这种从自然主义角度理解的行为，纯粹描述性、不含有违法评价因素在内的构成要件，以及排除主观罪责的客观性特征，无不体现了在当时德国占

---

[1] 参见黎宏：《我国犯罪构成体系不必重构》，载《法学研究》2006 年第 1 期。

统治地位的法治国理论。[1] 但是在迈耶（Mayer）发现规范的构成要件要素之后，古典构成要件论便受到了质疑，他认为构成要件中包含描述性的要素和规范性要素，并将构成要件视为违法性认识的根据，从而指出"构成要件与违法性之间是烟与火的关系（烟火论），烟不是火，烟不包含火，但它可以得出火存在的结论直到提出相反的证据"[2]。虽然迈耶发现了规范的构成要件要素，但是他并没有真正地将构成要件和违法性之间的关系与贝林的古典构成要件论相区分。此后，麦兹格（Mezger）认为构成要件是违法性的存在根据与违法类型，进而将构成要件和违法性统一为不法，并将其称为"新构成要件论"。至此，构成要件论不再是纯粹形式的了，而是在形式主义之外，还兼有实质的特征。[3] 现今的大陆法系犯罪构成理论依然深受新构成要件理论的影响，可以说，大陆法系的三阶层论也出现了界限模糊、层次不明等问题。但是我国的四要件说也并非眉毛胡子一把抓，在看似并列的四个构成要件中，其间仍有顺序，各要件的排列组合不仅符合人们的认识规律，而且是一个有机整体。[4]

由是，我国的犯罪构成四要件说与三阶层论其实都是解决犯罪成

---

[1] 参见刘艳红：《实质刑法观（第二版）》，中国人民大学出版社2019年版，第169页。

[2] M. E. Mayer, Der Allgemeiner Teil des deutsch strafrechts, Band I. Aufl., 1915, S. 52. 转引自刘艳红：《实质刑法观（第二版）》，中国人民大学出版社2019年版，第173页。

[3] 参见刘艳红：《实质刑法观（第二版）》，中国人民大学出版社2019年版，第175页。

[4] 高铭暄教授认为，一个犯罪发生后，人们都是先认识到"谁被杀""某物被偷了"，然后再思考人是怎么被杀的，物是如何被偷的，进而再去想是谁实施的这个行为，最后审视行为人实施犯罪行为的内心状况。由此体现出了犯罪客体、犯罪客观方面、犯罪主体、犯罪主观方面排列的规律性。参见高铭暄：《对主张以三阶层犯罪成立体系取代我国通行犯罪构成理论者的回应》，载《刑法论丛》2009年第3卷。

立的具体标准的问题,同时,四要件说的犯罪判断也具有一定的顺序性,而三阶层论的严密逻辑性也只是表象。有学者将不同的犯罪构成体系的构建过程形象地比作"积木游戏"——不同的小孩得到了相同的积木,却堆砌出造型不同的建筑。[1] 总之,两种不同的犯罪构成体系都是基于不同国家的法治文化根基而出现的特定产物,不存在绝对的高低、优劣之分。

(三)四要件犯罪构成理论应当舍弃犯罪客体要件之再辨析

具有代表性的批评意见认为,犯罪客体理论的实际作用在人治时期是一个无限夸大社会危害性的发动机,在法治时期成为一个巨大而空洞的价值符号,是刑法理论的累赘。[2] 还有批评者针对犯罪客体所具有的价值判断指出,犯罪客体是犯罪成立的首要条件,所谓客体是指刑法所保护而为犯罪所侵害的社会关系,这样的实质性价值判断一旦完成,行为就被定性,容易导致处罚的冲动,产生主观归罪或客观归责的危险。[3]

笔者认为,将犯罪客体视为法治时期的刑法理论的累赘依然是对我国四要件犯罪构成理论耦合性的忽视。犯罪客体的必要性源于整个犯罪构成理论体系的耦合性特征,不可否认的是,在我国四要件犯罪构成理论体系下,四个犯罪构成要件一荣俱荣、一损俱损,如果将犯罪客体要件从中剔除,也就推倒了整个四要件犯罪构成理论。另外,犯罪客体具有区分此罪与彼罪的重要意义。同样的诈骗行为,如果侵

---

[1] 参见赵秉志、陈志军:《社会危害性理论之当代中国命运》,载《法学家》2011年第6期。

[2] 参见杨兴培:《犯罪客体——一个巨大而空洞的价值符号——从价值与规范的相互关系中重新审视"犯罪客体理论"》,载《中国刑事法杂志》2006年第6期。

[3] 参见周光权:《犯罪构成理论与价值评价的关系》,载《环球法律评论》2003年第3期。

害了国家对经济合同的管理秩序和公私财产所有权,即构成合同诈骗罪;如果侵害了信用卡的管理制度,同时对公私财物造成损害,则构成信用卡诈骗罪。之所以会出现罪名的不同,是因为犯罪客体在犯罪认定上起到了重要作用。假如司法工作者对行为侵害了什么样的犯罪客体都分不清,或者在犯罪构成中直接取消犯罪客体,那反而会导致司法工作者恣意妄为,任意地进行出入罪或随意定罪。最后,犯罪客体是我国犯罪分类的基础,我国《刑法》分则所规定的十类犯罪即是按照犯罪同类客体为标准进行划分。由此看来,犯罪客体非但不是刑法理论中的累赘,还是我国犯罪构成理论中的核心要件。

我国刑法理论通说将犯罪客体解释为"我国刑法所保护的、为犯罪行为所侵害的社会关系"[1]。而我国的犯罪构成理论之所以将犯罪客体要件放在第一位,是因为犯罪客体决定着行为是否构成犯罪的问题,脱离犯罪客体而讨论行为人是故意还是过失、有无刑事责任能力都毫无意义。例如,我国没有规定通奸罪,因此,通奸行为没有侵害我国刑法所保护的社会关系或法律利益,那么男女双方实施通奸行为时的心理状态就不重要了。此外,将价值判断的犯罪客体前置真的会导致主观归罪或客观归罪的风险吗?事实上,对犯罪客体的侵害与否必然受到主客观条件的约束,例如,若甲的行为导致乙死亡(正当化事由除外),那么犯罪客体是否被侵害就取决于行为人的主观心理状态,如果有证据证明甲是以故意或过失的心态实施的行为,则认为行为侵害了客体,构成故意杀人罪或过失致人死亡罪。但是如果有证据证明甲的行为完全是意外事件,那么甲必然是无罪。仍需再次指出的是,我国犯罪构成理论的四要件之间是一荣俱荣、一损俱损的关系,夸大某一要件对认定犯罪的作用的批评实质上并没有真正意识到我国

---

[1] 参见高铭暄、马克昌主编:《刑法学(第九版)》,北京大学出版社、高等教育出版社2019年版,第49页。

的四要件之间是有机统一的关系。

最后,许多学者提出要将犯罪客体从犯罪构成中去除的观点都是以三阶层论为参照。在他们看来,三阶层论中没有哪个构成要件要素与犯罪客体相对应,将具有价值判断的要件放在构成要件中是不妥当的。但是必须清醒地认识到,三阶层论所称的"构成要件符合性"与四要件的"犯罪构成要件"具有明显差异,"构成要件符合性"只是三阶层论判断犯罪成立中的一层,而"犯罪构成要件"是指犯罪成立的各个要件的总和,二者之间有着巨大差异。所以,以德日的三阶层论为参照所得出的应当将犯罪客体要件从我国犯罪构成中去除的结论,无视了两种犯罪构成理论之间的差别。

(四)四要件犯罪构成理论难以正确处理正当化事由之再辨析

有学者在批评四要件说时指出,既然我国刑法的犯罪构成理论认为,一切符合构成要件的行为都是犯罪行为,那么,又何来正当防卫、紧急避险等是符合犯罪构成要件的行为,却又是不具有社会危害性的合法行为呢?[1]另外,四要件说只存在阻却违法性的紧急避险,而不存在阻却责任或者减轻罪责的紧急避险,遇到一些极端案件时,就极有可能得出与人情和公众对法律规范的期待相悖的结论。[2]

笔者认为,上述批评实际是将三阶层论的"构成要件该当性"与我国四要件说的"构成要件"相混淆所导致。我国四要件说的"犯罪构成要件"的内涵与外延都与三阶层论中的"构成要件该当性"有着明显差异:前者是指行为成立犯罪所必需的一切主观与客观要件的总和,而后者仅是犯罪成立的各要件中的一个。正因如此,依照三阶层论,正当防卫、紧急避险其实是满足了第一层的构成要件该当性的要

---

[1] 参见周光权:《犯罪构成四要件说的缺陷:实务考察》,载《现代法学》2009年第6期。

[2] 同上。

求,但是在第二层的违法性上被阻却,从而将该类行为出罪。而正当防卫与紧急避险在我国既不是符合犯罪构成要件的行为,也不符合犯罪概念,所以它们根本就不是犯罪。因此有学者指出,刑法教科书把正当防卫、紧急避险放在犯罪概念和犯罪构成之后来讲,这有什么不妥呢?为什么非要把它们放在犯罪构成体系之内来讲呢?[1]

此外,以四要件说不存在阻却责任或者减轻罪责的紧急避险来批评四要件说无法正确处理正当化事由,更不应该成为否定四要件说的理由。我们首先必须明确的是,三阶层论所称的"责任"是指有责性,而我国刑法理论中的"责任"一般是指刑事责任,二者的内涵并不相同。而如上所述,紧急避险在我国根本不是犯罪,自然不存在所谓的阻却责任与减轻罪责的问题。至于避险过当的行为,我国《刑法》第二十一条第二款虽然规定了避险过当应当承担刑事责任,但是也规定了应当减轻或免除处罚,所以当遇到一些极端案件时,行为人是否承担刑事责任,仍然存在进一步讨论的空间,再结合法官对具体案件的考察与自由裁量,从而可以避免出现判决结果与人情和社会伦理相悖的问题。再以近年来被激烈讨论的"受虐妇女杀夫"案件为例,有学者认为这是典型的阻却责任的紧急避险,而且免予刑事处罚与无罪的处理结果对被告人的意义差异巨大,应当明确区分。但是,我国刑法明确规定不能针对危险来源实施紧急避险,所以该类案件是否属于紧急避险还有待商榷。那么将该类案件通过设置严格的适用条件等而归为正当防卫行为是不是更合适呢?如是,四要件说依然能够对一些极端的案件得出较为妥当的结论。如果刑法学研究者们过分痴迷于三阶层论,照搬域外理论来评价本土实践,自然难以发现我国现有的犯罪构成理论的价值。

---

[1] 参见高铭暄:《对主张以三阶层犯罪成立体系取代我国通行犯罪构成理论者的回应》,载《刑法论丛》2009年第3卷。

上述批评基本源于批评者对四要件说缺乏全面透彻的理解，但是也有些学者带着偏见心理对待四要件理论，仅仅是为了批评而批评，将一些与犯罪构成论无关的问题归结为四要件说的缺陷。例如，有学者认为耦合式犯罪构成体系的各要件之间一存俱存、一损俱损容易产生问题，并以将教唆、帮助他人自杀等自杀相关联行为等同于故意杀人为例。该学者通过对比递进式犯罪体系不将该类行为评价为犯罪，而我国四要件说犯罪体系认为构成故意杀人罪，由此认为耦合式犯罪构成体系比递进式犯罪构成体系更容易出错。[1] 事实上，虽然德国未将教唆、帮助自杀行为认定为犯罪，但是同样采取递进式犯罪构成体系的日本却将教唆、帮助自杀规定为故意杀人罪以外的犯罪处理。由此可见，是否将教唆、帮助自杀行为认定为犯罪与犯罪构成体系完全没有关系，而是取决于各国刑法对教唆、帮助他人自杀行为的不同认定，以及对"故意杀人"概念的不同解释。再如，有学者认为，我国这种耦合式的四要件说没有给辩护和积极抗辩提供充分的空间。[2] 这种观点与认为四要件说只方便作入罪考察而不具有出罪功能的批评基本相似，都严重缺乏说服力。在四要件的犯罪构成中，表面上是规定了构成犯罪的四个要件，但实际上四要件说具有两面性，被告人可以就自己的行为不符合任一要件而提出抗辩。另外，正当防卫、紧急避险、情节严重等事由其实都提供了充分的抗辩空间，具有出罪功能。

总的来说，四要件说所遭受的质疑并非来自于我国立法和司法实践，而主要源于域外的犯罪构成理论。从上述对四要件说各种质疑的梳理及回应来看，四要件说还未到应当被全盘抛弃的地步。众所周

---

[1] 参见陈兴良主编：《犯罪论体系研究》，清华大学出版社2005年版，第42页。

[2] 参见李静：《犯罪构成体系与刑事诉讼证明责任》，载《政法论坛》2009年第4期。

知,法西斯主义德国、日本彼时都是奉行三阶层论,但依然制造了许多践踏人权的惨案,在德日三阶层论形成过程中发挥过重要作用的德国刑法学家麦兹格也曾经在纳粹时期明确支持纳粹集中营的所谓保护监禁制度。这再次说明,犯罪构成要件理论只是一副皮囊,虽然号称刑法理论的核心,但也不能过分夸大其在实现刑事法治中的作用。有学者认为,若不清除这种四要件理论,我们的刑法学就会受到影响,就难以有实质性的突破,更谈不上突围。[1] 这样的见解就是过分夸大犯罪构成理论作用的体现,难道如果我国明天开始就采用三阶层论,我国的刑法就会突飞猛进吗？还是能够就此完成刑事法治建设呢？换个角度,如果德国明天开始采取四要件说,他们的刑事法治体系就会崩塌吗？因此,任何一个理性的刑法学研究者都应当承认不存在完美无缺的犯罪体系,而真正有意义的研究应当是以改良理论为己任,而不是动辄颠覆既有规则体系,使之发生根本转向。

二、变革之后的冷思考:立足于中国语境的理论抉择

随着中国刑法学理论研究将目光转向以德日为代表的三阶层论,当前似乎已经形成了阶层论取得"压倒性地位"的多元犯罪论体系并存的局面。然而,恰如勒庞所说:"各民族是受着它们自己的性格支配,凡是与这种性格不合的模式,都不过是一件借来的外套。"[2]

(一)立足于中国基本国情的理论抉择

习近平总书记指出,法治当中有政治,没有脱离政治的法治。每

---

〔1〕 参见梁根林主编:《犯罪论体系》,北京大学出版社2007年版,第440页。

〔2〕 〔法〕古斯塔夫·勒庞:《乌合之众:大众心理研究》,冯克利译,中央编译出版社2005年版,第64页。

一种法治形态背后都有一套政治理论,每一种法治模式当中都有一种政治逻辑,每一条法治道路底下都有一种政治立场。[1]一个国家采取何种犯罪构成理论是由其基本国情所决定,所以移植三阶层论不能只关注于理论本身,还要认真考虑土壤"适应性"的重要问题。

西方资本主义的法治理念与中国特色社会主义法治理念不同。首先,二者法治理念差异的根本在于政治基础的差异。资本主义法治的政治基础是多党制、三权分立等;而中国特色社会主义法治的政治基础是中国共产党领导的多党合作和政治协商制度、实行民主集中制的人民代表大会制度等。与西方一些国家讲求"三权分立"不同,中国特色社会主义法治体现为立法、行政与司法的有机结合。正如有学者所说,一个实行中国共产党领导的人民民主专政的国家不可能把多党制衡作为自己的法治模式,一个实行人民代表大会制度的国家不可能把三权分立、司法独立作为法治进化的方向。[2]其次,二者法治理念的差异还源于政治与法治的关系不同。西方法理学认为,政治应当与法律分离,法律保持独立性是西方法治的基本特征;但是,正如有学者所说,中国政治体制与法治的关系属于是"笼子"和"鸟"的关系,也可以叫作"鸟笼法治"。[3]即,鸟儿可以活动,但是必须在笼子之内。因此,对于中国法治而言,中国法治是政治发展的一个部分,换言之,政治是法治的前提。所以,如果站在西方法治语境下,就会产生出"党大还是法大"这样的伪命题。最后,二者法治理念的差异还在于所面临的问题不同。中国特色社会主义法治起步较晚,在

---

[1] 参见中共中央文献研究室编:《习近平关于全面依法治国论述摘编》,中央文献出版社2015年版,第34页。

[2] 参见朱景文:《西方法治模式和中国法治道路》,载《人民论坛·学术前沿》2022年第2期。

[3] 参见王人博主编:《中国特色社会主义法治理论研究》,中国政法大学出版社2016年版,序言第3页。

急剧转型的社会时期,如何通过法治解决不断出现的矛盾,稳定社会秩序,是我国法治建设当前所面临的重要问题。"中国特色社会主义最本质的特征是中国共产党领导,中国特色社会主义制度的最大优势是中国共产党领导"[1],坚持中国共产党的领导,推进全面依法治国,是我们防范各种风险最大的底气,也只有坚持党的领导才能全面推进国家各方面工作的法治化。

西方资本主义的刑法思想与当代中国的刑法思想不同。西方资本主义的刑法思想众多,且都是基于特定社会时期所产生的,例如,前期古典学派受到启蒙思潮的影响,以初期资本主义社会的个人主义和自由主义为基础,突出反对中世纪的封建刑法,强调个人的自由与平等。此后的后期古典学派的刑法思想也是在社会转型时期,从而形成了国家主义与自由主义混合的思辨的哲学的刑法思想。由此可见,刑法思想并非一成不变,而是与不同的社会时期紧密联系。进入新时代,中国刑法学知识体系的构建仍要坚持以马克思主义为指导,特别是坚持习近平法治思想的指导。习近平总书记指出,坚持以马克思主义为指导,是当代中国哲学社会科学区别于其他哲学社会科学的根本标志,必须旗帜鲜明地加以坚持。[2] 如是,中国的刑法学思想将与西方资本主义国家的刑法思想有着本质区别,刑法理论研究不能忽视中国刑法学理论的根基。

总的来说,我们必须对西方法治"祛魅",否则仍会陷入情不自禁的模仿中,自然也无法建立起对中国特色社会主义法治的自信。西方资本主义国家虽然是成功实现法治的典范,但是这种法治并非社会

---

[1] 习近平:《高举中国特色社会主义伟大旗帜 为全面建设社会主义现代化国家而团结奋斗——在中国共产党第二十次全国代表大会上的报告(2022年10月16日)》,人民出版社2022年版,第6页。

[2] 参见习近平:《在哲学社会科学工作座谈会上的讲话(2016年5月17日)》,人民出版社2016年版,第8页。

主义法治。虽然西方资本主义国家法治建设的部分做法和经验确实值得我们学习和借鉴，但是总体上与中国国情不相适应，不切合中国特色社会主义道路的基本要求，更无法为建设社会主义法治提供现成的教科书。因此，脱离中国基本国情的三阶层论虽然有着丰富的理论内涵，但是仍然无法被简单移植到中国自主的刑法学知识体系中，因为二者在根基上存在明显不适配的问题。

（二）立足于中国刑法学理论发展历史必然性的理论抉择

我国选择四要件说具有历史必然性。列宁曾经说过："不要忘记基本的历史联系，考察每个问题都要看某种现象在历史上怎样产生、在发展中经过了哪些主要阶段，并根据它的这种发展去考察这一事物现在是怎样的。"[1]那么对于我国的四要件说犯罪构成理论，只有了解我国为何选择了四要件说，并观察其是否在实践中获得了充分的认可，才能发现坚持四要件说的必要性。

从历史上来看，中华人民共和国成立之初，我国要从建设新民主主义国家过渡到社会主义国家，而苏联作为率先走上社会主义道路的"老大哥"，不可避免地成为新中国学习的榜样。当时的中国断然奉行联苏抗美的"一边倒"的对外政策，不仅在政治上与苏联结成联盟，还在经济建设、国防建设、文化教育建设等方面更多地依靠苏联的帮助。[2]法学研究也不例外，当时的刑法学界同样接受了苏联刑法学家们的帮助，并大规模地引入苏联刑法学理论。1950年出版的《苏联刑法学总论》（上下册）一书具有标志性意义，该书首次向我国输入了苏联的犯罪构成理论，此后，又有大批苏联的刑法学著作被翻译到

---

[1]《列宁选集》（第四卷），人民出版社2012年版，第26页。
[2] 参见赵秉志、王志祥：《中国犯罪构成理论的发展历程与未来走向》，载《刑法论丛》2009年第3卷。

国内。[1] 其中，特拉伊宁的《犯罪构成的一般学说》不仅代表着苏联的犯罪构成理论发展至顶峰，还成为我国最主要的参照。然而好景不长，至20世纪50年代后期，我国与苏联在政治上交恶，苏联刑法学知识在我国的影响自然也是风光不再。中国刑法学迎来了最与世隔绝的时期，"犯罪构成"更是成为禁忌词，中国刑法学知识的发展由此陷入停滞，苏联刑法学知识也随之"沉睡"。但是随着改革开放、法律教育的恢复以及整个社会的发展，法学研究获得了前所未有的良好环境。在苏联刑法知识被引进的第一阶段中，我国刑法学已经得到了全方位塑造，加之苏联刑法学知识所依赖的哲学方法和政治意识形态与我国高度相似，所以一旦政治社会环境发生好转，中国刑法学的恢复重建实际上也意味着苏联刑法的回归。例如，1979年《刑法》的制定主要借鉴了苏联刑法，在对犯罪的定义、犯罪构成要件等方面都与其保持一致性。因此，结合我国刑法学发展的历史来看，我国学习借鉴苏联的犯罪构成要件理论具有历史必然性。

进入新时代，坚持将四要件说进行本土化改良仍然具有历史必然性。我国现有的四要件说绝非简单照搬苏联犯罪构成要件理论观点及具体内容。有学者认为，无论是苏联刑法学还是大陆法系刑法学，对于我国来说都是舶来品，因此也不存在本土化的抗拒，应当对我国刑法学进行"去苏俄化"的刑法改革，转而采取德日的三阶层论。[2] 事实上，我国的犯罪构成理论虽然大体上保持着四要件的形式特征，但是在具体内容上进行了本土化改造。比如，在20世纪50年代，苏联刑法学界采取的是将犯罪概念与犯罪构成相区分的"二元论"观点，认为犯罪概念是对犯罪行为所作出的"政治上的评价"，犯罪构

---

[1] 参见陈兴良：《刑法知识的去苏俄化》，载《政法论坛》2006年第5期。
[2] 同上。

成则是"在法权上的概念"。[1] 再如，特拉伊宁在其所著的《犯罪构成的一般学说》一书中提出，犯罪主体不包括在犯罪构成的学说中，犯罪构成只研究刑法分则条文有专门规定的特殊主体，而不研究一般主体。[2] 然而我国的犯罪构成理论都没有采纳这些观点，反而是认为犯罪主体应当包含刑事责任能力和刑事责任年龄。[3] 因此，我国现有的四要件说绝不是照搬苏联而来的，而是在接受苏联的犯罪构成理论时加入了适合我国国情的创新观点。此外，在犯罪成立的问题上，我国罪量因素已经为中国刑法学的创新迈出了坚实一步，从而形成了对行为的性质进行考察（定性），又对行为中所包含的"数量"进行评价（定量）的分析模式。由此可见，以四要件说为基础的新中国刑法学体系已经发展了约七十年，不仅不是照搬苏联的犯罪构成要件理论，还结合中国本土情况进行了许多创新。在推进中国特色哲学社会科学"三大体系"建设的背景下，中国的犯罪构成理论必然不同于苏联、德日犯罪构成理论。这不仅是因为中国与西方资本主义国家的政治制度有着明显不同，还因为中国特色社会主义的法治理念与西方资本主义的法治理念存在明显差异。此外，中国的犯罪构成理论虽然取材于苏联，但是经过了完整的本土化过程，获得了司法实践的充分认可，是初具中国特色的刑法理论。我们没有理由放弃一个符合基本国情、价值观念和具有中国特色的犯罪构成理论，相反，那些看似新潮的犯罪构成理论却不一定符合中国特色社会主义进入新时代的现实。

---

[1] 参见周振想：《关于犯罪构成理论的几个问题》，载《法学杂志》1986年第3期。

[2] 参见〔苏联〕A. H. 特拉伊宁：《犯罪构成的一般学说》，中国人民大学出版社1958年版，第161页。

[3] 参见高铭暄主编：《刑法学原理》（第一卷），中国人民大学出版社2005年版，第455页。

（三）立足于中国刑法学理论发展连续性的理论抉择

想要构建出中国自主的刑法学知识体系就必须改掉动辄推倒重来、过度依赖法律移植的弊病，转而珍惜中国本土的刑法理论。四要件犯罪构成理论的本土化早已开始，并且获得了诸多具有中国特色的理论成果。我国若是突然转向移植三阶层论犯罪论体系，无疑会打击刚成气候且初具中国特色的刑法学体系，还可能打破我国刑法学理论经年累月所形成的习惯。

移植三阶层论将影响中国刑法学理论的语言习惯与价值观念。有学者指出，我国传统的犯罪构成理论不同于德国等大陆法系国家，结构相对简单，学术含量较低，体现了一种大众话语的立场。德国的三阶层犯罪论体系的"精英性"首先体现在专业术语的使用上。在引进三阶层论犯罪论体系时，我们经常能遇到"构成要件符合性""违法阻却事由""责任阻却事由"等既不符合中文语言习惯，也难以为一般人所理解的专业术语。除此之外，三阶层论还发展出了"社会相当性""客观归责""期待可能性"等更深奥的术语，这些专业术语既难以望文生义、一目了然地直接理解，也很难用一般的生活经验和感受去直接体会，因此与德国的普通民众甚至法院中的法官隔开相当的距离。[1]而四要件说的"客体""客观方面""主体""主观方面"直截了当，即使有些不能顾名思义的概念，经过简单学习也能很快理解。通过加深专业槽以此提升专业性的做法不仅有待商榷，还有可能改变我国刑法理论遣词造句的习惯，更会对现有的刑法体系产生巨大影响。例如，三阶层论所述的"构成要件符合性""违法性""有责性"无法与我国现有的刑法知识体系中的相关词语直接产生联系，比如三

---

[1] 参见车浩：《从"大众"到"精英"——论我国犯罪论体系话语模式的转型》，载《浙江社会科学》2008年第5期。

阶层论的"有责性"通说是指具有非难可能性，但是在我国的刑法知识体系中"有责"通常意味着应当承担刑事责任，可见三阶层论中的用语与我国现有的刑法学知识体系不相衔接。其次是逻辑的严密性。三阶层论之所以使用"阶层"一词，是因为它主张犯罪由具有递进关系的阶层逻辑结构的三要件组成，各个要件之间具有位阶关系。三阶层论始终将行为当成一个整体进行检验，严格按照要件的位阶顺序，依次将不具备犯罪构成要件的行为从犯罪中排除出去，坚持先外部、再内部，先客观、再主观，先事实、再法律的顺序。而平面的四要件说显然缺乏逻辑性，三阶层论所体现出的任何人的任何论断都必须合乎形式逻辑的检验的要求，给四要件说带来了颇具裨益的启示。新时代背景下，党和人民对法治建设提出了更高的要求，我们在追求实用性的同时也要注重逻辑性。四件说更侧重于实用性，这源于中国人讲究实用功利，重经验，重历史，崇尚折中主义、中庸之道等价值观念，与英国人的经验主义、实用主义比较接近，但与德国人的重逻辑推理的特点相距甚远。[1] 四要件说并没有限定哪个要件应当先被考察，实践中，人们通常可以按照经验直接作出出罪的判断，而不需要经历程序烦琐的检验，这也是四要件说更具实用性的重要原因。比如，13周岁的男孩实施了盗窃行为，以四要件说进行分析，可直接以男孩未满十四周岁、属于完全无刑事责任能力人、不具备犯罪主体的资格得出出罪的结论。四要件说虽然采取的是大众话语模式，但并不意味着其落后于精英话语模式，反而体现出四要件说符合中国的语言习惯与价值观念，所以刻意地加深专业槽并无必要。

移植三阶层论对中国刑法理论的发展弊大于利。无可否认，移植三阶层论所带来的理论研究推动了四要件说的丰富与完善。随着中国

---

[1] 参见周详：《英吉利民族国家精神与英国刑法的特性》，载《华中科技大学学报（社会科学版）》2006年第6期。

刑法学界学习三阶层论的不断深入，出现了一些对完善我国犯罪构成理论具有重要借鉴意义的理论。我国司法实践中经常会出现一些特殊情况，按照四要件说无法给予合理的解释。以期待可能性为例，如果将期待可能性理论引入我国的四要件犯罪构成理论后，相关疑难问题便可得到妥善处理。其实，早在清朝就已经出现了期待可能性制度的影子。清朝的秋审制度规定了"可矜"，意为虽然案情属实，但情有可原，可从宽处罚。这里的"可矜"，大致作可怜理解，换言之，犯罪事实虽然存在，但综合全案考察，认为行为人有值得人同情、怜悯的情节，便可以减轻处罚。笔者通过裁判文书网检索发现，司法实践中也已经有运用期待可能性裁判的案例，可见期待可能性在我国司法实践工作中有着很大的适用空间。不过，法律移植的确可以为改造我国传统四要件犯罪构成理论提供一条路径，但却不是改造我国传统四要件犯罪构成理论的唯一路径，[1] 两种犯罪构成理论的不同恰好给予二者相互借鉴的机会，使其相得益彰，取长补短，以此推动四要件说不断丰富与完善。如前所述，四要件说既不是照搬他山之石，又经受了近半个世纪司法实践检验，因此能够成为支撑中国刑法理论体系发展的坚实基础。在此情形下，突然以三阶层论取代四要件说，则是武断地破坏了理论发展的连续性，回望三阶层论引入的过程及影响，的确有些匪夷所思。恰如高铭暄教授所言，50 年前，犯罪构成理论在一夜之间被打成"资产阶级的专利"，50 年后又被一些中国刑法学人自己冠以"无产阶级阶级斗争的产物"，是非随波，岂非历史玩笑！[2] 我国近现代刑法已走过一百多年的风雨历程，理论发展缺乏连续性一直是我国刑法学的殇痛。理论发展的连续性既是一个理论走

---

[1] 参见王勇：《关于中国犯罪构成理论走向的前提性追问》，载《法制与社会发展》2010 年第 4 期。

[2] 参见高铭暄：《关于中国刑法学犯罪构成理论的思考》，载《法学》2010 年第 2 期。

向成熟的基本要求，也是一个理论愈发具有自主性的关键。

（四）立足于中国司法实践的理论抉择

刑法理论的选择不能忽视司法实践的需要，如果缺乏实践层面的接受与检验，三阶层论也好，两阶层论也罢，最终都会陷入"拿来主义"所带来的水土不服的困境中。有学者指出，在刑事司法实践中，司法工作者普遍肯定四要件犯罪构成理论的方便性与实用性。这说明四要件说经受住了司法实践的考验，其犯罪认定的思维方式已经在司法工作人员心中深深扎根，如果突然转而使用三阶层理论，无疑会导致司法工作人员无所适从。还有一个不得不面对的现实是，尽管我国始终坚持建设高素质的法治工作队伍，但是全国各地的司法工作人员的素质依然存在参差不齐的现象。在此情形下，企图短时间内将一种已经被长期遵守的刑法理论"去除"，而以一种全新的理论取而代之，不仅会打破原有的司法实践的办案思维，还会给司法工作者平添较大的学习负担。虽然现在我国的法律职业资格考试主要以三阶层论甚至二阶层论为基础，但是想以这种方式去慢慢改变司法工作人员的思维方式仍不现实。因为无论是刑事指导案例，还是裁判文书网所公布的刑事判决书，我们都能清楚地发现，这些法律文书中的说理部分仍是以四要件说作为认定犯罪的基础。[1]因此，企图通过法律职业资格考试的方式来转变司法实践的惯性思维同样缺乏可行性，毕竟实践才是最好的老师。

另外，司法作为定分止争的最后屏障，必定要求刑法理论的确定性和唯一性。但是，三阶层论中各要素的内容尚存争议，哪一种分类更具科学性，更能为我国司法实践所用，理论上也还没有弄清。同

---

〔1〕 刑事判决书中的说理部分虽未明确写明被告人所具备的构成要件如何，但是说理的核心意思基本表明是采用四要件说进行犯罪认定，这也说明，四要件说的适用已经达到了不言自明的程度。

时，如果从犯罪构成理论在世界各国的适用情况来看，二阶层论比三阶层论适用的范围更广，然而二阶层论与三阶层论孰优孰劣，又是一个缺乏确定性的问题。显而易见，上述问题的争论并不能在短时间内被确定，在此情形下，贸然地选择三阶层论不仅会面临理论体系内部的纷争，还会受到其他理论的质疑，这与司法实践所追求的效率与确定性难以契合。如是，坚持已经获得司法实践充分肯定的四要件犯罪构成理论不仅显得更为合理，还能够满足司法实践对理论的需要。

最后，移植三阶层论所带来的理论研究与司法实践相割裂。当理论界正在如火如荼地运用三阶层论进行分析时，司法实践依然用着四要件说进行定罪，导致理论界的诸多研究成果无法切实解决司法实践中的真问题、新问题。有学者指出，在刑事司法实践中，刑事警察的主要任务在于侦破案件，还原事实真相，"三阶层"的理论指导性意义不强。而对于检察机关和审判机关来说，评价犯罪、认定犯罪，是在犯罪主体资格具备的基础上，强调主客观的高度一致性，所谓的"三阶层"犯罪结构模式的位阶关系基本上没有多少实践价值。[1] 即使是在德国，99.9％以上的法官在实践中都不会用三阶层论来认定犯罪。[2] 三阶层论虽然在学术研究中受到狂热追捧，但是在司法实践中却遇冷。这不仅是因为三阶层论与我国刑事司法实践所采取的"主客观相一致"的逻辑不相符，也反映出四要件说在司法实践中是行之有效的。所以，企图推倒四要件说而以三阶层论取而代之，并不是提出理论更具逻辑性、更精细化的观点就足矣，也要意识到南橘北枳的适应性问题。

综上所述，世界上绝不可能存在放之四海而皆准的犯罪构成理

---

[1] 参见杨兴培：《"三阶层"犯罪结构模式的中国语境批判》，载《东方法学》2021年第2期。

[2] 参见梁根林主编：《犯罪论体系》，北京大学出版社2007年版，第189页。

论，虽然三阶层论相比四要件说确实具有更强的逻辑性，引进三阶层论也确实推动了四要件说的完善，但是将代表西方资本主义法治理念的犯罪论体系移植到中国特色社会主义法治体系中，将不可避免地出现"水土不服"的问题。由此可见，刑法理论的普适性只是某些刑法研究者的一厢情愿，地域性才是刑法理论的基本特征之一。随着"三大体系"建设的提出，摆脱移植刑法学理论的习惯，对传统刑法学理论进行更深刻的本土化改造才是我国刑法学理论的发展方向。德国刑法学家用了几百年时间将犯罪构成理论不断完善，但是我国刑法学的复兴还不到半个世纪，我国刑法学体系的建设也需要获得持续的积累，而不是被一次又一次打断。我们应该给发展具有中国特色的犯罪构成理论多一点耐心，继续坚持四要件说，这不仅是因为大厦之基不可随意推倒，还因为我们要珍惜四要件说作为中国刑法学知识体系走向自主的宝贵一步。

三、基于四要件说改良的本土犯罪构成理论

中国特色社会主义进入新时代，重新认识和评价四要件犯罪构成理论也迎来了新的契机。三阶层论与工业时代的背景有着密切关系，立足于自然科学实证主义及机械论，必然孕育出机械、立体的犯罪论体系，[1]从而诞生出具有强烈工业化程式色彩的三阶层理论。但是，新时代的中国社会发展已经超越了传统的工业时代，互联网、大数据、人工智能等技术的发展，给全世界的刑法理论发展带来新问题，也给中国刑法学带来了重大的理论创新机会。新时代下，四要件说迎来了重大的发展机遇，应当把握好理论的发展方向。

---

[1] 参见赵秉志、彭文华：《文化模式与犯罪构成模式》，载《法学研究》2011年第5期。

（一）发展具有本土特色的四要件犯罪构成理论

1935年，王新命等十位教授联名在《文化建设》杂志第1卷第4期上发表《中国本位的文化建设宣言》一文，该文深刻地指出："要使中国人成为中国人，就必须从事中国本位的文化建设，必须用批评的态度、科学的方法，检阅过去的中国，把握现在的中国，建设将来的中国。"这样的言论时至今日依然掷地有声，因为中国刑法学研究便是长期依靠法律移植而发展。如果把目光投向受德国刑法理论影响的日本，不难发现，日本正在寻求从德国刑法学理论中解放的道路，希望能够发展出真正属于自己的法学理论。由此可见，中国刑法学也应当避免对域外刑法学知识的引进和学习走向极端，如果只是一味地拾人牙慧，结果失去了发展具有本土特色的理论的能力，最后只能是永远比别人慢一步。

第一，立足于中国特色社会主义，坚持发展四要件犯罪构成理论。刑法学者既不要在一种愈来愈独立的学理中迷失自己，也不能否认这个事实，刑法是行使国家权力的一种形式，因而也是一种政治。[1] 习近平总书记在党的二十大报告中明确指出："马克思主义是我们立党立国、兴党兴国的根本指导思想。"[2] 马克思主义法学中国化的历史进程充分表明，我们必须坚持马克思主义法学对当代中国法学研究的指导地位，进而结合本国实际和时代发展来推动当代中国马克思主义法学的新发展，这是时代精神的体现，是当代中国法学发展

---

[1] 参见〔美〕马库斯·德克·达博：《积极的一般预防与法益理论——一个美国人眼里的德国刑法学的两个重要成就》，杨萌译，载陈兴良主编：《刑事法评论》（第21卷），北京大学出版社2007年版。

[2] 习近平：《高举中国特色社会主义伟大旗帜 为全面建设社会主义现代化国家而团结奋斗——在中国共产党第二十次全国代表大会上的报告（2022年10月16日）》，人民出版社2022年版，第16页。

与繁荣的必由之路,也是中国特色社会主义法治发展的必然选择。[1]因此,坚持以马克思主义法学理论特别是习近平法治思想为指导,既是在中国特色社会主义的语境下发展四要件犯罪构成理论的基本要求,也是重要的理论底色。

第二,立足于本国刑法规定,坚持发展具有本土特色的四要件犯罪构成理论。一部刑法要设立什么样的犯罪构成和设立多少个犯罪构成,关键取决于立法者对刑法所要保护的社会利益的本质属性、社会利益的内容和社会利益的需要的认识。[2]而刑法所要保护的社会利益又具体体现在刑法的规定中,特别是刑法分则中。如果脱离本国刑法规定讨论犯罪构成理论将是无本之木、无源之水,所以必须肯定的是,犯罪构成理论的研究应当以本国刑法规定为逻辑起点,这样才能更好地认定犯罪,解决本国刑法中的真问题,而不是一直在纠结如何处理教唆、帮助自杀这些假问题。事实上,在犯罪成立的问题上,我国刑事立法中大量出现罪量因素,无论是犯罪的客观要件,还是犯罪的主观要件,罪量因素都会被归属其中进行考虑,这即是我国的四要件说立足于本国刑法规定所创造的具有中国特色的本土要素。总的来说,本国的刑法条文是理论发展的出发点和落脚点,再精巧的犯罪理论脱离了刑法条文都只会得出悬浮在半空中的答案,而立足于刑法条文所发展的犯罪构成理论才能够为刑法条文与刑事案件架起桥梁。

第三,结合社会现实,发展具有本土特色的四要件犯罪构成理论。四要件说采取的是平铺直叙的表达方式,即使是没有学习过刑法的人,也能一目了然,而在简单地学习过教材后,再配合着刑法条

---

[1] 参见公丕祥、蔡道通主编:《马克思主义法律思想通史》(第三卷),南京师范大学出版社2014年版,第577页。

[2] 参见杨兴培:《犯罪构成的立法依据》,载《法学》2002年第5期。

文,便基本能够运用起来。我国的犯罪构成理论之所以选择这么直白的表达方式,不仅与当时所倡导的大众司法、人民司法有着密切关系,也与认为理论学习应该便民的观点有关,还与我国当时的司法工作者未接受过系统、专业的法律训练的历史背景有关。笔者认为,采取大众话语的理论模式不仅切合当时的社会现实,在如今坚持以人民为中心的新时代下,大众话语的理论模式仍然具有坚持的必要。一方面,四要件说比较牢固地占据了司法实践的阵地,这样一种简单、易上手的工具,已经被司法工作者熟练掌握,正所谓敝帚自珍,四要件说若是没有重大弊端,很难将其舍弃。另一方面,新时代下,民众的权利意识、法治观念不断增强,民众积极地参与热点案件的讨论也成为促进刑事法治进步的重要力量。例如,一直获得社会关注的拐卖妇女儿童犯罪,不少民众和受害人家属呼吁"买卖同罪"。在此暂且不论该种呼吁是否具有合理性,是否对减少犯罪的发生有所裨益,但是民众的关注确实推动了刑法学研究者重新审视该类犯罪在司法实践中所存在的问题,更引发了刑法学研究者对如何解决此类犯罪发生的多维度思考。如果由四要件的"大众话语模式"转向三阶层的"精英话语模式",无疑是刻意制造与加深专业槽的行为,这不但使得刑法理论远离民众,还难以让民众切实地感受到刑法理论研究、解决问题的落脚点在人民。

(二)发展与司法实践紧密联系的四要件犯罪构成理论

如井田良教授所说,只有当学者们对本土法律存在的问题了如指掌,并在研究该国有待解决的实践问题的过程中试图从其他法秩序中寻求解决问题的参考时,比较法研究才会具有意义。[1] 因此,四要

---

〔1〕 参见〔日〕井田良:《走向自主与本土化:日本刑法与刑法学的现状》,陈璇译,载陈兴良主编:《刑事法评论》(第40卷),北京大学出版社2017年版。

件犯罪构成理论的发展必然要以司法实践为导向，为解决实践问题服务，认为实践理性高于理论理性也是辩证唯物主义认识论的必然结论，司法实践也给予了检视理论自身合理性的机会。但是近年来，我国刑法理论研究和司法实践需要明显发生了脱节，这主要因为理论界和实务界中的主要参与者重合度较低、目的不同。理论界的主要参与者是以刑法学理论研究为业的刑法学者们，他们处在刑法学理论研究的前沿阵地，更容易接受域外的理论学说，他们的目标在于通过不同理论的对话与批评获得更多的期刊发表机会。而实务界是以处理现实司法案件为业的司法工作人员，他们处在刑法适用的前沿阵地，更关心如何妥善解决每一个案件，既没有时间关注理论研究的动态，也没有精力去研究对办案不一定有帮助的前沿理论，所以他们更容易形成理论依赖。因此，想要让犯罪构成理论与司法实践紧密联系，就必须从以下两方面进行努力：

第一，提升四要件犯罪构成理论满足司法实践办案需要的能力。总的来说，四要件说处理常规案件时没有什么大的障碍，基本能够满足司法实践的办案需要，也是我国司法实践中获得普遍遵循的犯罪认定模式。但是，任何犯罪构成理论都缺乏永久正确的说服力，四要件说也需要在司法实践的反馈下获得提升。例如，十五周岁的甲和十周岁的乙共同实施强奸行为，按照四要件说及刑法规定，甲构成强奸罪，十周岁的乙不构成犯罪，但是四要件说无法解决将甲的行为按照轮奸处理，因为轮奸要求构成强奸罪的共同犯罪，而乙不是合格的犯罪主体，所以无法按照轮奸的罪刑规范对甲进行定罪量刑。这样的结论显然是难以被接受的，这也是四要件说存在的硬伤。此外，随着自动驾驶、人工智能等技术的发展，在未来，司法实践必然会遇到全自动驾驶技术所造成的危害结果，司法实践自然会把目光投向犯罪构成理论。犯罪构成理论的发展不仅要追求体系的科学性，还要将理论和实践紧密地联系在一起，为一个个鲜活的刑事案件提供令理论界和实务界都信服的答案，兼顾精巧与实用是我国犯罪构成理论发展的方向。

第二，提升四要件犯罪构成理论解决司法实践中疑难问题的能力。虽然实务界对刑法学的理论发展缺乏敏感性，但是实务仍然对刑法理论的完善有着非常强烈的需求，特别是在社会转型时期，失范行为不断增加，各种疑难案件也层出不穷，所以实务界也非常需要能够切实解决疑难问题的刑法理论。通常情况下，行为人的行为引发了该犯罪客体以外的法益侵害时，一般不将超过该罪保护范围以外的结果归责于行为人，但是我国存在着一个极具特色的现象。有学者将其称为"缓和的结果归属"，即将他人自杀死亡的结果归属于行为人引起的行为，但并不让行为人承担故意杀人或过失致人死亡的刑事责任，只是使行为人承担相对较轻犯罪的刑事责任或者作为从重处罚的情节。〔1〕这样的处理结果在中国司法实践中相当普遍。最典型的案例就是徐玉玉被诈骗一案：徐玉玉被诈骗后伤心欲绝，郁结于心，最终导致死亡。这是因为我国的传统观念是认为死者为大，只要一方出现死亡，对方就将落于不利局面。让直接或间接地造成死亡结果的一方承担更重的责任，这样的判决结果才被认为是公正的。"缓和的结果归属"理论也是在解决司法实践中的疑难案件时产生的，这说明现实中的疑难案件必然会给犯罪构成理论的发展注入动力，而犯罪构成理论也需要对此进行回应，所以将理论和实务紧密地镶嵌在一起，是我国四要件犯罪构成理论发展的必由之路，对发展四要件犯罪构成理论大有裨益。

（三）发展具有国际学术话语权的四要件犯罪构成理论

"实际上我国哲学社会科学在国际上的声音还比较小，还处于有

---

〔1〕 参见张明楷：《刑法学》（上册），法律出版社2021年版，第246页。

理说不出，说了传不开的境地。"〔1〕这也是我国刑法学发展所遇到的困境。由于我国长期以来都是依赖法律移植来发展中国刑法学理论，部分学者动辄用三阶层论分析问题，主要是因为对四要件说甚至是中国刑法学理论缺乏自信。要解决对内"挨骂"、对外"说不出"的问题，还必须要敢于突破西方国家主导刑法理论发展的霸主地位，敢于为全球犯罪治理提供中国方案，敢于将中国的四要件犯罪构成理论推向世界，进而提升我国刑法理论的国际学术话语权。

第一，突破西方的理论"霸权"。虽然各国刑法都有着不同的犯罪构成理论，但是从国际影响力和理论源头来看，依然是西方国家占据了绝对话语权。而中国的四要件犯罪构成理论仅限于在国内发挥作用和具有影响力，在国际上难以被传播和理解。主要原因在于，西方国家在应对全球化的犯罪问题上起着主导作用，并且包含着霸权主义的逻辑，其在刑事政策、立法、司法方面拥有绝对的话语权，甚至常常排斥非西方国家。〔2〕四要件犯罪构成理论所面临的问题也是如此，对于非西方主流的犯罪构成理论，域外研究者缺乏兴趣甚至不屑一顾。正如井田良教授所呼吁的："我们期待德国学者能够多花点时间与耐心，了解一个对他们而言非常陌生的外国世界。"〔3〕但是，我们不能将希望完全寄予"上位者"，希望其能够更多地了解其他的犯罪构成理论，而是要积极主动地突破这种理论"霸权"。一方面是要正确对待西方的刑法理论，不能因为西方的犯罪构成理论在国际上具有优势地位而盲目接受。千万不要只顾着匍匐在德日刑法的碑文下，读

---

〔1〕习近平：《在哲学社会科学工作座谈会上的讲话（2016年5月17日）》，人民出版社2016年版，第24页。

〔2〕参见张文龙：《挑战与应对：犯罪全球化的主要表现及其研究》，载《求是学刊》2017年第1期。

〔3〕〔日〕井田良：《论日本继受德国刑法》，许恒达译，载《月旦法学杂志》2018年第12期。

一段卖一段，朝圣着别人的文字而忘记了自己的名字。[1]另一方面是要对根据中国实践所构建的犯罪构成理论保持信心，我们应当有学术主体意识，坚持使用中国理论解决中国问题，这既是突破西方理论"霸权"的根本，也是中国刑法理论发展的基本。

第二，把握全球刑事法律问题趋同的大好机会。摸着石头过河的岁月已一去不再。纵观全球刑法学发展现状，除有关刑法总论的问题外，大量来自诸如高科技犯罪、生物安全、经济刑法等新兴领域的问题，都对世界各国的刑事政策和刑法学研究提出挑战。在这些领域中，中国刑法学所面临的问题不仅是德日刑法学正在经历的问题，还可能是德日刑法学尚未遇到且将会遇到的问题。例如，中德刑法学都正在思考如何规制无人驾驶所产生的刑事法律问题。再如，中国出现了世界首例免疫艾滋病的基因编辑婴儿，迎来了刑法与基因技术发展的问题。如果能够用以四要件说为基础的中国刑法体系妥善解决这些全世界都共同面临的新问题和疑难问题，提供中国方案、中国智慧，甚至是为其他国家的刑法问题提供理论支持，那必然能够提升我国四要件说的国际认可度与学术话语权。

第三，把握交流更加便捷的时代。一方面，在语言障碍被不断突破的今天，中国刑法学研究者同样也要敢于向德国学者推介中国的刑法学理论，积极地用中国刑法学理论参与国际刑法对话。毫无疑问，中文著作外译是推动我国刑法学理论被域外学者知悉的重要途径，但是，通过笔者检索发现，从2020年和2021年两年的国家社科基金的"中华学术外译项目"立项名单来看，两年内共计432本图书，竟未发现一本与中国刑法学相关的图书。这不仅意味着中国刑法学理论的输出明显不足，而且意味着中国刑法理论中敢于向外译介的"中国特

---

[1] 参见高艳东：《不纯正不作为犯的中国命运：从快播案说起》，载《中外法学》2017年第1期。

色"较少。因此，为了提高我国刑法学理论的学术话语权，既要更加重视对学术主体的外语素质培养，也要坚持将更多优秀的中国刑法学理论研究成果译介到域外去。另一方面，在时空限制被打破的今天，我们获得了建设更多、更好的国际刑法学交流平台的机会。近年来，我国刑法学研究会也相继组织了各种主题的中日、中德、中韩刑法学研讨会，为中国刑法学理论"走出去"搭建了很好的学术交流平台。但是，如果在这样宝贵的国际交流平台大谈特谈"三阶层论""法益侵害""客观归责"等问题，只是矮子看戏般的做法，而不是平等交流各国刑法学理论问题的体现。因此，中国刑法学研究者在打造国际刑法学术交流平台时，要秉持将其建设成中国的学术名片或窗口的理念，摒弃"学徒心态"，要自信地展示出中国本土化的学术成果，真正让各国学者记住中国的学术。[1]

结语

近年来，我国刑法学界对三阶层论的支持与赞誉大有一种"自古华山一条路"的唯一正确性，但事实上，各个大陆法系国家所采取的犯罪构成体系的现实却是"殊途同归"，三阶层论仅是各个犯罪构成体系中的一种而已。与此同时，许多学者以"先进"的三阶层论批评"落后"的四要件说，然而这种"先进—落后"的差别是一种站在西方犯罪论体系视角的比较，而不是通过对既有理论的自省所得出的，或者说并不是既有的构成要件理论真的存在什么问题，反而是这种用西方犯罪论体系不加辨别地对中国犯罪构成理论提出批评才是真问题。必须要指出的是，"现代化"不等于"西方化"，西方资本主义国

---

〔1〕参见姜敏：《论中国特色刑法学话语体系：贡献、局限和完善》，载《环球法律评论》2022年第4期。

家的犯罪论体系是依托于该国的价值观念、民族文化等发展起来的，世界上不存在绝对真理，无论是四要件说也好，三阶层论也罢，二者都是与国家和民族息息相关的法治产物，鞋子合不合脚只有自己知道。

新时代下建构中国刑法学自主的知识体系既是大势所趋，也是中国刑法学发展的必由之路，犯罪构成理论作为刑法学体系这座大厦的基石，它的自主性将具有重要意义。我国现有的四要件犯罪构成理论不仅获得了实务界的充分肯定，还在四要件犯罪构成理论基础上作出了《刑法》第十三条的但书规定及罪量因素等精彩的理论创新，在这些事实面前，任何企图破坏理论发展连续性的主张都缺乏说服力。新时代下，我国四要件犯罪构成理论必然要继续坚持发展出更多具有本土特色的理论，为解决司法实践问题提供方法支撑；与此同时，还要积极地将四要件犯罪构成理论推向世界，展现世界知识体系建构发展大进程、大历史之中的中国担当。

第六章
刑法因果关系中的行为概念：解构与重塑

厘清刑法因果关系是解决刑事责任归属问题的基础性前提。而"行为"则是认定因果关系的核心概念，合理界定"行为"概念对于判断因果关系的理论学说发展具有重要意义。

根据我国刑法学界的一般观点，刑法中因果关系是危害行为与危害结果之间的关系，具体体现为一种引起与被引起的关系。马克思主义哲学认为，世界是普遍联系的，联系是发展变化的。而对于刑法理论乃至刑事司法而言，刑法因果关系是对于已然发生的案件事实的因果关系判定及有关行为人的刑事责任归结。因此，刑法因果关系范畴所涉及的范围不应当无限扩大，其认定不应当处于发展变化之中。在此基础上，应当全面、准确地判断案件中的行为与案件中的结果之间的因果关系，最终为刑事责任的承担提供客观事实基础。

一、问题提出：刑法因果关系中理论构建之两大困境

正如有的学者所言，"在我国传统的刑法学中，行为论严重地被

忽视，甚至根本就没有行为论的体系性地位。"[1] "行为"是刑法理论研究与刑事立法、刑事司法中必须要重视的基础性范畴。然而，我国在刑法因果关系理论的构建过程中却引入许多哲学范畴，诸如"偶然性""必然性""相当性"等高度抽象的概念，造成理论研究无法深入、适用标准不明确等问题。即便是已成为通说的"危害行为说"，也存在着主观价值判断色彩浓厚、缺乏相对明确的认定标准等困境，其他行为学说也都存在着一定的不足之处。

（一）刑法因果关系理论研究的泛哲学化

哲学是一门逻辑思辨性强、概念抽象、以提供方法论指导为根本任务的学问。而刑法理论研究和刑法实务都带有极强的实践性特征，不能够脱离实际，深陷于高度抽象的理论构建之中。我国对于刑法因果关系的理论研究起步较晚，且受到苏俄刑法理论的深刻影响，尤其是行为概念的确立带有浓厚的社会危害性理论色彩。[2]

"刑法因果关系理论的哲学基础的任务是在其哲学观能够获得共识的前提下，为刑法因果关系理论的建立提供一个基础。"[3] 诚然，在刑法理论尤其是因果关系理论中融入基本的哲学方法论有助于理论的研究与案件的处理。但在刑法学这样一个实践性很强的学科之中融入过多高度抽象的、缺乏统一判定标准的概念，无益于刑法理论的发展与刑事司法的开展。根据一般观点，刑法因果关系之引起与被引起是客观的，是一种价值无涉的事实关系。就我国当前的刑法理论尤其是刑法因果关系理论研究而言，其泛哲学化主要体现在以下两个

---

[1] 陈兴良：《行为论的正本清源——一个学术史的考察》，载《中国法学》2009年第5期。

[2] 同上。

[3] 陈信勇、张小天：《刑法因果关系理论的一个哲学基础》，载《法学研究》1994年第1期。

方面：

一是刑法因果关系分类的多样性争议。刑法因果关系的合理分类，有助于刑法因果关系理论有针对性地完善，提高因果关系判定的效率。关于因果关系，根据马克思主义哲学的观点，存在着一因一果、一因多果、多因一果、多因多果等类型。相应地，刑法因果关系也存在着同样的类型，这种基本认识是对于马克思主义哲学因果关系理论在刑法学当中的合理应用。其中，较为复杂的就是多因一果和多因多果的刑法因果关系之判定。就前者而言，应当首先从客观事实关系层面判定行为与结果之间有无因果关系，再进行主观罪过的认定，最后看谁的行为对结果的发生所起的作用更大。而对于多因多果情形下的因果关系判定，则需要先从结果入手，以多因一果的刑法因果关系之判定思维进行多个多因一果的刑法因果关系的拆分判断。但是，在刑法因果关系理论研究的发展过程中，却出现了过度哲学化的倾向，比如在刑法因果关系类型的问题上，出现了简单因果关系、复杂因果关系与中断因果关系，绝然因果关系、必然因果关系、或然因果关系与偶然因果关系，现实的因果关系与可能的因果关系，高概率因果关系等等。[1] 这实际上是增加了刑法因果关系辨识及判定过程中的抽象性、不确定性与可操作性难度。

二是刑法因果关系判定的方法论争议。哲学因果关系的基本方法论意义对于刑法因果关系而言，就是要坚持客观性与普遍性。也就是说，一方面，我们应当看到刑法领域中因果关系是客观存在的，行为是客观存在的，行为与结果之间的联系也是客观存在的，因此，不能主观臆断、无限扩大产生结果的行为范围。另一方面，由于因果联系是普遍存在的，那么，在面对发生的案件时，就应当全面地查找引发

---

[1] 参见刘志伟、周国良编著：《刑法因果关系专题整理》，中国人民公安大学出版社2007年版，第39—43页。

结果的行为，研究分析它们之间的因果关系，从而使刑事责任承担主体没有遗漏。当然，刑法是最后的保障法，不应当处罚不值得处罚的行为，但这并不影响我们对于刑法因果关系进行全面的分析，这有利于确定产生原因的行为各自的原因力，即作用大小。而在当前的刑法因果关系理论的研究过程之中，对于因果关系的判断，分为偶然因果关系、必然因果关系、相当因果关系，相对应产生了不同的刑法因果关系的判断标准：在必然与偶然因果关系之中，看介入因素是否异常、发挥作用的大小。在相当因果关系之中，看通常情况下某种行为是否会产生某种结果。就前者而言，"判断异常的标准来自事实，还是来自规范"[1] 存在较大争议。对于相当性的判断，也存在着如何具体理解"通常情况"标准模糊的问题。

因此，刑法学理论对于哲学因果关系的运用应当有一个度，即吸收其中有利于解决刑法因果关系认定的范畴与方法论，而不应当泛哲学化，将刑法因果关系理论更加复杂化，增加操作难度。

（二）对刑法因果关系中行为概念之争议

刑罚只惩罚行为，不惩罚思想，已经成为近现代刑法学界的共识。刑法中的行为概念得到独立定义是在德国哲学家黑格尔所著的《法哲学原理》一书中实现的。[2] 我国长期以来对于刑法中行为概念的研究都是建立在20世纪50年代之后引入的苏俄刑法理论之上。尽管我国在刑法行为理论的研究上不够深入，但在因果关系中的行为概

---

[1] 姚建龙主编：《刑法学总论》，北京大学出版社2016年版，第122—124页。

[2] 参见李海东：《刑法原理入门（犯罪论基础）》，法律出版社1998年版，第25页。

念问题上形成了以下几种具有代表性的学说:[1]

"行为论"的代表性观点包括:刑法中的因果关系是指人所实施的行为与危害结果之间的因果关系;刑法中的因果关系是指人所实施的造成严重危害结果的行为与危害结果[2]之间的因果关系。"危害行为说",也即当前我国刑法理论界的通说,认为刑法因果关系研究的是行为人的危害社会的行为与危害结果之间的因果关系,其中又根据所包含的行为的类型将危害行为分为只包括实行行为的危害行为与包括实行行为和预备行为的危害行为。"违法行为说"认为刑法因果关系是行为人的违法行为与危害结果之间的关系。"刑事违法危害行为说"认为刑法因果关系是客观上违反刑法规定的、符合犯罪构成要件的危害社会的行为同危害社会的结果之间的因果关系。"犯罪行为说"认为刑法因果关系是犯罪行为与犯罪结果之间的因果关系。

就前四种观点而言,不管是提出者,还是批评者,都是将自己的观点建立在社会危害性理论的基础之上。而何谓"危害"?如何认定"危害"?一般认为,具备了刑事违法性也就可以认定具有了社会危害性。而又如何认定具有刑事违法性呢?也即刑法为何将某一行为规定为犯罪并设置刑罚?原因在于其"危害"社会。从我国刑法典对于犯罪概念的法律界定中就可以看到"危害"一词的身影。[3] 这种刑事

---

[1] 参见刘志伟、周国良编著:《刑法因果关系专题整理》,中国人民公安大学出版社 2007 年版,第 7—12 页。

[2] 根据行为说当中后一种观点对于前一种观点的修正,相应地,此处的"危害结果"应当是指严重危害结果。

[3] 我国《刑法》第十三条规定:"一切危害国家主权、领土完整和安全,分裂国家、颠覆人民民主专政的政权和推翻社会主义制度,破坏社会秩序和经济秩序,侵犯国有财产或者劳动群众集体所有的财产,侵犯公民私人所有的财产,侵犯公民的人身权利、民主权利和其他权利,以及其他危害社会的行为,依照法律应当受刑罚处罚的,都是犯罪,但是情节显著轻微危害不大的,不认为是犯罪。"

违法性与社会危害性的互相论证，陈兴良教授称之为犯罪客体与危害行为的循环论证："在四要件的犯罪构成中，社会危害行为被视为核心，导致对行为本身的本体性要素缺乏深入研究。在确定某一个行为是否属于危害行为的时候，需要考察的并不是行为本身的事实特征，而是行为的危害社会的性质。但行为危害社会的性质本身又不是行为所决定的，而是犯罪客体这一要件所决定的。在这种情况下，行为的价值判断又不是在行为论中完成的，而是依赖于犯罪客体。"[1] 这使得我国的行为理论看似严密，实则缺乏理论支撑。简言之，判定标准模糊、循环论证的社会危害性理论已经成为我国刑法因果关系之行为理论研究发展必须逾越的藩篱。

此外，上述这些学说并未对"行为"本身作出界定或解释，这也是我国行为理论发展不足的表现之一。对此，有学者借鉴行为科学，从人性角度对"行为"概念进行重新定义，认为刑法中的行为，就是"行为人控制或应该控制的客观条件，作用于具体的人或物的存在状态的过程"。这一概念强调"行为人"的主观能动性，当主观能动性对社会产生消极作用，而最终体现出来就是刑法中所谓的"社会危害"。同时，此观点还认为只有行为主体能够控制（包括控制或应该控制）的客观事实，才可能归因于主体，才可能是主体的行为。并且，通过"客观条件"对外界引起变化的过程，其行为的对象则是影响"具体的人或物的存在状态"，从而体现对于刑法所保护的社会关系的侵犯或者威胁。[2] 这一理论无疑在一定程度上填补了我国刑法理论界对"行为"本身从刑法意义上进行研究与界定的薄弱之处。

就最后的犯罪行为说而言，其存在的问题则是并未解释这里的

---

[1] 陈兴良：《行为论的正本清源——一个学术史的考察》，载《中国法学》2009年第5期。

[2] 参见刘霜：《刑法中的行为概念研究》，郑州大学出版社2016年版，第125—127页。

"犯罪"是刑法学意义上的,还是犯罪学意义上的,存在概念不清的问题。进一步而言,犯罪学意义上的犯罪行为与刑法学意义上的犯罪行为都离不开"社会危害性"这一关键,因而,还是回到了如何界定"社会危害性"这一概念。

二、正本溯源:刑法因果关系核心要素的多视角考察

鉴于刑法因果关系理论研究的泛哲学化倾向,应当回到"行为"以及"因果关系"的本来面目去认识、研究刑法因果关系理论。一方面,对于"行为"的本质与内涵,应当从不同学科进行考察,从而找到"行为"的本质特征;另一方面,应当看清马克思主义哲学当中"因果关系"的基本的、本来的面貌,考察与刑法因果关系的异同,将马克思主义哲学因果关系理论当中适宜刑法学理论吸收借鉴之处进行刑法学科内的转化。

(一)对刑法因果关系中"行为"的多学科探究

关于"行为"的概念,汉语词汇上将其定义为"人的有意识的活动",而"意识"则是指"人脑对客观物质世界的反映"。[1] 简言之,"行为"就是人将内在意识表现于外而形成的一种结果。对"行为"的界定也可以从不同学科领域进行考察,主要涉及哲学中的行为概念、心理学中的行为概念、社会学中的行为概念、法学中的行为概念、生物学中的行为概念、程序设计语言术语中的行为概念等。其中,从哲学、心理学、社会学、法学等维度进行的行为概念界定对于刑法因果关系当中"行为"概念的理解有着一定的借鉴作用。

---

[1] 参见汉语大字典编纂处编:《现代汉语词典》,四川辞书出版社2016年版。

在西方哲学上，"行动哲学认为'行动'（action）和'行为'（behavior）的区别在于有没有'意向性'。行动当然是行为，而行为如果不具有意向性的话，就不是行动"[1]。可见，行动比行为更加高级、更加复杂。在心理学上，行为不仅包括"我们直接观察的外部事件，还包括情感、态度、思维等能够为现代科学间接测量的内隐过程"[2]。就外部事件而言，它是与行为相对的概念。只有所谓的"内隐过程"对于刑法学中的行为概念在某种程度上具有一定的借鉴意义。在社会学上，对行为最简洁的定义是主体对环境的反应，是主体的一种活动，具体而言包括三个层面："一是行为的生物层面，即人类的行为模式受到基因即遗传因素和生物系统的影响；二是行为的心理层面，主要包括心理过程和心理结构，其中，前者是指认识、意志、情绪与情感等一系列心理活动；三是行为的社会层面，即个体的行为其实是个体与社会互动的结果。"[3] 可见，同其他学科领域的"行为"概念相比，社会学上的"行为"概念涉及范围更加广泛。在法学上，国外学者将行为定义为可受意志所控制的、与环境和结果发生联系的身体活动。在我国，"法律行为"是指具有法律意义和属性，能够引起一定法律后果的行为，包括非基于意识或意志支配的行为、意识或意志的外部举动，以及没有外部举动的身体动静。[4] 这一概念与刑法中涉及的"行为"在概念上具有一定的相似性。

---

[1] 参见童世骏：《"行动"和"行为"：现代西方哲学研究中的一对重要概念》，载《社会观察》2005年第3期。

[2] 转引自刘霜：《刑法中的行为概念研究》，郑州大学出版社2016年版，第22—34页；参见周晓虹：《现代社会心理学》，上海人民出版社1997年版，第9页。

[3] 汪新建主编：《人类行为与社会环境（第二版）》，天津人民出版社2016年版，第1—2页。

[4] 参见付子堂主编：《法理学初阶（第五版）》，法律出版社2015年版，第162页。

基于各学科领域对"行为"概念的界定，发现其所呈现出来的共同特征有二：一是心理性。都体现出人这一主体的内在心理反应或过程。二是外化性（或者互动性）。人作为一个社会主体，由于社会交往的需要，必然要将其内在心理或意识予以外化，与外界产生互动。因此，在人类"行为"这个概念之中，"人""心理""互动"是必不可少的三个因子。

通过对以上多学科行为概念的剖析，我们可以发现，"行为"的内涵丰富，其应用也非常广泛，而在刑法学当中其基本含义却被"危害行为""实行行为""预备行为""教唆帮助行为"等术语所湮没。事实上，这些概念都是要以基本的"行为"概念作为基础的，并不能认为研究刑法就没必要去研究作为刑法术语构建基石的基础性范畴，但也并不因此丧失刑法研究的专业槽。实际上，"行为"已经成为一门科学，我国也于 1985 年在北京成立了中国行为科学学会，行为法学也日益兴起。[1] 同时，也应当看到，作为基础性的"行为"概念，其内含与外延过于宽泛，不宜直接作为刑法因果关系中的行为概念加以使用。对于基础性"行为"概念的研究是一个一体两面的问题，既要重视对其的研究，又不能将其作为刑法学术语直接引入刑法学具体理论的构建过程当中。

（二）刑法因果关系与哲学因果关系之差异

一般认为，刑法因果关系与哲学上的因果关系是个别与普遍的关系，后者为前者提供方法论意义上的指导作用，其中更多强调的是二者之间的共性。刑法因果关系是否与哲学上的因果关系有不同之处？笔者认为，主要存在以下几点不同：

其一，研究目的不同。研究哲学上的因果关系是为了提供认识世

---

〔1〕 参见张善恭：《行为法学》，上海人民出版社 2015 年版，第 14—15 页。

界、改造世界的方法论，而研究刑法上的因果关系只是为了解决刑事案件当中行为与结果之间的事实上的因果关系，从而为进一步解决刑事责任的归属提供客观事实依据。这是外在的、非两种因果关系本身所存在的不同。

其二，内容广度不同。哲学上的因果关系基于理论构建与发展的需要，包含着众多的概念性范畴，且这些概念性范畴极其重要。而"刑法上的因果关系的必然性、偶然性、内因外因以及其他因果关系的内在的性质，不是刑法因果关系所要考察的内容。刑法的因果关系，就是应该从一个纯粹的刑法角度"[1]。也就是说，刑法因果关系不需要引入太多高度抽象的哲学概念范畴。

其三，"引起与被引起关系"在哲学因果关系当中不强调外显性，即对外部物质世界造成一定的后果；而刑法因果关系则是强调行为人意识支配下的行为对客观物质社会所造成的一定后果。由此可见，哲学因果关系与刑法因果关系是一般意义上的普遍与个别的关系。基于刑法因果关系理论形成的根本原因在于解决刑事责任的归属问题，因此，刑法因果关系是客观外在行为所造成的后果由谁来承担责任的问题。

对于刑法因果关系判断的理论学说，有学者对国外的条件说与原因说之分提出了批判，认为将哲学中的内外因理论生搬硬套到刑法因果关系之中是不合适的，刑法因果关系中的结果都是由"外因"即行为人的行为造成的，因此，刑法意义上所区分出来的"原因"与"条件"都是哲学意义上的"外因"。[2] 而就我国刑法学界存在的"必然因果关系"与"偶然因果关系"之分，实际上每个个案的发生都有具体的发生条件，即便是本质的、合乎规律的发生，也需要在一定的具

---

[1] 朱薛峰：《跨越哲学因果关系的刑法因果关系》，载《黑龙江省政法管理干部学院学报》2002 年第 3 期。

[2] 同上。

体环境之中发生，也就是说案件所涉及的因果关系本身就不会凭空、也不会必然发生，而是需要一定的具体时空环境。因此，过于强调因果关系发生的必然性，不利于认定刑法因果关系。

三、概念重塑：刑法因果关系之中的"案件客观行为"

在解决刑事责任归属问题上，我国刑法学界坚持的是"主客观相统一"的因果关系理论，德国则极为推崇客观归责理论。前文已经对多学科领域的"行为""因果关系"以及"刑法中的行为"进行了一定的探究，同时，也应当取长补短，对客观归责理论中符合我国刑法理论与实践的合理之处进行一定的吸收借鉴。在此基础上，重新提出一个新的"刑法中的行为"概念，以及论证一个相应的刑法因果关系则是本书的一点尝试，以期对我国刑法因果关系理论与实践的进展有所裨益。

（一）对客观归责理论之两点借鉴

客观归责理论发端并流行于德国刑法学界，其目的就是解决刑法因果关系的认定问题。何谓客观归责理论？我国学者总结认为，在判断不定型的实行行为与结果的关系时，就是"先采取条件关系，从存在论的角度肯定与行为结果（如伤亡）之间有因果关系的行为是不定型的实行行为（如杀人、伤害行为），再通过规范评价，得出能否将该结果归责于该行为的结论"[1]。简言之，客观归责理论是事实判断加规范判断的一种归责机制，也被称为先归因后归责。

上述是对客观归责理论的一个整体性认知，而对于客观归责理论当中的一些具体规则是否可以用以完善我国的刑法因果关系理论则是

---

[1] 张明楷：《犯罪论的基本问题》，法律出版社 2017 年版，第 90—91 页。

值得学界思考和深入研究的。本书认为,对于客观归责理论,我国刑法学理论至少有以下两点可予以适当借鉴吸收:

一是吸收"创设不允许的风险"[1]中的"风险"概念。在我国,关于犯罪的本质坚持的是"社会关系说",即犯罪行为侵害了刑法所保护的社会关系,所以该行为应当受到刑法处罚。这也是认为行为具有社会危害性的根据。因此,在刑法因果关系的判断过程中,我们会先认定某一个结果所体现的客体是否是刑法所保护的社会关系,从而决定行为是否应当被刑法处罚。然而,何谓社会关系?我国《刑法》第十三条规定:"一切危害……政权和推翻社会主义制度,破坏社会秩序和经济秩序,侵犯国有财产或者劳动群众集体所有的财产,侵犯公民私人所有的财产,侵犯公民的人身权利、民主权利和其他权利,以及其他危害社会的行为……"从该条刑法规范我们发现,对于"危害社会"的界定,不仅存在着"国家""社会""个体"三个主体被"社会"所囊括的问题,而且也存在着把"权利"等同于"社会关系"的问题。因此,在认定刑法因果关系的过程之中,在无法找到对应"社会关系"之时,应当借鉴"风险"概念。需要注意的是,这里所说的"风险"并非通常意义上的风险,而是指为刑法所禁止的对国家、社会、个人所产生的法定风险。

二是借鉴客观归责理论坚持的"归因"与"归责"相分离。我国传统刑法因果关系理论中坚持的是"主客观相统一原则",这是一种极大的进步,摆脱了单纯的结果归责所带来的极端不正义。具体而言,"主客观相统一原则"就是要求,既要判断某一行为是否造成了某一结果,又要判断实施这一行为的行为人在主观上是否具有可谴责性。然而,对于事实层面也即客观层面的行为与结果的因果关系判断

---

[1] 参见陈兴良:《从归因到归责:客观归责理论研究》,载《法学研究》2006年第2期。

却存在着众说纷纭的判断方法,如条件说、偶然因果关系、必然因果关系、相当因果关系等等,而所谓"偶然""必然""相当"都带强烈的哲学色彩,对于常人在具体案件中的判断,可谓仁者见仁、智者见智,无疑增加了因果关系判断的难度。因此,对于哲学因果关系的引入,只应当转化其最基本的因果关系概念与模式,不应当使刑法因果关系的判断过于哲学化,增加理论发展与司法适用的难度。本书认为,应当借鉴客观归责理论"归因"与"归责"严格两分的精神,在事实因果关系的判断层面减少不必要的主观价值判断的存在。正如有的学者提出,在刑法因果关系的判断过程中只需要"条件说"即可解决事实因果关系的判断。[1]

(二)刑法因果关系之"行为"新论

"无行为无犯罪,无责任无刑罚",刑法因果关系理论则成为践行这一法律格言的重要一环。判定事由具有刑法因果关系存在是解决刑事责任承担的客观基础。"通过对客观事件性质的认定来判断是否应该负刑事责任,但并不是刑事责任本身。"[2] 承担刑事责任的法律依据在于法定的犯罪构成要件,哲学依据在于拥有自由意志而选择了违反保护法益的刑法规范。从刑法理论上,我们不会去设想一个结果,再去寻找存在刑法因果关系的行为,而是假定某一行为会发生什么样的结果,就存在相应的因果关系。

而当发生一个案件之后,往往展开这样一个思维过程:第一步,看到案件中的结果。这里的结果是广义的,包括一切由行为所造成的结果,并非仅指严重结果。第二步,思考是什么行为造成的结果,也

---

[1] 参见冯亚东、李侠:《从客观归因到主观归责》,载《法学研究》2010年第4期。

[2] 姜敏:《"客观归责"在中国犯罪论体系中的地位研究——以因果关系为切入点》,载《法学杂志》2010年第6期。

就是因果关系的判断。在这一过程当中会存在一些较为复杂的问题，如刑民交叉、刑行交叉现象。对此，一般认为，应当以"严重的社会危害性"标准将这些行为中不值得刑法处罚的行为予以筛除。但本书认为，在此阶段时，还不适合过早作规范的、价值的判断，这样很容易造成人为地将应当犯罪化的行为非犯罪化的空间扩大。因为"严重社会危害性"的判断无法制定一个统一认定标准。第三步，寻找是谁的行为造成的结果。这一阶段的认定也不会涉及是否具有责任能力。第四步，分析是什么原因造成的行为。此时，需要做两项工作，一是判断行为违反了何种性质的法律规范。二是认定行为人主观上是否具有罪过以及罪过样态。此种逻辑开展或许会受到质疑，认为无限扩大了刑法中的行为认定范围。但笔者认为，司法实践中只会根据具体个案来进行，而不是超出接受的案件范围无限扩大"行为"的范畴。

对于行为的类型，有学者提出了"基础行为"的概念，即是指前构成要件行为，包括可能侵害法益的行为以及正当化行为，同时，他认为"刑法评价应当以评价对象的存在为前提，'危害社会的行为'或'符合构成要件的行为'本质上都是对一定的行为进行价值判断和规范评价后得出的结论"[1]。对于该学者的上述论断，本书基本认同，但就"基础行为"这一概念的表述存在一定的不同看法：基础行为应当是一个行为发展过程当中的一个阶段，而不管是前构成要件行为、构成要件内部行为，还是犯罪行为，都是对于已然发生的行为的不同评价阶段的一个阶段性结论，并非行为本身的一个动态发展变化过程。就刑法当中的"行为"而言，在没有进行规范评价之前应当强调的是其客观性与全面性，当然这里的全面并非漫无边际，应当以个案范围作为限定条件。

因此，本书尝试提出一个刑法因果关系中的新概念——"案件客

---

[1] 刘士心：《刑法中的行为理论研究》，人民出版社2012年版，第7页。

观行为",此处的"案件客观行为"指的是法定机关受理的案件中的客观存在的事实行为。此概念不仅排除了行为人实施的与案件无关的行为,也避免因过早进行规范的、价值的判断而造成人为对犯罪化的不当干预。此外,相对应地,也应当修正刑法因果关系中的"结果"概念,可将其界定为"案件后果"。至此,刑法因果关系的概念将被重新界定为:案件客观行为与案件后果之间的一种事实上的引起与被引起的关系。而在此种概念语境下如何判断刑法因果关系,本书赞同冯亚东教授提出的"最简捷"判断说,即只需要运用"条件说"便可解决刑法因果关系认定,不需要创造、运用其他规范判断学说。[1]

对于我国刑法因果关系理论的构建与发展,除了要改变我们本身存在的泛哲学化问题,还应当合理借鉴其他国家刑法因果关系理论之中适合我国刑法学的合理因素,并进行本土化改造。前面已经谈及,我国对于客观归责理论的借鉴主要在于两点:一是借鉴"风险"理念对社会危害性理论进行改造;二是借鉴"归因"与"归责"两分机制,在"四要件"犯罪构成理论体系之下,对我国的刑法归责体系进行完善。我国刑法的归责体系可称为"一次归因、二次归责",即在"四要件"犯罪构成理论体系之下进行一次刑法因果关系的判定,进行两次刑事责任的认定:主体条件不符合的,排除刑事责任的承担;主观方面没有罪过的,排除刑事责任的承担。同时,这一过程也体现出了我国刑法在刑事责任认定上所坚持的"主客观统一原则",其中的客观就是将结果归属于一定的行为和行为人,主观则是查明行为人实施该行为主观上的心理状态(故意或是过失)。因此,总体上而言,我国的刑事责任归责理论体系不存在根本性缺陷,如何在行为理论上取得长足的进步是刑法学界需要共同努力的方向。以上两点借鉴也是

---

[1] 参见冯亚东、李侠:《从客观归因到主观归责》,载《法学研究》2010年第4期。

我国刑法理论研究应当重点关注的方向，在此，只作抛砖引玉之谈。

结语

判定刑法因果关系是确定刑事责任的基础性环节。我国刑法因果关系理论主要存在"危害行为说"认定标准不明确、判断理论构建泛哲学化等问题。前者的主要争议在于判断标准缺乏客观性，出现互相论证；后者主要体现为刑法因果关系分类与方法论上的泛哲学化倾向。刑法理论研究尤其是刑事司法要更加关注已然之行为，对于刑法因果关系中行为概念的界定应当回归"行为"的本质属性，重视客观存在性，以使因果关系回归本来面目。因而，要确立"案件客观行为"的行为概念。同时，对于刑法因果关系的判断，也应当坚持事实性、客观性、相关性的原则。此外，对于刑法因果关系的判定及其中"行为"概念的选择，不仅需要结合我国的犯罪构成理论体系，也要借鉴域外相关刑法理论。

同时，也应当看到，刑法因果关系理论是刑法学研究中的核心问题，也是难点问题。它对于解决刑事责任的归属、发挥刑法的功能具有重要意义。如何发展完善行为理论依然是我国刑法学研究的重要任务。如何与时俱进地应对社会变迁中的新型犯罪行为，也是因果关系理论应该予以研究的重要导向。本书并没有从刑法因果关系理论的疑难理论点入手，也未以个案形式进行演绎推理，主要是对刑法因果关系进行了基础性范畴的剖析，反思了我国刑法因果关系理论研究过程中的泛哲学化现象。最终，抛开纷繁复杂的理论争议，从一个回归本源的视角，提出界定刑法因果关系理论中"行为"概念的新尝试。这也算是对刑法因果关系理论的一点反思性思考。

第七章
当代中国的责任理论：一个学术史的研究

责任理论的研究，不论是与四要件犯罪构成理论并列的刑事责任，还是三阶层下必须坚守的责任主义，向来是刑法学界研究的重要领域。不同于德国责任主义经过百年发展，当代中国的责任理论实际自 20 世纪 80 年代中期至今仅发展了不到四十年，其中可划分为两个时期，划分依据为对责任概念的不同界定。由于前期我国刑法体系本身的缺陷，在进入 21 世纪后对刑事责任的研究进入饱和状态，责任理论的发展也面临着衰落的风险。而转变研究语境后，责任主义为责任理论的研究注入了新的动力，如何快速、有效地吸收外国责任理论之精髓，探寻我国责任理论的本土路径并最终能指导实践成了重中之重，因此责任观念的选择便尤为重要。

一、我国责任理论研究进展梳理

（一）责任概念及时期划分

我国刑法责任理论研究领域中，"责任"一词需向德日刑法体系追溯。德语中对于"责任"这一词实际使用的是"Schuld",常用意思为"债、债务",另外还有"过错、过失、责任、罪责、有罪、罪孽"的意思,在法律用语尤其是刑法语境下使用"罪责、有罪"更为贴切。[1] 该词侧重于指由于人的过错而引起的道义上、法律上的谴责性,因此"责任"也被称为"罪责"。金德霍伊泽尔教授将"罪责"的概念分为形式意义的罪责和实质意义的罪责,形式意义的罪责仅说明了行为人要为不法现实在刑法上承担责任,而实质意义的罪责回答的则是为何可以期待行为人遵守刑法上的规范。[2]

日本在翻译"Schuld"时,是按"责任"一词来翻译,但其并未脱离非难可能性的范围。比如大塚仁教授的观点就是:"所谓责任,是指能够就犯罪行为对其行为人进行非难(Vorwerfbarkeit)。"[3] 山口厚教授则认为责任是对作为犯罪予以规定的行为的非难可能性,正是因为具有非难可能性的责任使得具有非难这一属性的刑罚之科处变得正当,责任就是作为这样的要件而要求的。[4] 由此可见,德、日刑法都将责任理解为狭义的责任,即行为人需为其犯罪行为承担的非难可能性。

因此"责任"实际上有两层含义:广义上的"责任"就是行为人因其符合构成要件的行为所应承担的法律后果,即刑事责任;而狭义上的责任为德日三阶层理论中的有责性阶层所指向的责任,即就行为人所实施的犯罪行为对行为人实施刑罚的非难可能性。与之相对应,

---

[1] 参见潘再平主编:《新德汉词典(第3版)》,上海译文出版社2010年版,第1182页。

[2] 参见〔德〕乌尔斯·金德霍伊泽尔:《刑法总论教科书(第六版)》,蔡桂生译,北京大学出版社2015年版,第209—210页。

[3] 〔日〕大塚仁:《刑法概说(总论)(第三版)》,冯军译,中国人民大学出版社2003年版,第372页。

[4] 参见〔日〕山口厚:《刑法总论(第3版)》,付立庆译,中国人民大学出版社2018年版,第193—194页。

自中华人民共和国成立以来，我国的责任理论研究经历了两个时期：一是苏俄刑法影响下的"刑事责任理论研究时期"。该时期责任理论研究中的"责任"为广义的责任，研究主要集中在刑事责任的含义、根据以及体系地位等领域；二是德日刑法影响下的"责任主义理论研究时期"，该时期主要是受到责任主义影响，由此期待可能性、违法性认识以及责任能力等逐渐成为研究责任领域的重点内容。

（二）刑事责任理论研究时期

在中国期刊网上模糊搜索"刑事责任"，指向最早的是 1956 年刘焕文在《华东政法学报》上刊登的《犯罪动机与刑事责任》一文，但后世学者对其评价普遍不高，认为其只是"将刑事责任基本等同于刑罚"[1]，而并未对刑事责任的定义或本质有明确的论证分析，因此尽管有"刑事责任"之名，但其并未有"刑事责任"之实。在此后的 20 余年之中，我国刑法学研究遭受挫折，刑事责任问题的研究也陷入停滞。

时隔 20 年，责任理论的研究开始走向复苏，1979 年《刑法》将第二章第一节明确规定为"犯罪和刑事责任"，"刑事责任"这一概念开始引起学者的注意。同年，《吉林大学学报（社会科学版）》第 5、第 6 期发表了李光灿、罗平的《论犯罪和刑事责任》，罗平还在《学术研究》上分两期发表了《论刑法中一些不负刑事责任的情况》。这两篇文章虽然涉及了刑事责任，但其论述重点都非刑事责任，而主要是对与承担刑事责任有关的其他问题的研究，因此对刑事责任也尚未形成独立的认识。[2] 但从另一种意义上说，这也标志着中国学者开始接触对责任理论系统的独立研究。

---

[1] 高永明：《论刑事责任的生成》，知识产权出版社 2018 年版，第 2 页。
[2] 参见武小凤编著：《刑事责任专题整理》，中国人民公安大学出版社 2007 年版，第 5 页。

但要论及真正意义上独立研究责任理论系统的文章，还需提及1984年敬大力先生的硕士学位论文《刑事责任一般理论研究——理论的批判与批判的理论》[1]，正是从此时起，学者们的视线逐渐回归到了刑事责任本身，关于刑事责任的基本理论开始被越来越多的学者关注，对刑事责任的概念、本质、根据等诸方面的研究也在逐渐推进。

发表于各类期刊的关于研究刑事责任问题的论文多达数百篇，学术著作也层出不穷，其中张明楷的《刑事责任论》，宣炳昭、黄志正的《犯罪构成与刑事责任——刑法学研究综述》都是在这一时期出版，由此可以看出该时期关于刑事责任理论的讨论究竟有多热烈。这一时期的研究出现了一个奇怪的现象，即研究人数众多，研究成果丰厚，但刑事责任研究却不可避免地进入了一个混乱的状态。引用黎宏教授的一段话来描述这个时期："在我国的刑法学当中，没有哪个部分的研究比刑事责任论更凌乱不堪、更叫人摸不着头脑了。在以实定法作为对象的部门法研究当中，这种连最基本的研究对象为何都难以达成一致意见的情形，实属罕见。"[2]

在这一时期，我国刑法理论界光是关于刑事责任的定义就有九种之多。[3] 这些学说各有其支持者，并且这些支持者在批评已有定义时又再提出自己的定义。光是刑事责任的定义就有如此之多的学术观点，让人在看得头昏眼花的同时不禁会有这样的疑惑：责任的概念为

---

[1] 陈兴良教授认为该论文是"最早讨论刑事责任理论"的文章，并对其作出了"几乎确定了此后我国刑法学界关于刑事责任讨论的基本方向"的高度评价。参见陈兴良：《从刑事责任理论到责任主义——一个学术史的考察》，载《清华法学》2009年第2期。

[2] 黎宏：《关于"刑事责任"的另一种理解》，载《清华法学》2009年第2期。

[3] 分别是心理状态说、法律责任说、强制方法（刑罚处罚）说、法律关系说、否定评价（责难或谴责）说、双向说、法律（刑事）义务说、法律后果说、负担说等观点。参见王晨：《刑事责任的一般理论》，武汉大学出版社1998年版，第41—58页。

何如此难以确定呢？如果责任的概念无法被确定，在无共识的情况下的责任理论又如何发展呢？在进入 21 世纪后，传统的刑事责任理论研究似乎进入一种"后继无力"的状态，"不仅在形式上不再成为研究的热点，而且现有理论始终停留在 20 世纪 90 年代的水平上无法更进一步"[1]。当然也有学者仍在尝试将刑事责任理论进一步进行深化，在仍坚持广义的责任的基础上，继续对传统刑事责任的探讨，如赵微的《徘徊于前苏联模式下的刑事责任根据理论及前景展望》、张旭的《关于刑事责任的若干追问》、杨忠民的《刑事责任与民事责任不可转换——对一项司法解释的质疑》、于志刚的《关于民事责任能否转换为刑事责任的研讨》等。

但对于刑事责任的根据、体系定位以及与其他法律之间的关系的研究已逐渐走向没落。与之相对的是德日三阶层论中的"有责性"概念逐渐被中国学者接受，由传统刑事责任理论向责任主义转变势在必行。

（三）责任主义理论研究时期

2000 年之后，德日刑法理论被大量引入中国，并被刑法学界快速吸收，违法性认识、期待可能性、责任主义等概念也开始被纳入责任理论的讨论范畴之中。在这一时期，学者们打破了传统刑法理论的藩篱，对责任理论的研究引入了大陆法系的学术话语，也产生了诸多研究成果。

学术论文方面，有马克昌的《责任能力比较研究》和《德、日刑法理论中的期待可能性》，劳东燕的《责任主义与违法性认识问题》，黎宏的《关于"刑事责任"的另一种理解》，张明楷的《期待可能性理论的梳理》《责任论的基本问题》，刘源的《刑事责任论的危局与解

---

[1] 高永明：《论刑事责任的生成》，知识产权出版社 2018 年版，第 2 页。

困》,万志鹏、张异的《应受刑罚惩罚性:我国刑法中刑事责任的本质——兼论德、日刑法中的责任观》,邓崇专的《刑事责任论的地位守护与实践解危——以维持四要件犯罪构成理论为视角》,张小虎的《当代刑事责任论的基本元素及其整合形态分析》,佘博通的《论刑事责任的本质属性》,车浩的《法定犯时代的违法性认识错误》,王钰的《功能责任论中责任和预防的概念:兼与冯军教授商榷》《功能刑法与责任原则:围绕雅科布斯和罗克辛理论的展开》《适法行为期待可能性理论的中国命运》,钱叶六的《期待可能性理论的引入及限定性适用》等。

除了上述论文外,武小凤编著的《刑事责任专题整理》、高永明的《论刑事责任的生成》等著作也为本部分对学术史的考察提供了线索。

笔者所列出的仅是诸多研究成果中的一部分,但即便如此,也可看出德日责任原则对我国责任理论影响之强烈。但真正意义上宣告我国刑法责任理论转型的,还是陈兴良教授 2009 年在《清华法学》上发表的《从刑事责任理论到责任主义——一个学术史的考察》一文:

> 目前在我国刑法学中,尽管没有完全确立大陆法系三阶层的犯罪论体系,但责任主义的思想已经在我国各种犯罪构成体系中得以落实……尽管如此,责任主义在我国获得共识仍然是可期待的。[1]

作为刑法学术史研究的开篇之作,该文以我国刑法从 20 世纪 50 年代的苏俄化到 20 世纪 80 年代的学术重建再到 20 世纪 90 年代德日刑法的传入这一历史背景为主线,围绕着刑事责任的概念、根据及其在刑法中的地位等具有争议性的话题进行了详细阐述,回答了造成责

---

[1] 陈兴良:《从刑事责任理论到责任主义——一个学术史的考察》,载《清华法学》2009 年第 2 期。

任理论乱象的原因。该文最重大的意义在于得出了我国责任理论已经从苏俄刑法体系影响下的刑事责任理论研究转向德日刑法体系影响下的责任主义研究的结论。

从结果责任论向心理责任论发展的过程，就是责任由客观向主观演进的过程。心理责任论自 19 世纪末 20 世纪初被提出之后，对德国刑法学和苏俄刑法学的责任理论都产生了极为深远的影响，但其后续的理论发展却走向了完全不同的道路。基于马克思主义的哲学观，苏俄刑法学强调主客观相统一原则。在对德国犯罪论体系，尤其是客观的构成要件该当性的批判下，苏俄学者将构成要件扩充，形成了四要件的犯罪构成体系，称刑事责任的唯一根据就是犯罪构成。在这一命题之下，责任被排除在犯罪构成体系之外，责任主义由此消亡，而刑事责任理论由此构成。在四要件的框架中，犯罪主观方面是以行为人是否存在故意或过失的心理事实为基本内容确定行为人是否具有罪过，因此适用的是心理责任论。而德国责任理论在新康德主义的影响下发展出了规范责任论，并在此基础上进一步将刑罚目的纳入责任之中，发展出功能责任论。

二、从心理责任论到功能责任论：德国责任理论的发展

19 世纪末 20 世纪初，古典派犯罪论体系登上了历史的舞台，其代表人物李斯特和贝林奉行心理责任论。虽然李斯特的《德国刑法教科书》（1881 年）出版时间远远早于贝林的《犯罪论》（1906 年），但贝林的《犯罪论》被认为是古典派的犯罪论体系的标志，这从古典派犯罪论体系的另一个称呼——"贝林—李斯特体系"可见一斑。2006 年王安异教授翻译了贝林的《构成要件理论》，但实际上该书是贝林的《构成要件理论》和《刑法纲要》两大著作的合译。在该书中，贝林指出，广义上的责任同样也属于刑法意义上的犯罪要素，其将不法

行为在精神方面的非难可能性表现为"主观欠缺瑕疵性"（Fehlerhaftigkeit）。因此，所谓责任是一种否定性的价值判断，与违法性同样是属于法律价值上的评价，不同之处仅在于一个是对行为外在的评价，一个是对行为人内在的评价。[1]

贝林对于责任的这段定义正是心理责任论的经典表达形式，贝林将责任与违法性放在同一地位进行考虑，认为两者都是对行为的否定性价值评判。不同的是违法性是对行为的评价，而责任是对行为人内在世界的评价。值得一提的是，贝林认为构成要件具有客观性，因此他并不承认主观的构成要件要素。由此，"不法是客观的，罪责是主观的"开始成为德国乃至大陆法系刑法理论中犯罪阶层体系中的通说。但心理责任论也存在其本身的缺陷，正如宾丁所指出："它（心理责任）不能说明，何种心理关系在刑法上被视为是重要的，为什么构成责任或者在缺少心理关系时阻却责任。"[2] 没有认识的过失如何归责？免责事由和责任排除事由如何区分？只考虑内心要素的心理责任论无法作出很好的回答。

随着新古典派犯罪论体系的形成，弗朗克教授提出的"责任（Schuld）就是可谴责性（Vorwerfbarkeit）"标志着心理责任向规范责任转变。冯军教授所翻译的弗朗克教授的《论责任概念的构造》一文从学者对于责任的两种理解出发：一是勒夫勒和科尔劳什将责任概念限定在内心方面（Innenseite）的定义；二是李斯特教授提出的"责任是对已经实施的违法行为的答责性（Verantwortlichkeit）"。其中弗朗克教授指出，李斯特教授关于责任的定义混淆了构成要件和法律后果，所导致的后果就是循环的论证。即使李斯特教授在新版的

---

[1] 参见〔德〕恩施特·贝林：《构成要件理论》，王安异译，中国人民公安大学出版社2006年版，第95—96页。

[2] 转引自〔德〕汉斯·海因里希·耶塞克、托马斯·魏根特：《德国刑法教科书》，徐久生译，中国法制出版社2001年版，第504页。

《德国刑法教科书》中将"答责性"归于"形式意义上的责任",并提出"实质意义上的责任",即"可以从危害行为中认识的社会情感的欠缺",但其仍未考虑到"公民在个别情形中过失地行动"。[1] 而这就引出了弗朗克所提出的"可谴责性",在此基础上他提出了根据某人违法的态度对该人进行谴责的三个前提:行为人具有归属能力,即行为人的责任能力、行为人对危害行为所具有的心理联系以及正常的附随情况。值得注意的是,弗朗克并未完全抛弃心理要素,而是在此基础上进一步提出规范要素,以正常的附随情况作为对心理联系的补充。

而德国刑法学家威尔泽尔基于其提出的目的行为论的基本思想建立的目的行为论的犯罪论体系,将不法分为外在的构成要件和内在的构成要件:"责任的本体论对象与行为因此界限分明,即后者将意志结果的目的从属性作为特殊的决定的因素,而前者关系到有利于实际行为的价值内容特定的价值判断。"[2]

威尔泽尔基于此逻辑结构,将故意与归责区分开来,主张"故意既是行为的构成要素,同时,也是不法构成要件的要素"[3],为纯粹的规范责任论奠定了基础。这也造成了后来德日刑法中对于责任构造的争议,心理要素究竟是归于责任要素还是构成要件就是争议中的重要问题。

相较于心理责任论,规范责任论解答了为何要对没有认识的过失进行处罚的问题,同时以排除责任事由和阻却责任事由对心理责任论

---

[1] 参见〔德〕弗朗克:《论责任概念的构造》,冯军译,载冯军主编:《比较刑法研究》,中国人民大学出版社2007年版,第129—130页。

[2] 转引自〔德〕阿恩特·辛恩:《德国犯罪理论的发展及现状》,徐久生译,载《国家检察官学院学报》2009年第1期。

[3] 转引自〔德〕汉斯·海因里希·耶塞克、托马斯·魏根特:《德国刑法教科书》,徐久生译,中国法制出版社2001年版,第506页。

进行规范限制。规范责任论回答了"责任是可谴责性",但"可谴责性"的内容是什么?又如何进行判断?对此很多学者就实质责任的概念进行了探讨,而功能责任论将预防的概念带入责任概念的讨论中,对规范责任论产生了极大的冲击。

功能责任论出现于20世纪70年代,罗克辛教授创立了目的理性的犯罪论体系,提出了将"预防必要性"纳入责任的范畴:"在这里,对于罪责这个各种刑罚必不可少的条件,总还必须补充进刑事惩罚的(特殊或者一般)预防必要性。"[1]

罗克辛将责任和预防性都作为刑罚的必要条件,认为责任和预防两者间是相互限制、共同作用的关系,实际上是对实施刑罚的进一步限制,即在行为人能肯定责任的基础上,还考察其是否有预防性的处罚必要性,在阻却责任的紧急避险等场合,如无预防性的处罚必要性,则阻却答责性。[2]责任作为刑罚的必要条件,包含了两个方面的意义:从积极意义上说有责任就需要负担刑罚;从消极意义上说就是无责任者无须负担刑罚。前者体现的是刑罚的报应功能,后者体现的是责任对刑罚的限制功能。罗克辛将刑罚的目的纳入责任讨论的范畴,主要是在责任范围之内考虑预防必要性,而将刑罚的报应目的排除在外。

雅科布斯的理论较之罗克辛在功能性上更加纯粹,提倡以积极的一般预防代替责任的内容,责任在其理论中仅是一般预防的衍生品,他认为"作为一般预防派生物的责任限定了为实现特殊预防所要求的

---

[1] 〔德〕克劳斯·罗克辛:《德国刑法学 总论》(第1卷),王世洲等译,法律出版社2005年版,第125页。

[2] 参见张明楷:《刑法学(第五版)》(上),法律出版社2016年版,第244页。

刑罚"[1]。雅科布斯从功能的角度理解刑罚，将刑罚理解为对由行为人的行为所表现出来的违反规范意志的否定，即一般预防的目的是使人们对于法规范忠诚并愿意去遵守，责任实质上可以被理解为在面对具有合法性的规范时却欠缺对法律的忠诚，[2] 而之所以要求人们忠诚于合法性的规范，是因为这种规范是对人的平等和发展必不可缺的。由于作为社会结构组成部分的人，其本身就具有遵守法规范的义务，因此衡量责任的标准不在于行为人本身，而在于行为人是否破坏了人们对于法规范的信赖。

三、规范责任还是功能责任：我国责任观念的争议

深受苏俄刑法学的影响，我国传统刑法理论采取四要件犯罪构成理论，继承了心理责任论的立场。2011年6月，在北京大学等高校联合主办的"当代刑法思潮论坛"上，冯军教授以"刑法责任原则"为主题，对刑法责任原则的演变历程作了详尽的梳理，其中特别介绍了德日刑法中的"功能责任论"。而在主题报告之外，引起笔者注意的是本次论坛中陈兴良教授与梁根林教授现场点评的部分。其中，陈兴良教授指出我国目前对于刑法意义上责任的理论研究还是停留在了心理责任论这一阶段，而对于责任的内容如何研究，正是我国刑法学者应当重视的问题；梁根林教授也认为，虽然以我国目前的法治环境谈论功能责任论还过早，但随着刑法研究以及法治文明的不断进步，对

---

[1] [德] 格吕恩特·雅科布斯：《行为 责任 刑法——机能性描述》，冯军译，中国政法大学出版社1997年版，第34—35页。
[2] 转引自 [德] 乌尔斯·金德霍伊泽尔：《刑法总论教科书（第六版）》，蔡桂生译，北京大学出版社2015年版，第210页。

于刑法中责任前沿理论的探讨是必经之路。[1] 该部分点评透露出两个信息：一是责任观念急需转变，在四要件框架下的心理责任论已无法满足我国刑法发展的现实需要；二是我国刑法学发展的"后来者优势"在责任理论中体现了出来，对于责任观念（或称为责任内容）不同于德国的"线性发展"，而是选择性适用，换句话说，我们不必如德国经历漫长的推导，心理责任论之后，也并非一定要适用规范责任论，这造成了我国责任理论中对于责任观念的争议。鉴于规范责任论支持者众多，文章繁多，无法为此争议的梳理取得很好的效果，因此本书从功能责任论的角度进行考察。

我国自20世纪90年代到21世纪初大量引入德日刑法理论，功能责任论自然也有提及。1997年冯军译编了雅科布斯的《行为 责任 刑法——机能性描述》一书，其中雅科布斯将责任作为一般预防的派生物的功能责任论思想前文已有论述。但此时我国责任理论的发展处于由刑事责任理论转向责任主义的时期，其显著特征就是规范责任论逐渐取代心理责任论，[2] 因此功能责任论并未得到太多重视。在今后十数年的岁月中，对功能责任论鲜有学者问津。2009年，张明楷教授在《法学研究》上发表的《期待可能性理论的梳理》一文中谈及期待可能性理论在德国逐渐受到冷落的一个重要原因就是"部分学者采取了功能责任论，而没有（完全）采取规范责任论"，使得"非难可能性、他行为可能性、期待可能性概念没有存在的余地"[3]。此外，他引用德国学者许逎曼、韩国学者李在祥、德国学者施特拉腾韦特以及其他德国学者的观点对功能责任论进行了批判。但该文提及功能责

---

[1] 参见张伯晋：《刑法功能责任论的理论与现实之惑》，载《检察日报》2011年6月16日。

[2] 参见陈兴良：《从刑事责任理论到责任主义——一个学术史的考察》，载《清华法学》2009年第2期。

[3] 张明楷：《期待可能性理论的梳理》，载《法学研究》2009年第1期。

任论仅为了是将其与期待可能性的衰落联系起来,以对功能责任的批判论证责任规范论的优越,从而论证期待可能性在我国的必要性。一方面,该文并未对功能责任论进行详细的介绍;另一方面,张明楷教授对功能责任论的批判主要还是引用其他学者对雅科布斯批判的观点。

2012年2月,冯军教授在《中外法学》上发表了《刑法中的责任原则:兼与张明楷教授商榷》一文,拉开了功能责任论与规范责任论讨论的帷幕。该文旨在将功能责任论引入中国刑法学界的责任理论讨论之中,并对之后相关议题产生了极大的影响。

首先,该文对责任观念的演变作了梳理,主要梳理的是责任理论在德国的演变,因为大陆法系中的日本所采用的是规范责任论的立场,功能责任未能在日本得到发展。梳理的重点就在于对功能责任的描述,其认为,行为人对"法规范的忠诚"和"社会解决冲突可能性"可以决定行为人的责任。在这一核心主张下,行为人具有忠于法规范和实施违法行为的两面性,若行为人在其主观及客观条件下可以选择忠于法规范却还是实施了违法行为,则其行为人责任不能免除,仍应当承担相应责任;而从社会功能来看,若不追究行为人的责任也能维护社会及法规范稳定,即靠社会自治能力可以消解冲突,则行为人也不必然承担责任。[1]

从该定义可看出,冯军教授将预防论中的特殊预防加进了对功能责任论的理解之中,即以行为人对法规的忠诚作为责任判定的依据。后文他又指出,在多元的现代生活中,人们只有定位于法规范,才能够正确行动。人们的正常交往依赖于法规范,如果有人未按法规范行动导致社会其他成员期望落空,就需要借助刑罚保障法规范的实施,

---

[1] 参见冯军:《刑法中的责任原则:兼与张明楷教授商榷》,载《中外法学》2012年第1期。

因为社会成员的"责任"就是遵守法规范。从而论证得出行为人对待法规范的态度对于责任的承担具有较大的影响，即行为人对法规范的忠诚程度可以判定其需在何种程度上承担相应的责任。在对功能责任论含义的解读中，冯军教授与雅科布斯所提倡的以积极一般预防替代责任内容的观点可能有所不同，但冯军教授所指出的"功能责任论的核心，就是使责任概念更好地依附于它必须解决的任务"[1]并未脱离功能责任论的原旨。

其次，该文对责任与预防的关系这一责任论的核心问题进行了探讨。"如果以责任为基础的刑罚（责任刑）和预防犯罪所需要的刑罚（预防刑）不同时（如责任重大但预防的必要性小，或者相反），应当如何量刑？"[2]以张明楷教授所支持的理论看来，刑罚不能超出责任的上限，责任与预防在实质上是相互区分的；在冯军教授看来，综合刑论者们将责任与预防对立起来归入不同的范畴，并将事实上的犯罪可能性作为预防必要性的内容，在确立责任大小以及预防必要性时产生混淆。而"责任与预防具有共同本质"这一功能责任主义的观点才能弥补这一漏洞。因为行为人对法规范的忠诚以及忠诚的程度不仅决定了行为人是否要为过去的犯罪行为承担责任，也决定了行为人未来是否会实施犯罪行为、社会公众是否信赖法规范的预防效果。如果借用姜涛教授的话，就是："既然责任可以通过预防刑判断限定其大小，当某种责任的设定并无预防的必要性时，则意味着行为人并无承担责任的必要。"[3]

---

[1] 参见冯军：《刑法中的责任原则：兼与张明楷教授商榷》，载《中外法学》2012年第1期。

[2] 张明楷：《责任主义与量刑原理——以点的理论为中心》，载《法学研究》2010年第5期。

[3] 姜涛：《从定罪免刑到免刑免罪：论刑罚对犯罪认定的制约》，载《政治与法律》2019年第4期。

对此，张明楷教授在《也论刑法教义学的立场：与冯军教授商榷》一文中，从三个方面对冯军教授所支持的功能责任论作了初步回应。一是对于功能责任论主张的以积极的一般预防替代责任这一点，张明楷教授从特殊预防的角度出发，认为功能责任论者将积极的一般预防作为行为人是否承担责任的标准，忽视了特殊预防的必要性，即为了培养人们对法的信赖和忠诚，不考虑犯罪人本身的行为是否应受刑罚惩罚，其最后导致的就是将人作为一个"纯粹的对象"，当作一个维护社会利益的工具，忽视了人的尊严。二是功能责任论对于责任程度的标准难以确立，科处怎样的刑罚才能起到积极的一般预防作用？换言之，对犯罪人科处怎样的刑罚才能稳定公众对于法秩序的信赖，培养公民对法规范的忠诚？另外，对于社会能自我消解的冲突该如何判断？这些都需要法官进行自由裁量，而这种自由裁量因无明确标准也无法受到有效的约束。三是以一般预防替代责任成为责任刑的界限不仅导致责任刑的模糊，更会导致责任无法限制刑罚，在量刑时超出正当的刑罚限度。[1]责任向来对刑罚起到限制的作用，正如责任主义强调对行为人所科处的刑罚的上限应以其所应当承担的责任为限度，但是，若以一般预防为界限确定责任的限度则会出现一个问题，那就是：这是否意味着只要是出于预防目的的需要，便可突破责任的上限对行为人施以刑罚？正如韩国刑法学者李在祥教授指出："功能责任论把责任概念替换为预防，从而在对一般预防的关系中使责任主义所具有的限制功能变得无力。"[2]陈兴良教授则认为："无论是雅科布斯的功能性罪责概念还是罗克辛的实质性罪责概念，都是在罪责中引入预防目的，使罪责概念功能化，其结果是进一步限制了刑事

---

[1] 参见张明楷：《也论刑法教义学的立场：与冯军教授商榷》，载《中外法学》2014年第2期。

[2] 同上。

责任的范围。"[1] 他认为功能责任论是在规范责任论的基础上考量以法忠诚为主要内容的积极的一般预防，对法秩序的维护有益。特别是功能责任论提出的，社会如果具有更好的冲突消解能力，在无须追究行为人责任也能维护法规范稳定与社会秩序时行为人无责任，更体现了对罪责的严格限制。

对责任与预防之间关系的严重分歧是责任论争议问题的主要来源，但也有一些学者从其他方面对功能责任论进行了批驳。如最高人民检察院检察理论研究所的陈磊就对冯军所提出的"规范的故意概念"[2] 进行了批驳，指出功能责任论使得行为的可罚性不再决定于行为人自身因素，而决定于法秩序的需要，忽视了人的尊严，并且"以预防的需要决定责任的有无"的立场很可能会导致刑法解释脱离罪刑法定原则滑向类推适用的深渊。[3] 张洁也在《检察日报》上发文，从行为动机、个人归责与社会功能之间的关系以及社会主体三个方面论述我国确立功能责任论条件不足。他认为，功能责任论需要"社会主体具有相当高的法治素养"，并且在"具有完善的冲突解决功能的社会环境"下才能适用。而在如今这个社会结构迅速变迁、多元价值冲突融合的时代，以行为人忠诚于法规范的动机作为判断责任的标准不仅难以确认，也无现实性。同时，功能责任论提出的社会解决冲突的可能性以社会功能的运转降低了个人对于责任的归属性，对社

---

[1] 陈兴良：《风险刑法理论的法教义学批判》，载《中外法学》2014 年第 1 期。

[2] 认定不存在犯罪故意的标准，不是行为人没有认识到结果的发生，而是行为人对没有认识到结果的发生不具有负责性。不能心理地把故意仅仅视为"已经知道"，而是要规范地把故意视为"应该知道"，即把故意视为"对不知道负责"。参见冯军：《刑法的规范化诠释》，载《法商研究》2005 年第 6 期。

[3] 参见陈磊：《纯粹规范性的故意概念之批判——与冯军教授商榷》，载《法学》2012 年第 9 期。

会形态的发达程度提出了很高的要求。[1]而随着风险刑法的引入，功能责任论也开始为部分学者所提及，其主要原因在于事后的风险防范已无法满足刑法的需要，刑法对于风险的防范逐渐走向了台前，随之而变化的就是仅以非难可能性谴责行为人的不法行为难以涵盖责任的范畴，而功能责任论提出的以"法规范的忠诚和社会解决冲突的可能性"决定行为人责任的观点刚好符合这一趋势。[2]

在此情况下，功能责任论中将积极的一般预防作为责任的内容实际上为风险刑法提供有力的理论依据。当然，在此基础上风险刑法理论的支持者所提出的"罪责功能化"[3]与功能责任论不同。正如陈兴良教授所说："风险刑法的罪责功能化会扩张罪责范围，而德国学者具有预防必要性要素的罪责概念则会限制罪责范围。"[4]

有的学者将期待可能性分为外因和内因两种，以此论证功能责任论所要求的对法规范的忠诚实质上限缩了期待可能性的范围：其中外因的期待可能性是由人身之外的客观外部原因所造成的无期待可能性事件；而内因是由人的主观意志等相对主观原因造成的。[5]

如果从规范责任论者的角度看来，只考虑外因的期待可能性，即因为外因而导致行为人不具有非难可能性；而功能责任论者在此基础上仍要进一步考虑内因的期待可能性，即行为人出于自身意志对于法

---

[1] 参见张洁：《且缓确立功能责任论》，载《检察日报》2014年5月6日。

[2] 参见姜涛：《风险刑法的理论逻辑——兼及转型中国的路径选择》，载《当代法学》2014年第1期。

[3] 罪责功能化，这是指行为人对其行为负责，是因为有防卫社会安全的需要，没有预防风险的必要，也就可能没有罪责。参见陈晓明：《风险社会之刑法应对》，载《法学研究》2009年第6期。

[4] 陈兴良：《风险刑法理论的法教义学批判》，载《中外法学》2014年第1期。

[5] 参见李若蓝、陈万求：《影响激情犯罪量刑的正当性根据研究——以功能责任论为视角》，载《湖南社会科学》2014年第4期。

规范是否忠诚。从功能责任论者的角度看来，即使行为人由于外因造成其实施了符合犯罪构成要件的行为，但如果其在意志上存在对法规范的不忠诚，则其仍然具有非难可能性。较之规范责任论，功能责任论在赋予责任实质内涵的同时确实扩张了责任的范畴，但功能责任论对有责范围的限制使得其能更明确地指导裁判。

2018年，张明楷教授发表了《责任论的基本问题》一文，再次对冯军教授所提倡的功能责任论作了回应。他继续坚持"重视违法性认识的可能性与期待可能性的判断，明确区分责任要素与预防要素"[1]的观点，较之之前对功能责任论的批判，此次回应论述更加详尽，逻辑也更为严谨。除了论述"功能责任论使得责任主义限制的无力、对裁量的不确定性和有悖于人的尊严"[2]等批判意见外，还对功能责任论的内容提出了质疑。

首先，对于功能责任论有悖于人的尊严这一点，得从责任的根据谈起。与苏俄刑法中的刑事责任理论将犯罪构成作为刑事责任的唯一根据不同，[3]德日刑法理论体系中责任主义通常以宪法规定为根据，责任主义被作为宪法原则更是共识[4]，"宪法对人的尊严的保护，则使得责任主义具有了宪法根据，因而成为宪法原则"[5]。张明楷教授强调责任主义的宪法根据在于维护人的尊严，实质上是在论证功能责任论出于一般预防的考虑将个人作为维护社会法秩序稳定的工具，有悖于人的尊严，也有悖于责任主义和宪法原则。

---

[1] 张明楷：《阶层论的司法运用》，载《清华法学》2017年第5期。

[2] 张明楷：《也论刑法教义学的立场：与冯军教授商榷》，载《中外法学》2014年第2期。

[3] 参见陈兴良：《从刑事责任理论到责任主义——一个学术史的考察》，载《清华法学》2009年第2期。

[4] 参见〔德〕乌尔斯·金德霍伊泽尔：《刑法总论教科书》，蔡桂生译，北京大学出版社2015年版，第208页。

[5] 张明楷：《责任论的基本问题》，载《比较法研究》2018年第3期。

其次，对于责任与预防的关系，张明楷教授先承认了预防犯罪的目的是责任的来源，"依据犯罪的法律后果给犯罪下定义。通常的提法是，犯罪是依法应受刑罚处罚的行为"[1]。因此，德日三阶层的犯罪构成理论体系中构成要件该当性、违法性以及有责性实际上都来源于刑罚目的，责任所要解答的不仅是在何种情况下行为人需要对其所犯罪行负担刑罚，还有在何种情况下对行为人适用刑罚才能实现刑罚目的，即预防犯罪。然而，"责任要件由来于预防犯罪的目的，并不意味着责任与预防等同，更不意味着一般防御的必要性有无决定责任的有无。"[2] 责任是对不法的责任，因此其本身就具有报应刑的回顾性，对于预防的考虑更多是出于展望性的目的，前者对后者更多起到一种限制的作用。功能责任论将一般预防目的作为责任的判断标准，实质上已突破了责任本身的回顾性。责任对刑罚的预防目的限制由此削弱，而为了达到一般预防的目的而对无责任的不法行为进行处罚也将可能出现，这不能不说是对作为宪法原则的责任主义的一种违反。

最后，功能责任论所提倡的一般预防将目的设为维系国民对法秩序的信赖也存在一些问题。国民对法秩序的信赖固然重要，但维系这种信赖更多的是依靠对违反规范秩序、侵害法益之人实施刑罚。因此这种信赖所指向的对象更多是社会守法公民，培养这种信赖更多是依靠刑罚的报应功能。而功能责任论也未能提供一个明确的标准，在这种情况下只能依靠法官或立法者的内心标准对责任予以界定，这也导致责任本身的不确定性。

此外，对于功能责任论的内容，张明楷教授也提出了质疑，认为其内容只是对规范责任论的转换。冯军教授说："如果行为人迫于内部压力和外部压力，即使忠诚于法规范，也不得不实施符合构成要件

---

[1] 张明楷：《刑法学（第五版）》（上），法律出版社2016年版，第85页。

[2] 张明楷：《责任论的基本问题》，载《比较法研究》2018年第3期。

的违法行为，那么，行为人就不应受到谴责，行为人就是无责任地实施了不法行为，行为人的行为就不构成犯罪。"[1]如果将"即使忠诚于法规范"去掉，这句话就和规范责任论别无两样。同时，张明楷教授也提出了自己的反问："倘若行为人迫于内部压力和外部压力，不得不实施符合构成要件的违法行为，同时也具有不忠诚于法规范的意思时，行为人是否应当承担责任呢？"[2]该反问的巧妙之处在于，无论是否承担责任，功能责任论都无法解释"忠诚于法律规范"存在的必要性。因为如判定不能承担责任，则对法规范的忠诚无意义；如判定能承担责任，则结论不具有说服力，因为对不具有非难可能性的行为人处以刑罚无法达到一般预防的效果。

回顾规范责任论与功能责任论的争议，可以看出整个过程实际上可归纳为"一篇文章，一条主线，一个语境"。"一篇文章"为冯军教授的《刑法中的责任原则：兼与张明楷教授商榷》，该文对责任理论的研究产生了很大的影响，围绕该文诸多学者就自己观点进行了探讨，对责任理论的完善起到了促进作用；"一条主线"为预防和责任的关系，该主线几乎贯穿了这场争议的始终，并决定了争论的走向；"一个语境"是指在大陆法系的语境下对责任观念的探讨。

四、改进和融合：我国责任观念的发展

在责任观念发展的过程中有些学者也在尝试进一步完善功能责任论，如王钰教授提出的"经验功能罪责概念"[3]。他认为："刑罚是

---

[1] 冯军：《刑法中的责任原则：兼与张明楷教授商榷》，载《中外法学》2012年第1期。

[2] 张明楷：《责任论的基本问题》，载《比较法研究》2018年第3期。

[3] 首先需要说明的是，王钰教授认为将"Schuld"译为"责任"含义过于宽泛，因此采用"罪责"这一译法，实际上"功能罪责概念"即为"功能责任论"。

为积极一般预防服务的,刑法罪责应该被理解为虽然有相对自由还是实施不法行为。"[1] 其所提倡的经验功能责任论介于罗克辛和雅科布斯之间,因为经验功能责任论与罗克辛责任概念中关于自由的结构和内容基本相同,与雅科布斯责任概念一样都承认自由意志与归责相关,采用与罗克辛罪责概念相同的架构,即仍保持"责任"的独立,但以雅科布斯所主张的积极的一般预防作为补充与前提,在归责中不采用"规范的可交谈性",而是依赖经验的发现。冯军教授所提出的"激进的功能责任论"也被其进一步批驳,因为这种较为极端的功能责任论实际上很少有学者支持,责任中需要有预防的目的,但责任自身的功能无法被替代。[2] 以预防代替责任,看似是对责任赋予了实质内涵,实际上对责任原则是致命的打击,因为"无责任即无刑罚"[3],责任对刑罚的限制正是责任主义存在甚至作为宪法原则存在的根据,而冯军所提倡的贯彻责任原则,也需要在责任原则有其独立内容的前提下才能予以贯彻。2019年王钰又在《中外法学》上发文,对其提出的"经验的功能责任概念"进一步论述:"本文主张责任是对相对自由的滥用,这样责任就跟经验性的结果联系起来,预防不再独立于责任存在而是内嵌于责任之中。"[4]

该文主要是从国家刑罚的稳定性出发,指出责任的相对自由性,而这种自由性在期待与现实之间造成了一定的落差,因此调和这种落差不妨承认经验在功能责任中的作用。

---

[1] 王钰:《罪责观念中自由和预防维度——以相对意志自由为前提的经验功能责任论之提倡》,载《比较法研究》2015年第2期。

[2] 参见王钰:《功能责任论中责任和预防的概念:兼与冯军教授商榷》,载《中外法学》2015年第4期。

[3] 陈兴良主编:《犯罪论体系研究》,清华大学出版社2005年版,第338页。

[4] 王钰:《功能刑法与责任原则:围绕雅科布斯和罗克辛理论的展开》,载《中外法学》2019年第4期。

功能责任论的确在发展，但对功能责任论的质疑也在不断被提出，支持规范责任论者也在继续发声，论战仍未停止。如冯文杰、李永升就撰文指出："若要实现我国量刑的合理化，则量刑须坚持消极的责任主义，以点的理论处理责任刑与预防刑的关系。"[1] 但同年李永升、杨攀发表的《风险社会视域中的预防与责任主义关系研究》一文，虽仍反对以功能责任论取代规范责任论、将预防作为责任的基础，但对罗克辛所提出的将预防加入责任概念却表示部分认同。[2] 这体现了虽然对于责任内容的争议仍然存在，但不同的责任观念之间也在不断融合。

综上所述，我国责任理论中关于责任内容的争议仍在进行。回顾这一段历史，可以清晰地看出，从 2012 年冯军教授的《刑法中的责任原则：兼与张明楷教授商榷》一文开始，我国责任理论开始了规范责任论与功能责任论的争议之路，而与这段争议齐头并进的是部分功能责任论者对功能责任论的改进与发展。实际上以现在我国的实际立法来看，所采用的主要还是规范责任论，仅在分则中有部分条款脱离规范责任论进入功能责任论的范围内，犯罪成立中涉及功能责任论的更是几乎没有，反而在量刑中多会考虑到功能责任论的思想。在现代刑法理论中，将刑事政策纳入刑法体系的观念已被普遍接受，刑法面临现代社会层出不穷的危险与冲突，也在"逐渐从古典时代消极保护法益的最后手段，演变为积极抗制风险的优选工具"[3]，在此环境下责任内容必将不断演进，责任观念也必将不断融合。

---

[1] 冯文杰、李永升：《消极责任主义的理论型塑与实践省思》，载《南通大学学报（社会科学版）》2019 年第 4 期。

[2] 参见李永升、杨攀：《风险社会视域中的预防与责任主义关系研究》，载《昆明理工大学学报（社会科学版）》2019 年第 5 期。

[3] 陈璇：《责任原则、预防政策与违法性认识》，载《清华法学》2018 年第 5 期。

结语

本章简要梳理了我国责任理论发展的线索以及所取得的成果,划分了我国责任理论研究所经历的不同时期,并以责任观念的发展和变迁作为主线对责任理论的发展进行考察。如上文所述,我国责任理论研究已经从刑事责任理论的研究转为责任主义的研究,责任研究语境逐渐从四要件犯罪构成理论转向三阶层犯罪构成理论。在责任主义的立场下,对责任观念的选择主要集中在功能责任论和规范责任论上,而两者争议的核心问题在于预防和责任的关系上。从规范责任论者的角度来说,以一般预防替代责任内容实际上是突破了责任主义的限制;而功能责任论者认为将预防纳入责任之中是对责任的进一步限制。功能责任论将对法规范的忠诚和社会解决冲突的能力作为责任标准确实受到较多批判,但在笔者看来最难以解释的是其内容与规范责任论的混淆。后续虽然有学者结合罗克辛的学说对功能责任论进行完善,将预防纳入责任之中并以责任主义为界限,但争议还未停止,并逐渐有融合的趋向。本章试图循着责任观念的发展变迁对责任的本质进行探析,以梳理责任理论在中国的脉络。当然,以责任理论庞大的研究体量来说,本章篇幅难以概括全面,其中责任能力、期待可能性、违法性认识等重点领域也有待进一步的发掘与探讨。

第八章
不教而刑：下调刑事责任年龄的立法反思

　　刑事责任年龄是否应当降低是近代以来与刑法的制定和修订如影相随的"老问题"。尽管争论了百余年，但自《大清新刑律》在制定过程中经过激烈争论将草案拟定的法定最低刑事责任年龄从十六周岁正式下调至十二周岁后，立法者的立场通常是"提高论"而不再是"降低论"，或者至少也是持谨慎立场的"维持论"。经过百余年努力，我国刑法最终在1935年形成了以十四周岁为法定"最低刑事责任年龄"[1]、1979年形成了以十六周岁为法定"刑事成年年龄"[2]的长

---

　　[1] 正式确立于1935年《中华民国刑法》。该法第十八条规定："未满十四岁人之行为不罚。十四岁以上未满十八岁人之行为得减轻其刑。"需要注意的是，此时"法定最低刑事责任年龄"与"刑事成年年龄"仍然是保持一致的。

　　[2] 正式确立于1979年制定的《中华人民共和国刑法》。该法第十四条规定："已满十六岁的人犯罪，应当负刑事责任。已满十四岁不满十六岁的人，犯杀人、重伤、抢劫、放火、惯窃罪或者其他严重破坏社会秩序罪，应当负刑事责任。"需要注意的是，此时"法定最低刑事责任年龄"与"刑事成年年龄"开始采取双轨制，并建立了在特殊情况下追究"刑事未成年人"刑事责任的例外规则。当前所争议的刑事责任年龄是否应当降低，实际仅指法定最低刑事责任年龄，而并不涉及刑事成年年龄的调整。

期稳定的刑事责任年龄规则。

然而,《刑法修正案（十一）》增加了下调刑事责任年龄条款,将法定最低刑事责任年龄重新退回《大清新刑律》所采用的十二周岁标准——这多少有些"出人意料"。刑事责任年龄的调整是涉及我国刑事法律制度的重大根基性问题,也是反映我国刑法改革趋向的重要指针。总的来看,对这样一次触及刑法根基的调整,无论是在《刑法修正案（十一）》的制定过程中,还是正式生效后至今,刑法学界的反应总体上是令人费解的,[1]而少年法学界的声音早已淹没在舆论要求严罚未成年人犯罪的激愤之中。《刑法修正案（十一）》已生效三年有余,但讽刺的是,未成年人犯罪反而"巧合式地"从2020年开始改变此前的总体下降趋势而逐年上升。(参见图8-1)低龄未成年人犯罪也反而从《刑法修正案（十一）》颁布的2020年开始出现占比上升趋势。(参见图8-2)未成年人犯罪的类型也仍然以暴力犯罪为主。(参见图8-3)尽管未成年人犯罪的影响因素很多,但显然,试图以立法直接降低刑事责任年龄的方式来应对低龄未成年人恶性犯罪并没有产生遏制未成年人犯罪低龄化、暴力化的效果,反而至少在司法统计数据上反映出事与愿违,这难道不值得反思吗?

核准追诉已满十二周岁不满十四周岁儿童的多起案件已悄然完成。一个令人尴尬的现实是,在未成年人极端个案面前,社会舆论绝不会满足于刑事责任年龄的下调,而是必然走向进一步严罚甚至呼吁

---

[1] 在《刑法修正案（十一）》正式颁布后,一些代表性刑法教科书[如张明楷的《刑法学（第六版）》]以及在法学核心期刊发表的多数专题论文均对于下调法定最低刑事责任年龄表示明确反对,但是这种反对的声音却并未在《刑法修正案（十一）》制定前或者制定过程中明确体现出来。在《刑法修正案（十一）》二审稿增加下调刑事责任年龄条款后,笔者在与立法部门交流时,有关人员还总结认为刑法学界对此没有反对声音。

图 8-1 2010 年以来未成年人犯罪情况[1]

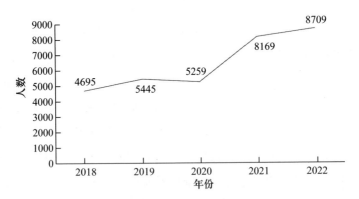

图 8-2 2018 年至 2022 年受理审查起诉已满 14 周岁不满 16 周岁未成年人人数

恢复未成年人死刑,[2] 难道刑事立法还要再次积极回应吗?目前的研究和争议主要止步于对《刑法》第十七条第三款的教义学解释,对《刑法修正案(十一)》增加这一条款的反思与检讨显然是不足的,

---

[1] 图 8-1、8-2、8-3 数据是通过对最高人民检察院历年发布的《未成年人检察工作白皮书》整理而来。

[2] 2022 年 7 月底发生于甘肃永昌的 8 名未成年人围杀活埋 21 岁男子案,再次引爆网络,并进而引发了进一步严罚未成年人犯罪的新一轮舆情。参见《"甘肃活埋案"细节曝光,8 个孩子围杀 21 岁小伙,现场视频太惊心……》,https://mp.weixin.qq.com/s/DXjTj8rsyb19IhJ2UAWdXw,2022 年 8 月 13 日访问。

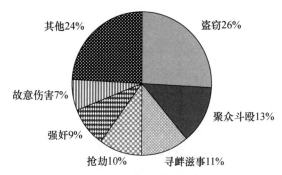

图 8-3 2018 年至 2022 年受理审查起诉未成年人犯罪主要罪名

而这也正是本章研究的主要目的。因为,如果立法本身就是值得商榷的,所谓"虽然不赞成《刑法修正案(十一)》增设这一规定,但作为解释论,必须确保刑法的公正性与结论的妥当性"[1]亦不过是伪命题。

一、刑事责任年龄的百年变迁与趋向

(一)法定最低刑事责任年龄的形成

清朝末年,修订法律大臣沈家本曾在其著作《历代刑法考·丁年考》中对包括俄、英、法、德、日等在内的二十多个国家的刑事丁年(成年)年龄进行了详细梳理,结论是各国刑事丁年年龄最低为十二岁,最高为二十三岁。[2]通过梳理借鉴西方刑事立法规定并结合本国实际,沈家本总结认为"各国刑事丁年自十四以迄二十二不等,各随其习俗而定。中国幼年犯罪,向分七岁十岁十五岁为三等,则刑事

---

[1] 张明楷:《刑法学(第六版)》(上),法律出版社 2021 年版,第 410 页。

[2] 参见(清)沈家本:《历代刑法考·丁年考》,中华书局 1985 年版,第 1338—1340 页。

丁年为十六岁以上可知。夫刑罚为最后之制裁，丁年以内乃教育之主体，非刑罚之主体"。[1]

在笔者看来，沈家本对我国刑事责任年龄立法的历史性贡献有二：一是通过考证中国历代刑事"丁年"年龄，总结出我国"刑事丁年"即刑事成年年龄为"十六岁"的传统。二是精辟地指出"丁年以内乃教育之主体非刑罚之主体"，这一观念既符合中国历史传统，又契合现代刑法理论。易被人忽视的是，按照沈家本的观点，对于丁年以内的未成年人如果"因犯罪而拘置于监狱熏染囚人之恶习，将来矫正匪易"[2]，因而不能"一罚了之"，但也绝不能"一放了之"，而是作为"教育之主体"对待。因此，《大清刑律草案》规定了替代刑罚的感化教育制度，而在此之前，试办幼年法庭即创建少年司法制度的试点也已在当时的"奉天"展开。[3]

然而自沈家本于光绪三十三年（1907）上奏《大清刑律草案》后，对该草案的各种争议意见纷至沓来，学部、督察院及地方各省的签注意见对《大清刑律草案》提出了很多反对和批评意见，草案第十一条"凡未满十六岁之行为不为罪"的规定可以说成了众矢之的，受到了重点批评与讨论。[4] 鉴于反对声音强烈，草案的修正案进行了退让，将"未满十六岁"下调为"未满十五岁"。但是宪政编查馆核定时对这一下调仍然并不认可，进而再下调至"未满十二岁"，并在第五十条增加了论罪但可从轻的折中性规定。最终，《大清新刑律》确立了以十二岁为刑事责任起点年龄、[5] 已满十二岁不满十六岁人

---

[1] （清）沈家本：《修订法律大臣沈家本等奏进呈刑律草案折》，载《大清光绪新法令》（第19册），商务印书馆宣统元年版，第28页。

[2] 同上。

[3] 详见姚建龙：《近代中国少年司法改革的进展与高度》，载《预防青少年犯罪研究》2014年第4期。

[4] 参见高汉成：《〈大清新刑律〉与中国近代刑法继受》，社会科学文献出版社2015年版，第84、102—103页。

[5] 《大清新刑律》第十一条规定："未满十二岁人之行为，不为罪。但因其情节，得施以感化教育"。

犯罪减轻处罚的规定。[1]需要注意的是，《大清新刑律》所确定的刑事成年年龄是十二岁，且对于刑事未成年人（即未满十二岁之人）没有设置例外情况下可以当作刑事成年人追究刑事责任的相对负刑事责任年龄阶段，即法定最低刑事责任年龄与刑事成年年龄是同一的。

民国初年《暂行新刑律》（1912）沿袭了《大清新刑律》有关刑事责任年龄的规定，但针对《暂行新刑律》所草拟的《刑法第二次修正案》（1919）试图将刑事责任年龄提高到十四岁，主要原因是认为原刑事责任年龄的规定"揆之刑事政策，未为得当"[2]，但在当时，这一提议仍然被认为太过激进，1928年正式颁布的《中华民国刑法》最终采用了仅提高一岁即以十三岁为刑事责任年龄的方案。值得关注的是，1935年南京国民政府公布了经过修改的《中华民国刑法》（即所谓新刑法），该法成功将法定最低刑事责任年龄再向前一步提高到了十四周岁，同时还规定已满十四岁不满十八岁人之行为"得减轻其刑"。[3]

中华人民共和国成立之后，1950年拟定的《中华人民共和国刑法大纲草案》第十一条规定，"犯罪人不满十四岁者，不处罚"，拟延续1935年即确定的以十四岁为法定最低刑事责任年龄的传统。然而，后续的刑法立法草案多有反复，大体上是在十二岁、十三岁、十四岁之间不断摇摆，但总体呈现的是上升趋势，与清末至民国时期各个阶段的刑法或者刑法草案的变化颇为相似。例如1954年颁布的《中华人民共和国刑法指导原则草案（初稿）》拟以十二周岁为法定最低刑事责任年龄，[4]1957年《刑法草案（第22次稿）》则将法定最低刑事

---

[1]《大清新刑律》第五十条规定："未满十六岁人……犯罪者，得减本刑一等或二等。"

[2] 王觐：《中华刑法论·中卷》，中华书局1930年版，第896页。

[3] 1935年《中华民国刑法》第十八条规定："未满十四岁人之行为不罚。十四岁以上未满十八岁人之行为得减轻其刑。"

[4] 参见李育兵：《浅议最低刑事责任年龄是否应该降低》，载《预防青少年犯罪研究》2016年第4期。

责任年龄提升为十三周岁，1963年《刑法草案（第33次稿）》又进一步将法定最低刑事责任年龄提升为十四周岁。[1]

1979年《刑法》正式在第十四条[2]第一款将应当负刑事责任的"刑事成年年龄"规定为十六周岁，同时该条第二款新增了在例外情况下可以追究刑事未成年人刑事责任的相对负刑事责任年龄，并将"不为罪"的"法定最低刑事责任年龄"确定为十四周岁。应当说，中华人民共和国的第一部《刑法》关于刑事责任年龄的规定较之1935年民国时期新刑法更进一步，已经在较大程度上接近了沈家本"凡未满十六岁之行为不为罪"的理想，体现了新中国刑法立法的重大进步。

此后，多次出现降低法定最低刑事责任年龄至十二或者十三周岁的建议，如全国人大常委会法制工作委员会刑法室整理的[3]《对刑法的修改意见》（1983年）、[4]《关于修改刑法的初步设想》（1988年）、[5]《各政法机关、政法院校、法学研究单位的一些同志和刑法专家对刑

---

[1] 参见自正法、付丽萍：《可以降低未成年人刑事责任年龄吗？——基于1010份调查问卷的实证考察》，载齐延平主编：《人权研究》（第二十三卷），社会科学文献出版社2020年版。

[2] 1979年《刑法》第十四条规定："已满十六岁的人犯罪，应当负刑事责任。已满十四岁不满十六岁的人，犯杀人、重伤、抢劫、放火、惯窃罪或者其他严重破坏社会秩序罪，应当负刑事责任。已满十四岁不满十八岁的人犯罪，应当从轻或者减轻处罚。因不满十六岁不处罚的，责令他的家长或者监护人加以管教；在必要的时候，也可以由政府收容教养。"

[3] 下引相关文本见于高铭暄等编著：《新中国刑法立法沿革全书》，中国人民公安大学出版社2021年版。

[4] 该意见提出："目前犯罪有'低龄化'现象，有些不满十四岁的人，危害极为严重，民愤极大，也应追究刑事责任……建议将十四岁改为'十三岁'或者'十二岁'……第十四条第二款中的'十六岁'改为'十五岁'。"

[5] 该意见提出："鉴于近几年犯罪出现低龄化现象，对刑法规定的刑事责任年龄可降低1岁，即将14岁降为13岁，16岁降为15岁，18岁降为17岁。同时，对刑法第44条关于不满18岁的人不适用死刑的规定，也作相应修改。"

法的修改意见》(1988)[1]、《刑法总则中争论较多的几个问题》(1989)[2] 等,直至刑法正式进入修订程序,仍然存在降低刑事责任年龄的呼吁。[3] 但是,立法机关在正式考虑刑法的修改和完善时对这些建议是极为谨慎的。相反,鉴于1979年《刑法》对于已满十四周岁不满十六周岁刑事未成年人[4]在例外情况下可以承担刑事责任

---

[1] 该意见提出:"近年来,青少年犯罪出现低龄化,有些不满14岁的人实施危害社会的行为,手段恶劣,后果严重,只因未达到刑法规定的最低刑事责任年龄14岁,就不受刑罚处罚,受害人很有意见,建议将14岁降为13岁。另一种意见认为,刑法将最低刑事责任年龄规定为14岁,是符合我国广大青少年实际情况的,也符合我国对违法犯罪青少年的教育、感化、挽救政策。不满14岁的人实施危害社会的行为,是个别的,是极少数,因此不赞同降低刑事责任年龄。"

[2] 这一意见提出:"有些同志主张将负部分刑事责任的年龄由14岁降为13岁,理由是:1. 未成年人犯罪低龄化发展,13岁是违法犯罪的高峰年龄,其中有的罪行很严重(如强奸杀人、放火、爆炸等),不予处刑,群众极为不满;2. 随着政治、经济、文化等发展,未成年人身心发育成熟较早,13岁的人对杀人、重伤、抢劫、放火、惯窃、爆炸等罪行具有识别能力;3. 外国刑法也有规定为13岁的,有的甚至规定为12岁(如法国、匈牙利、阿尔巴尼亚),还有的规定为7岁(加拿大、印度)。另有些同志则不同意降低刑事责任年龄,理由是:1. 13岁的人还是个学生,或者刚刚进入初中,身心发育尚未成熟,辨别能力差,极易受外界影响,对他们应以教育为主,不宜适用刑罚;2. 现在世界多数国家规定的最低年龄是14岁,苏联在1960年以前规定为12岁,60年代以后也改为14岁。我国如降低年龄,影响不好;3. 我国《治安管理处罚条例》规定的责任年龄也是14岁,对不满14岁的人不予处罚。"

[3] 参见《中央有关部门、地方及法律专家对刑法修订草案(征求意见稿)的意见》,载高铭暄等编著:《新中国刑法立法沿革全书》,中国人民公安大学出版社2021年版,第1345页。

[4] 笔者曾主张把不满十四周岁者称为儿童,其中十二周岁未满者简称为年幼儿童,十二周岁以上十四周岁未满者简称为年长儿童。把十四周岁以上十八周岁未满者称为少年,其中十四周岁以上十六周岁未满者简称为年幼少年,十六周岁以上十八周岁未满者简称为年长少年,狭义少年仅指年幼少年。关于这些概念的详细分析,参见姚建龙:《刑事法视野中的少年:概念之辨》,载《青少年犯罪问题》2005年第3期。本书所称我国刑法中的"刑事未成年人",包括年幼少年和儿童。

的表述含糊,特别是"其他严重破坏社会秩序罪"之兜底规定既有违罪刑法定原则也不利于未成年人保护,1997 年修订的《刑法》对例外情况下追究刑事未成年人刑事责任的规定还进行了限制,将已满十四周岁不满十六周岁未成年人承担刑事责任年龄的范围仅限于八类犯罪。

考察近代以来百余年刑事立法的沿革,关于刑事责任年龄的纷争从不曾停止。但自《大清新刑律》将法定最低刑事责任年龄确定为十二周岁之后,百余年来刑事责任年龄的变化呈现出的是不断升高而非降低[1]且逐步向沈家本所考证和主张的刑事丁年年龄(十六周岁)靠拢的趋势;刑事立法也逐步形成了对于刑事丁年以下之人(即刑事未成年人)只在例外情况下才追究刑事责任的惯例,并且设定了十四周岁这一法定最低刑事责任年龄以对"例外"进行约束。至 1997 年,我国《刑法》关于刑事责任年龄的规定,已经距离实现沈家本"凡未满十六岁之行为不为罪"的理想仅一步之遥。

(二)一次逆升为降的修法

2020 年《刑法修正案(十一)》虽并未改变十六周岁为刑事成年年龄的标准,但却将法定最低刑事责任年龄从十四周岁下调至了十二周岁。尽管立法者辩称是"在特定情形下,经特别程序,对法定最低

---

〔1〕 国外刑法学界也一般认为,刑事责任年龄升高而非降低"乃是世界性趋势"。参见〔日〕大塚仁:《刑法概说(总论)(第三版)》,冯军译,中国人民大学出版社 2003 年版,第 388 页。有的学者统计分析了近些年来各国刑事责任年龄立法变动情况,也证实了提高而非降低法定最低刑事责任年龄才是国际性趋势。例如,从 1989 年到 2007 年,共有 41 个国家和地区提高了法定最低刑事责任年龄,同期降低法定最低刑事责任年龄的仅有 7 个国家。从 2008 年至今,又有 23 个国家提议提高最低刑事责任年龄,而提议降低的国家仅有 2 个。参见姜敏:《联合国成员国最低刑事责任年龄研究》,载《法律科学(西北政法大学学报)》2022 年第 2 期。

刑事责任年龄进行个别下调，而不是普遍降低刑事责任年龄"[1]，但仍属于在"例外"追究"刑事未成年人"刑事责任之外再创设"例外"的立法。其实质是在特定情形下可以打破十四周岁的底线将低至十二周岁的儿童"不教而刑"，作为具有辨认和控制能力的刑事"成年人"追究刑事责任。这一涉及刑法根基的重大调整，能够在刑法理论特别是少年法理论上"自圆其说"吗？

放宽历史的视野，这样一种对于"不为罪"的法定最低刑事责任年龄"逆升为降"——回到《大清新刑律》——的修法，至少在事实描述的层面很难说不是一次历史性的后退（参见图8-4）。如何评价这样一种"历史性后退"呢？

一种代表性观点认为，《刑法修正案（十一）》下调刑事责任年龄是强大社会舆论影响的结果，[2]"就是为了回应民众的呼吁"，[3]立法者也声称只是谨慎地"个别"下调并且设定了严格的核准追诉标准和追诉程序。令人费解的是，在对"个别下调"原因解释时，立法者的阐释[4]实际表明其认知与抉择之间是矛盾的。在因为低龄未成

---

[1] 王爱立主编：《中华人民共和国刑法释义：最新修正版·含刑法修正案（十一）》，法律出版社2021年版，第27页。

[2] 参见陈庆安：《〈刑法修正案（十一）〉的回应性特征与系统性反思》，载《政治与法律》2022年第8期。

[3] 周光权：《刑事立法进展与司法展望——〈刑法修正案（十一）〉总置评》，载《法学》2021年第1期。

[4] 由全国人大法工委刑法室主要人员编撰的《中华人民共和国刑法释义：最新修正版·含刑法修正案（十一）》一书承认："刑事责任年龄的确定是涉及刑事政策调整的重大问题，需要根据国家的经济社会发展、未成年人违法犯罪的现实情况、未成年人身心发展变化、未成年人司法政策和历史文化传统等多方面因素进行统筹评估研究，需要非常慎重。世界上也有国家确定的年龄较低，但这是建立在少年司法制度的基础上的，有关年龄实际上是适用少年刑事司法的年龄。"王爱立主编：《中华人民共和国刑法释义：最新修正版·含刑法修正案（十一）》，法律出版社2021年版，第27页。

年人恶性案件引发的强大舆情面前,《刑法修正案(十一)》的"回应"也许确实具有"不得已而为之"的原因。

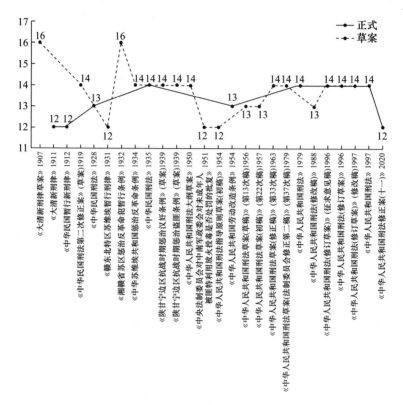

图 8-4 自《大清新刑律》以来我国法定(含立法草案建议)
最低刑事责任年龄变化趋势[1]

的确,我国关于刑事责任年龄争议的讨论强度与密度总是伴随着低龄未成年人恶性案件的出现而呈现间歇式上升态势。据不完全统计,近二十年学术界与社会公众对于刑事责任年龄的关注与态度转变以三个重大案件——2004 年黑龙江 13 岁男童强奸杀人案、2015 年湖

---

[1] 图中实线为全国性正式法律规范变化线,虚线为草案或仅在特别地区、针对特别罪行施行的法律规范变化线。

南邵阳13岁少年弑师案、2019年大连13岁男童奸杀10岁女童案——为关键性节点,其中尽管2004年与2015年的两个案件引发了人们关于"刑事责任年龄是否应降低"的大讨论,但却并未撼动我国关于刑事责任年龄的立法或刑事政策导向,也未成为学术界特别重视的具有再争论必要性的议题。然而,自2015年以来,社会舆情开始发生重大变化,遂至2019年以"大连13岁男童奸杀10岁女童案"为标志,降低刑事责任年龄、严惩低龄未成年人犯罪的社会呼声空前高涨,"经由新浪微博等超大规模社交网络平台的信息传播与情感传递,迅速衍化为一种具有高度共识性的舆论诉求"[1]。而面对此次的汹涌民意,立法者历来谨慎的态度出乎意料地发生了转变。

百余年来,降低刑事责任年龄的呼吁从来就没有停止过,相关的主降理由也并无什么新意,但为什么只有《刑法修正案(十一)》会作出"逆升为降"的"历史性"选择呢?值得注意的是,《刑法修正案(十一)》并未将修法的重心放在完善体现刑事丁年以内乃"教育之主体"的少年司法制度上,而几乎仅是简单地将刑事责任年龄一降了之。[2] 这样一种所谓回应是理性的吗?立法者可以因为一时舆论

---

〔1〕 朱笑延:《舆论与刑法的偏差式互动:刑事责任年龄个别下调的中国叙事》,载《法学家》2022年第1期。

〔2〕《刑法修正案(十一)》在增加下调刑事责任年龄条款的同时,仅仅将《刑法》第十七条原"收容教养"更名为"专门矫治教育",而并未系统地完善体现以教代刑特点的保护处分措施体系。尽管立法者声称"将收容教养修改为专门矫治教育"具有"统筹考虑刑法修改和预防未成年人犯罪法修改相关问题"[《全国人民代表大会宪法和法律委员会关于〈中华人民共和国刑法修正案(十一)(草案)〉修改情况的汇报》,载高铭暄等编著:《新中国刑法立法沿革全书》,中国人民公安大学出版社2021年版,第998页。],但是预防未成年人犯罪法对于专门矫治教育以及其他保护处分措施的完善,总体上也是十分粗糙的,远未实现构建独立少年司法制度的目的。关于这一问题的详细分析见姚建龙:《未成年人罪错"四分说"的考量与立场——兼评新修订〈预防未成年人犯罪法〉》,载《内蒙古社会科学》2021年第2期。

的群情激愤，就逆转历史文化积淀、刑法进化而成的关于刑事责任年龄的基本观念吗？

二、作为观念折射的刑事责任年龄

作为个体的自然人的成长并不是一蹴而就的，不会界限分明地在某一年龄刻度就质变为"成年"。[1] 刑事责任年龄的确立实际只是相对合理、公平的法律拟制，是科学，更是一种观念。这样的法律拟制，无论是侧重科学主义（强调辨认控制能力）还是刑事政策（强调未成年人可塑性与保护）立场，都是基于人类历史不断发展过程中对于童年的发现以及对未成年人与成年人合理区别的认识过程中逐步建立起来的，而且无论刑法如何抉择都一定会存在争议。有关刑事责任年龄的争议实质上可以归结为三个观念性分歧：一是，如何看待和区分"未成年人"与"成年人"，即童年观的分歧；二是，对未成年人罪错行为应于报应主义与保护主义二者之间如何取舍，即罪错观的分歧；三是，在保护未成年人利益与保护社会利益之二元价值冲突之间应怎样权衡，即保护观的分歧。只有在此三大话语平台与必要共识下，才可能对刑事责任年龄是否应当下调作出理性的评价。

（一）童年观

童年观的分歧主要在于如何看待未成年人，特别是未成年人与成年人的差异。

儿童史的研究开启了"发现儿童"之旅，而这一过程就是儿童（未

---

〔1〕 参见姚建龙：《我国少年刑事责任制度之理论检讨》，载《法律科学（西北政法学院学报）》2006年第3期。

成年人）逐步获得独立地位与尊重的过程。法国著名儿童史学者菲力普·阿利埃斯将儿童的发展史分为三个阶段：没有儿童的中世纪、[1]发现儿童的 15 到 17 世纪[2]以及现代儿童观念形成的 17 到 19 世纪。[3] 不同时期对于未成年人与成年人关系的不同看法，对少年司法的改革也产生了重要影响。具体而言，第一阶段的观念认为未成年人和成年人没有区别，因此未成年人犯罪与成年人犯罪无论是实体法还是程序法均无须差异化，独立少年司法制度也没有建立的必要。第二阶段的观念认为未成年人不过是缩小的成年人，与这一观念相适应，实体法对于未成年人犯罪采取的是比照成年人从轻或者减轻处罚的规则，程序法也会作出一定的变通。但在这种观念支配下，虽然少年司法开始体现了一定程度上的与刑事司法的分离，但是总体上仍然依附于刑事司法。第三阶段的观念认为未成年人是与成年人本质不同的独立个体，与此相适应，少年司法从刑事司法中分离出来获得了独立的地位，少年司法与刑事司法呈现二元分立的结构。[4]

可见，对未成年人与成年人差异的不同理解，决定了少年司法改

---

[1] 中世纪的儿童与成年人几乎没有区别，在当时的社会文化中认为，"无论从哪个方面来看，一个 7 岁的男性都是一个男人，除了他不会做爱、不会发动战争"。参见〔美〕尼尔·波兹曼：《童年的消逝》，吴燕莛译，广西师范大学出版社 2004 年版，第 22 页。

[2] 14 世纪，人们开始注意到孩子，儿童开始成为家庭"宠爱"的重心，有了自己的服饰、肖像画和地位，但仍然被视为成人的玩物，没有区别于成人的独立状态。参见刘伟：《教育、惩罚和共生——儿童史视域少年司法的流变》，湖北人民出版社 2019 年版，第 12 页。

[3] 17 世纪开始，教育学和伦理学宣扬"纯真"与"柔弱"的儿童特质，强调对儿童的保护和教育，人们也逐渐了解到孩子是一个独特的群体，有着独立的需求。18 世纪，随着家庭的私人化和学校制度的形成，现代儿童的概念正式诞生，儿童从成人社会隔离开来。参见刘伟：《教育、惩罚和共生——儿童史视域少年司法的流变》，湖北人民出版社 2019 年版，第 12 页。

[4] 参见姚建龙等：《中国未成年人刑事司法制度的完善》，载《国家检察官学院学报》2011 年第 4 期。

革的发展阶段以及独立少年司法制度的建立程度。刑事责任年龄作为区分刑事未成年人与刑事成年人的标尺，最能反映立法者所持儿童观的基本立场。通常刑事责任年龄越高意味着立法者视未成年人为区别于成年人的独立存在的认知程度越高，换言之，刑事责任年龄的降低则表明视未成年人为区别于成年人的独立存在的认知程度也在降低。《刑法修正案（十一）》下调刑事责任年龄的实质是主张在特定情形下可以将低至十二周岁的儿童当作成年人对待，否定其与成年人的差异，放弃教育而施以刑罚。这样的认识可以成立吗？

若要充分认识何为未成年人、何为成年人，则生理学标准、心理学标准、社会学标准均是极为重要的评价因素，法律年龄的确定需要综合考虑生理年龄、心理年龄、社会年龄的均衡。从生理学角度区分未成年人与成年人，确实可以发现随着生活条件的改善未成年人的发育具有提前的趋势，例如男孩遗精年龄的提前与女孩初潮年龄的提前。但是，现代神经科学有越来越多的科学证据证实，决定辨认和控制能力、具有阻止个体作出轻率冲动决定作用的大脑前额叶，通常要在青春期后期才发育并至少至二十五岁左右才能完全成熟，[1] 这也证实了"少年的改善性更大，不可救药的可能性更小"[2]。发育中的大脑（developing brain）理论更表明："少年在自我控制能力上有所欠缺。该理论与普遍意义上的少年相关，而非基于很特殊的个体。"[3] 同时，生理上的成熟并不意味着心理年龄会同步成熟，正如有学者所指出的，"青春期的提前出现与智力和情感的发展之间并无

---

[1] 参见姚建龙：《超越刑事司法：美国少年司法史纲》，法律出版社2009年版，第207页。

[2] 姜雯：《神经科学对美国少年司法的影响及其启示》，载《中国卫生法制》2017年第4期。

[3] 同上。

系统关联"[1]，这也构成青春期危机产生的重要原因。另一个不可忽视的区分未成年人与成年人的标准是"社会年龄"，亦即社会观念中个体是否进入成人社会而像成年人一样生活的年龄。一般社会观念评价一个人是否成年，通常会从是否完成学业走出校园进入社会、是否工作在经济上获得独立以及是否结婚有婚姻生活等三个维度评价。在当代社会，无论是毕业年龄、工作年龄还是结婚年龄，都普遍性在推迟。也就是说，社会观念、文化观念中的成年年龄实际上均在推迟而非提前。[2] 此外，从法律视角看未成年人与成年人的区别，还要关注法律是否对未成年人的行为和权利进行了特别的约束。如果未成年人不能像成年人一样生活、享有权利，特别是在《中华人民共和国未成年人保护法》（以下简称《未成年人保护法》）、《中华人民共和国预防未成年人犯罪法》（以下简称《预防未成年人犯罪法》）等法律的修订还强化了对未成年人权利与行为约束的情况下，刑法又有什么正当性将低龄未成年人当作刑事成年人对待呢？

简言之，从童年观的角度出发，结合生理学、心理学、社会学以及法律等四大标准来看，未成年人与成年人之间的差异是客观的，且因为社会发展实则是在不断扩大而非缩小两者差异，进而刑事责任年龄不但不应当下调反而还应随之升高。[3] 正因为如此，国际社会倡

---

[1] Thomas Grisso & Robert G. Schwartz（eds.），*Youth on Trial*：*A Developmental Perspective on Juvenile Justice*，University of Chicago Press，2000，p.931. 转引自高雅楠：《未成年人能力发展理论中的最低刑事责任年龄》，载《中国青年研究》2020年第9期。

[2] 参见姚建龙：《防治学生欺凌的中国路径：对近期治理校园欺凌政策之评析》，载《中国青年社会科学》2017年第1期。

[3] 有一种代表性观点仅仅看到了未成年人生理发育的提前就认为现在的未成年人比以前发育更成熟，甚至得出"儿童的认识能力和控制能力普遍有所提高"（姜敏：《〈刑法修正案（十一）〉新增最低刑龄条款的正当根据与司法适用》，载《中国刑事法杂志》2021年第3期）的结论，因而主张刑事责任年龄也应降低，这种观点是值得商榷的。

导将少年司法的规则扩大适用于年纪较轻的成年人。例如,《联合国少年司法最低限度标准规则》和第十七届国际刑法学大会决议均提出了类似的倡议,而德国、奥地利、日本等国的少年法也早有将少年法扩大适用于二十岁或者二十五岁以下的年轻人的立法。可见,提高而非降低刑事责任年龄,才符合科学发展与社会文明进步的趋势,《刑法修正案(十一)》下调刑事责任年龄显然是与之背道而驰的。

另一个需要指出的问题是,梳理我国与未成年人相关的法律法规可以发现,在当前立法者的眼中,未成年人是"分裂"的,对于未成年人"画像"的思考逻辑是混乱的。以《刑法修正案(十一)》为例,立法者一方面认为未成年人相较以往仍处于"不成熟"甚至"更不成熟"状态,因而秉承法律父爱主义[1]主张应该予以更多保护。据此,《刑法修正案(十一)》通过增设特殊职责人员性侵罪的方式,有条件地将幼女的性同意年龄从十四周岁提升至了十六周岁。但另一方面,《刑法修正案(十一)》又认为未成年人相较以往发育更成熟了,因而将刑事责任年龄从十四周岁下调至了十二周岁。两相对比,立法者对于未成年人辨认和控制能力的判断究竟是遵循了何种逻辑?在立法者看来,未成年人的发育究竟是越来越成熟了,还是越来越不成熟了?

与《刑法修正案(十一)》的制定同步修订的《未成年人保护法》和《预防未成年人犯罪法》也强化了法律父爱主义,对于所有未满十八周岁的未成年人的辨认和控制能力表达了深深的忧虑而均进一步严格了"保护"。例如,将未成年人不得"酗酒"改为了不得"饮酒",规定未成年人每日二十二时至次日八时不得玩网络游戏等等。但当低至十二周岁的未成年人严重犯罪时,《刑法修正案(十一)》

---

[1] 参见孙笑侠、郭春镇:《法律父爱主义在中国的适用》,载《中国社会科学》2006年第1期。

却又变成了放弃教育责任的不负责任的"父亲",认为低龄未成年人具有和成年人一样的辨认和控制能力,应负刑事责任,其中之逻辑混乱令人费解。[1] 保持对未成年人整体认识的一致性,避免跳跃与逻辑混乱,这是涉及未成年人立法首先应当坚持的立场,而《刑法修正案(十一)》显然未能做到。

(二)罪错观

罪错观的分歧在于面对少年(未成年人)罪错行为[2]特别是犯罪行为,应于报应主义和保护主义二者之间如何取舍。

就传统刑法而言,"刑罚以责任为基础,没有责任就没有刑罚"的责任主义主张,行为人对其不法行为所产生的一切结果,应无条件地承担责任。[3] 但是,少年法则主张超越罪与刑之间的绝对对应关系,以保护主义为基本立场,在根本上超越报应主义观念,追求对罪错未成年人的教育并进而实现未成年人的最佳利益。可见,在少年法中,对于未成年人罪错行为一定程度上超越了责任主义,同时其构成要件理论也产生了重大变化,即此时的"违法性"实则指违反少年法,[4] 而

---

[1] 有一种辩解的观点认为,下调法定最低刑事责任年龄是"个别下调"。那么,何以提升性承诺年龄就不允许"个别例外"呢?

[2] 笔者将未成年人罪错行为分为虞犯行为、违警行为、触刑行为及犯罪行为。关于这些概念的详细分析,详见姚建龙:《未成年人罪错"四分说"的考量与立场——兼评新修订〈预防未成年人犯罪法〉》,载《内蒙古社会科学》2021年第2期。

[3] 这里的"责任"是由构成要件符合性、违法性、有责性组成的犯罪性,其中违法性即客观的法益侵害性,有责性即主观的罪过性。参见姜涛:《责任主义与量刑规则:量刑原理的双重体系建构》,载《政治与法律》2014年第3期。

[4] 少年法(也有学者称为"少年司法法"或者"未成年人司法法")是专门干预未成年人罪错行为的独立的法律规则。相对刑法而言,少年法所干预的未成年人罪错行为的范围更广,而不只限于犯罪行为。我国目前还没有专门的少年法,但是有一部准少年法,即《预防未成年人犯罪法》,以及散见于刑法、刑事诉讼法、治安管理处罚法等中的准少年法规范。

"有责性"则由"需保护性"替代。具体而言，以国家亲权理论[1]为基本理论根基的少年司法制度的一个基本前提即认为不能对未成年人进行刑法上的非难和谴责，其罪错行为是应由少年法而非刑法评价的需要保护性干预、介入的行为。除了因为"幼年人没有任何罪过（Inparvulisnulladeprehenditurculpa），其实施的违法行为不应当受到谴责"[2]外，还因为随着近代犯罪学的发展，人们逐渐认识到未成年人罪错具有青春期阶段性，这一时期的罪错行为具有一定的"正常性"，而在度过青春期进入完全意义上的成年人阶段后，大部分人会放弃在青少年时期的罪错行为成为正常的人。[3]这样一种"只限青春期犯罪人"[4]认识，瓦解了对即便被评价为具有辨认和控制能力的少年予以刑罚报应的合理性与必要性。国家亲权理论主张国家是未成年人的最终监护人，强调国家应当对未成年人的健康成长负责，这一理论支撑了国家不应放弃任何一个孩子的观念，哪怕他实施了严重危害社会的行为。

若无法对未达刑事责任年龄的未成年人进行刑法上的非难与谴

---

[1] 通常认为，国家亲权理论有以下三个基本内涵：首先，认为国家居于未成年人最终监护人的地位，负有保护未成年人的职责，并应当积极行使这一职责；其次，强调国家亲权高于父母的亲权，即便未成年人的父母健在，但是如果其缺乏保护子女的能力以及不履行或者不适当履行监护其子女职责的时候，国家可以超越父母的亲权而对未成年人进行强制性干预和保护；最后，主张国家在充任未成年人"父母"时，应当为了孩子的利益行事，即应以孩子的福利为本位。参见姚建龙：《国家亲权理论与少年司法——以美国少年司法为中心的研究》，载《法学杂志》2008年第3期。

[2] 张明楷：《刑法格言的展开（第三版）》，北京大学出版社2013年版，第331页。

[3] 参见〔美〕伊丽莎白·S.斯科特：《儿童期的法律建构》，载〔美〕玛格丽特·K.罗森海姆等编：《少年司法的一个世纪》，高维俭译，商务印书馆2008年版，第152页。

[4] 进一步的论述，详见赵希：《"终身犯罪人"和"只限青春期犯罪人"——特里·墨菲特犯罪人二分法的创立、演变及启示》，载赵秉志主编：《刑法论丛》（第65卷），法律出版社2021年版，第476—477页。

责,便无法动用刑罚对其犯罪行为进行规制。一个现实的考量是,若放任不管则是放弃对未成年人的国家亲权责任,背离最有利于未成年人原则,同时也不利于社会安宁。基于儿童本位的保护主义立场,少年法主张"以教代刑",此即沈家本所谓"丁年以内乃教育之主体,非刑罚之主体"。需要指出的是,少年法中替代刑罚的教育性措施统称为"保护处分",其与保安处分有着重大差别。[1] 那种认为对未达刑事责任年龄的未成年人不予刑事处罚就是放纵犯罪,或将保护处分混同于保安处分的观点,均是对少年法立场的误解。

要准确理解作为少年法基本价值立场的"以教代刑",需要进一步厘清"教育"与"刑罚"的关系。从刑法与少年法发展史来看,对此的认识有三个发展阶段。第一阶段的认识可称为"以刑为教"论。这种观点认为,刑罚也是对触犯刑法的未成年人的教育手段,甚至是最好的教育手段。如果纯粹从教育学的视角评价,不能说这种观点没有道理,但显然其抹杀了刑罚报应刑的本质特征,具有偷换概念之嫌。如果这种观点成立,那么人类社会充满血腥和报应的刑罚史也可以表述为博爱和温情的教育史了。第二阶段的认识可称为"教刑并重"论。这种观点认为,对于触犯刑法的未成年人也要区别对待,不能说刑事未成年人都适合教育,对于那些不适合教育的未成年人——通常是主观恶性极深、客观危害后果极为严重,也应坚决动用刑罚予以惩罚。这种"因人而异"的观点看上去很有说服力,但其发展的极致必然不仅是主张降低刑事责任年龄,而且还要取消刑事责任年龄。第三阶段的认识可称为"以教代刑"论,也是现代少年司法制度的重要理论基础与价值立场。这种观点认为,刑事未成年人原则上都应属于教育的对象而非刑罚的对象,可以适用保护处分,但不能被当作成

---

[1] 关于保护处分的进一步论述,尤其是其与保安处分的差异,详见姚建龙:《犯罪后的第三种法律后果:保护处分》,载《法学论坛》2006年第1期。

年人对待适用刑罚。只有在特定情况下按照特定程序，才可以追究刑事未成年人的刑事责任动用刑罚，且只应作为例外情形。这种可以在特定情况下按照特定程序放弃教育而施以刑罚的未成年人，通常被称为"相对负刑事责任年龄未成年人"（也简称"少年"）。而在相对负刑事责任年龄段之下的未成年人为"儿童"，这一群体属于儿童福利制度的救护对象，应当绝对禁止刑罚的适用。

在何种程度上实现对刑事未成年人的"以教代刑"，是评价一个国家司法文明现代化程度的标尺。《刑法修正案（十一）》的制定与《预防未成年人犯罪法》的修订同步进行，尽管《预防未成年人犯罪法》的修订存在较大遗憾，但是对于刑事未成年人仍然体现了以教代刑的价值立场，初步构建了保护处分措施体系，特别是配合《刑法修正案（十一）》将收容教养更名为"专门矫治教育"并将其纳入专门教育制度，完善了专门矫治教育的决定、执行等机制。如果认为专门矫治教育还不完善，还可以进一步修订《预防未成年人犯罪法》予以完善。那么，《刑法修正案（十一）》下调法定最低刑事责任年龄，将已满十二周岁不满十四周岁的儿童也纳入刑罚对象范围的必要性何在呢？

（三）保护观

保护观的分歧在于面对罪错未成年人时，保护未成年人与保护社会之二元价值冲突应怎样权衡。

联合国《儿童权利公约》（1989年）第三条明确规定了"儿童最大利益原则"，这一原则的基本要求是"关于儿童的一切行动，不论是由公私社会福利机构、法院、行政当局或立法机构执行，均应以儿童的最大利益为一种首要考虑"。我国于2020年修订的《未成年人保护法》第四条也规定了保护未成年人必须遵循"最有利于未成年人原则"。由此可以认为，凡是涉及儿童（未成年人）的一切事务均应以其最大利益为首要考虑。

然而，犯罪行为终究是具有严重社会危害性的行为，在保护和教育罪错未成年人的同时也需要兼顾社会及被害人的利益。于是，通过多年来少年司法实践并结合刑事政策导向，我国在处理未成年人罪错案件中逐步确立了"双保护"原则，这一原则的主要内涵是要求在处理未成年人案件时既要保护未成年人也要保护社会。[1] 可是，在我国目前并无独立的少年司法制度的大背景下，"双保护"原则大多数情况下本身即是矛盾的，该矛盾主要表现为在实践中面临操作性难题。而此两难的背后，实则涉及降低刑事责任年龄的"原"问题，即在刑法废止未成年人死刑后，受到刑罚处罚的罪错未成年人仍然必将会重新回归社会，那么如何保证那时的他们不会变本加厉地再犯罪？换言之，刑罚——监狱能够承担起矫治罪错未成年人的期待吗？对此，犯罪学早已经给出了否定的答案。

对未成年人尤其是低龄未成年人施加刑罚贴上犯罪人的标签，只会中断罪错未成年人从青春期越轨中"自愈"的过程，发展为真正意义上的犯罪人。"不教而刑"虽然可以满足一般人的报应心理，但并非理性与明智之举。对罪错未成年人"一罚了之"除了延迟社会后果的承担，并无益于社会防卫目标的实现。在保护未成年人利益与保护社会利益产生价值冲突的时候，按照最有利于未成年人原则的要求将未成年人利益作为优先选择，通过保护未成年人——注重对罪错未成年人的教育矫正，才可能最终达到保护社会的目的，从而实现保护未成年人与保护社会的二元统一。

综上所述，于童年观而言，未成年人独立于成年人而存在，判断一个人是否成年的标准要综合生理学、心理学、社会学以及法律等标

---

[1] 参见姚建龙：《少年司法制度基本原则论》，载《青年探索》2003年第1期。

准进行考量，而不能仅仅孤立地看生理发育是否提前。于罪错观而言，未成年人罪错行为之干预应摒弃报应主义，提倡保护主义，这也是人类文明进步的结果。于保护观而言，优先保护未成年人才会最终达到与保护社会二元价值的统一，这也是在面对看似难以协调的价值冲突时的明智与理性选择。《刑法修正案（十一）》下调法定最低刑事责任年龄，将已满十二周岁不满十四周岁的儿童当作"刑事成年人"对待，在某种程度上逆转了近代以来刑事责任年龄提高的趋势，也逆转了自1984年建立第一个少年法庭以来我国少年法治的发展方向。立法者的抉择经过了慎重与理性的权衡吗？经得起童年观、罪错观、保护观的思辨与拷问吗？

三、例外的正当性及其实现路径

有观点认为，下调法定最低刑事责任年龄只是"个别下调""微调"，不是普遍降低法定最低刑事责任年龄，这也是立法者的主张，[1] 以及认为下调法定最低刑事责任年龄具有合理性的重要理由。的确，在理想与现实的权衡之间，今天多数国家的刑法仍会在特定情况下对于"刑事未成年人"追究刑事责任施以刑罚。当然，这只是作为"个别"和"例外"。那么，在例外情况下追究刑事未成年人刑事责任[2]的理论基础与正当性依据何在呢？又应如何评价《刑法修正

---

[1] 参见《全国人民代表大会宪法和法律委员会关于〈中华人民共和国刑法修正案（十一）（草案）〉修改情况的汇报》，载高铭暄等编著：《新中国刑法立法沿革全书》，中国人民公安大学出版社2021年版，第998页。

[2] 即否定其"未成年"身份而与成年人一样对待，放弃"教育"而主张报应，施以刑罚，放弃最有利于未成年人原则而侧重于社会利益保护。

案（十一）》在"例外"[1]之外再创设"例外"[2]的立法呢？

（一）追究"刑事未成年人"刑事责任的理论解释

从各国刑法有关刑事责任年龄的规定来看，大部分国家均规定了法定最低刑事责任年龄与刑事成年年龄，低于法定最低刑事责任年龄的未成年人（儿童）绝对不负刑事责任，高于刑事成年年龄的刑事成年人应当负刑事责任。同时，一般会允许在特定情形下对介于这两个年龄之间的刑事未成年人（少年）例外追究刑事责任。当然，要想"不教而刑"追究刑事未成年人的刑事责任，刑法必须作出正当性解释，回答刑事责任的根据问题。具体而言，从犯罪主体的角度回答的是犯罪主体基于何种理由承担刑事责任；从国家的角度而言回答的是国家基于何种理由追究行为人的刑事责任。[3]

各国刑法将儿童排除于承担刑事责任主体之外，却例外地追究少年的刑事责任，其正当性的理论解释主要有刑事责任能力说、刑事政策说、感化说和折中说等。[4]

刑事责任能力说主要以自由意志和道义责任论为理论渊源，其特点是强调行为人的自由意志是道义非难的前提，主张责任与自由意志之间是一种严格的、成比例的对应关系，也即应根据自由意志的发育

---

[1] 根据《刑法》第十七条第二款的规定，已满十四周岁不满十六周岁的未成年人只在犯八种罪的例外情形下负刑事责任。

[2] 根据《刑法》第十七条第三款的规定，已满十二周岁不满十四周岁的未成年人可在"犯故意杀人、故意伤害罪，致人死亡或者以特别残忍手段致人重伤造成严重残疾，情节恶劣，经最高人民检察院核准追诉的"例外情形下负刑事责任。

[3] 参见高铭暄、马克昌主编：《刑法学（最新修订）》，中国法制出版社2007年版，第253页。

[4] 详见姚建龙：《少年刑法与刑法变革》，中国人民公安大学出版社2005年版，第122—124页。

程度来决定责任的有无和大小。于是，按照此理论观点，刑法认为儿童的身心发育尚未成熟到具有辨认能力和控制能力的阶段，因此即便儿童有严重危害社会的行为也无法进行非难，因而绝对不负刑事责任。而介于儿童和刑事成年人之间的少年，虽然还不是刑法上的成年人，其辨认能力和控制能力也还没有完全发育成熟，但是并不能排除有的少年实际上和刑事成年人一样具有完全的辨认能力和控制能力，因此可以在特定情形下被当作刑事成年人对待，同样承担刑事责任。总的来看，近代以来各国大多是以辨认控制能力作为刑事责任年龄制度设计的理论基础。不过，理想与现实之间总是存在矛盾的。"近代以降，虽然人们认识到责任能力对人的精神状态及行为性质所具有的决定性意义，在刑法中提出和考虑人的一般性责任能力问题，但并没有从技术上真正掌握检测这种能力的有效手段"[1]，因此刑事责任年龄的设置其实更主要体现的是"观念"而非"科学"。

刑事政策说认为，儿童不承担刑事责任、少年部分承担刑事责任是缘于保护未成年人的刑事政策的要求。这一观点从某些低龄未成年人恶性犯罪案件中也可以发现，不满最低刑事责任年龄的未成年人对自己所实施的行为同样有辨认和控制能力，而对这些未成年人无法进行刑法上的非难正是基于未成年人可塑性或者受保护性的刑事政策。刑事政策说在日本刑法学界较有影响力，一般的刑法学教科书均持此种观点。例如前田雅英认为，日本刑法"并不是认为如果不满14岁，就欠缺辨别是非、善恶的能力或控制行动的能力。而是考虑到年少者的可塑性，在政策上抑制刑罚的科处"[2]。西田典之也认为："'未满14岁者的行为，不处罚'。这一方面是考虑到行为人因为年少缺乏足

---

[1] 冯亚东等：《中国犯罪构成体系完善研究》，法律出版社2010年版，第129页。

[2] 〔日〕前田雅英：《刑法总论讲义（第6版）》，曾文科译，北京大学出版社2017年版，第272页。

够的是非辨别能力,但主要还是基于一种政策性判断,认为对富有可塑性的少年适用刑罚并不合适。《少年法》将这一观念扩大至未满20周岁的少年。"[1]然而该理论几乎完全排除了刑事责任年龄设置与刑事责任能力的关系,实际上立法者不可能完全不考虑两者之间的关系。

感化说认为,刑事责任年龄的确立主要以该未成年人是否还能够进行教育、感化为判断标准。感化说实际也属于刑事政策说之一种,只不过更为强调依据感化教育可能性来确定刑事责任年龄。早在百年前,《大清刑律草案》总则第十一条、第四十九条关于刑事责任年龄的规定中,立法者便持这一观点。[2]该草案"理由"部分认为,确定个人开始承担刑事责任的年龄有两个标准:"辨别说"依据一般人形成辨别是非能力的年龄确定;"感化说"依据一般人还可以教育感化的年龄确定。该草案认为"感化说"是最先进的,当时西方各国主要采纳的"辨别说"已经落伍了,"此说至近年已为陈腐……以是非善恶之知与不知而定责任年龄,不可谓非各国法制之失当也……故本案舍辨别心之旧说而以能受感化之年龄为主,用十六岁以下无责任之主义,诚世界中最进步之说也"[3]。有学者评价道:近一百年后,草案所舍弃的"辨别说"仍然是中国刑法确定刑事责任年龄的主要原则,就世界范围看,"感化说"也没有成为主流。[4]然而,感化说的疑问在于,为什么要对一部分刑事未成年人放弃感化而适用刑罚呢?

---

[1] 〔日〕西田典之:《日本刑法总论》,刘明祥、王昭武译,中国人民大学出版社2007年版,第230页。

[2]《大清刑律草案》第十一条规定:"凡未满十六岁之行为不为罪但因其情节得命以感化教育。"第四十九条规定:"凡十六岁以上、二十岁未满之犯罪者,得减本刑一等。"

[3] 宪政编查馆:《大清法规大全》,宏业书局1972年影印本,第1949页。

[4] 参见高汉成:《中国近代刑法继受的肇端和取向——以1907年大清新刑律草案签注为视角的考察》,载《政法论坛》2014年第5期,第31页。

实际上，这仍然是一种刑事政策考量的结果。直到今天，"辨别说"与"感化说"仍然是各持一说、争论不休的两种观点。

折中说主张以行为人辨认和控制能力为基础，以未成年人保护的刑事政策为基本原则。[1] 在折中说看来，这并非无原则的"和稀泥"，而是在理想与现实之间理性权衡后的选择。总的来看，包括我国在内的大多数国家采用折中说，差异只是在辨认和控制能力与刑事政策之间寻求平衡时侧重点的不同。强调以辨认和控制能力为基础，旨在强调追究刑事责任的"少年"与刑事"成年人"并无实质差异，由此为"不教而刑"提供正当性；强调刑事政策，旨在平衡少年保护与社会保护的张力，为特定情形下的"不教而刑"提供进一步的合理性。折中说虽然为"不教而刑"提供了正当性与合理性依据，但也是危险的，[2] 应用于实践中的折中说如果不加限制，则可能颠覆刑事责任年龄制度。

对于折中说的限制体现于立法与司法制度上，具体而言通常表现在以下几个方面：一是在刑法立法中设定法定最低刑事责任年龄，对于最低刑事责任年龄之下的儿童，推定为没有辨认和控制能力并坚持未成年人保护的刑事政策，未达最低刑事责任年龄的儿童绝对不负刑事责任，并且不因个案或者"个别性"而否定这种绝对性。有的国家

---

[1] 参见姚建龙：《我国少年刑事责任制度之理论检讨》，载《法律科学（西北政法学院学报）》2006年第3期。

[2] 该危险性至少体现在两个方面：一是由于折中说最大的问题在于其仍属于一种立场不明的保护主义，因此当其无法很好地平衡辨认和控制能力与刑事政策二者的关系时，"天平"往往会向更加侧重辨认和控制能力倾斜。特别是在我国刑事司法实践中，虽然对违法犯罪的未成年人秉承"教育为主、惩罚为辅"的原则，但采取折中说往往会基于具体个案的判断优先适用惩罚手段。二是从刑事政策的角度看，折中说也容易导致未成年人犯罪刑事政策受社会舆论的影响而偏向严罚论。近些年来，司法实务部门对于法律所明确规定的"教育、感化、挽救方针""教育为主、惩罚为辅原则"已经日渐持极为慎重的态度，尤其是避免在公开场合表述。

刑法虽然没有设置法定最低刑事责任年龄，理论上可以低至 0 岁，但实际上仍然存在最低刑事责任年龄的司法惯例。二是无论"刑事成年年龄"确定得多么低，在现实生活中一定会出现更低年龄未成年人触犯刑法的个案，甚至是恶性案件。因此，与确立刑事责任年龄制度相适应，强调"以教代刑"和"宽容而不纵容"，即同时建立独立的不同于刑事司法制度的独立少年司法制度来管辖未达刑事责任年龄的未成年人触犯刑法的案件，[1] 以避免对于未达刑事责任年龄的未成年人"不能刑罚"则"一放了之"。但需要注意的是，少年司法制度对于罪错未成年人采取的干预措施是"保护处分"而非"刑罚"，也即在少年司法体系中，不存在追究未成年人刑事责任的现象。三是在绝对不负刑事责任的儿童与绝对负刑事责任的刑事成年人之间设定相对负刑事责任年龄，对于这个年龄段的"少年"，尽管其还是"刑事未成年人"，但可以在特定情形下经特别程序放弃其"少年"身份，而当作刑事成年人对待，即追究其刑事责任。但是，这并非少年司法制度的任务，因此，对于这部分被当作成年人对待的"少年"，要通过放弃少年司法管辖权的方式，转至刑事司法体系中，通过刑事司法流程追究刑事责任——当然，被当作刑事成年人对待的"少年"，仍然可以在程序上和最终的刑罚处罚上获得一定的特殊对待，例如适用不同于刑事犯罪嫌疑人被告人的程序，比照成年人从轻、减轻甚至免除刑事处罚。但需要注意的是，这并不能否定其"刑事司法"的特性，而顶多只能称为"少年刑事司法"。

（二）追究"刑事未成年人"刑事责任的实现路径

刑事未成年人中的"少年"在什么情况下以及通过什么方式可以

---

[1] 为避免标签效应及强调与成年人刑事司法制度的差别，这种案件也改称为"事件"。例如，我国台湾地区"少年事件处理法"即采用"事件"而非"案件"的表述。

被当作刑事成年人对待而追究刑事责任呢？

　　大陆法系国家大多选择赋予法官以较大的自由裁量权对少年的刑事责任能力进行个案认定，其特点是并未在法律上首先否定少年的刑事责任能力。例如，德国《少年法院法》规定：已满十四周岁不满十八周岁的少年，在行为时其道德和精神发育已经成熟，足以认识其行为违法性且依该认识而行为的，才负刑事责任。[1] 需要注意的是，这种个案认定也要受到最低刑事责任年龄的约束，对于未达最低刑事责任年龄的儿童，即便法官在个案中认为儿童已经实际足够成熟，具有了辨认和控制能力，也不能推翻没有辨认和控制能力的法律拟制。例如，法国就明确规定，刑罚只适用于十三周岁以上的人，对于十周岁以上不满十三周岁的儿童，即便法官在个案裁判中认定其具备刑事责任能力，同时也具备对其进行适当惩罚的必要性，也仍然不能突破最低刑事责任年龄的约束动用刑罚，而只能适用教育措施或教育性惩罚措施。[2]

　　值得注意的是，具有大陆法系渊源的我国，在 1997 年《刑法》修改后，并没有采用类似德国、法国等大陆法系国家的由法官对个案进行判断的立法模式，而是在刑法中明确规定已满十四周岁不满十六周岁的少年，可以在犯八种罪（指行为而非罪名）的情况下否定其少年的身份，而被视为"刑事成年人"追究刑事责任。笔者把这样一种在刑法中明定犯罪类型、否定少年的刑事未成年人身份的立法模式称为"罪名补足年龄规则"。罪名补足年龄规则的优点是，可以最大限度地限制少年承担刑事责任的范围，避免司法实践中任意扩大少年的刑事责任而背离罪刑法定原则。事实上，这也是 1997 年《刑法》修

---

　　〔1〕 参见姚建龙：《长大成人：少年司法制度的建构》，中国人民公安大学出版社 2003 年版，第 335 页。
　　〔2〕 参见俞亮、吕点点：《法国罪错未成年人分级处遇制度及其借鉴》，载《国家检察官学院学报》2020 年第 2 期。

改时将少年承担刑事责任的范围从具有弹性的"犯杀人、重伤、抢劫、放火、惯窃罪或者其他严重破坏社会秩序罪"明确为八种犯罪的主要考量，[1] 体现了彼时刑法修改限制司法自由裁量权，侧重未成年人保护的刑事政策。

与大陆法系国家略有不同的是，英美法系国家采用的是恶意补足年龄规则，其特点是法律首先否定了少年的刑事责任能力，但可以被推翻。该规则认为，法律原本推定某一年龄段内的未成年人不具备刑事责任能力，但是如果有证据能够证明犯罪时该未成年人存在"恶意"，即该未成年人对自己的行为具备和成年人实际并无差异的辨认能力和控制能力，就可以推翻法律上的推定而认为行为人具有刑事责任能力。[2] 换言之，在少年实施严重触犯刑法的行为时，若其主观恶性程度极高，则可以剥夺其"未成年人"身份，当作成年人由普通刑事司法体系而非少年司法体系来处理。

无论是大陆法系国家还是英美法系国家，虽然都存在否定"少年"未成年人身份、将其当作成年人追究刑事责任的机制，但是启动这一机制的前提是均认为刑事未成年人属于少年司法的管辖范围，因而在刑事司法制度之外建立了独立的少年司法制度，即少年司法与刑事司法二元制度体系。这种二元制度设计运作的特点是坚持保护主义优先，即少年司法具有优先管辖权，只有在例外情况下少年司法才会放弃管辖权，即放弃"少年"的身份而将其弃权至刑事司法中作为成年人对待。这样的少年司法与刑事司法二元分立同时又有衔接桥梁的制度设计，既最大程度上保证了少年司法的正当性与保护主义优先的"纯洁性"，同时又最大可能兼顾到出现极端个案时维护社会秩序的需

---

[1] 参见高铭暄等编著：《新中国刑法立法沿革全书》，中国人民公安大学出版社2021年版。

[2] 参见马荣春、高坤龙：《恶意补足年龄规则的起源、发展与中国化实践》，载《青少年犯罪问题》2021年第5期。

要,不因极端个案而动摇少年司法的理论根基。

比较之下,近代以来我国的刑事责任年龄制度虽然有重大的进步与发展——特别是与发达国家一样,在确定刑事成年年龄的同时建立了例外情况下可将少年当作刑事成年人对待的机制,但遗憾的是未能同步建立和健全少年司法制度。尽管刑法所确立的十四周岁为法定最低刑事责任年龄以及对于少年实行罪名补足年龄规则曾经在国际社会上获得普遍赞赏,但因为缺乏独立少年司法制度的支撑而在应对未成年人犯罪尤其是低龄未成年人恶性个案时,又将如何回应强大舆论的冲击呢?

(三)例外之外再例外?

推动建立独立的少年司法制度去弥补单一刑事司法制度的不足,以有效应对未成年人罪错,是自1905年在奉天试办幼年法庭百余年来我国一直未能完成的历史使命。2020年,《未成年人保护法》《预防未成年人犯罪法》同步修订,《刑法修正案(十一)》也在这一年同时进行制定,这原本是可以整体考虑少年司法与刑事司法关系,推动我国少年司法实现重大改革,建立独立少年司法制度的绝佳时机。然而令人遗憾的是,《预防未成年人犯罪法》并未能实现"少年法化"和系统构建中国特色的独立少年司法制度。[1] 面对低龄未成年人犯罪现象,立法机关没有将重心放在改革少年司法之上,而是采取了例

---

[1] 关于利用修改《预防未成年人犯罪法》的时机,将该法"少年法化"为中国特色司法型少年法,推动建立独立少年司法制度的详细论述与建议,详见姚建龙:《未成年人法的困境与出路——论〈未成年人保护法〉与〈预防未成年人犯罪法〉的修改》,载《青年研究》2019年第1期。对于《预防未成年人犯罪法》修改遗憾的进一步论述,详见姚建龙:《未成年人违警行为的提出与立法辨证》,载《中国法学》2022年第3期;姚建龙:《未成年人罪错"四分说"的考量与立场——兼评新修订〈预防未成年人犯罪法〉》,载《内蒙古社会科学》2021年第2期。

外之外再例外的"应对"路径：在正在制定的《刑法修正案（十一）》中"仓促"加入降低刑事责任年龄条款以及简单将收容教养更名为"专门矫治教育"的"应付式"立法方式，[1]以迎合因为极端个案所引发的严罚低龄未成年人犯罪的舆论。[2]

如前文所述，已满十二周岁未满十四周岁的未成年人（年长儿童）其本身并不具有刑法评价上的非难可能性，但是面对低龄未成年人恶性犯罪案件，我国没有独立少年司法制度，未成年人犯罪只是比照成年人从宽处罚。调低刑事责任年龄就意味着直接用刑法来惩罚年龄更小的儿童。也就是说，这种"例外之外的例外"的特点是单纯依靠刑罚与刑事司法制度，而并未建立在系统构建应对低龄未成年人犯罪的机制——独立少年司法制度的前提之下。有证据表明，[3]《刑法修正案（十一）》在例外之外再例外的立法借鉴了英美法系国家的恶意补足年龄规则。但是，立法机关忽视了恶意补足年龄规则是少年司法放弃管辖权的一种规则，这一规则适用的前提是少年司法与刑事司法的二元化体系，即在刑事司法制度之外建立了独立的少年司法制度

---

[1] "《刑法修正案（十一）》的立法工作启动于2019年初（立法调研工作则启动得更早）。2019年7月30日立法工作机关召开的刑法修改座谈会列了六个方面的提纲，其中没有涉及降低刑事责任年龄问题。之后，立法工作机关出台了《刑法修正案（十一）》的稿本，如2019年11月7日的《初步方案》、2020年2月26日的《征求意见方案》，包括2020年6月28日提交全国人大常委会进行第一次审议的《中华人民共和国刑法修正案（十一）（草案）》也没有涉及刑事责任年龄降低问题。"引自赵秉志主编：《〈刑法修正案（十一）〉理解与适用》，中国人民大学出版社2021年版，第34页。

[2] 立法进一步明确专门矫治教育的《预防未成年人犯罪法》也并未在完善专门矫治教育上有多大作为，而且因为专门矫治教育的决定未司法化还引发了合法性的质疑。详见姚建龙：《未成年人违警行为的提出与立法辨证》，载《中国法学》2022年第3期。

[3] 参见《全国人大常委会分组审议刑法修正案（十一）草案委员建议进一步完善个别下调刑责年龄相关规定》，http://www.npc.gov.cn/npc/c30834/202010/702717bb9de04693919f24a2d551dd39.shtml，2022年9月16日访问。

管辖未成年人罪错案件。只有存在独立的少年司法制度，才存在补足年龄之后的未成年人从少年司法中"弃权"（waiver）至刑事司法中当作成年人追究刑事责任的问题。皮之不存，毛将焉附？

一个可以预判的结果是，如果立法机关不从顶层设计角度系统考虑我国独立少年司法制度的建立问题，《刑法修正案（十一）》不过是打开了"饮鸩止渴"的潘多拉魔盒，难以完全避免的低龄未成年人恶性个案随时可能再次点燃社会舆论的怒火，进一步要求取消法定最低刑事责任年龄——乃至要求恢复对未成年人的死刑。这并非空穴来风，2022年甘肃未成年人围殴活埋二十一岁男子案所引发的舆论声音中，已经有了这样的"强烈呼吁"。对这样强烈的社会舆论与群众"声音"，立法机关又将如何再次体现"回应型"立法的特色，再一次个别例外呢？

结语

回顾《刑法修正案（十一）》的立法过程，在"立法工作初期，降低刑事责任年龄问题一直没有正式纳入立法工作机关的工作范围，且没有对该问题进行正式的调研和征求意见"[1]。根据最新修订的《中华人民共和国立法法》（以下简称《立法法》）第三十二条之规定，"列入常务委员会会议议程的法律案，一般应当经三次常务委员会会议审议后再交付表决"，而本次立法过程中，关于刑事责任年龄的这一重大条文的修改在第二次审议稿中方才出现，并未经过三次审议程序。虽然在二审稿中"突然"增加调低刑事责任年龄条款一定程度上符合《立法法》第三十三条"列入常务委员会会议议程的法律案，各方面的意见比较一致的，可以经两次常务委员会会议审议后交付表决"之规定，但对于如此重大的涉及刑法根基性重大问题的修

---

[1] 赵秉志主编：《〈刑法修正案（十一）〉理解与适用》，中国人民大学出版社2021年版，第34页。

改,在立法前没有充分调研和征求意见,立法过程也因为时间仓促而无法进行充分讨论,其至少属于"不一般"的立法。已满十二周岁不满十四周岁儿童恶性犯罪究竟有多严重,以至于需要改变经过百余年发展所形成的刑事责任年龄制度进行结构性调整?恐怕这是立法机关在制定《刑法修正案(十一)》时断然下调法定最低刑事责任年龄时并未认真研究的问题。

关于如何理解《刑法修正案(十一)》中"已满十二周岁不满十四周岁的人,犯故意杀人、故意伤害罪,致人死亡或者以特别残忍手段致人重伤造成严重残疾,情节恶劣,经最高人民检察院核准追诉的,应当负刑事责任"的规定,学界已有不少论述。从这些论述的基本观点来看,总体均持限缩解释的立场。《刑法修正案(十一)》生效至今,最高人民检察院也并未"公开"核准一例追诉的案件,充分表明了最高人民检察院所持的极为慎重立场。立法的扩张与司法的限缩,看似矛盾,其实也是无奈。刑事责任年龄制度的背后有着深刻的历史渊源与理论积淀。若仅在刑法理论框架下思考刑事责任年龄的下调,那么其所面临的处境必然是无法得到刑法学界的过多关注,甚至不被认为是一个值得大惊小怪的问题。而从少年法视角来看,降低刑事责任年龄是立法上严重的"历史性倒退",更是冲淡了自1984年我国少年司法改革四十年来取得的重大成果。申言之,在热点个案的冲击下,立法者并没有将此种理论探讨与立法重心放在独立少年司法制度的建构上,而是简单地以下调刑事责任年龄的方式进行"应付"。因此,总的来看,面对未成年人恶性犯罪低龄化问题,《刑法修正案(十一)》将刑事责任年龄个别下调,虽然一定程度上回应了民意,但却没能在学理论证与实践检验的基础之上作好充分的准备。反对下调刑事责任年龄并非对罪错未成年人放任不管,而是在"宽容而不纵容,关爱而又严管"的理念引导下,提倡和落实"以教代刑",呼吁在"一放了之"和"一罚了之"之间构建第三条道路,尽快推动建立独立的少年司法制度,形成少年司法与刑事司法二元结构体系。

第九章
化学阉割的本土化：不完美但必要的正义

随着校长带小学生开房案、王某华猥亵儿童案、鲍某明性侵养女案等性侵未成年人案件的曝光，如何有效惩治和预防性侵未成年人犯罪，成为全社会关注的焦点。媒体与社会公众屡屡在此类案件发生后呼吁将化学阉割（Chemical Castration Treatment）这一域外主要适用于性侵未成年人犯罪的措施引入我国，然而"怪异"的是，学术界和立法机关对这一呼吁反应冷淡，与媒体和公众的热烈关注形成了鲜明的对比。本章拟淡化"化学阉割"这一容易引起争议的"俗称"，在探究国外化学阉割立法发展与实践状况的基础上，主要基于本土化视角理性评析化学阉割在我国引入的正当、可行、有效、必要性及路径。

一、化学阉割的起源与发展

（一）针对性犯罪人的手术阉割

虽然在我国古代刑罚体系中曾经存在"宫刑"这样一种残酷的刑

罚，但是作为专门针对性犯罪人的预防与惩罚措施，手术阉割却是起源并发展于西方国家。遵照《圣经·旧约》的戒条以及广为传播的法律和同态报复原则，手术（物理）阉割被视为惩罚性犯罪分子"犯罪工具"的适当方式。[1] 直至19世纪中叶至20世纪初，手术阉割仍然被很多西方国家刑法所明确规定，强制并且实际适用于相当数量的性犯罪人。[2] 只是在性质上，从同态复仇的报应手段转变为"治疗"（treatment[3]）措施，理论上更加符合新派刑法学的主张。不过，手

---

[1] See Reinhard Wille & Klaus M. Beier, Castration in Germany, 2 *Annals of Sex Research*, 1989.

[2] 19世纪中期，美国南部诸州率先颁布了（手术）阉割的法律。See Reinhard Wille & Klaus M. Beier, Castration in Germany, 2 *Annals of Sex Research* 103, 107 (1989). 不过，手术阉割作为一种公认的治疗方法用于防止性犯罪人的再次犯罪，则是源于哈里·夏普（Harry Sharp）医生。在19世纪90年代末，他通过手术阉割了176名男性囚犯，以试图降低他们的性欲，良好的预防再犯效果推广了"阉割作为治疗"的模式。See Charles L. Scott & Trent Holmberg, Castration of Sex Offenders：Prisoner's Rights Versus Public Safety, 31 *Journal of the American Academy of Psychiatry and the Law* 502, 502-509 (2003); Harry Sharp, Vasectomyasa Means of Preventing Procreation in Defectives, 23 *Journal of American Medical Association* 1897, 1907 (1909). 1892年，瑞士成为欧洲第一个将手术阉割用作"治疗"措施的国家。See Karen Harrison, The High-risk Sex Offender Strategy in England and Wales：Is Chemical Castration an Option?, 46 *The Howard Journal of Criminal Justice* 16, 18 (2007). 到20世纪20年代末，美国共有13个州通过了强制手术阉割的法案。See Alison G. Carpenter, Belgium, Germany, England, Denmark and the United States：The Implementation of Registration and Castration Laws as Protection against Habitual Sex Offenders, 16 *Dickinson Journal of International Law* 435, 437 (1997). 此后，德国、挪威、芬兰、爱沙尼亚、冰岛、瑞典、荷兰等欧洲大陆和斯堪的纳维亚半岛国家相继将手术阉割合法化。See Nikolaus Heim & Carolyn J. Hursch, Castration for Sex Offenders：Treatment or Punishment? A Review and Critique of Recent European Literature, 8 *Archives of Sexual Behavior* 281, 281-282 (1979); Karen Harrison, The High-risk Sex Offender Strategy in England and Wales：Is Chemical Castration an Option?, 46 *The Howard Journal of Criminal Justice* 16, 18 (2007).

[3] 有学者主张将treatment翻译为"处遇"，但在化学阉割语境中，笔者认为翻译为"治疗"更加准确。参见左玉迪：《"治疗"缘何被略去？——"化学阉割"词语检视及性质探析》，载《中华女子学院学报》2021年第3期。

术阉割的适用规模和范围自 20 世纪 30 年代后不断缩小，原因在于其受到了日益严厉的批评，主要集中在两个方面：一方面，被质疑是一项非人道的酷刑，违反了《欧洲人权公约》禁止酷刑与不人道或侮辱的待遇和《美国宪法》反酷刑规定。1942 年美国联邦最高法院在斯金纳诉俄克拉荷马州（Skinner v. Oklahoma）一案中，[1] 基于平等保护的理由，认定绝育（手术阉割）的处罚违反《美国宪法》。[2] 此后，手术阉割的适用规模和范围急剧缩小。手术阉割这一"入侵性"切除手术被严厉批评为一项残酷的肉刑，会把罪犯钉在"耻辱柱"上，一定程度上还属于变相的终身监禁。此外，手术阉割还将让罪犯永远丧失生育权，一旦错误适用将对罪犯产生无法补救的终身影响。另一方面，1940 年至 1980 年间，有学者对手术阉割在降低高风险性犯罪人再犯率的有效性上提出了质疑，尽管类似质疑后来被推翻，但在当时依然对手术阉割的适用产生了不小的打击。然而，令人意外的是，尽管手术阉割备受批评和质疑并且形成了较为广泛的共识，但手术阉割至今仍未被废除，在一些国家依然合法地运行使用。[3] 例如，在 2001 年至 2006 年期间，捷克共和国仍有 50 多名性犯罪人接受了手术阉割。[4]

---

[1] See 316 U. S. 535 (1942).

[2] See Peter J. Gimino III, Mandatory Chemical Castration for Perpetrators of Sex Offenses against Children: Following California's Lead, 25 *Pepperdine Law Review* 67, 87 (1997).

[3] See Karen Harrison, The High-risk Sex Offender Strategy in England and Wales: Is Chemical Castration an Option?, 46 *The Howard Journal of Criminal Justice* 16, 17-19 (2007).

[4] See Thomas Douglas, *et al.*, Coercion, Incarceration, and Chemical Castration: An Argument from Autonomy, 10 *Journal of Bioethical Inquiry* 393, 394 (2013).

（二）化学阉割的创立与推广

鉴于针对手术阉割性犯罪人的质疑强烈但其预防再犯的效果又十分"诱人"，各国开始尝试使用化学方法操纵睾丸激素的替代性方案。[1]其原理与手术阉割类似，即给青春期后的男性服用药物，将他们的循环睾酮降低到青春期前的水平，[2]它实际上实现了药物诱导且可逆的生化模仿。[3]化学阉割由此产生并逐步成为替代手术阉割的针对性犯罪人尤其是恋童癖[4]性犯罪人的治疗措施。从世界范围来看，有20余个国家以不同形式在立法中规定且在刑事司法中执行化学阉割。[5]

在欧洲，丹麦、德国等非天主教国家率先通过了化学阉割的立法。其中，丹麦是欧洲首个立法将化学阉割合法化的国家，并于1925年正式实施了第一起化学阉割案例。[6] 1935年至1970年间，化学阉

---

[1] See Robert A. Prentky, Arousal Reduction in Sexual Offenders: A Review of Antiandrogen Interventions, 9 *Sexual Abuse: A Journal of Research and Treatment* 335, 336 (1997).

[2] See Peer Briken & Martin P. Kafka, Pharmacological Treatments for Paraphilic Patients and Sexual Offenders, 20 *Current Opinion in Psychiatry* 609, 609-613 (2007).

[3] See Matthew R. Kutcher, The Chemical Castration of Recidivist Sex Offenders in Canada: A Matter of Faith, 33 *Dalhousie Law Journal* 193, 197 (2010).

[4] 美国精神医学学会编写的《精神障碍诊断与统计手册》（The Diagnostic and Statistical Manual of Mental Disorders）中对恋童癖患者的界定是：持续六个月对13岁以下的儿童有强烈的性冲动、性幻想或性行为。此类性冲动、性幻想或性行为造成困扰或损害。加害人年满16岁，且至少年长受害儿童5岁以上。

[5] 包括丹麦、德国、美国、韩国、印度尼西亚、哈萨克斯坦、阿根廷、澳大利亚、爱沙尼亚、以色列、摩尔多瓦、新西兰、波兰、俄罗斯、匈牙利、法国、挪威、芬兰、冰岛、拉脱维亚、英国、比利时、瑞典、马其顿和捷克共和国等。

[6] See Alison G. Carpenter, Belgium, Germany, England, Denmark and the United States: The Implementation of Registration and Castration Laws as Protection against Habitual Sex Offenders, 16 *Dickinson Journal of International Law* 435, 445 (1997).

割在丹麦作为自由刑的替代,可由罪犯自愿申请适用。20世纪初,受到性侵未成年人恶性案件的影响,德国也开始讨论化学阉割这一前沿问题,当时德国的家庭、老人、妇女和儿童部部长呼吁对性侵犯罪分子中的惯犯施加化学阉割。[1] 此后,瑞典、英国、比利时、法国、波兰、马其顿和俄罗斯等国先后将化学阉割合法化。

1966年,心理学家约翰·曼宁(John Money)在美国首次尝试化学阉割治疗。他的"治疗"方式是通过向有易装癖和恋童癖的性犯罪人注射复合醋酸甲羟孕酮以控制性犯罪人体内的睾丸激素水平,同时辅之以心理健康咨询。20世纪末,美国媒体报道了数起惨绝人寰的儿童性侵、绑架和谋杀事件,引发美国公众极大的不满与愤怒,这种情绪在1993年一个年仅12岁的女孩被性侵及残忍虐杀一案中达到了顶点。这种社会情绪与彼时美国所推行的新报应主义刑事政策结合,成功推动了加利福尼亚州在1996年通过了全美第一个化学阉割法案。加利福尼亚州化学阉割法案产生了积极的示范效应,有力推动了美国其他州化学阉割立法的进程。[2]

进入21世纪后,化学阉割开始推广到亚洲国家。韩国是亚洲第一个执行化学阉割的国家。2010年正式通过《对性暴力犯罪者性冲动进行药物治疗相关法律》,并自2011年开始对年满19岁且再犯可能

---

〔1〕 See Peter J. Gimino III, Mandatory Chemical Castration for Perpetrators of Sex Offenses against Children: Following California's Lead, 25 *Pepperdine Law Review* 67, 78 (1997).

〔2〕 1996年至今,美国先后有多个州通过了化学阉割法,包括加利福尼亚州、蒙大拿州、佛罗里达州、爱荷华州、路易斯安那州、威斯康星州和亚拉巴马州。佐治亚州和俄勒冈州有所反复,分别于2006年和2011年又废除了化学阉割法。该注释中的说明性内容以及本段落中关于美国早期施行化学阉割情况的资料均来源于: Samantha P. Vaillancourt, *Chemical Castration: How a Medical Therapy Became Punishment and the Bioethical Imperative to Return to a Rehabilitative Model for Sex Offenders*, Master Dissertation, Wake Forest University, 2012, pp. 4, 27, 29.

性大的性暴力犯实施化学阉割。[1] 此后，印度尼西亚、哈萨克斯坦等国相继出台了化学阉割的专门法案或在相关法律中增加相应法律条款。其中，印尼为回应性侵儿童犯罪激增的现象，于2016年修改了儿童保护的相关法律，其中的关键修正是增加了对性侵儿童罪犯进行化学阉割的条款。[2] 哈萨克斯坦也于2016年修订刑法典，增加了专门针对性侵犯罪的化学阉割条款。[3]

（三）化学阉割的立法模式

梳理各国有关化学阉割的立法，大体可区分为强制适用和自愿适用两种模式。其中，美国制定了化学阉割法案的大部分州和亚洲国家主要采取的是强制适用模式，而欧洲多数国家的化学阉割法案则采取的是尊重性犯罪人自主权的自愿适用模式。不过，不论何种模式都强调化学阉割是一种"治疗"而非单纯的惩罚措施——包括那些采取强制适用化学阉割立法模式的国家。两种立法模式也都对化学阉割的适用作出了严格的限定，特别是主要将化学阉割的对象限定在性侵未成年人犯罪或严重性累犯，同时要求化学阉割的罪犯须为成年犯等，体现了鲜明的未成年人保护立法特色。

以代表性国家美国为例，其化学阉割的立法以强制适用的惩罚模式为主，大部分州都确立了"初犯酌定、再犯须适用"的原则，即初次性侵低龄儿童可由法院酌定是否适用化学阉割，但是再次犯罪则法

---

[1] 参见玛丽：《韩国："化学阉割"性犯罪者》，载《江淮法治》2013年第4期。

[2] See Louisa E. Heathcote, Chemical Castration in Indonesia: Limiting an Absolute Human Right, 3 *The Indonesian Journal of Southeast Asian Studies* 201, 201 (2020).

[3] See Aliya K. Abisheva, *et al.*, Crimes Against Sexual Inviolability of Minors: Criminal Legal and Penitentiary Features, 25 *Journal of Legal* 1, 4 (2022).

院必须判决犯罪分子接受化学阉割。将接受化学阉割作为性罪犯获得释放或者假释的前提条件，也是多个州化学阉割法案的规定。如爱荷华州规定，法院或假释委员会可以要求实施严重性侵犯罪的初犯者接受化学阉割，以此作为其释放的条件之一；法院或假释委员会应要求有性侵前科的性侵犯罪分子接受化学阉割，除非法院或假释委员会经过合理评估认为，化学阉割对其无效。[1] 威斯康星州规定，不论罪犯是否为初犯，接受化学阉割都将有可能作为其释放或者假释的条件。在美国，尽管化学阉割可以强制适用，但对适用对象有严格限定：一是仅适用于对低龄未成年人实施性侵害的罪犯。[2] 如加利福尼亚州规定化学阉割适用于鸡奸、强奸和猥亵未满13岁儿童的案件。二是对适用对象的年龄进行严格限制。[3] 如亚拉巴马州规定适用化学阉割要求罪犯年满21岁。[4] 蒙大拿州规定适用化学阉割的罪犯应是性侵害未满16岁且比被害人大3岁及以上的人。[5]

欧洲也有部分国家选择了强制适用模式，如波兰、比利时等。例如，波兰规定，对于强奸15岁以下儿童或者近亲的性犯罪人，经过精神科专家会诊认可后，可以由法院强制实施化学阉割。[6] 采用化学阉割立法的亚洲国家，在化学阉割的适用上相对欧美国家更为严厉，体现了较为浓厚的惩罚性和报应性特点。例如韩国在《对性暴力犯罪者性冲动进行药物治疗相关法律》中规定，不论是初犯还是重犯，法官可依案情对性侵16岁以下未成年人且年满19岁的成年罪犯

---

[1] Iowa Code Ann. § 903 B. 10 (West 2003).
[2] Wis. Stat. Ann. § 302.11 (West 2005).
[3] Cal. Pencal Code. § 645 (2012).
[4] Alabama House Bill 379 (2019).
[5] Mont. Code Ann. § 45-5-512 (West 2003).
[6] See Vedije Ratkoceri, Chemical Castration of Child Molesters—Right or Wrong?!, 11 *European Journal of Social Science Education and Research* 70，74 (2017).

处以最长不超过 15 年的"化学阉割"和心理治疗。2013 年该法修正案进一步将化学阉割适用对象扩大至"所有性暴力犯中性欲倒错症患者"。[1] 印度尼西亚作为亚洲第二个通过化学阉割立法的国家,其在修改后的儿童保护相关法律中除了将刑期从最多 10 年提高到最多 20 年外,还规定对被定罪的性侵儿童罪犯实施强制化学阉割,并在假释后佩戴电子监控设备。[2] 哈萨克斯坦在其《化学阉割法案》中也规定了强制适用化学阉割的条款。[3]

欧洲多数采用化学阉割立法的国家采取自愿适用的治疗模式,如丹麦、瑞典、英国、德国、法国、俄罗斯和马其顿等,其特点是性犯罪人对于化学阉割的适用具有较大的自主选择性,且更加强调将化学阉割视为一种治疗手段,而非对性犯罪人的惩罚措施。不过,这些国家仍然对化学阉割的适用范围作出了严格限定,这些限定主要体现在三个方面:一是对申请适用化学阉割的犯罪人年龄有最低要求。例如,瑞典立法规定适用化学阉割的罪犯应年满 23 周岁,德国规定应年满 25 周岁。[4] 二是对被害人年龄作出限定。如俄罗斯规定化学阉割仅适用于性侵被害人年龄在 14 岁以下的案件,波兰则规定为 15 岁。三是对实施化学阉割的必要性提出明确要求。例如瑞典规定适用

---

[1] 参见玛丽:《韩国:"化学阉割"性犯罪人》,载《江淮法治》2013 年第 4 期。

[2] 参见赵海建:《"化学阉割"——性犯罪的克星》,载《晚报文萃》2016 年第 5 期。

[3] See Bolat Erkenovich Shaimerdenov, Counteraction to Crimes of a Sexual Nature against Minors in the Republic of Kazakhstan: International Practice and National Peculiarities, 8 *Journal of Advanced Research in Law and Economics* (*JARLE*) 2217, 2217-2223 (2017).

[4] 参见侯韦锋:《我国适用化学阉割制度的可行性研究》,载《犯罪研究》2017 年第 5 期。

化学阉割的前提条件为：如果不适用化学阉割，罪犯将对社会构成威胁。[1] 在此立法模式中，各国往往为了鼓励罪犯积极选择适用化学阉割，通常将化学阉割设置为减刑和假释的前提条件，或将化学阉割作为减刑的"补偿"鼓励罪犯"自愿"适用化学阉割。比如，马其顿刑法规定，"自愿"接受化学阉割的罪犯将获得减刑作为"补偿"：对判处无期徒刑的罪犯可以减为 40 年有期徒刑，对判处 40 年有期徒刑的罪犯可以减为 20 年有期徒刑，对于判处 20 年有期徒刑的罪犯可以判处该罪行法律规定的最低刑期，但罪犯需要接受持续的药物治疗，直至法院认为可以停止注射或罪犯死亡。[2] 从这个角度看，所谓"自愿适用"模式与强制适用模式的区分是相对的，两者之间其实并无本质区别。在所谓自愿适用立法模式的国家，化学阉割的适用实际上仍具有"隐性强制"的特点，严格意义上说，性犯罪人也并不存在真正意义上的"自主选择权"。有的学者认为各国化学阉割"常以自愿方式为之"，[3] 某种意义上是一种误解。

二、本土化视角下的化学阉割

尽管化学阉割已经在超过二十个国家的立法中确立及适用，但回顾化学阉割制度走过的百年历程，其所引发的争议从未停止过，不过这些争议并未能阻止其在总体上的推广之势。在我国，早已经有引入

---

[1] See Shlomo Giora Shoham, Ori Beckand Martin Kett, *International Handbook of Penology and Criminal Justice*, CRC Press, 2007, p. 141.

[2] See Vedije Ratkoceri, Chemical Castration of Child Molesters—Right or Wrong?!, 11 *European Journal of Social Science Education and Research* 70, 75 (2017).

[3] 周煌智、文荣光主编：《性侵害犯罪防治学》，五南图书出版有限公司 2006 年版，第 290 页。

化学阉割立法的呼吁，特别是在发生影响全国的性侵未成年人恶性案件之时。但是，这样的呼吁似乎并未能打动立法机关，也未能消除不少专家对于化学阉割立法的担心与偏见。在笔者看来，单纯去讨论化学阉割在国外所引发的相关争议意义并不大，从立法借鉴与本土化视角出发，需要去探究的是以下几个问题：一是正当性。化学阉割是否违背基本法理，例如是否为残酷刑罚而侵犯人权？二是可行性。化学阉割治疗的技术是否成熟和可行？三是有效性。化学阉割对于防治性犯罪有效吗？四是必要性。我国性犯罪特别是针对未成年人的性犯罪状况如何，是否需要考虑化学阉割措施？如果对上述问题的回答是肯定的，那么我国就应当毫不迟疑地引入化学阉割。

（一）正当性

针对化学阉割在法理层面的最大争议在于，其是否为酷刑而构成对性犯罪人人权的不正当侵犯。尽管围绕这一问题的争议促使各国在化学阉割立法上普遍采取较为谨慎的立场，包括在对象范围上主要限于性侵未成年人的罪犯，但是这些质疑在总体上被认为是不成立的，也并不能阻碍化学阉割的适用和总体推广之势。

化学阉割是对手术阉割的替代措施，避免了通过侵入性切除手术给性犯罪人造成不可逆的终身伤害和耻辱。总的来看，化学阉割是对性犯罪人的一种文明、人道且相称的治疗措施，恰恰体现的是刑事司法从野蛮向文明的进化。第一，化学阉割是对性侵未成年人罪犯的一种相称治疗，并非违反比例原则的惩罚。如果说化学阉割治疗仍然具有"惩罚性"，其严厉程度也显然远不及有期徒刑、死刑等刑罚，更不及针对性犯罪人的手术阉割。每周注射药物以减少罪犯的性冲动，也远比许多其他已使用的治疗方法更人道。在美国，天主教会也完全支持化学阉割，并于 1985 年设立了圣卢克研究所（St. Luke Institute），要求有恋童癖的牧师在此接受咨询和进行化学阉割。[1] 第二，化学阉割本质上是一种激素疗法，治疗过程几乎没有痛苦，[2] 只是降低而非彻底剥夺性犯罪人的性能力，与手术阉割有着本质区别，更谈不上是一种酷刑。化学阉割的主要效果是消除罪犯的社会危险性，即降低和抑制性犯罪人的性欲使其从变态和痛苦的性幻想中得到解脱。[3] 第三，化学阉割也不会剥夺性犯罪人的生育权，如前所述，当药物作用消退，性犯罪人的性功能将逐步恢复正常，包括睾丸激素水平也将会恢复，对身体的影响是可逆的。即便在化学阉割期间，也不会妨碍性犯罪人的正常生育能力，更不会造成性犯罪人此后无法生育后代。[4] 不可否认，化学阉割可能引起新陈代谢变慢、肥胖、抑郁等副作用，但这些副作用在停止药物注射后即可随着时间推移而代谢或逆转。最为重要的是，化学阉割可给予性犯罪人宝贵的自由，有利于其再社会化，绝大部分接受化学阉割的性犯罪人都能够有效防止再犯，重新回归正常生活。

性侵对未成年人的伤害是严重且深远的。世界卫生组织一项研究显示，性虐待会给儿童留下难以抹去的影响：6%的人会患上忧郁症，6%的人有酒精和药物滥用行为，8%的人有自杀未遂行为，10%的人会有惊恐障碍，27%的人会有创伤后应激障碍。[5] 即便认为化学阉割对性犯罪人人权会构成侵犯，但在儿童最大利益面前，这种所谓

---

[1] See Elizabeth M. Tullio, Chemical Castration for Child Predators: Practical, Effective, and Constitutional, 13 *Chapman Law Review* 191, 92 (2009).

[2] Ibid., 192 (2009).

[3] See Peter J. Gimino III, Mandatory Chemical Castration for Perpetrators of Sex Offenses against Children: Following California's Lead, 25 *Pepperdine Law Review* 67, 88 (1997).

[4] See Elizabeth M. Tullio, Chemical Castration for Child Predators: Practical, Effective, and Constitutional, 13 *Chapman Law Review* 191, 192 (2009).

[5] 参见董伟：《世卫组织出指南防儿童虐待》，载《中国青年报》2006年11月24日。

"侵犯"也是在权利衡量之后，或许不完美但却是正当的选择。儿童最大利益原则是联合国《儿童权利公约》所规定的基本原则，也被视为未成年人保护领域的帝王法则，要求在涉及未成年人的事务中，均应将未成年人的最大利益作为首要考虑。[1]该原则要求尊重未成年人利益的优先性，具体到未成年人与性犯罪人之间的权利衡量，对性犯罪人的所谓"人权"进行必要限制是正当和必要的。对性侵未成年人的罪犯实施化学阉割，避免未成年人再次受到性侵害的风险和威胁，符合儿童最大利益原则的要求。正如印度尼西亚学者从《公民权利和政治权利国际公约》第七条角度，对印尼将化学阉割作为对性侵儿童罪犯刑事制裁的评估所得出的结论：人权不是绝对的，"化学阉割限制了性侵儿童罪犯的权利，以保护儿童不遭受酷刑或虐待的权利。这是为保护受害者和潜在受害者的权利，并通过治疗给犯罪者一个正常生活的机会。因此，化学阉割是对人权的一项重要贡献"[2]。

从本土化视角看，我国引入化学阉割还可以发挥严格限制死刑适用的特殊意义，与《刑法修正案（九）》专门针对贪污贿赂犯罪所增加的终身监禁有异曲同工之处。无须否认的是，近些年来我国对性侵未成年人犯罪的惩治出现了重刑化趋向，包括死刑的适用。如果引入化学阉割，一些性侵害未成年人的案件可以避免死刑的适用。例如，在哈尔滨某男子猥亵并强奸4岁女童案中，被告人被判处死刑。[3]

---

[1] 我国新修订的《未成年人保护法》（第四条）已经将儿童最大利益原则国内法化为"最有利于未成年人原则"。

[2] Louisa E. Heathcote, Chemical Castration in Indonesia: Limiting an Absolute Human Right, 3 *The Indonesian Journal of Southeast Asian Studies* 201, 214-215 (2020).

[3] 基本案情：2020年8月29日，张某某编造谎言将其邻居女童A（4周岁）骗至某处，采用暴力手段猥亵并强奸女童A，致女童A身体多处重伤，其中一处九级伤残、二处十级伤残。2020年12月，某市中级人民法院依法不公开开庭审理，以强奸罪判处张某某死刑，剥夺政治权利终身，赔偿各项经济损失人民币40余万元。

如果有化学阉割的立法,对尚未造成被害人死亡的该被告人判处死缓并终身化学阉割而非死刑立即执行,相信一般民众也是可以接受的。正如有学者所指出的:"'化学去势'入刑必然可以减少对性犯罪人死刑的适用。"[1]

(二)可行性

化学阉割的机理是通过对性犯罪人,主要是恋童癖和性侵低龄儿童罪犯,注射(或令其服用)人工合成孕激素,促使其大脑认为身体已有足够的雄性睾丸激素,从而抑制睾丸以减少或停止分泌睾酮激素,加速肝脏中睾酮激素的代谢,降低血液中循环的睾丸激素水平,以达到降低和减少罪犯的性冲动或性活动,[2] 控制罪犯的异常行为[3]的效果,通常还会同时进行心理治疗,最终达到防止再犯的目的。简言之,化学阉割是一项通过联合使用激素药物治疗与心理治疗,实现降低性犯罪人,尤其是恋童癖和性侵低龄未成年人的犯罪者再次实施性侵害行为的制度。"化学阉割"这一俗称确实有一定震撼性,但如果从医学的角度来看,这不过是一种已经经过近百年临床实践的针对性犯罪人的成熟治疗措施。

当前,人工合成孕激素主要有甲羟孕酮醋酸酯(MPA)和环丙孕酮醋酸酯(CPA)两种。其中,甲羟孕酮醋酸酯是美国的首选药物,而环丙孕酮醋酸酯则主要在欧洲、中东和加拿大等地区和国家适

---

[1] 张斌峰、闫斌:《"化学去势"立法探讨:争议与鉴借》,载《中国社会科学院研究生院学报》2013 年第 1 期。

[2] See Karen Harrison, The High-risk Sex Offender Strategy in England and Wales: Is Chemical Castration an Option?, 46 *The Howard Journal of Criminal Justice* 16, 20 (2007).

[3] See Peter Weiss, Assessment and Treatment of Sex Offenders in the Czech Republic and in Eastern Europe, 14 *Journal of Interpersonal Violence* 411, 416 (1999).

用,其适用范围更加广泛,已在超过 20 个国家投入使用。[1] 从医学角度看,"化学阉割"作为一种治疗措施,其实施的技术性要求并不高,相关治疗药物及治疗技术也已经很成熟。尽管仍不乏对化学阉割副作用的质疑,但从化学阉割近百年的实践来看,这些所谓"副作用"是可控、可接受的,而且一旦停药也是可逆的——包括仍可以恢复正常的性行为。例如甲羟孕酮醋酸酯治疗一旦停止,所有的副作用都是可逆的,勃起和射精在 7—10 天内即可恢复。[2] 可以肯定的是,在我国并不存在化学阉割适用的技术性障碍,作为一种"可逆性"的药物治疗措施,引入我国也并不会引发太大的医学伦理争议。

化学阉割的另一个优点在于其成本低廉,可以大大降低司法和社会成本。以美国为例,有统计表明每周进行化学阉割注射的费用为每月 160 美元(约 1130 元人民币)。而监禁一名囚犯的平均费用每月超过 1660 美元(约 11760 元人民币),再加上监禁后续所产生的各类费用,最终监禁一名罪犯的费用可能比化学阉割的费用多出 15 倍。[3] 化学阉割的另一个优势是不影响罪犯的正常工作和生活。[4]

---

[1] See Thomas Douglas, *et al.*, Coercion, Incarceration, and Chemical Castration: An Argument from Autonomy, 10 *Journal of Bioethical Inquiry* 393, 394 (2013).

[2] See Edward A. Fitzgerald, Chemical Castration MPA Treatment of the Sexual Offender, 18 *American Journal of Criminal Law* 1, 7 (1990).

[3] See Karen Harrison, The High-risk Sex Offender Strategy in England and Wales: Is Chemical Castration an Option?, 46 *The Howard Journal of Criminal Justice* 16, 20 (2007).

[4] 据美国的调查数据,如果将此类重犯继续关押而非有条件释放出去工作,每年要损失大约 0.5% 至 0.7% 的国内生产总值。See Elizabeth M. Tullio, Chemical Castration for Child Predators: Practical, Effective, and Constitutional, 13 *Chapman Law Review* 191, 209 (2009).

（三）有效性

无论是将化学阉割界定为刑罚还是治疗性的保安处分措施，一个需要探讨的问题是，这一措施对于控制性犯罪特别是降低性犯罪的再犯率是否是有效的。从化学阉割近百年的实践来看，不管对其持何种批评与怀疑态度，在化学阉割对于降低性犯罪再犯率的有效性这个问题上，总体上得到了证实和公认。

已经有研究显示，化学阉割可以有效地降低性犯罪的再犯率，个别预防效果显著。国外对性犯罪人化学阉割治疗的有效性进行了长期且相当广泛的研究和评估。"有证据表明，无论是否接受辅助性的心理治疗，化学阉割都能成功降低再犯率"。[1] 例如，美国一项权威研究发现性犯罪人的再犯率很高，但是，如果每周接受一次药物注射治疗，就能够让再犯罪率从90%以上大幅度下降到2%。[2] 美国的弗雷德·柏林（Fred S. Berlin）教授对629名接受过化学阉割治疗男性的追踪研究也证实，只有8%在五年随访期后再犯。[3] 丹麦的一项追踪研究也证实，30名接受化学阉割治疗的罪犯在治疗后再犯率为0。[4] 2010年韩国施行化学阉割法案后，化学阉割的有效性是各方都关注的议题，而对38名性犯罪人（患者）治疗效果的评估结果证明：化学阉割"是减少韩国性犯罪人性冲动的有效方法"，并且"副作用

---

[1] Kyo Chul Koo, et al., Treatment Outcomes of Chemical Castration on Korean Sex Offenders, 20 *Journal of Forensic and Legal Medicine* 563, 563 (2013).

[2] Christopher Meisenkothen, Chemical Castration—Breaking the Cycle of Paraphiliac Recidivism, 26 *Social Justice* 139, 140 (1999).

[3] See Karen Harrison, The High-risk Sex Offender Strategy in England and Wales: Is Chemical Castration an Option?, 46 *The Howard Journal of Criminal Justice* 16, 24 (2007).

[4] Ibid.

最小"。[1]

有学者还比较了化学阉割与监禁、厌恶疗法等对于降低性犯罪人再犯的效果，结果显示，化学阉割是当前最有效的降低性犯罪再犯率的措施。监禁似乎是一种有效的惩罚措施，但是犯罪人的人身危险性与再犯可能性未必随着监禁刑的执行完毕而消除，犯罪人回归社会后仍然可能具有较高的人身危险性。有研究发现，监禁对性犯罪人并没有太大的威慑作用，在监狱服刑对矫治恋童癖对儿童的性倾向没有任何作用，[2] 这类罪犯在监禁期间通常没有得到充足的矫正治疗，在此情况下，被释放的人通常会"恢复到早期的行为模式"，[3] 再次实施犯罪。[4] 而化学阉割可谓是一种"治根"的措施，实际剥夺的是性犯罪人的"犯罪能力"，相比监禁更为有效。

以"剥夺"性犯罪人"犯罪能力"为特点的化学阉割相比以厌恶疗法为代表的各式各样的治疗方法也更为有效。[5] 厌恶疗法是将异

---

[1] Kyo Chul Koo, et al., Treatment Outcomes of Chemical Castration on Korean Sex Offenders, 20 *Journal of Forensic and Legal Medicine* 563, 566 (2013).

[2] See Bhagwan A. Bahroo, Pedophilia: Psychiatric Insights, 41 *Family Court Review* 497, 506 (2003).

[3] Lita Furby, Mark R. Weinrott & Lyn Blackshaw, Sex Offender Recidivism: A Review, 105 *Psychological Bulletin* 3, 3 (1989).

[4] See Elizabeth M. Tullio, Chemical Castration for Child Predators: Practical, Effective, and Constitutional, 13 *Chapman Law Review* 191, 199 (2009).

[5] 许多外国研究人员曾斥巨资花费数十年时间对恋童癖者和儿童性侵者开展各种不同的治疗，其中一些疗法看上去就十分奇怪甚至荒谬 [See W. L. Marshall, Covert Association: A Case Demonstration with a Child Molester, 6 *Clinical Case Studies* 218, 218 (2007)]，同时也被证实是无效的。See Elizabeth M. Tullio, Chemical Castration for Child Predators: Practical, Effective, and Constitutional, 13 *Chapman Law Review* 191, 219-220 (2009); Keith F. Durkin & Allison L. Digianantonio, Recidivism among Child Molesters: A Brief Overview, 45 *Journal of Offender Rehabilitation* 249, 252 (2007).

常的性行为、性幻想与痛苦的刺激（如电击）建立关联，以达到抑制异常性行为和性幻想效果的治疗方法。尽管厌恶疗法对某些罪犯是有用的，但其效果并不长久，而且需要持续且不断加强刺激，在实践中难以保障有效性且面临较大的伦理风险[1]。其他疗法，诸如愤怒管理、解决冲突、社交技能培训和音乐疗法等，也均已被证实无效，不能降低罪犯性侵害儿童的可能性。[2]

除了显著的个别预防功能外，化学阉割的一般预防功能也不容忽视。尽管化学阉割实质上是一种治疗性措施，但其名称及对性犯罪人"性能力"的靶向根治性，仍不可避地产生强烈的震慑力，客观上能够对潜在的犯罪人产生强大的威慑和心理压力，让部分潜在的犯罪分子因畏惧而放弃犯罪。这也是尽管"化学阉割"的名称容易遭受质疑，但一些国家的立法仍然坚持使用"化学阉割"一词的重要原因。

（四）必要性

在我国，性侵未成年人犯罪是当前各界所严重关切的社会问题，其不但在侵害未成年人犯罪中占比居首，而且犯罪数量也呈现逐年增长的态势。最高人民检察院 2020 年发布的《未成年人检察工作白皮书（2014—2019）》显示：与 2017 年相比，2019 年检察机关起诉三类性侵儿童类的犯罪人数占侵害未成年人犯罪总人数的比例由 22.34% 上升到 30.72%，其中强奸罪在侵害未成年人犯罪中居于首位，占比从 2017 年的 16% 上升至 2019 年的 21%。2017 年至 2019 年，检察机关起诉成年人强奸未成年人犯罪分别为 7550 人、9267 人、12912 人，2018 年、2019 年同比分别上升 22.74%、39.33%；起诉

---

[1] See Elizabeth M. Tullio, Chemical Castration for Child Predators: Practical, Effective, and Constitutional, 13 *Chapman Law Review* 191, 200 (2009).

[2] See Bhagwan A. Bahroo, Pedophilia: Psychiatric Insights, 41 *Family Court Review* 497, 504 (2003).

猥亵儿童犯罪分别为 2388 人、3282 人、5124 人，同比分别上升 37.44％、56.12％；起诉强制猥亵、侮辱未成年人犯罪 665 人、896 人、1302 人，同比分别上升 34.74％、45.31％。[1] 此前由北大法宝司法案例研究组发布的《关于儿童性侵的司法案例数据分析报告》中也显示，自 1991 年至 2017 年性侵未成年人犯罪案件呈上升趋势，其中，2012 年至 2017 年增长速度较快，尤其在 2013 年至 2014 年增长迅速，从 666 例上升至 2395 例，增长 260％。[2] 如果考虑犯罪黑数的情况，实际发生的性侵未成年人犯罪要更加严重。尽管我国尚未有权威的性侵未成年人犯罪黑数研究，但如果以其他国家的类似研究数据作为参照，实际情况不容乐观。例如，美国每年平均约有 21 万名 12 岁以上性侵受害者，但报案率仅有 50％。[3] 美国学者莎拉·厄尔曼（Sarah E. Ullman）综合评述有关披露儿童性侵的经典研究后指出，有近三分之一在童年遭受过性侵犯的女性会终身缄默。[4]

令人不安的是，性犯罪尤其是针对未成年人的性犯罪还是一种再犯率极高的犯罪类型，这也是各国犯罪控制共同面临的挑战与难题。以未成年人为性侵害对象的犯罪人，往往由于精神和生理异常而具有难以控制的犯罪成瘾性，因此再犯率畸高，而且通过监禁等通常的刑

---

[1] 参见最高人民检察院：《未成年人检察工作白皮书（2014—2019）》，http://www.spp.gov.cn/xwfbh/wsfbt/202006/t20200601_463698.shtm#2，2020 年 6 月 14 日访问。

[2] 参见北大法宝司法案例研究组：《关于儿童性侵的司法案例数据分析报告》，http://www.sohu.com/a/288950995_120054205，2020 年 6 月 14 日访问。

[3] See Samantha P. Vaillancourt, Chemical Castration: How a Medical Therapy Became Punishment and the Bioethical Imperative to Return to a Rehabilitative Model for Sex Offenders, Master Dissertation, Wake Forest University, 2012, p. 1.

[4] 转引自龙迪：《性之耻，还是伤之痛：中国家外儿童性侵犯家庭经验探索性研究》，广西师范大学出版社 2007 年版，第 14 页。

罚无法矫正。如在美国，性犯罪人的整体再犯率在15％到48％之间，[1]但以未成年人为侵害对象的性犯罪人的再犯率则高达50％—70％，而且这些性侵累犯所实际犯下的罪行要比他们被逮捕或定罪的罪行多两到五倍。[2] 1980年至1994年间，美国性罪犯的人数就增加了大约330％，三分之二的被害人是未成年人，其中一半以上未成年被害人是12岁以下的儿童。[3] 美国学者戴维·克努森（David Knudsen）对大量研究进行了核查，最后得出的结论是："至少30％的女孩和20％的男孩经历过某种形式的性虐待。"[4] 恋童癖罪犯往往如瘾君子一般难以控制自己的行为，例如一名接受阉割的罪犯就曾经表示，"街上唯一安全的办法是让我接受一个可以控制自己的化学阉割注射，然后我才可能停止自己的犯罪行为"[5]。

在我国，尚缺乏类似的有关性侵未成年人再犯率的权威性研究，但是已有研究表明性侵未成年人犯罪的再犯率同样是不容忽视的。例如，我国有学者对2006年1月至2016年1月曾因性犯罪受过刑事处罚后再次实施犯罪的9070名犯罪人样本的统计分析发现，猥亵儿童

---

[1] See Samantha P. Vaillancourt, Chemical Castration: How a Medical Therapy Became Punishment and the Bioethical Imperative to Return to a Rehabilitative Model for Sex Offenders, Master Dissertation, Wake Forest University, 2012, p. 1.

[2] See Keith F. Durkin & Allison L. Digianantonio, Recidivism among Child Molesters: A Brief Overview, 45 *Journal of Offender Rehabilitation* 249, 252 (2007).

[3] See David A. Inniss, Developments in the Law: Alternatives to Incarceration, 111 *Harvard Law Review* 1863, 1893 (1998).

[4] 转引自〔美〕罗纳德·J.博格等：《犯罪学导论——犯罪、司法与社会（第二版）》，刘仁文等译，清华大学出版社2009年版，第409—410页。

[5] Karen Harrison, The Higher-risk Sex Offender Strategy in England and Wales: Is Chemical Castration an Option?, 46 *The Howard Journal of Criminal Justice* 16, 26 (2007).

罪的再犯率为12.67%。[1] 还有学者收集了451名因猥亵受到刑事处罚后再次实施性犯罪的罪犯样本,该研究发现,首次对14岁以上女性实施猥亵行为罪犯的再犯率为16.7%,而受害者在14岁以下的罪犯再犯率为40.8%。[2] 2016年6月,浙江省慈溪市人民检察院推出了公开性侵罪犯身份信息试点,促进这一试点推出的原因在于,该院在办案中发现,性侵害未成年人的案例中"犯罪人员大多有性侵害犯罪前科"[3]。遗憾的是,这一试点因争议较大而未能推广。

近些年来,我国通过实践先行、立法跟进的方式,建立了包括强制报告、入职查询、从业禁止等性侵未成年人犯罪预防机制,也通过修改刑法强化了对于性侵未成年人犯罪的惩治力度,但是性侵未成年人犯罪的防控仍然是我国所面临的严峻挑战。尽管围绕化学阉割的争议迄今不断,但是正如弗雷德·柏林教授所深刻指出的:"如果光靠立法和惩罚还不能完全解决问题,那么医学和科学就需要付诸行动。如果社会可以通过这种方式变得更安全,为什么不使用呢?"[4]

三、引入化学阉割的立法考量

讨论化学阉割的引入与本土化,专家学者与立法机关很容易"下

---

[1] 参见田刚:《性犯罪人再次犯罪预防机制——基于性犯罪记录本土化建构的思考》,载《政法论坛》2017年第3期。

[2] See Zhuang Jin, Chemical Castration: International Experience and Chinese Path to Control Pedophilia Crimes, 8 *Advances in Applied Sociology*, 2018.

[3] 聂辉:《三地试水公开性侵罪犯信息》,载《南方周末》2018年1月21日第A8版。慈溪试点中所公布的唯一一个案例是"毛万根案",该犯曾因猥亵儿童罪被判处有期徒刑六年,但刑满释放后再犯猥亵儿童罪。

[4] See Karen Harrison, The High-risk Sex Offender Strategy in England and Wales: Is Chemical Castration an Option?, 46 *The Howard Journal of Criminal Justice* 16, 24 (2007).

意识"地持怀疑立场。例如，曾有知名刑法学者公开表示："在中国以往的立法研究中从未触及，立法尚不成熟。"〔1〕即便主张我国应当引入化学阉割的学者，也同时认为"从目前来看，在我国化学阉割短时间内不会入法"〔2〕。根据前文的分析，从本土化借鉴的视角看，化学阉割是正当且被证明能够有效降低性犯罪再犯率的治疗措施，在我国的引入也是可行、必要和可操作的。基于最有利于未成年人原则的要求和进一步加强对性侵未成年人犯罪防控的目的，我国应当毫不迟疑地引入化学阉割。

之所以会存在所谓"不成熟""短期内不会入法"等观点，很可能受到了我国古代曾经存在的"宫刑"这一残酷刑罚的影响，〔3〕一见"化学阉割"这一名称就容易被"吓到"而下意识地排斥。美国学者彼得斯（Kimberly A. Peters）曾言："化学阉割这个俗称只是名字比较吓人，其实质内容只是一种可逆的药物治疗。"〔4〕如果将化学阉割的本质回归为一种可逆的、成熟的药物治疗措施，并且能够客观理性地评价化学阉割的有效性以及引入我国的必要性、可行性、正当性，相信专家及立法者等精英阶层也能够与一般公众形成"应当引入化学阉割"的共识。

---

〔1〕《专家：中国立法"化学阉割"强奸惯犯尚不成熟》，https：//www.chinacourt.org/article/detail/2012/06/id/520389.shtml，2021年12月21日访问。

〔2〕沈占明：《化学阉割本质是治病救人》，载《检察日报》2019年10月30日。

〔3〕将化学阉割与宫刑混同是一种误解，两者之间存在着显著的不同，包括施刑方式、施刑对象、施刑范围、施刑目的、存废等。参见张斌峰、闫斌：《"化学去势"立法探讨：争议与鉴借》，载《中国社会科学院研究生院学报》2013年第1期。

〔4〕转引自庄劲：《美国化学阉割制度及其启示》，载《刑法论丛》2018年第1期。

（一）化学阉割的定性与引入路径

在采用化学阉割立法的国家，或者将化学阉割作为刑罚之一种，或者将其界定为保安处分措施。我国持支持引入化学阉割立场的学者中，亦有人主张应将化学阉割定位为一种附加刑，并主张在处以化学阉割时可以酌情从轻适用主刑，但不能作为假释和缓刑的条件。[1]这样的观点是值得商榷的。从晚近以来我国刑法的改革来看，刑罚种类已经定型，历次刑法修正均未打破既有的刑罚体系。将化学阉割增设为刑罚——不管是主刑还是附加刑——的方案，在立法技术上基本不具有可行性。另外，如果将化学阉割作为刑种之一，也容易产生与古代"宫刑"之间的不恰当关联，增加立法机关接受的难度。

从国外有关化学阉割的立法与评价来看，即便是那些将化学阉割作为刑罚的国家，化学阉割所受到肯定和推崇的也并非其惩罚和威慑功能，而是其作为一种防止再犯的预防性"治疗"功能。在现代刑法理论与立法体系中，以消除再犯危险性为主要目标的化学阉割更加符合保安处分的性质特征，而且强调治疗与预防性措施的定位也更容易让其被接受。在我国，尽管刑法没有明确采用保安处分的概念，但理论界一般认为我国刑法实际采用了刑罚与保安处分的"隐性双轨制"。从现行刑法规定来看，专门矫治教育、强制医疗、禁止令、从业禁止、没收是典型的保安处分类型。[2]就化学阉割的引入路径来看，刑法修正案增设禁止令、从业禁止以及将收容教养改为专门

---

[1] 参见张斌峰、阎斌：《"化学去势"立法探讨：争议与鉴借》，载《中国社会科学院研究生院学报》2013年第1期；宋艳玲：《化学阉割在我国的适用》，载《四川警察学院学报》2016年第6期。

[2] 参见张明楷：《刑法学（第五版）》（下），法律出版社2016年版，第609—646页。

矫治教育等立法先例可以为参照。具体可以通过刑法修正案增加第三十七条之二，专条增设化学阉割为我国刑法中一种新的保安处分类型。

（二）化学阉割名称的确定

受历史文化传统影响，"阉割"一词在我国自带强烈耻辱性。凡提及"阉割"，总会与非人道的肉刑相联系，呈现令人异常痛苦折磨的画面。公众也多将"阉割"与"太监"直接联系，难以克服对"阉割"的本能反感和负面效应。名正则言顺，鉴于化学"阉割"的俗称太过"吓人"，在引入化学阉割的立法中有必要采用恰当的名称，通过"去阉割化"以去除其天然的污名属性。只有当化学阉割脱离丑陋刺耳的"阉割"污名，回归治疗性措施的本质，才更有可能被接纳和发挥作用。[1] 综观已有化学阉割立法的国家，在立法中也大多使用"治疗"代替或淡化"阉割"。如"醋酸甲羟孕酮疗法"（Medroxyprogesterone Acetate Treatment）、"化学治疗"（Chemical Treatment）、"抗雄激素药物治疗"（Pharmacological Treatment Using an Antiandrogen）、"医学治疗"（Medical Therapy）、"医学药物治疗"（Medical Pharmacological Treatment）、"荷尔蒙干预治疗"（Hormonal Intervention Therapy）等。我国在通过刑法修正案引入化学阉割时，在名称上可以使用"药物治疗"代替"化学阉割"。"药物治疗"之名不仅能够去污名化，而且从医学角度看，这一名称也更能揭示化学阉割

---

[1] 我国有学者已经注意到了在翻译"Chemical Castration Treatment"时略去"Treatment"而简单译为"化学阉割"的负面效应，因而提出了采用"类似突出其治疗特点的中性词语，避免采用'化学阉割'之类的暴力词语"的建议。学界也普遍主张在立法时应避免直接使用"化学阉割"的用语，建议改为"药物治疗刑""性犯罪的生物性治疗"等。参见左玉迪：《"治疗"缘何被略去？——"化学阉割"词语检视及性质探析》，载《中华女子学院学报》2021年第3期。

针对恋童癖等精神疾病[1]治疗手段的实质特征。

（三）化学阉割的适用对象与方式

域外化学阉割措施主要还是适用于性侵未成年人的犯罪，尤其是有恋童癖的犯罪人。在现阶段，我国引入化学阉割仍应采取谨慎立场，其适用对象范围不宜过大，更不宜适用于所有类型的性犯罪人。化学阉割作为一项仍可能会引发较大争议的保安处分措施，可以参考《刑事诉讼法》规定附条件不起诉制度的做法，将其限定于一项未成年人司法保护特别措施，即规定只适用于性侵害未成年人的犯罪，并且要求化学阉割对象必须年满18周岁。未成年人司法是刑事司法改革的先驱和试验田，将化学阉割限制于未成年人司法保护领域，也有助于其被立法接受及未来的实施。待化学阉割在未成年人司法领域实施成熟后，可再考虑适度扩大其适用范围。作为保安处分之一种，化学阉割宜与禁止令、从业禁止等同样由人民法院裁定适用。有学者主张可借鉴国外立法中的"自愿适用模式"，对此笔者认为在刑事司法中并不存在真正意义上的自愿，对于纯自愿性的药物治疗可以在医疗系统中实施，而在刑事司法中仍宜由人民法院根据犯罪情况和预防再犯罪需要来裁定是否适用化学阉割。公安机关或者人民检察院认为犯罪嫌疑人、被告人需要进行化学阉割的，可以向人民法院提出建议。当然，这并不意味着对于自愿化学阉割的否定，对于自愿申请化学阉割的被告人，可以作为酌定量刑情节，但同样仍应由人民法院根据犯罪情况和预防犯罪需要裁定。有学者主张化学阉割可以作为假释的条

---

[1] See Vedije Ratkoceri, Chemical Castration of Child Molesters—Right or Wrong?!, 11 *European Journal of Social Science Education and Research* 70, 75 (2017).

件,[1]或者作为获得减刑和缓刑的条件,[2]这种观点不无道理。人民法院在裁定减刑、假释和缓刑时,可以将犯罪人是否申请或接受化学阉割作为重要考量因素或者前置条件。与主张自愿适用模式观点不同的是,笔者主张基于最有利于未成年人原则以及充分发挥化学阉割特殊预防和一般预防功能的考虑,对于有性侵害未成年人前科,或者性侵害未成年人情节恶劣或者造成严重后果的,人民法院应当决定在刑罚执行完毕或者假释之日起进行化学阉割治疗。

(四)化学阉割的实施

作为一种强制性治疗措施,化学阉割宜由公安机关监督实施。对于被决定化学阉割的人违反人民法院决定的,可以参考从业禁止的规定,由公安机关依法给予处罚,情节严重的,依照《刑法》第三百一十三条拒不执行判决、裁定罪的规定定罪处罚。相应地,也应撤销相关的缓刑、减刑或者假释决定。参考国外化学阉割实施的经验,可以同时引入全面知情告知原则和强制心理辅导原则。在美国,对于化学阉割的罪犯,法院须执行"知情同意"程序,即告知性犯罪人药物治疗的疗效及副作用,并让其在知情同意书上签名确认。性犯罪人在治疗前有权知晓药物治疗的副作用和风险,对其荷尔蒙水平和性欲的遏制效果,若不予治疗再犯的可能性和可以替代的其他治疗方案。[3]全面知情告知原则要求向实施化学阉割者告知药物治疗的法律规定,

---

[1] 参见庄劲:《美国化学阉割制度及其启示》,载《刑法论丛》2018年第1期。

[2] 参见韩伟、张晶:《我国引进化学阉割制度的可行性探析》,载《长春理工大学学报(社会科学版)》2016年第1期。

[3] See Peter J. Gimino III, Mandatory Chemical Castration for Perpetrators of Sex Offenses against Children: Following California's Lead, 25 *Pepperdine Law Review* 67, 97 (1997).

尤其是违反化学阉割执行规定的法律后果；也要求告知进行药物治疗后可能导致身体等方面的副作用，如可能引起肥胖、新陈代谢变化、骨质疏松等，不得刻意隐瞒。全面告知应当以当事人能够充分理解的语言进行，保证当事人知悉药物治疗的后果。强制心理辅导原则要求罪犯在注射后应接受心理咨询师的辅导，直到治疗结束。化学阉割与心理辅导同步进行，是实施化学阉割国家的通常做法。因为心理辅导不仅可以保证性犯罪人积极接受药物注射，更重要的是，药物注射只能控制性犯罪人的生理激素，对于其心理等更深层次的诱因是化学阉割无法解决的，因此需心理专家提供专业服务予以疏导，同时也可避免化学阉割期间因为激素变化而产生心理异常。

结语

化学阉割的本土化可能仍然会面临诸多质疑、顾虑和争议。但正如美国加利福尼亚州化学阉割法案的起草者威廉·霍格（William Hoge）所言："无论人们是支持还是反对强制化学阉割，但必须同意的是，任何有助于保护儿童无辜生命的措施都有一定的价值。还有另一点也应得到肯定：那便是孩子的天真应该通过他们无忧无虑的笑声来表现，而不是像年幼的娜塔莉·阿斯特纳[1]那样，通过她死亡时的白色棺材展现在世人面前。"[2] 实施近百年的化学阉割也许仍然是不完美的，但是为了未成年人的最大利益，它仍是必要的正义。针对化学阉割的争议再大，都不能否定化学阉割的可行性、有效性及未成

---

〔1〕 娜塔莉·阿斯特纳（Natalie Astner），德国籍9岁女童，1996年9月7日被有性犯罪前科的罪犯绑架和性虐后残忍杀害。

〔2〕 See Peter J. Gimino III, Mandatory Chemical Castration for Perpetrators of Sex Offenses against Children: Following California's Lead, 25 *Pepperdine Law Review* 67, 97 (1997).

年人利益的优先性。近些年来，我国刑法的修正与刑事司法实践均呈现出严惩性侵未成年人犯罪的重刑化趋向，强制报告、入职查询、从业禁止等制度的增设也进一步完善了预防性侵未成年人犯罪的机制。引入化学阉割，不仅可以进一步形成预防性侵害未成年人犯罪的闭环机制，有效降低性侵未成年人的再犯率，强化对未成年人的保护。与对化学阉割所容易产生的误解相反的是，化学阉割还有助于减少死刑及在一定程度上扭转惩治性侵未成年人犯罪的重刑化趋势。

笔者建议通过刑法修正案在我国《刑法》中增设第三十七条之二，具体条文可规定如下：

> 年满十八周岁因为性侵害未成年人被判处刑罚的，人民法院可以根据犯罪情况和预防再犯罪的需要，决定自刑罚执行完毕之日或者缓刑、假释之日起进行药物治疗，期限为三年至十年；对于有性侵害未成年人前科，或者强奸、猥亵未成年人情节恶劣的，应当同时决定自刑罚执行完毕或者假释之日起进行药物治疗，期限为五年以上。
>
> 被决定进行药物治疗的人违反人民法院依照前款规定作出的决定的，由公安机关依法给予处罚；情节严重的，依照本法第三百一十三条的规定定罪处罚。

第十章
聚众或在公共场所当众猥亵儿童"情节恶劣"之辨正

较之原刑法中仅将猥亵儿童作为强制猥亵罪的从重处罚情节,《刑法修正案(十一)》配置了五年以下有期徒刑与五年以上有期徒刑两档法定刑,并以"列举+概括"的方式增加了四种法定刑提档的特定情形:(1)猥亵儿童多人或者多次的;(2)聚众猥亵儿童的或者在公共场所当众猥亵儿童,情节恶劣的;(3)造成儿童伤害或者其他严重后果的;(4)猥亵手段恶劣或者有其他恶劣情节的。

在 2013 年最高人民法院、最高人民检察院、公安部、司法部《关于依法惩治性侵害未成年人犯罪的意见》(以下简称《性侵意见》)已经适用数年的背景下,就《刑法》第二百三十七条第二款第二项"情节恶劣"如何理解,在当前刑法理论与实务中存在争议。部分观点认为,基于罪刑均衡的原则,猥亵儿童罪中"情节恶劣"的规定应当被理解为一种限制性条款。这样的观点甚至为一些司法实践部门及权威学者所认同,如有的论者认为,将该规定理解为限制性条件的原因在于,将公共汽车上短暂触摸儿童性器官的性骚扰行为径行判处五年以上有期徒刑有违罪刑均衡的基本原则;[1] 还有的论者认为,该规定作为限制性条款设置的目的在于避免简单将公共场所当众猥亵的情形加重处罚的倾向,并不等同于对保护儿童力度的弱化,应当结合治安违法的相关规定,综合考虑各类因素作出妥当认定。[2] 这样的观点有待商榷,也不符合司法实践的客观规律,有必要进行辨析和厘清。

一、限制性条件说有违司法实践一般做法与法理

刑法中并不乏以"情节恶劣"作为法定刑升格条件或构成犯罪基本条件的情形。然而这种表现体现在猥亵儿童罪中则经历了从参照强制猥亵罪从重处罚的情形之一走向独立猥亵儿童犯罪加重情形之一的变化。在《刑法修正案(九)》中,"其他恶劣情节"作为与"聚众或在公共场所"并列的强制猥亵罪法定刑升格条件出现;而到了《刑法修正案(十一)》增设猥亵儿童罪加重情形后,"情节恶劣"的字样则体现在聚众或公共场所当众猥亵及兜底性条款两项情形中。

从一般理解而言,对"情节恶劣"系限制性条件还是提示性规定在两种立场上的差异,可以进一步深入为"情节恶劣"是否具有解释论上独立的意义。基于此,笔者认为不妨假设"情节恶劣"确实存在解释论上独立的意义,那么在《刑法修正案(十一)》生效前便必然

---

[1] 详见上海社会科学院法学研究所微信公众号 2021 年 5 月 20 日文:《"性侵未成年人案件热点难点问题研讨会"会议综述》,北京大学法学院车浩教授发言。

[2] 赵俊甫:《刑法修正背景下性侵儿童犯罪的司法规制:理念、技艺与制度适用》,载《政治与法律》2021 年第 6 期;李琳:《〈刑法修正案(十一)〉中猥亵儿童罪加重情节的理解与适用》,载《现代法学》2021 年第 4 期。

存在聚众或者在公共场所当众猥亵儿童，但"情节不恶劣"的情形。根据原有的《刑法》规定，可能基于《刑法》第十三条但书认为该行为情节显著轻微不构成犯罪，也可能根据《刑法》第三十七条认为犯罪情节轻微不需要判处刑罚，也可能在法院判决中认为人身危险性不足而对被告人适用非实刑。基于这一思路，笔者从"中国裁判文书网"梳理了36个聚众或在公共场所当众猥亵儿童的判决，通过相应的对比分析发现了以下几点未尽完善的规律：[1]

（1）判决规避论证前提。部分判决为规避回答案件是否构成"聚众或在公共场所情节是否恶劣"这一问题，将半封闭半开放式空间中（如向社会公众开放并经营的文具店、便利店、手机维修店、小吃店、超市收银台处等）实施的猥亵儿童行为径行以原《刑法》第二百三十七条第三款的规定处理，而不再讨论在此类空间中实施的行为"情节是否恶劣"，也不再依据《性侵意见》第二十三条[2]的规定进一步探

---

[1] 36个判决的文书号分别是：（2013）古蔺刑初字第129号；（2013）江阳刑初字第305号；（2013）深福法刑初字第800号；（2014）润少刑初字第0003号；（2014）威刑初字第28号；（2014）禹刑初字第00035号；（2014）南宛刑初字第210号；（2015）乌勃刑初字第171号；（2016）川1302刑初298号；（2017）皖1821刑初161号；（2017）苏0281刑初378号；（2017）津0117刑初428号；（2018）皖0121刑初204号；（2018）川0108刑初449号；（2018）浙1081刑初594号；（2019）赣0802刑初1号；（2019）皖1002刑初22号；（2019）黑0208刑初51号；（2019）闽08刑终62号；（2019）粤16刑终104号；（2019）湘0921刑初127号；（2019）皖1821刑初259号；（2019）闽0702刑初347号；（2019）川0114刑初382号；（2019）川1502刑初455号；（2019）京0108刑初1607号；（2019）川0116刑初1608号；（2019）京0108刑初1986号；（2019）闽0582刑初2611号；（2019）沪0115刑初3067号；（2020）浙0902刑初130号；（2020）闽0211刑初161号；（2020）川1922刑初179号；（2020）皖1002刑初194号；（2020）浙0604刑初535号；（2021）湘0304刑初32号。

[2] 根据《性侵意见》第二十三条的规定，在公共场所当众猥亵儿童，"只要有其他多人在场，不论在场人员是否实际看到"皆可符合"当众性"要件，进而认定为"在公共场所当众"猥亵儿童。

析是否有多人在场等问题。[1] 这种思路进一步延伸为可能的无罪、非刑罚或缓刑处理创造了前提。[2]

（2）少数判决具体论证了案件是否符合"聚众或在公共场所当众"要件，但附加了较多适用上的条件。如有的判决认为，在现有证据无法证明是否存在多人在场的情形下，不能将在公共场所实施的猥亵行为理解为"当众猥亵"，且遵循多数判决原则已经默认将"公共场所当众猥亵"作为"情节恶劣"的情形之一；[3] 还有的判决认为，对此类空间的"在场性"必须体现在封闭空间内部，如在教室内、店内仅有被告人与被害人两人，即使教室外或店外有人也不可理解为"多人在场"。[4] 也有极少数判决认为，在有多人来往的马路边抠摸大人所背儿童的臀部及阴部行为不具有严重的社会危害性，故即使属于在公共场所当众猥亵的情形，也仅应当判处一年有期徒刑。[5]

（3）即使承认在半封闭半开放式空间内实施猥亵行为属于"公共场所当众猥亵"，但对被告人判处缓刑的主要理由与猥亵情节是否恶劣无关。从刑罚角度，部分判决仍然认为聚众或者在公共场所当众猥

---

[1] 详见（2019）赣 0802 刑初 1 号；（2018）浙 1081 刑初 594 号；（2014）禹刑初字第 00035 号；（2020）浙 0902 刑初 130 号；（2019）黑 0208 刑初 51 号；（2013）古蔺刑初字第 129 号；（2019）闽 0582 刑初 2611 号；（2019）湘 0921 刑初 127 号；（2017）津 0117 刑初 428 号。

[2] 详见（2013）深福法刑初字第 800 号，对在医院眼科验光室内隔衣裤短暂猥亵行为免予刑事处罚；（2019）皖 1821 刑初 259 号，对精神发育迟滞者在小区广场内伸进被害女童裤子摸屁股、阴部行为判处缓刑；（2017）皖 1821 刑初 161 号，在理发店内抓摸乳房被即刻推开，判处缓刑；（2020）川 1922 刑初 179 号，一路尾随被害女童后在小区电梯口处隔裤摸生殖器被推开，判处缓刑；（2020）闽 0211 刑初 161 号，对市区过道内独自经过的女童搂抱并摸胸，判处缓刑；（2013）江阳刑初字第 305 号，认为在楼房天台伸入内裤摸外阴的行为情节轻微，免予刑事处罚。

[3] 详见（2018）川 0108 刑初 449 号；（2019）粤 16 刑终 104 号。

[4] 详见（2018）皖 0121 刑初 204 号；（2019）川 0114 刑初 382 号。

[5] 详见（2019）京 0108 刑初 1607 号。

亵儿童具有缓刑的适用空间，但其主要理由多基于被告人系老年人[1]、未满十八周岁的未成年人[2]，或是存在精神上迟滞而并不承担完全刑事责任能力者[3]等，仅极个别判决在无其他定罪情节的情形下对被告人判处缓刑[4]。换言之，对聚众或者在公共场所当众猥亵儿童的案件适用缓刑，其与实施猥亵行为自身的情节恶劣与否关联性较弱，而多基于量刑或刑事责任等方面的考量致使行为人采取轻缓化的措施。

通过上述实证判决的推论可见，仅极少数犯罪系过去一般意义上的"大庭广众、特定封闭空间且多人在场"之下实施猥亵儿童犯罪，在前述36个判决中仅有两起符合此种情形[5]。如若将"情节恶劣"作为构成犯罪的限制性条件加以理解，那么可能诸如多次多人、造成伤害等可能影响量刑的情节也作为"情节恶劣"的情形之一加以考虑，如同部分判决所揭示的那样，公共场所当众猥亵再将其作为量刑的情节加以考虑有违禁止重复评价的原则[6]。至少从实证分析的角度，限制性条件说难以得到合理的支撑。如针对上述情形（1），规避论证猥亵是否符合聚众或者公共场所当众的情形，即存在检察机关提出抗诉，认为审判机关对这一问题缺乏必要的论证，进而在抗诉二审中予以改判，最终被告人被判处升格法定刑[7]。进一步地，这种矛盾仍然在持续深化。针对上述情形（2），部分法院却附加了一些实质上

---

[1] 详见（2021）湘0304刑初32号；（2019）闽08刑终62号；（2020）皖1002刑初194号；（2019）沪0115刑初3067号；（2020）浙0604刑初535号；（2019）闽0702刑初347号。

[2] 详见（2019）赣0802刑初1号。

[3] 详见（2019）皖1821刑初259号；（2014）威刑初字第28号。

[4] 详见（2016）川1302刑初298号。

[5] 详见（2015）乌勒刑初字第171号；（2019）川0116刑初1608号。

[6] 详见（2019）京0108刑初1986号；（2019）京0108刑初1607号。

[7] 详见（2020）黔23刑终184号；（2019）粤03刑终631号；

的额外条件作为轻罪化事由。如有的法院认为，在图书馆内短暂触碰，在周围人看到的时间条件不充分的情形下认定聚众或者公共场所当众猥亵可能有违罪责刑相适应原则，进而驳回了检察机关的抗诉；[1] 还有的法院认为，"选择在仅有被害人在场的教室内作案，且一有动静，立即住手"的情形足以排除认定"公共场所当众猥亵"的情形，驳回了检察机关的抗诉。[2]

有观点认为，《刑法修正案（十一）》就是为了纠正司法实践的误区。然而该修正案真的纠正了这种误区吗？显然并未达到论者所设想的预期。在《刑法修正案（十一）》出台后，司法实务部门的不解进一步加剧，甚至延伸到了刑罚执行层面。如有的法院认为，对"聚众或者公共场所当众猥亵"这一情节不应当仅仅作为量刑情节，而在刑罚执行即减刑的判断依据中也应当作为重要参考。[3] 同样，即使在各地检察机关普遍提起抗诉的前提下，也有的法院顺从了性侵害未成年人案件从严惩处的思路，认为类似集体宿舍的场所的场合，由于各个门都已打开，人员具有进出的可能性，故而应当认定为"准公共场所"，而并不考虑"情节是否恶劣"，应当径行适用五年以上有期徒刑，进而驳回了被告人的上诉。[4] 无论是检察机关还是审判机关，对"聚众或者公共场所当众猥亵，情节是否恶劣"这一问题呈现出较大程度的不解、不一致，误区不仅已经存在，而且正在进一步加剧。在以限制性条件说作为"情节恶劣"定性的基础立论这一问题上，其并不符合司法实践的一般做法与对猥亵儿童罪法理的支持。

---

[1] 详见（2019）浙09刑终9号"孙武增猥亵儿童罪二审刑事裁定书"。
[2] 详见（2016）鄂09刑终331号。
[3] 原文表述系"鉴于该犯在公共场所当众猥亵不满十四周岁幼女，情节恶劣，应从严减刑"，详见（2021）豫05刑更134号。
[4] 详见（2021）冀01刑终459号。

二、限制性条件说不符合体系解释的要求

限制性条件说所主张的一大核心观点是，诸如在公交车上隔衣裤短暂触碰儿童性器官的行为仅仅属于普通的"性骚扰"，将其径行适用五年以上有期徒刑可能有违罪刑均衡的原则。[1]笔者认为这一推论并不成立，其原因在于提出的问题及分析问题的依据并不位于同一层面。认为短暂触碰性器官行为仅属于性骚扰，其解决的问题是"何为猥亵"，但是否适用五年以上有期徒刑，其解决的问题是"猥亵情节是否恶劣"。换言之，从刑法基本原理来说，前者属于罪刑法定的范畴，后者则属于罪刑均衡的范畴。"猥亵情节是否恶劣"这一问题得以讨论是建立在犯罪已经属于猥亵、满足构成要件该当性的基础之上的，而限制性条件说所提出的属于普通的"性骚扰"行为不属于刑法意义上的"猥亵"，其回答的仅仅是第一个问题，却使用了第二个问题的理论作为分析工具，存在逻辑混乱的情况，对此有必要予以分别论述。

除此之外，笔者认为从体系解释的角度还应当回答的一个问题是：将聚众或者在公共场所当众猥亵儿童中的"情节恶劣"作为限制性条件是否仍然协调一致？根据现有的刑法规定，聚众或在公共场所当众猥亵成人，并不具有"情节恶劣"的要求，如若将聚众或在公共场所当众猥亵儿童理解为需要"情节恶劣"的限制，可能导致进一步的解释上的不合理。《性侵意见》所体现的保护儿童刑事政策的作用，也即同属于聚众或者在公共场所当众猥亵作为普通猥亵加重犯的规定

---

[1] 详见上海社会科学院法学研究所微信公众号2021年5月20日文：《"性侵未成年人案件热点难点问题研讨会"会议综述》，北京大学法学院车浩教授发言。

下，将发生于公共场所的轻微猥亵入罪是对未成年被害人的最好保护。[1] 这也体现了前述性侵儿童犯罪之于传统刑法强调一般预防理论与以行为为中心的理念的截然不同，如何通过限制乃至剥夺性侵行为人的再犯能力，以实现性侵被害儿童的最大利益系针对这一问题所应当秉持最优先级的立场，而罪刑均衡也仅在极为有限的范围内才可以适用。

（一）同属性侵害，公共场所当众猥亵儿童存在"情节恶劣"的表述，但公共场所当众奸淫幼女不存在"情节恶劣"的表述

从刑法角度，通常认为猥亵儿童罪并不以强制性作为要件，其原因系儿童不知反抗或不具有反抗能力。然而同属公众性性侵害，当前的刑法条文设置中存在这样看似"奇怪"的现象：《刑法》第二百三十七条第三款第二项中的公共场所当众猥亵儿童存在"情节恶劣"的规定，但《刑法》第二百三十六条第三款第三项中的公共场所当众奸淫幼女却不存在"情节恶劣"的规定，如若将前述"情节恶劣"理解为具有实质的独立判断意义的限制性条款的话，是否意味着某些情形下对公共场所当众猥亵儿童的行为，可能基于该情节规定予以出罪［即前述《刑法修正案（十一）》生效前的不判处刑罚、利用第十三条但书或对行为人适用非实刑］，而对公共场所当众奸淫幼女的行为径行适用十年以上有期徒刑、无期徒刑乃至死刑？

答案显然是否定的。因为如此得出的肯定性推论恰恰直击了限制性条件说者所力推的罪刑均衡原理借以解释该条文规定的弊端。由于同属于性侵害行为，且依据司法实践的一般理解，奸淫幼女之危害程度应当比猥亵幼女高，这导致限制性条件说中所谓"聚众或在公共场

---

[1] 参见刘丽娜：《论"公共场所当众猥亵"情节的法律适用》，载《湖北警官学院学报》2019年第4期。

所当众猥亵儿童，但情节不恶劣"的情形可能仅能适用五年以下有期徒刑乃至非刑罚措施，这为五至十年这一档法定刑"真空地带"带来了不可逾越的鸿沟。这样的推论在解释论层面也从某种程度上带来了更大的"罪刑不均衡"，这或许是主张限制性条件说者自身也不能接受的。

（二）《刑法》第二百三十七条第三款第二项中的"情节恶劣"在表述上与其他刑法条文存在本质不同

在猥亵儿童罪的条文规定中，由于《刑法》第二百三十七条第一款将"暴力、胁迫或其他方法"作为强制猥亵罪的成立条件，而这一成立条件并不直接适用于猥亵儿童罪中，且并不以被害儿童同意作为排除犯罪的条件，故对普通的亲昵行为如若认定为猥亵犯罪者，可能被处以最高十五年的有期徒刑，存在罪刑不均衡的危险。换言之，即使是同样作为"情节恶劣"的规定，在刑法规范体系中也必然需要进一步解释具体什么是"情节恶劣"，而这种要求则属于司法者裁量的范畴，故仍属于实质判断，不应当将"情节恶劣"作为与"聚众或在公共场所当众"同等意思的情形予以对待。然而，同属于"情节恶劣"的规定，《刑法》第二百三十七条第三款第二项中的"情节恶劣"较之其他条文中的"情节恶劣"存在本意上的不同：

其一，在将"情节"作为基本犯罪构成的条文中，具体的情节起到了界定犯罪圈的作用，故而其应当被理解为一种限制性条件而非提示性规定无可厚非，如《刑法》第五十条死缓执行期间"故意犯罪，情节恶劣的，报请最高人民法院核准后执行死刑"的规定，仅凭"故意犯罪"无法该当基本的犯罪构成，也不足以谈及情节是否恶劣的问题，故而必然应当作为限制性条件；再如《刑法》第二百六十条中"虐待家庭成员，情节恶劣"的规定，也是考虑到如被害方存在过错等出罪事由，进而通过这一规定限制了基本的犯罪构成。

其二，在将"情节"作为加重犯罪构成的条文中，大都并不附加其他客观构成要件要素，而仅仅以独立的加重情形出现。如《刑法》第二百三十六条之一负有照护职责人员性侵罪中，三至十年有期徒刑一档的加重构成即仅为"情节恶劣"四字；再如《刑法》第二百三十六条第三款第一项"强奸妇女、奸淫幼女情节恶劣"的规定，其文字表述也与第三款"强奸妇女、奸淫幼女"的规定一致，而仅将"情节恶劣"作为一个独立的法定刑升格标准予以对待，这说明此时"情节恶劣"的规定由于规范文字自身的限制，不得不从解释的立场上作为一种限制性条件用以约束司法者的自由裁量权。

其三，从与《刑法》第二百三十七条第三款近似的条文设置上而言，对"情节"的规定本身即并不存在较多独立的意义。其中2015年《刑法修正案（九）》中对一个条文的设置便与本次刑法修订中对聚众或在公共场所当众猥亵儿童的文字表述相似，即在第三百零九条扰乱法庭秩序罪中"有毁坏法庭设施，抢夺、损毁诉讼文书、证据等扰乱法庭秩序行为，情节严重"的规定，根据当时立法者的释义，此"情节严重"便并不属于一种独立、综合判断的构成要件，仅仅系对毁坏法庭设施等行为的一种释义。[1]

（三）其他法律中同样存在"情节"无独立意义的参照

我国刑事立法采取的是二元模式，也即刑法及治安管理处罚法具有不同的判断标准，遵循"定性＋定量"的定罪思维。如若从整个法体系角度，通过对治安法及其他法律的相关梳理也不难看出，"情节"并不作为独立限制性条件的情况也不在少数。

《治安管理处罚法》第四十四条规定："猥亵他人的，或者在公共

---

〔1〕参见郎胜主编：《中华人民共和国刑法释义：第六版·根据刑法修正案九最新修订》，法律出版社2015年版，第552页。

场所故意裸露身体,情节恶劣的,处五日以上十日以下拘留;猥亵智力残疾人、精神病人、不满十四周岁的人或者有其他严重情节的,处十日以上十五日以下拘留。"已经将猥亵儿童作为"严重情节"之一予以对待,也即公共场所当众猥亵无须附加额外的条件即可适用加重的处罚规定,这也为"聚众或在公共场所当众"及"情节恶劣"之间的关系提供了参考。其一,从治安法自身的立法模式而言,其即部分隐含了"猥亵不满十四周岁的人施以加重处罚无须附加其他限制性情节"的前提,这也为刑法中解释类似条款提供了一定的参照;其二,将猥亵成人或在公共场所故意裸露身体的行为附加额外的限制性条件,恰好符合《刑法》第二百六十三条第二项中对"情节恶劣"持限制性条件说者所言"公共场所短暂触碰猥亵行为不应交由重刑处理"的观点,因为这一问题存在的核心在于,我国当前的法律体系中对成人性侵害的概念、术语及范畴相对固定,而对未成年人则包括"猥亵""性侵""性侵害""性欺凌"等法律术语,这导致在治安法中与刑法罪刑均衡原则相近似的比例原则更具有适用的必要性。

除却与刑法息息相关的治安法外,其他法律同样存在对"情节恶劣"作为提示性规定的情形。如《中华人民共和国铁路法》第六十五条第二款规定:"在列车内,寻衅滋事,侮辱妇女,情节恶劣的,依照刑法有关规定追究刑事责任;敲诈勒索旅客财物的,依照刑法有关规定追究刑事责任。"其同样沿用了上述《治安管理处罚法》中对成人寻衅应当附加限制性条件的模式。

三、限制性条件说有违历史解释的规律

笔者认为,《刑法修正案(十一)》对猥亵儿童罪的完善实际上已经从罪刑均衡角度解决了较多过去在猥亵儿童这一问题上无法解释

的问题,诸如猥亵成人一人、儿童一人与猥亵儿童两人的比较问题,过去往往可能将后者予以从重处理,而将前者数罪并罚,可能导致刑罚过重,有违罪刑均衡的原理。以罪刑均衡作为解释聚众或在公共场所当众猥亵儿童"情节恶劣"判断前提的思维忽略了一个基础性的问题,即罪刑均衡系罪刑法定的派生性原则,而非处于罪刑法定之上的上位原则。前述观点判断的前提在于:猥亵行为与普通的亲昵行为如拥抱、摸脸等存在本质差异,而得以进入刑法规制范围的猥亵儿童行为也与普通性骚扰行为存在差异,至于这一差异的边界何在,仍应属于罪刑法定原则所探讨的范围,如若以罪刑均衡僭越刑法罪刑法定的上位原则,必然导致性侵未成年人案件解释论体系构建的混乱。以前述实证判例的方法引出问题,则不可避免地遇到一个逻辑上的瓶颈:修正案出台前的司法判决何以影响修正刑法后的司法案件?这就必须回到历史解释的维度予以思考。

(一)"猥亵"是个发展、变化的概念

在我国法律条文中明确使用"猥亵"字样的情形较少。在最初的刑法中,猥亵犯罪仅仅是作为流氓罪的一种情节加以规定。这在1984年最高人民法院、最高人民检察院《关于当前办理流氓案件中具体应用法律的若干问题的解答》中可以得到一定的体现,其指出流氓行为中的"侮辱妇女(幼女)"的客观要素是"淫秽下流的行为或暴力、胁迫的手段",实际上已经为未来猥亵儿童罪的客观行为认定提供了一定的参照。也即"淫秽下流的行为"与"暴力胁迫的手段"之间并非排斥关系,只要对儿童实施的相关行为符合"淫秽下流"的特征即可。1992年《中国人民解放军警备勤务暂行条令》中将"猥亵、调戏妇女或者有其他流氓行为"作为军人严重违纪的种类之一,体现的也是以流氓行为予以统一处理。1997年3月6日全国人民代表大会常务委员会在《关于〈中华人民共和国刑法修订草案〉的说明》中即指

出,基于原刑法关于流氓罪的规定笼统、执行中随意性较大的特征而将其分解为寻衅滋事罪、聚众斗殴罪、侮辱猥亵罪与聚众淫乱罪。但进一步,猥亵的内涵、外延何在?如要求对方陪同观看淫秽视频的行为是否属于猥亵,亲吻脸颊的行为是否属于猥亵等问题仍无法得到解决。如根据中国民航局制定的《公共航空旅客运输飞行中安全保卫工作规则》,"猥亵客舱内人员或性骚扰"即统一归为该规则中的"扰乱行为",将性骚扰与之予以并列。可以说,在纯粹的猥亵类犯罪中,其边界仍有待划清。

当然,从历史的角度这一问题并非没有解答。如根据1902年清修订法律馆推出的《大清新刑律草案》,其第二百七十二条针对猥亵儿童行为的立法理由即指出:"猥亵行为,指违背风纪未成奸以前之行为而言……至鸡奸一项,自唐迄明均无明文,即揆诸泰西各国刑法虽有其例,亦不认为奸罪,故本案采用其意,赅于猥亵行为之内,而不与妇女并论。"[1]可以概括地理解为,猥亵是具有奸淫特征但并未达到奸淫之实的行为。而在中文语义下何为奸淫,根据1957年最高人民法院公布的《最高人民法院1955年以来奸淫幼女案件检查总结》:"犯罪者意图同幼女性交,并且对幼女实施了性交行为,就是已遂的奸淫幼女罪。如果犯罪者意图用生殖器对幼女的外阴部进行接触,并且有了实际接触的,也按已遂的奸淫幼女论罪,但认为比实施了性交行为情节较轻。至于犯罪者意图猥亵,而对幼女实施性交行为以外的满足性欲的行为(如抠、摸、舔幼女阴部,令幼女摸、含、舔自己的生殖器等),则按猥亵幼女论罪。"概言之,奸淫即与受害女性发生性交,并实现生殖器接触的行为,这也是早期强奸罪多采插入说作为既遂标准的原因。然而随着刑法修正案将猥亵男童同样作为猥亵

---

[1] 高汉成主编:《〈大清新刑律〉立法资料汇编》,社会科学文献出版社2013年版,第135页。

行为的种类之一，如若仅限于异性生殖器的插入这一狭义性交行为作为猥亵犯罪的参照系的话，当前的刑法已经无法解释，因为对于男童不可能存在此种类型的奸淫行为。从这一层面而言，猥亵行为作为未达到奸淫之实、不以异性间生殖器插入为特征的行为，其可能与强奸罪中的奸淫行为存在重合之处。然而从法律的视角来看，性侵害行为并非"猥亵""强奸"二元对立的规定，而可能包括性骚扰等行为，这也与持限制性条件说立场存在一定近似之处。这说明从历史角度，随着性观念及性风俗的变化，猥亵的概念也可能发生变化。从最初猥亵男童、隔空猥亵不作为犯罪处理的判断，再到当前对这些行为的入刑处理，从侧面反映出猥亵的概念自身也会随着历史和时代的发展而有所变化。

（二）聚众或在公共场所当众猥亵与普通猥亵行为存在本质上的不同

在前述笔者所搜集的案件中，从案件实发角度，部分犯罪嫌疑人本意已明知在公共场所当众猥亵儿童危害性较大，故选择场所具有公共性但无人在场、被害人独自经过之时实施猥亵行为，[1] 或将被害人带至公共场所边废弃荒地无人可能出现之处，[2] 或将被害人带至公路边遮挡较为严密的绿化带处。[3] 这说明即使是可能的猥亵儿童犯罪嫌疑人，其已经认识到在公共场所当众猥亵与在私密场所如卧室、出租房内等私下猥亵在社会危害性上的差异，也即"私下行为，处罚更轻"。这进一步说明，猥亵儿童罪中聚众或者在公共场所当众猥亵已经作为与基本犯罪相区分的特殊犯罪情形被犯罪者认可。前述的限制性条件说主张者实际上一定程度上也承认了在《刑法》第二百

---

[1] 详见（2020）闽 0211 刑初 161 号；（2019）皖 1002 刑初 22 号。

[2] 详见（2021）湘 0304 刑初 32 号；（2017）苏 0281 刑初 378 号；（2014）润少刑初字第 0003 号。

[3] 详见（2019）川 1502 刑初 455 号。

三十七条第三款第二项中对"公共场所当众"这一问题遵循扩张解释的立场,其背后表现的是对此类案件从严从重的刑事政策。[1] 如若按照该论者的思路,基于司法实践中审判者对该问题在罪刑均衡及有权解释之间的两难困境,《刑法修正案(十一)》提供了"情节恶劣"这一限制性条件的解决方案,这样的方案实际上反而进一步加剧了司法实践中的两难。因为对聚众或在公共场所当众猥亵儿童类型案件,司法者不仅具有对"公共场所当众"如何理解的判断困境,也具有对何为"猥亵"的判断困境,甚至还具有前述实证案例中"聚众或在公共场所当众猥亵,情节是否恶劣"的判断困境。如若将所有这些问题都交由立法者加以规定,其合理性及可行性是有待质疑的。

从历史发展的角度而言,立法者不仅禁止性侵害儿童行为,也禁止性骚扰儿童行为。持限制性条件说者进一步认为,"情节恶劣"的理解需结合触碰部位的敏感性、触碰时间的长短、是否施加强制力等因素。对此笔者认为并不妥当,在聚众或者公共场所当众猥亵儿童的情形下,实际上敏感性、触碰时间长短等因素已经为"当众性"这一要件所消解。概而言之,被害儿童在刑事司法过程中不仅应当受到特殊保护,同时也应考虑其在整个刑事司法程序中的特殊需要,也即"儿童敏感性"(child-sensitive)的理念。2019年联合国大会通过了《打击网上儿童性剥削和性虐待》决议,其中列举了常见的几种儿童受性剥削或性虐待的情形:(1)接触性或非接触性犯罪;(2)以剥削为目的实施贩卖或性诱拐;(3)利用性虐待图像进行敲诈或勒索;(4)性虐待材料或直播相关性虐待。对此联合国再次重申,一切形式的性剥削都是有害的,且可能对儿童未来的发展、家庭凝聚力与社会

---

[1] 参见李琳:《〈刑法修正案(十一)〉中猥亵儿童罪加重情节的理解与适用》,载《现代法学》2021年第4期。

稳定产生较大不良影响。[1] 实际上上述列举的多种情形已经部分符合"公共场所当众猥亵"的要件，伴随着历史发展角度对性侵害儿童问题从严从重的打击，公共场所当众猥亵儿童作为与普通猥亵儿童具备截然不同本质属性的犯罪不仅得到了立法上的支持，也将在未来一段时间内得到更多司法实践者的认同。

（三）较之成人，儿童具有绝对的不可猥亵性

应当注意的是，限制性条件说所认为的如在公交车、地铁上利用拥挤短暂擦碰他人胸部、臀部的行为，其针对对象（受害者）多系强制猥亵行为的受害者，而非猥亵儿童行为的受害者。[2] 由于猥亵儿童不以强制性为前提，儿童本身也不具备性同意的能力，公共场所当众猥亵儿童与公共场所当众猥亵成人也具有截然不同的标准。这说明同属性侵害行为，儿童性侵害较之成人性侵害更具复杂性与不可控制性，标准也无法一一对应。根据当前刑法的规定及理论界的通常理解，二者之间至少在四个方面存在不同：（1）手段是否要求强制；（2）被害人同意是否有效；（3）有效的同意是否存在年龄的界分；（4）被害人年龄小时，是否要求行为人以明知年龄作为前提。在《刑法修正案（十一）》中，除了修改猥亵儿童罪外，也于第二百三十六条之一新增"负有照护职责人员性侵罪"，而在法条中使用的表述是"发生性关系"，实际上已经部分回应了前述若干问题，也即儿童的性

---

[1] United Nations Economic and Social Council, Resolution adopted by the Economic and Social Council on 23 July 2019: Countering Child Sexual Exploitation and Sexual Abuse Online.

[2] 参见赵俊甫：《猥亵犯罪审判实践中若干争议问题探究——兼论〈刑法修正案（九）〉对猥亵犯罪的修改》，载《法律适用》2016年第7期；持近似观点者见段阳伟、舒洪水：《强制猥亵、侮辱罪的认定——基于〈刑法修正案（九）〉第13条的分析》，载《河北法学》2017年第5期。

同意年龄是随着国家与社会的发展逐渐提高的。体系上的差异便直面了一个刑法学界所公认的问题：无论从作为犯罪人的刑事责任承担角度，还是作为被害人的承诺能力角度，未成年人都无法在以理性成年人为假设对象的前提下予以充分尊重，这导致在性侵成人与性侵儿童问题上采取的是截然不同的标准。

必须承认的是，社会对儿童的认知，尤其是儿童与成人之间是否存在本质区别本身就是一个存在变化的过程。早期的观点认为儿童依赖于"理性人假设"的构想，故其与成人并无本质区别。黑格尔就曾经指出："儿童还不是人格……在儿童身上是无人格环节，无法权能力，自为地，隔离开来，对象性的。"[1] 在近代刑法理性得到启蒙之际，卢梭便开始力倡其"自然教育"观念，他在《爱弥尔》序言中指出："最明智的人致力于研究成年人应该知道些什么，可是却不考虑孩子们按其能力可以学到些什么，他们总是把小孩子当大人看待，而不想一想他还没有成人。"[2] 在这样的观念影响之下，儿童极容易成为犯罪被害的对象，具有相当的被害性。如有论者指出，儿童被害人某种程度上可能是真正的无责性被害人（无过错被害人），也即其对于自己受害的行为没有任何道义或法律意义上的责任，而仅仅是纯粹的被害者。[3] 这一点在我国1992年制定的《妇女权益保障法》（现已修改）中得到了一定的体现，其中第三十七条规定"禁止组织、强迫、引诱、容留、介绍妇女卖淫或者雇用、容留妇女与他人进行猥亵

---

[1] 〔德〕黑格尔：《黑格尔著作集（第7卷）：法哲学原理》，邓安庆译，人民出版社2017年版，第92页。

[2] 〔法〕卢梭：《爱弥尔：论教育》（上卷），李平沤译，商务印书馆1996年版，原版序第2页。

[3] 参见熊伟：《儿童被害及其立法预防》，载《青少年犯罪问题》2015年第4期；陈和华：《被害性与被害预防》，载《政法论丛》2009年第2期。

活动"[1]。换言之,其中"妇女与他人进行猥亵活动"本身并非完全为法律所禁止,诸如合法的夫妻、情侣间的性行为等也同样为法律及社会公共道德所允许,只不过在当时的立法背景下,该法中对"妇女"的规则能否进一步适用于幼女便存在质疑。进入当前刑法后,猥亵儿童罪的单独设立更为这一问题添加了解释论上的困难。儿童这种绝对的不可猥亵性也经由其他规章制度得以间接证实,如2017年公布的《网络视听节目内容审核通则》第八条第六项规定,对具体展现卖淫、嫖娼等情节,展现非正常性关系如乱伦、性变态等,宣扬展示不健康婚恋观念,与性行为相关给人以感官刺激的内容等作为限制播出的范围,其中第七目明确规定"含有未成年人不宜接受的涉性画面、台词、音乐、音效等",其范围较之其余八目已不再添加"过分""明显"等程度上的限制,进而为猥亵或以其他方式性侵害未成年人在网络视听节目领域提供了一个绝对的"禁区"。这也侧面反映出,较之成人而言,儿童具有绝对的不可猥亵性。

总而言之,从历史解释的角度不难发现,无论是从法定的程序、证据审查甄别的判断标准,还是构成要件的判断方法等方面,都不足以支撑聚众或者在公共场所当众猥亵儿童中存在其他构成犯罪的额外限制条件,"情节恶劣"作为限制性条件的理解也并不符合当前我国针对猥亵儿童罪立法的历史趋势。

四、"情节恶劣"应为提示性条款之主张

如前所述,作为定义边界尚不明晰的"聚众或者在公共场所当众猥亵儿童"这一法定构成要件,其解决问题的方向指向的是基于历史

---

[1] "雇用、容留妇女与他人进行猥亵活动"经2005年《妇女权益保障法》修改后为"对妇女进行猥亵活动"。

的发展、司法实践的现实需要而引出的问题,在刑法修正的过程中对"情节恶劣"的定性实际上已经作出了明确的答复。限制性条件说对"情节恶劣"的理解看似符合了罪刑均衡原则下的部分问题的解读,但并不具备逻辑上的一致性及目的上的正义性。根据全国人大法工委相关同志主编的《中华人民共和国刑法修正案(十一)解读》,对猥亵儿童罪所作的修改主要源于以下几点动因:(1)性侵害未成年人案件引发的社会高度关注;(2)原刑法中"其他恶劣情节"如何理解尚不统一,导致部分应重判案件处刑较轻,不能体现罪责刑相适应原则;(3)加强刑法对未成年人的保护。[1]这说明,聚众或在公共场所当众猥亵儿童本身即属于猥亵儿童情节恶劣的种类之一,基于上述立法目的,实际上部分也为未来《刑法》第二百三十七条第三款第二项"情节恶劣"作为提示性主张后如何再理解猥亵儿童罪提供了参照。

(一)基础:建立科学化、类型化的性侵害未成年人评判标准

刑法为什么会针对猥亵儿童罪作出如此具有本国特点的规定?或许是出于男女平权、儿童利益等特殊考虑,但更为深入的探讨是:同属于公共场所当众性侵害的行为,猥亵行为与普通意义上的性骚扰行为区分何在?又或者,刑事法意义上、值得刑罚处罚的猥亵行为又与违反一般治安法规的猥亵行为区分何在?这些问题至今仍未得到较好的回答。如即使是在限制性条件说视角下,由于刑事违法与治安违法

---

[1] 参见许永安主编:《中华人民共和国刑法修正案(十一)解读》,中国法制出版社2021年版,第252—253页。

之间的界限不清，二者之间也往往存在交叉重合的情况。[1] 在部分国家的立法例中，性骚扰行为系与强奸、猥亵相区分而独立存在的，如《德国刑法典》第一百八十四条即规定性骚扰系"以与性相关的特定方式触碰他人身体并因此而骚扰他人"[2]，《法国刑法典》第222-33条规定性骚扰系"反复强行对他人施加带有性含义的言语或行为而伤害他人或制造恐吓、敌对及不适氛围的行为"[3]，其皆属于独立的罪名，拥有专门的、记述性（而非简单的）犯罪构成。当前的语言使用土壤、风俗习惯等是否足以支撑立法者对"猥亵"作出一个权威的定义是有待时间检验的。概言之，"猥亵"的定义随着历史的发展而变化，其自身存在一定的模糊性。相比较别国刑法典，我国系较为具有特色的将猥亵儿童予以独立罪名设置而非将其作为强制猥亵罪的加重法定刑条件对待的立法例，其背后是猥亵儿童的立法专门化趋势。日本与我国理论基本一致，强调较之普通强制猥亵罪，不问具体手段，也不问被害人是否同意，皆构成猥亵儿童罪。未来强制猥亵罪是否要求以实现性刺激为意图，前述流氓罪中作为"淫秽下流"行为的猥亵行为的认定标准为何，都可能影响认定猥亵儿童与猥亵成人截然不同的两种路径。以《性侵意见》为依托的未成年被害法律保护体系的推动进一步导致强制猥亵的基本法理难以适用于猥亵儿童罪的理解与适用中。

实际上国内立法者早就在猥亵儿童罪设立时便明确其主要原因在

---

[1] 参见赵俊甫：《猥亵犯罪审判实践中若干争议问题探究——兼论〈刑法修正案（九）〉对猥亵犯罪的修改》，载《法律适用》2016年第7期；段卫利：《猥亵儿童罪的扩张解释与量刑均衡——以猥亵儿童的典型案例为切入点》，载《法律适用》2020年第16期。

[2] 徐久生译：《德国刑法典》，北京大学出版社2019年版，第142页。

[3] 朱琳译：《最新法国刑法典》，法律出版社2016年版，第97页。

于两点：(1) 儿童性认识能力欠缺；(2) 保护儿童的身心健康。[1]同样，与之对应，具体到刑法条文中，有论者即指出，类似我国《刑法》规定14至16周岁的犯罪人仅负八种严重犯罪刑事责任，儿童由于年龄致使其失去了对重大罪行社会危害性的辨认能力，与之同理，被害人缺乏自我保护的能力，故不具备承诺能力。[2]有鉴于此，即使限制性条件说暂时性地解决了其所述"性骚扰"行为与"猥亵"行为之间在解释论上导致的罪刑不均衡问题，却也无法回避前述笔者最初所提出的质疑，即性侵害儿童行为有无一套科学的评判标准。值得注意的是，2021年6月1日教育部公布的《未成年人学校保护规定》为这一问题提供了一定的解决思路，其第二十四条第二款对教职工以及其他进入校园的人员所实施的行为进行了一定程度上的分类规定："（一）与学生发生恋爱关系、性关系；（二）抚摸、故意触碰学生身体特定部位等猥亵行为；（三）对学生作出调戏、挑逗或者具有性暗示的言行；（四）向学生展示传播包含色情、淫秽内容的信息、书刊、影片、音像、图片或者其他淫秽物品；（五）持有包含淫秽、色情内容的视听、图文资料；（六）其他构成性骚扰、性侵害的违法犯罪行为。"笔者认为，限制性条件说与提示性规定论者间从理论研究到司法实践中所发生的诸多争议，都必然指向一个不可避免的重要问题，即"性侵害"的判断标准。通过对上述规定在一定程度上的借鉴，可以有助于更好地厘清"性骚扰"与"猥亵"之间的关系为何，也为建立一套科学的评判"性侵害未成年人"的标准奠定基础。

---

[1] 参见郎胜主编：《中华人民共和国刑法释义：第五版·含刑法修正案八》，法律出版社2011年版，第424页。

[2] 参见刘军、王艺：《被害人教义学及其运用》，载《法律方法》2018年第2期。

(二) 核心: 猥亵儿童罪的保护法益为儿童性权利的不可侵犯性

传统的司法实践观点认为强制猥亵罪保护法益系成人的性自主决定权,但由于在猥亵儿童罪中儿童自身同意能力的欠缺,猥亵儿童罪保护法益应为儿童的身心健康。然而如同论者所言,如若将本罪保护法益理解为性自主决定权,那么监护人也必然无法代儿童行使性的自主决定权;如若将本罪保护法益理解为受害儿童的身心健康,那么组织未成年人卖淫等也同样可能损害儿童的身心健康——故本罪保护法益应当理解为儿童性权利的不可侵犯权,即保护儿童成长不受性行为的妨碍。[1]由于儿童观的特殊性与儿童的被害性,这种警示也反映在了当前儿童性权利的国际关注中。儿童观与成人观存在不同,在以权利及义务作为主要内容的法律世界同样如此。可以说,儿童性权利的不可侵犯性成为各国达成的共识,禁止儿童色情制品及针对儿童的性剥削等系国际社会所普遍公认的趋势。从司法实践层面,由于新型犯罪如网络猥亵行为的出现导致聚众或在公共场所当众猥亵儿童存在广义理解的可能。2019年最高人民法院发布性侵害儿童犯罪典型案例,指出虚拟空间猥亵存在信息不对称性、目标随机性、后果扩散性等特征,在特定案件中并不妨碍构成猥亵儿童罪,甚至可能构成适用修订刑法前"其他恶劣情节"的规定。[2]这充分说明在传统刑事司法问题上对性权利的重视还远远不够。具体到性侵儿童问题上,以儿童最大利益作为主要的存在前提,性侵问题面临诸如解释论上的困境,儿童自身性自主决定权与社会伦理风俗等问题上应当如何予以取舍或权衡,传统刑事法理念走向了以维护儿童特殊性权利为首要考量的另一

---

[1] 参见张明楷:《加重情节的作用变更》,载《清华法学》2021年第1期。
[2] 参见最高人民法院:《性侵害儿童犯罪典型案例》,载《人民法院报》2019年7月25日。

维度。

遵循刑法解释的基本立场，如何理解条文的目的，也即个罪保护的法益，是立法批判与司法释明的终极目的。猥亵儿童罪的保护法益是什么？这是对限制性条件说进行批判后的重构、实现目的解释所必须回答的问题。猥亵较之强奸属于规范的构成要件要素，但其却可能面临在司法认定上的重合情形。行为人实施奸淫幼女行为时可能伴随猥亵行为，故在处罚时往往通过罪数理论得以认定为一罪。就保护法益而言，强奸罪通常侵犯的是妇女的性自主决定权或性羞耻心，但如前所述，与被害人为成人不同的是，猥亵儿童可能对其未来的身心健康等产生影响，甚至有伴随终生心理创伤的风险，故性自主决定权的法益标准立场在猥亵儿童罪中得以弱化，进一步将儿童性权利作为国家法律所保护的"红线"予以对待。在性侵害儿童案件中，儿童性相关权利的不可侵犯性成为未来认定"猥亵"定义的一个方向。同样，性侵犯儿童性权利不仅仅是一个纯粹社会管理意义上的问题，正是基于此才有学者认为应当将卖淫等与儿童性权利相关的犯罪统一规定在侵犯公民人身权利、民主权利一章中。[1]

（三）延伸：其他恶劣情节也同样不应附加额外的限制性条件

对于《性侵意见》第二十五条所列七种情形，有论者即认为一般情况下符合七种情形中的多种情形的可以认定为属于"情节恶劣"。[2] 也有实务部门工作者认为，只要符合上述七种情形之一的即

---

[1] 参见苑霞、赵树坤：《我国儿童性权利保护的反思与出路》，载张永和主编：《中国人权评论》（第12辑），法律出版社2019年版。

[2] 参见邢进生、刘艳、梁国武：《强奸妇女、奸淫幼女"情节恶劣"的认定》，载《中国检察官》2020年第20期；金朝、余丽：《浅析奸淫幼女情节恶劣的认定》，载《中国检察官》2018年第14期。

符合"情节恶劣"的条件。[1]这体现了司法机关在《性侵意见》出台后对刑法修正案未来理解与适用的指引方向。值得注意的是，在《性侵意见》中早已将"公共场所当众"作出了广义上的理解。从行为场所方面，《性侵意见》将进入未成年人住所、集体宿舍、学校教室、公共厕所、集体洗澡间不特定未成年人活动的场所作为"在公共场所当众"的情形，对存在这些情形的，即使在场者既未看见行为人也未看见具体实施性侵行为的过程，也可适用猥亵儿童罪加重情形。这一点在最初《性侵意见》制定时最高人民检察院相关的答复中也得到了体现。[2]

换言之，无论是立法基本导向还是当前的学术研究，都指向了这样一个结论：猥亵儿童罪中，聚众或者在公共场所当众猥亵本身就属于"情节恶劣"的情形之一，无须再作其他限制性条件解释；实施猥亵儿童行为的只有重罚和比重罚更重的刑罚，而不存在重罚与轻罚乃至不罚之分。将"情节恶劣"作为聚众或在公共场所当众猥亵儿童这一情形的限制性条件，使用罪刑均衡的原则解决了罪刑法定的问题，存在二者间层次上的不一致性，立论无法获得支撑；将部分被论者视为"性骚扰"的行为予以重罚也符合当前刑法修正后保护儿童的历史发展趋势，故而具体到聚众或者在公共场所当众，如若仅将某些可能违反治安管理处罚法的行为纳入刑法的范畴，其本质上仍是在探讨"性骚扰"这一类行为是否属于刑法意义上的猥亵行为，而不是该类猥亵行为情节是否严重、应处何种刑罚等问题。基于猥亵儿童与强制猥亵成人在构罪标准、量刑条件上的显著差异，聚众及在公共场所当

---

[1] 参见路志强：《重拳打击侵害未成年人犯罪》，载《法制日报》2019年6月13日。

[2] 参见徐日丹、郑赫南：《统一执法标准 依法严厉打击侵害未成年人犯罪》，载《检察日报》2018年11月19日。

众猥亵儿童已经被赋予了足够的社会意义上的法定刑升格前提，故而无须进一步附加其他的限制性条件，而仅将"情节恶劣"作为提示性规定即可。

结语

综上所述，对聚众或在公共场所当众猥亵儿童"情节恶劣"的限制性条件说虽然存在部分合理之处，但无论从逻辑论证还是保护法益的侧重而言都难以经得起合理推敲，更与《刑法修正案（十一）》强化未成年人保护的立法考虑背道而驰。这背后所反映的矛盾可能不仅仅是刑法条文中对个别词句在学术观点上的分歧，而且恰恰说明了在对待性侵儿童这一问题上国家所秉持的不可动摇也不应动摇的立场。猥亵缺乏性认识能力和抵抗能力的儿童无须"强制"的行为要件，"聚众或在公共场所当众猥亵"儿童已足够情节恶劣，这样的解释才符合《未成年人保护法》所确立的最有利于未成年人原则的要求。

2021年6月1日起施行的新修订《未成年人保护法》共计以七个条文规定了与刑法猥亵儿童罪相关的配套措施，内容涵盖监护人资格限制、校园安全风险建设、教职工入职查询制度等诸多儿童性侵害预防措施，也体现出国家对儿童受性侵害案件"零容忍"的基本立场，其使用的概念为"性侵害"而非"猥亵""强奸"或"奸淫"，体现了对儿童性权利予以全面、优先、特殊保护的立场。同年3月1日起施行的《刑法修正案（十一）》涉未成年人条款的修订或者增加，其进步意义凸显，而修正案未来在司法适用中也必然面临诸多不可回避的争议，有待司法解释等政策性文件予以厘清，故本书也仅以此作出抛砖引玉、以小见大式的论述，以期为织严、织牢、织密防范性侵害未成年人的法网提供参考。无论如何，不容置疑的是，儿童是国家的未来，儿童的利益也是最大的公共利益，保护儿童利益是刑事立法与司法不可动摇的底线。这不仅仅是《未成年人保护法》所关注的重点，也是刑法所应秉持的立场，更应是国家及社会文明进步的标志。

第十一章
价值判断在抽象性法律规定中的运用

——以奸淫幼女"情节恶劣"的解释与适用为切入

2023年3月1日,最高人民检察院公布了第四十三批指导性案例,其中的检例第172号指导性案例即"阻断性侵犯罪未成年被害人感染艾滋病风险综合司法保护案"。最高检通过该案明确,"行为人明知自己系艾滋病病人或感染者,奸淫幼女,造成艾滋病传播重大现实风险的,应当认定为奸淫幼女'情节恶劣'"[1]。这说明,即使奸淫幼女未造成感染艾滋病的结果,但是产生了感染艾滋病的重大风险,司法上也可以认定为符合《刑法》第二百三十六条第三款第一项中的"情节恶劣"。该指导性案例显然释放出一种信号,即基于刑法特殊、优先保护未成年人的立场,可以在综合考虑案件性质、主观恶性、具体情节、社会危害等因素后加重处罚,这是在性侵未成年人案件中贯

---

[1]《第四十三批指导性案例》,https://www.spp.gov.cn/spp/jczdal/202303/t20230301_604987.shtml,2023年6月10日访问。

彻最有利于未成年人原则的表现。但是，由于《刑法》关于奸淫幼女"情节恶劣"是一种抽象情节加重的规定，导致司法机关在认定性侵未成年人的犯罪时，都是较为保守地适用奸淫幼女"情节恶劣"之规定，从而引发了不少争议。鉴此，本书将从分析既有司法实践适用奸淫幼女"情节恶劣"之规定所存在的困境着手，并立足于刑法教义学，探讨在最有利于未成年人原则的指引下对奸淫幼女"情节恶劣"之规定的司法适用路径，并阐述价值判断在刑法中的适用限度。

一、奸淫幼女"情节恶劣"在司法实践中的困境

检例第 42 号指导性案例[1]与检例第 172 号指导性案例的出现，不仅为司法机关适用奸淫幼女"情节恶劣"的加重情节提供了指引，更为司法机关适用奸淫幼女"情节恶劣"之门打开了一条缝。但是，指导案例不应是司法流水线上的一个意外产品，从司法实践来看，司法机关在奸淫幼女"情节恶劣"之规定的司法适用中存有明显不足，具体表现在以下三个方面。

（一）面对形式与实质理性的左支右绌

诸如奸淫幼女"情节恶劣"此类的抽象性条款，都承担着刑法体系开放性的任务，其在提升了刑法的应对能力的同时，也使刑法教义学中的形式理性与实质理性处于矛盾中。在刑法教义学中，罪刑法定

---

[1] 齐某强奸、猥亵儿童案：2011 年夏天至 2012 年 10 月，被告人齐某在担任班主任期间，利用午休、晚自习及宿舍查寝等机会，在学校办公室、教室、洗澡堂、男生宿舍等处多次对被害女童 A（10 岁）、B（10 岁）实施奸淫、猥亵，并以带 A 女童外出看病为由，将其带回家中强奸。齐某还在女生集体宿舍等地多次猥亵被害女童 C（11 岁）、D（11 岁）、E（10 岁），猥亵被害女童 F（11 岁）、G（11 岁）各一次。

原则将形式理性置于实质理性之上。不过，虽然刑法教义学同样具有实质理性已成为不争的事实，但是二者之间的关系仍是我国刑法教义学中最为混乱的一对范畴，[1] 不仅由此衍生出了刑法学界中的立场之争，也给司法机关在适用法律时带来不少困惑。

在刑法学界，形式与实质解释的立场之争迄今仍在持续。形式与实质解释这对范畴出现在罪刑法定原则在我国刑法中确定之后，也成为我国形式解释论与实质解释论的学术之争的开端。如形式论者所说，罪刑法定原则的形式理性为形式解释论提供了思想资源，同时也为我国当前的刑法知识提供了理念支撑。[2] 实质论者则认为，即使在罪刑法定原则下，也应当采取实质的犯罪论，即必须以犯罪本质（违法的实质）为指导来解释刑法规定的构成要件。[3] 但是，我国刑法中的形式与实质解释都肯定构成要件符合性的判断不仅包含事实判断，还涉及价值判断，只是在如何运用价值判断，或者说是在应以自由保障优先还是社会保护优先的价值选择上存在巨大分歧。[4]

在司法实践中，形式理性与实质理性所带来的争论同样存在。这是因为司法机关在必须遵守刑法教义学的形式理性的同时，又不得不兼顾个案的实质理性。正如马克斯·韦伯在考察中国古代法时所说，中国的裁判是非理性的，也没有专门负责解答法律问题的专家阶层存在，对形式法律的发展毫无兴趣。[5] 可见，我国有着深远的实质理

---

[1] 参见陈兴良：《刑法教义学中的形式理性》，载《中外法学》2023年第2期。

[2] 参见陈兴良：《形式解释论的再宣示》，载《中国法学》2010年第4期。

[3] 参见张明楷：《刑法的基本立场（修订版）》，商务印书馆2019年版，第134页。

[4] 参见劳东燕：《刑法解释中的形式论与实质论之争》，载《法学研究》2013年第3期。

[5] 参见〔德〕马克斯·韦伯：《韦伯作品集IX：法律社会学》，康乐、简惠美译，广西师范大学出版社2005年版，第232页。

性大于形式理性的法律传统，这种思维至今还在公众中发挥着强大影响力，以致司法机关在实践中不得不重视实质理性，尤其是在形式理性与实质理性发生冲突时，司法机关便陷入了左右为难的困境中。以曾引发激烈讨论的许霆案为例，当时的一审法院认定许霆犯盗窃罪，并根据当时的司法解释判处无期徒刑。从法律适用上来看，一审法院这样的判决似乎并无问题，但是该判决却被评价为"机械适用法律"，引发了巨大的舆论讨论。该案在重审后，虽然仍认定许霆构成盗窃罪，但是仅判处五年有期徒刑。重审判决书对量刑变化的说理是，本案依法本应适用"无期徒刑或者死刑，并处没收财产"的刑罚，但是考虑到案件的偶然性，认为许霆的主观恶性不大，并综合案件的具体情况作出此判决。[1]一审到重审的量刑变化，正如有学者所说，这反映的是我国刑事实务界根深蒂固的一种观念：法律就是法律，司法人员在任何情况下都有义务遵守法律的形式标准；倘若这种形式的法律标准与实质的价值判断之间存在冲突，则通常只能考虑通过量刑阶段的从宽处理来解决。[2]显然，此种做法依然存有许多问题，不然也不会在许霆案后又不断涌现出如王力军案、赵春华案、陆勇案等等。虽然许霆案已经结束，但是司法机关显然未从中得到在面对形式理性与实质理性冲突时该往何处去的妥当答案，而学理也未能对此给予回应。最终，司法机关仍陷在二者紧张关系的困境中，所以不能适当地将价值判断融入对法律规范的理解与适用中。

（二）面对抽象性规定的司法解释依赖症

我国刑事立法中不乏使用"情节恶劣""情节严重"这类抽象性法律规定的表述，同时立法者也没有在这些法定刑升格条件中将具体

---

[1] 广州市中级人民法院（2008）穗中法刑二重字第2号。

[2] 参见劳东燕：《法条主义与刑法解释中的实质判断——以赵春华持枪案为例的分析》，载《华东政法大学学报》2017年第6期。

情节一一列举，而是采取了类似奸淫幼女"情节恶劣"的抽象性规定，这恰成为司法机关患上司法解释依赖症的病因所在。

事实上，此类的兜底性规定本就是立法者为避免遗漏所设置，也是立法者赋予司法机关根据具体案件的情形进行自由裁量的表现。但是，由于奸淫幼女"情节恶劣"是我国刑法分则中唯一一个适用十年以上有期徒刑的法定刑升格条件，所以司法机关在认定奸淫幼女"情节恶劣"时格外谨慎。除奸淫幼女"情节恶劣"的条款外，其他抽象性的法律规定也是一直困扰司法机关的难题。如有学者所说，我国司法实践中，几乎完全依赖于司法解释明确"情节严重"的含义，凡是未就"情节严重"作出司法解释的刑法条文，几乎不被适用而沦为"僵尸条款"。[1]因此，司法机关对司法解释的依赖导致多数法官不可避免地陷入了法条主义中，由于缺乏足够的能动性来根据个案需要对刑法条文作出合理的解释，所以只能在遵守形式法律与追求个案正义之间艰难选择，导致该案成为疑难案件。如比利时法学家胡克所说："法官常常必须选择：要么遵循立法者的意志——即使这会导致特定情形下不充分（甚或不合理或不正义）的结果；要么为了获得他必须作出决定的案件的充分且公平裁决，他（至少部分地）将立法者的意志弃之不顾。"[2]但是，我国的司法机关目前缺乏在法律的框架内创造性适用法律的勇气，总是过分期待立法者能够给他们一把精准的量尺，而他们的任务就是使用量尺测量一切事实，进而得出结论。

此类模糊性的法律规定不仅是造成疑难案件的根源，也导致司法机关的"司法依赖症"更加严重。有学者提出，疑难案件的产生受法律成因、历史成因和社会成因三个方面的影响，其中法律成因是疑难

---

〔1〕 参见陈洪兵：《"情节严重"的解释误区及立法反思》，载《湖南大学学报（社会科学版）》2019年第3期。

〔2〕〔比〕马克·范·胡克：《法律的沟通之维》，孙国东译，法律出版社2008年版，第208页。

案件产生的根本因,历史、社会成因是背景因和动力因。[1] 如是,对司法机关来说,检例第42号、第172号指导性案例当然也属于疑难案件。从法律成因上看,当时并无司法解释规定奸淫幼女"情节恶劣"的具体情形,而"情节恶劣"一词又缺乏程度性,导致司法机关难以把握适用该规定的限度。从历史成因上看,奸淫幼女"情节恶劣"的具体情形是一个困扰司法机关已久的问题,但一直未能得到妥当的解决。从社会成因上看,无论何时何地,对未成年人的性犯罪一定是最受关注的案件,最容易吸引公众的眼球。因此,在面对无明确法律规范可以适用,又引发社会强烈关注的案件时,司法机关更是不敢随意"造法",害怕导致产生负面的结果,所以只能保守地遵从形式法律。

虽然2023年6月1日开始施行的《最高人民法院、最高人民检察院关于办理强奸、猥亵未成年人刑事案件适用法律若干问题的解释》(以下简称《解释》)就奸淫幼女"情节恶劣"的具体情形予以明确,解决了奸淫幼女"情节恶劣"长期缺乏具体规定的问题,但是依然保留了"其他情节恶劣的情形"一项。这说明,除《解释》第二条明确列举的七种加重情形外,司法机关依然可以根据个案中的主体、对象、地点、手段、危害后果等因素进行综合考量,避免因规定过于机械造成罪刑失衡。[2] 在解释法律规范中含义不明确的行为时,我们通常会类比该法条并行列举的其他行为样态,并以此为标尺明晰

---

[1] 参见孙海波:《案件为何疑难?——疑难案件的成因再探》,载《兰州学刊》2012年第11期。

[2] 参见何莉、赵俊甫:《〈最高人民法院、最高人民检察院关于办理强奸、猥亵未成年人刑事案件适用法律若干问题的解释〉的理解与适用》,载《中国应用法学》2023年第3期。

和权衡这一行为的社会危害性和应予接受的处罚。[1] 由此可见,《解释》的施行其实是进一步地将奸淫幼女"情节恶劣"的适用大门打开,为司法机关适用该法定刑升格条件提供了参考,即如果行为的危害性与《解释》第二条所列举的七种加重情形具有相当性,就应当适用奸淫幼女"情节恶劣"的加重情节。但是,司法机关不能总是被动地期待司法解释与上级法院的内部规范性文件能给予法律适用的指引,由此导致司法的惰性,"在司法实践中,对抽象的升格条件'具体化'或者'明确化',本来就是审理法院的司法任务"[2]。

(三)面对性侵儿童案件时价值判断的成人化

一直以来,我国对未成年人犯罪的刑事立法都依附于成人刑法[3]而存在,但是,"少年司法与成人刑事司法存在明显差异,二者的核心差异在于立场的不同,前者是确保儿童最大利益原则能在少年司法中实现,后者是根据犯罪人危害社会行为的大小给予相应的处罚"[4]。由于我国目前还未构建起专门的少年司法体系,所以涉未成年人的刑法保护都是借助成人刑法来实现,这使得司法机关会习惯性地以成人刑法理论的基础来审视未成年人受侵害的事实,引发法律适用中的诸多问题。

---

[1] 参见赵宏:《拥抱梅西的少年:真的需要处罚吗,不需要吗?》,https://www.thepaper.cn/newsDetail_forward_23539632,2023年6月19日访问。

[2] 王永茜:《论猥亵儿童罪中的"其他恶劣情节"》,载《北京航空航天大学学报(社会科学版)》2020年第4期。

[3] 由于普通刑法基本是以具有完全一致自由与责任能力的"承认"为参照对象而制定,所以将普通刑法称为成人刑法。参见姚建龙:《少年刑法与刑法变革》,中国人民大学出版社2005年版,第18页。

[4] 姚建龙:《中国少年司法的历史、现状与未来》,载《法律适用》2017年第19期。

在具体的司法实践中,这些问题将被进一步地放大。笔者通过在中国裁判文书网以"强奸""艾滋病""幼女"为关键词,发现最新公布相关判决书的时间为2020年,且仅有2份判决书[1]。两起奸淫幼女的案件的行为人都是明知自己患有艾滋病,仍对有智力障碍的未成年人实施奸淫行为。令人诧异的是,两起案件的一审法院分别判处被告人五年、七年有期徒刑,并未适用奸淫幼女"情节恶劣"之规定。从判决书所披露的信息来看,两个一审法院都将"明知患有艾滋病而故意实施奸淫行为"作为酌定从重情节。可问题是,犯罪人同时还具有其他的从重情节,却仍未打动一审法院酌情适用奸淫幼女"情节恶劣"之规定。因此,被判处五年有期徒刑的"袁志雷强奸案"的判决结果引发了舆论的关注,公众普遍质疑量刑过轻。随后,河池市中级人民法院决定对此案调卷重审,并在2021年公开宣判:撤销原审判决,改判原审被告人袁志雷有期徒刑十年,剥夺政治权利一年。[2]虽然重审的法律文书未被披露,但是上级法院显然是适用了奸淫幼女"情节恶劣"之规定,从而判决了十年有期徒刑。该案的量刑变化是否源于舆论的压力,还是上级法院确实认为一审法院的法律适用错误,在此不作讨论。但是,这正说明,司法机关在司法实践中还是秉持着成人刑法所要求的形式理性,侧重于案件事实与法律规范一一对应,对社会危害性的判断也被数额、次数、实害结果等因素所限制,而忽视了其他量刑情节,从而导致未成年人的特殊利益被埋没。

同时,还值得注意的是,两个一审法院都因犯罪人具有坦白、自首的情节,而予以从轻处罚。诚然,传统刑法理论要求刑法保持谦抑

---

[1] 广西壮族自治区都安瑶族自治县人民法院(2020)桂1228刑初124号;四川省筠连县人民法院(2020)川1527刑初6号。

[2] 参见《改判10年!患艾滋病男子强奸15岁女生》,https://www.chinapeace.gov.cn/chinapeace/c100007/2021-03/29/content_12468506.shtml,2023年7月11日访问。

性,认为刑罚作为最严厉的强制方法具有局限性、负价值,所以强调限制刑罚的适用。可是从法规范上看,立法者仍然对从轻处罚的适用留有价值判断的空间。《刑法》第六十七条规定:"对于自首的犯罪分子,可以从轻或者减轻处罚",立法者使用的是"可以"而非"必须"。所以,对于自首的被告人,法官根据案情可以从轻或减轻处罚,也可以不予从轻或减轻处罚。而在上述两起案件中,面对主观恶性、社会危害性如此恶劣的案件,审理法院以自首情节对二人从轻处罚的做法显然不当。这也说明未成年被害人的特殊性。在一般的刑事案件中,我们确实强调淡化重刑主义思想,提倡轻刑化,"主张在刑事审判中根据最有利于被告人原则,对于可判罪可不判罪的不作为犯罪处理,对于可重判可轻判的予以从轻处罚"[1],这些做法也能获得公众的认可。但是不难发现,如果在未成年人被害的案件中继续坚持这种价值立场,就会引发公众的激烈反对,尤其是在性侵儿童的案件中。因此,司法机关应该深刻认识到未成年人利益的特殊性,及时切换思维,充分体现刑法对未成年人的特殊保护。

二、奸淫幼女"情节恶劣"与价值判断的教义学融合路径

正如现代法学家们所发现的那样,法律体系本身不可能如概念法学所想象的那样是一个公理体系,可以从某个初始的概念或范畴演绎出某个学科的全部概念。[2] 而现实应是如耶林所说:"创造法律者,

---

〔1〕 张建军:《刑法谦抑性基础的多维度分析》,载《甘肃社会科学》2006年第5期。

〔2〕 参见〔德〕特奥多尔·菲韦格:《论题学与法学——论法学的基础研究》,舒国滢译,法律出版社2012年版,代译序第4—5页。

不是概念，而是利益和目的。"[1] 因此，针对性侵未成年人这类特殊犯罪，更加要求司法机关充分贯彻刑法的价值判断，以此获得适当的结论。虽然不同的人、不同的领域必然存在着不同的价值判断，但是在涉未成年人的刑法理论中，有且只有一种价值判断标准，即最有利于未成年人原则，所以下文将着重讨论把最有利于未成人原则贯彻到刑法教义学中的重要价值与进路。

（一）最有利于未成年人原则的引入

对于未来的中国刑法学而言，由于刑法在转型社会中要以积极的姿态参与社会治理，其价值评价的功能就应该充分发挥，对价值判断的重视必然要重于对事实的发现。[2] 自《未成年人保护法》修订并确立了"最有利于未成年人原则"以来，该原则已成为构建和发展我国未成年人法律体系中至关重要的核心要素。作为一项重要的"帝王条款"，该原则在未成年人司法保护及其他相关领域的法律制定、法律解释和司法适用中具有引领和统领的作用。[3] 而刑法作为保护未成年人重要权益的兜底法，更需要将"最有利于未成年人原则"与刑法教义学相结合，从而在具体的法条阐释中予以贯彻。尤其是在涉未成年人性权利保护方面，现有的刑事立法本就已经给予了最严格的保护，所以在性侵未成年人犯罪方面，刑法对此予以特殊保护，不仅具有合理性，也具有可行性。

其一，在涉及未成年人的事项中贯彻最有利于未成年人原则具有

---

[1] 转引自〔德〕菲利普·黑克：《利益法学》，傅广宇译，商务印书馆2016年版，第17页。

[2] 参见周光权：《价值判断与中国刑法学知识转型》，载《中国社会科学》2013年第4期。

[3] 参见童建明：《最有利于未成年人原则适用的检察路径》，载《中国刑事法杂志》2023年第1期。

合理性。最有利于未成年人原则是儿童最大利益原则的本土化表述，1948年联合国大会通过的《世界人权宣言》是最早规定未成年人特殊、优先保护精神的国际法律文件。联合国在1959年通过了《儿童权利宣言》，将保护儿童权利确立为一项全球性指导原则。随后，1989年联合国又通过了《儿童权利公约》进一步明确"关于儿童的一切行动……均应以儿童的最大利益为一种首要考虑"。儿童最大利益原则也由此被若干国际公约和区域性条约不断重申，最终也被我国的《未成年人保护法》所明确。因此，可以看出该原则不仅得到了国际社会的广泛认可，并且在解决与儿童相关的问题时，被用作解释相关法律条文的基础。[1] 有学者指出，在涉及保护未成年人的犯罪问题上，以最大化未成年人利益为原则，无论是从立法价值的体现、时代发展的要求，还是民众的价值判断来看，都能得出一个合理且具有逻辑性的结论。[2] 所以在涉未成年人性权利保护中，未成年人性权利的重要性与弱势地位凸显，这更加要求贯彻最有利于未成年人原则以保护未成年人的性权利，彰显对未成年人的特殊、优先保护。

其二，最有利于未成年人原则就是缺乏法律明确规定时的判断依据。根据《未成年人保护法》的规定，最有利于未成年人原则的内涵之一便是在处理涉及未成年人事项中，都要予以未成年人特殊、优先保护。这不仅要求有关部门在处理涉未成年人事项时要在法律明确规定的框架内探索最有利于未成年人的处理方案，更要在法律缺乏明确规定时，以最有利于未成年人原则为根本遵循，并在相关法律允许的范围内，寻求未成年人利益最大化。事实上，尽管该原则具有高度抽象性，但是我国司法实践一直在探索将最有利于未成年人原则落到实

---

[1] 参见王雪梅：《儿童权利保护的"最大利益原则"研究》（上），载《环球法律评论》2002年第4期。

[2] 参见张杰：《"隔屏猥亵"儿童行为的入罪疑义与理论证成——兼论价值判断在性侵儿童犯罪中的刑法教义学贯彻》，载《法学评论》2023年第2期。

处。《解释》的实施旨在坚决维护未成年人的最大利益，全面考虑到他们身心发育不成熟等特点，特别是在面对强奸和猥亵犯罪对未成年人身心健康造成的危害时，该解释体现了对未成年人特殊保护和优先保护原则的切实落实。此外，联合国儿童权利委员会第14号一般性意见第6段也规定，如果一项法律条款存在多种解释，那么应选择最能有效实现儿童最大利益的解释。这充分说明，在司法机关面对涉及未成年人的法律问题时，即使没有明确规定，也完全可以将最有利于未成年人原则作为理解法律的判断依据，并在具体案件中体现对未成年人的特殊保护。在《解释》施行前，我国刑法一直对奸淫幼女"情节恶劣"缺乏明确的规定，但正是在司法机关实践中始终坚持遵循最有利于未成年人原则之下，才能不断总结经验，推动最高人民法院、最高人民检察院（以下简称"两高"）对"情节恶劣"的具体情形予以明确。

（二）最有利于未成年人原则对刑法教义学之补强

德国著名刑法学家耶塞克在为刑法的体系性思维进行辩护的时候也不得不承认："然而，人们也不能忽视按照抽象规则建立起来的刑法教义学所带来的危险，这种危险存在于：法官机械地依赖于理论上的概念，从而忽视了具体个案的特殊性。这是决定性的首要任务，重视解决案件问题，而对体系的需要则必须退居第二位。"[1]所以在刑法教义学的发展过程中，借助价值判断有利于实现刑法的目的，并获得妥当的刑法解释结论。"尤其是在语义本身存在空缺或者含糊，因而需要采用价值判断的方法，对法律的含义进一步加以明确。因此，

---

[1] 转引自〔德〕克劳斯·罗克辛：《刑事政策与刑法体系（第二版）》，蔡桂生译，中国人民大学出版社2011年版，第7页。

在概括条款或者兜底条款等情形中，往往需要进行价值补充。"[1]

其一，最有利于未成年人原则促使刑法教义学适当突破形式束缚。事实上，罪刑法定原则与最有利于未成年人原则之间有着异曲同工之妙，前者是被刑法教义学奉为圭臬的基本原则，其目的在于防止刑罚权的滥用；而后者则是涉未成年人事项中的帝王条款，其目的在于实现对未成年人的特殊、优先保护。由于二者都是重要的基本原则，所以当它们发生冲突时，哪一原则应当优先适用成为疑难问题。随着最有利于未成年人原则在我国司法实践中的贯彻，罪刑法定原则让渡于最有利于未成年人原则已成事实。以齐某强奸、猥亵儿童案（检例第 42 号）为例，司法机关对"公共场所当众"的适用存有疑问。该案的出庭检察员指出，基于未成年人保护的需要，《最高人民法院、最高人民检察院、公安部、司法部关于依法惩治性侵害未成年人犯罪的意见》第二十三条已明确将"校园"这种除师生外，其他人不能随便进出的场所认定为公共场所，所以该案中 20 多人的集体女生宿舍作为校园的重要组成部分，也应当认定为公共场所。[2] 此外，同批指导案例中的骆某猥亵儿童案（检例第 43 号），还明确了猥亵儿童罪不以"触摸"为客观构成要件要素。由此可见，虽然罪刑法定原则排斥不利于被告人的解释，但是在司法实践中，"猥亵""公共场所""当众"等概念被不断进行扩张解释，以实现最有利于未成年人原则。必须要指出的是，最有利于未成年人原则优先于罪刑法定原则适用，并不代表最有利于未成年人原则可以违反罪刑法定原则，而是考虑到未成年人利益的特殊保护，可以适当地突破罪刑法定原则的形式限制，进行扩张解释，实现未成年人特殊利益在个案中的保护，但

---

[1] 杨仁寿：《法学方法论（第二版）》，中国政法大学出版社 2013 年版，第 185 页。

[2] 参见万春、缐杰、张杰：《最高人民检察院第十一批指导性案例解读》，载《人民检察》2019 年第 1 期。

决不能为实现价值，而采取类推解释。

其二，最有利于未成年人原则促使刑法教义学不断完善。在最有利于未成年人原则被确立后，就要求刑法教义学应从保护未成年人的角度出发，要对涉罪未成年人以教育、挽救为主，并严惩对未成年人的犯罪，以实现对未成年人的特殊保护。在少年司法缺乏独立性的情况下，未成年人的特殊性总是被成人刑法理论所吞没。我国刑法规定少年犯罪与刑罚比照成人犯罪从轻、减轻或者免除处罚，属于狭义的少年刑法，其虽然以恤幼粉饰人道，但是仍未脱离报应主义的旧观念，有悖于现代少年刑法的基本理念。[1] 由此可见，在成人刑法的框架下，无论是对犯罪未成年人的特殊保护，还是对被侵害未成年人的特殊保护，都难以实现，这也是我国刑法教义学所存在的先天不足。随着最有利于未成年人原则不断渗入刑法教义学中，未成年人在刑法中的特殊、优先地位受到立法和司法的重视，也推动了司法实践对涉未成年人刑事案件的处理不断向《联合国少年司法最低限度标准规则》第十七条所规定的"在考虑少年的案件时，应把其福祉看作主导因素"靠近。因此，将最有利于未成年人原则作为涉未成年人刑法保护的指引，不仅有利于实现成人刑法对涉罪未成年人的特殊、优先保护，还将有利于完善成人刑法对未成年被害人权益的特殊、优先保护。

（三）奸淫幼女"情节恶劣"适用的刑法教义学分析

诚然，允许价值判断渗入刑法教义学中已成为共识，但这并不意味着法官可以脱离刑法的体系而自由地评判。原因是：如果评价的理由仅仅是出于法感情或者选择性的目标设定，而不是在法条的评价关

---

[1] 参见姚建龙：《少年刑法与刑法变革》，中国人民公安大学出版社2005年版，第18页。

系中寻找可论证的支撑的话，那么，这种评价的理由就是模糊和任意的，而且缺乏学术上的说服力。[1] 因此，在对奸淫幼女"情节恶劣"的适用上，我们仍然需要以刑法教义学为原点，去找寻符合刑法法理基础、基本原则的合理解释。

考虑到犯罪现象的复杂性，为确保对犯罪行为的适当惩罚，我国刑法在规定具体犯罪行为的构成要件和法定刑的基础上，常常会通过特定情节或满足相应条件的方式，加重对该犯罪行为的处罚力度（法定刑升格）。而我国刑法对强奸罪的规定就是典型的情节加重犯。《刑法》第二百三十六条第三款第二到六项规定了加重处罚的具体情形，而奸淫幼女"情节恶劣"则是该款的兜底条款，"也就是刑法规定以其所列举的犯罪行为以外的其他行为、方式、方法、手段构成犯罪的情形"[2]。此外，由于"情节恶劣"是一个抽象的概念，人们无法直接从字义上理解其内涵，需要通过行为的社会危害性、行为人的主观恶性、人身危险性等方面进行综合判断。对此，在奸淫幼女"情节恶劣"的判断中，司法机关就不得不通过解释的方法确定"情节恶劣"的情形，证明某一奸淫幼女的行为与其他五项具有相当的社会危害性，而这一解释过程将无可避免地适用价值判断。以检例42号指导案例为例，本案的被告人利用教师身份在学校多次奸淫两名幼女。一般司法实践认为，"奸淫幼女多人"是指奸淫幼女三人以上，但是司法机关考虑到其具有教师的特殊身份，且在女生宿舍多次实施奸淫行为，所以认为其行为的社会危害性相当于"奸淫幼女多人"，从而认定符合"情节恶劣"的规定。不难发现，该案对"情节恶劣"的判断与《刑法修正案（十一）》增加的"奸淫不满十周岁的幼女或者造成

---

[1] 参见〔德〕克劳斯·罗克辛：《刑事政策与刑法体系（第二版）》，蔡桂生译，中国人民大学出版社2011年版，第14页。
[2] 劳东燕：《刑事政策与刑法解释中的价值判断——兼论解释论上的"以刑制罪"现象》，载《政法论坛》2012年第4期。

幼女伤害的"一样，都采取了一种对奸淫幼女"情节恶劣"或者危害性的判断不同于妇女的立场，即体现出了一种降低对奸淫幼女犯罪的容忍度的立场，突出了刑法对未成年人特殊、优先保护的基本立场。因此，在对奸淫幼女"情节恶劣"的相当性判断中，这样的价值判断应当被继续坚持。

值得注意的是，在《解释》出台后，司法解释虽然对"情节恶劣"规定予以具体化，但是依然保留了兜底条款，即"其他情节恶劣的情形"，为司法机关保留了对该规定的自由裁量权。从解释学的角度来看，在《解释》规定了"情节恶劣"的七种具体情形的情况下，司法机关对"其他情节恶劣的情形"的解释应当抓住犯罪主体身份、手段、持续时间、特殊对象、对被害人所造成的危害等影响因素进行综合判断。上述因素可以成为加重法定刑的考量条件，但不意味着只有具有上述因素才能加重法定刑，其只是作为加重法定刑的解释方向，具体个案是否应当加重法定刑，还需要遵循目的解释的方法。当在使用文理、历史、体系等解释理由无法得出唯一或妥当的解释结论时，为了最终确定是否应当增加法定刑，就必须采用目的解释的方法。显然，在抽象加重情节犯的具体化中，穷尽一般的解释方法也未必能得出合理的结论，所以就可以以刑法目的为根据，采用目的解释的方法来明确"情节恶劣"的具体指向。同时，除案件客观事实之外，刑事政策、社会效果也将成为抽象情节加重的司法认定依据，而目的解释正是将天理、国法、人情协调统一的路径。回到《解释》关于"情节恶劣"的七项具体规定中，正是由于具有七项奸淫幼女的行为不仅侵犯了幼女的性自主权，而且会给幼女的身心健康带来比一般的奸淫行为更大的危害，所以应当加重对犯罪人的法定刑。司法机关应当继续根据保护法益对奸淫幼女"情节恶劣"之规定进行解释，并以法益保护目的为检验，既能避免司法机关以抽象加重法定刑为挡箭牌，也能避免司法机关急于适用抽象加重法定刑之规定，导致罪刑不均衡的结果。由此可见，既然"情节恶劣"的抽象性规定给价值判断进入刑法教义学提供了空间，而且目的解释的结论与最有利于未成年人原则之间高度重合，那么司法机关在最有利于未成年人原则的指引下进行刑法解释也是恰当的。

三、奸淫幼女"情节恶劣"与价值判断的司法融合路径

奸淫幼女"情节恶劣"作为立法者的有意留白，司法机关不能过分期待司法解释能够提供明确的指引，而是要在司法实践中找到适用路径，充分发挥抽象的法定刑升格条件的应有作用，进一步推开奸淫幼女"情节恶劣"的适用之门。从司法实践的角度来说，司法机关如果能够结合以下三方面的内容，所得出的结论既不会偏离常情常理，也能确保罪责刑相适应。

（一）以最有利于未成年人原则为根本遵循

随着最有利于未成年人原则在《未成年人保护法》中被正式确定，实务界也开始关注如何在司法实践中贯彻该原则。如有检察官指出，最有利于未成年人原则对于未成年人检察工作具有方向性、统领性作用，是未成年人检察工作应当始终贯彻、践行的核心理念和原则。[1] 如是，在奸淫幼女"情节恶劣"案件的司法实践中以最有利于未成年人原则为价值指引，并不存在障碍，这本就是司法机关在处理涉未成年人案件时的重要价值判断标准。

最有利于未成年人原则推动司法实践的理念更新。当前，我国司法实践已经越来越重视对涉罪未成年人的特殊、优先保护，无论是在

---

[1] 参见童建明：《最有利于未成年人原则适用的检察路径》，载《中国刑事法杂志》2023年第1期。

刑事实体法中,还是在刑事诉讼法中,都不乏体现对涉罪未成年人特殊、优先保护的制度设计,如法定最低刑事责任年龄、适用缓刑、自首、立功等方面的设计。同时,从严惩处对未成年人的犯罪,也是刑法对未成年人特殊、优先保护的体现。在我国《刑法》中,立法者将以未成年人为侵害对象的犯罪设立了专门的罪名,或者单独成条、成款,又或者把侵害未成年人作为法定的加重情节。例如,《刑法》对猥亵儿童罪、引诱幼女卖淫罪等以未成年人为侵害对象的犯罪进行了单独设罪,而且这些犯罪的刑罚也比一般犯罪行为更重。无论是单独设罪,还是从重或加重处罚的立法设计,无疑都是对未成年人进行特殊保护的体现。

因此,司法机关在坚持推动对涉罪未成年人特殊、优先保护的同时,也要兼顾到最有利于未成年人原则的另一个侧面,即保护未成年被害人的最大利益。那么,在对未成年人犯罪的案件中,尤其是对未成年人被性侵害的案件中,司法机关也要积极地从未成年人最大利益的角度出发,从严处罚。换言之,司法机关在面对可加重可不加重处罚的情况下,要果断适用加重处罚的法律规定。此种做法或许在成年人犯罪中因为有违刑法的谦抑性而不被允许,但是司法机关要充分认识到未成年人权利保护的特殊性、优先性,适当扩大处罚范围,既是严惩个案中的犯罪人,也是严厉震慑其他潜在犯罪人。在最有利于未成年人原则的指引下,司法机关应当逐渐从成人刑法的思维理念中转变过来,多从未成年人利益保护的立场出发。

最有利于未成年人原则增强司法能动性。如博登海默所说:"只有那些以某种具体的妥切的方式将刚性与灵活性完美结合在一起的法律制度,才是真正伟大的法律制度。"[1]以最有利于未成年人原则为

---

[1] 〔美〕E.博登海默:《法理学:法律哲学与法律方法》,邓正来译,中国政法大学出版社2017年版,第423页。

价值指引，恰好是弥补我国司法实践机械适用法律的刚性有余而自由裁量的灵活性不足的缺憾，是克服司法解释依赖症的一剂良药。在我国《刑法》关于奸淫幼女"情节恶劣"的规定留有解释空间的情况下，司法实践中一直未能充分适用该条款。但是随着相关指导案例的不断推出，以及《解释》的重磅出台，最有利于未成年人的价值判断标准已然成为解释、适用该条款的核心价值标准。因此，在未来的司法实践中，司法机关继续在最有利于未成年人原则的价值指引下处理相关案件显然不会面临太多的风险。在最有利于未成年人原则已获得相关司法解释与典型案例认可的情况下，司法机关再面对奸淫幼女"情节恶劣"之规定所留存的自由裁量空间，也不会再缩手缩脚，而是积极探索将价值判断贯彻到个案中，在追求个案正义的同时，也为法律制度的改革积累经验。

（二）以指导案例的指引为一翼

随着案例指导制度的引入，我们逐渐建立了一种更为完整的三元法律规则体系，包括法律、司法解释和案例指导规则。这种三元法律规则体系的确立旨在更好地发挥案例在法律实践中的作用，通过对具体案例的分析和总结，为类似案件的审理提供参考和指导，增强司法决策的连贯性、稳定性和可预见性，可见指导案例所具有的规则创制功能。所以在司法实践中，司法机关可以延续检例第42号、检例第172号的做法，推动最有利于未成年人原则更好地贯彻到司法实践中。

之所以强调指导案例对贯彻最有利于未成年人原则的重要作用，是因为典型案例具有更强的说理性，能够为价值判断的运用提供更充分的论证。从指导案例的体例结构来看，其由五部分组成，分别是标题、要旨、基本案情、主要争议问题、处理理由。其中，处理理由部分既可以清晰和透明地表达法官的思考过程，又能够解释和阐明裁判结果的合理性,使当事人、相关利益方和社会公众理解判决的依据和逻辑。正如有学者所说,当法官意图通过价值判断追求某种裁判结果时,他负有义务来论证这种价值选择的合理性。[1] 虽然司法机关在普通案例中也需要对价值判断的适用进行说理,但是由于实践中的案件数量较多,法官的素质参差不齐,导致说理不充分、不准确。而能够言之有物、言之有据的说理恰恰是成为指导案例的重要要求之一,加之指导案例所具有的充分说理的程序要求,这就更会促使指导案例承担论证的责任,为自己的主张进行说理论证。而且,指导案例具有较大的影响力,司法机关在指导案例中的说理论证将受到公开检验,当有批评者对该论证进行质疑时,实际上也是通过外部压力来检验司法机关对价值判断适用的准确性与合理性。进一步说,如果司法机关还能够对质疑予以回应,那就进一步地提升了价值判断的合理性,保障通过适用价值判断获得真正正义的结果。

另外,虽然指导案例并不具有强制性,更不是真理,但是类型化的实现,还是能在一定程度上限制司法机关随意进行价值判断。虽然指导案例有助于体现奸淫幼女"情节恶劣"的丰富内涵与价值判断倾向,但是其不能直接成为司法适用的具体判断标准,司法机关应当根据具体个案,对奸淫幼女"情节恶劣"的适用进行具体化。以检例第172号指导案例为例,该案的犯罪人在明知自己患有艾滋病的情况下奸淫幼女,导致幼女产生患有艾滋病的重大风险,所以认定其行为符合"情节恶劣"一款。但这并不意味着其他司法机关都可以将明知自己患有艾滋病而奸淫幼女的行为认定为"情节恶劣",还需要司法机关依据个案的情况进行具体判断,并详尽地阐明理由。同时,指导案例又鼓励着司法机关站在最有利于未成年人的立场上,去理解现有的

---

[1] 参见孙海波:《司法裁判中法官价值判断的理性限制体系及其展开》,载《法商研究》2023年第3期。

法律规范、司法解释和案例,避免其过分侧重对号入座式的形式判断,而忽略了其他因素。

最后,指导案例还有助于提炼核心观点,完善未成年人保护的法网。虽然中国未将判例作为正式的法律渊源,但是我们仍然可以通过类型化的方式保证法律适用个别化的成果为日后的类似案件所采用,而指导案例就是实现类型化的重要路径。如本次《解释》对奸淫幼女"情节恶劣"具体情节的细化,便是针对《刑法》对加重处罚情节采取了相对概括的规定方式的情况,在总结实践经验后,才得以进一步明确。[1] 随着指导案例的不断丰富与《解释》的深入推行,围绕最有利于未成年人原则具体化的突出实践经验还将不断涌现,只有继续坚持指导案例的模式,才能将抽象的价值标准转化成具体的案件,才能不断强化最有利于未成年人的保护立场,进而丰富、完善未成年人性权利的刑法保护网。

(三)以社会取向的结果为一翼

奸淫幼女"情节恶劣"的司法适用还要以社会取向的结果为支撑,因为社会取向不仅是价值判断的基础,还能够为检验价值判断适用的正当性提供帮助,更是避免价值判断结果超过公民的可预测性的"紧箍咒"。不过,也有学者认为,在立法过程中,所谓的"民意"是通过广泛征求社会各界(包括专家学者、司法实务界和普通民众)的意见而形成的,并且遵循了严格的立法程序,以确保客观、理性和公正的"民意"。然而,在司法中涉及的个案中,所谓的"民意"具有很大的特殊性和不平衡性,往往受到个人欲求的影响,因此并不能真

---

[1] 参见何莉、赵俊甫:《〈最高人民法院、最高人民检察院关于办理强奸、猥亵未成年人刑事案件适用法律若干问题的解释〉的理解与适用》,载《中国应用法学》2023年第3期。

实地代表整体民意。[1] 因此，必须强调的是，将最有利于未成年人原则引入司法实践中，并不是为了获得带有情绪的民意的认可，而是要与客观、理性的民意积极靠拢。

以社会取向作为价值判断的基础。法官的大忌是欲将自己的"行为癖好或信仰癖好"作为一个生活规则强加于社会，以个人的正义感来评断一切个案。所以，司法机关在进行价值判断时，当然不是以个人主观的法律情感作为判断标准，而是要从社会公众的价值观念出发，进而获得适当的解决方法。以公众取向作为价值判断的基础是从价值世界内部进行限制，或者说是价值客观性的体现，如德沃金所说，价值客观性是在价值世界中由参与主体所构建出来的最佳状态的客观性。[2] 由此可见，价值判断看似与法律规范所强调的客观性背道而驰，但是其仍然不能为司法机关所随意左右，而是有时会被披上"民意"的外衣，并蕴含着客观性。通过借助社会取向作为指引，司法机关可以在法律适用中寻求价值判断的最大公约数，以更好地平衡各方利益，确保司法决策的公正性和可行性，从而促进社会的法治化和司法体系的稳健发展。

以社会取向检验价值判断的正当性。有学者提出，如果社会舆论普遍对法院的个别化处理结果持反对态度，上诉法院有责任及时纠正错误的处理结果，并作出更为合适的裁判。[3] 此时，司法机关除非具有令人信服的理由来支撑一审的处理结果，否则就不能固守形式理性，而应当接受占支配地位的社会取向。但是，如果某种社会取向与

---

[1] 参见张开骏：《基于法治原则的民意正当性拷问与刑事理性策略》，载陈兴良主编：《刑事法评论》（第 26 卷），北京大学出版社 2010 年版。

[2] 转引自郑玉双：《价值一元论的法政困境——对德沃金〈刺猬的正义〉的批判性阅读》，载《政法论坛》2018 年第 6 期。

[3] 参见胡玉鸿：《论司法审判中法律适用的个别化》，载《法制与社会发展》2012 年第 6 期。

另一种相反的社会取向处于均势,那么司法机关就应当谨慎适用社会取向,不可以轻易将社会取向适用到司法裁判中。"必须澄清的是,司法过程中的价值判断不同于民主立法……重心不在于案件本身的技术性事项,而是通过法律论证来展示判断理由和说理依据,并将之公开。"[1]对此,司法机关就应当积极通过各种程序性方式以获取社会取向的认可,除在裁判文书中详尽地阐明价值判断的适用理由外,还可以推动案件的相关主体与专家学者参与到案件论证中来,以提升价值判断的可接受性。司法权的公共属性要求司法机关应当为自己的选择承担论证责任,而不能借遵循法律的名义掩盖自己的选择。

以社会取向避免价值判断的结果超过民众的可预测性。人们之所以强调司法判决的可预测性,是因为这是民众未来行动的依据。而社会取向作为多数人意见的表现,其往往由道德规范和常情常理予以表达,也代表着一般公民面对同类事情的判断,并且能够避免司法判决失去可预测性。如有学者所说,一个司法判决是否是可预测的,取决于在特定案件中,判决原因是否可以被充分把握,而不取决于它是否可以被证立,或者依据什么理由来证立。[2]简言之,司法判决的可预测性在于判决依据的确定性。因此,即使是在适用价值判断的司法过程中,只要其结果不偏离社会取向,那么该判决依然是具有可预测性的,依然没有超过民众的预期范围。所以,这再次强调司法机关与民众之间的互动,一方面,要鼓励民众用理性、平和的方式参与到司法过程中来;另一方面,司法机关也不能过分忠诚于法条而使法与正义相隔断。

---

[1] 高一飞:《论司法价值判断的客观性》,载《浙江社会科学》2021年第2期。

[2] 参见陈坤:《疑难案件、司法判决与实质权衡》,载《法律科学(西北政法大学学报)》2012年第1期。

四、余论：价值判断的限度问题

当人们就某个法律规范的理解产生争论时，争论的其实不是法律是什么，而是法律应是什么。[1] 在未成年人性权利保护的问题中，将未成年人的利益放在第一位便是刑法的应然追求。因为未成年人是社会中的脆弱群体之一，也是受到性侵害的高风险群体，所以保护未成年人的性权利对他们的整体健康、幸福和发展至关重要。实践中，《解释》的施行与相关指导案例的公布都已明确要求对未成年人给予特殊、优先的保护，并对司法实践具体适用相关法律规范提供了指引，但这仅是坚持最有利于未成年人原则的部分表现，如何实现将最有利于未成年人原则全面贯彻到涉未成年人的刑法规范适用中是更值得论证的。面对未成年人性权利这样重大而特殊的权利保护，司法机关需要适当摆脱法规范的形式束缚，发挥司法能动性，将贯彻最有利于未成年人原则融入对刑法规范的理解和适用中，以此实现对合理的价值判断的追求与法律文本之间的贯通。不过，在讨论性侵儿童案件中价值判断的适用问题之余，一个更为宏大的问题也跃然纸上，即价值判断引入刑法中的适用限度问题。笔者认为，为了避免价值判断的恣意性，可以通过内、外两个方面对价值判断予以限制。

一方面，价值判断受刑法教义学体系的外部限制。为了防止价值判断适用的恣意性，有学者提出了融贯性的要求，强调作为法律推理的大前提的裁判规范能够与法律的价值相融贯，符合法律的精神和原则。[2] 也就是说，司法机关带有价值判断的裁判必须是从现有的法

---

[1] 参见劳东燕：《价值判断与刑法解释：对陆勇案的刑法困境与出路的思考》，载《清华法律评论》2016年第1期。

[2] 参见魏胜强：《融贯性论证与司法裁判的和谐》，载《法学论坛》2007年第3期。

律规范中推导出来,不得超越形式法律规范,以此约束价值判断能够"依法"进行。如是,价值判断必须放在整个法律规范体系中进行使用,以约束价值判断的主观恣意,这是实现融贯性的关键所在。"任何个案中,法律秩序都是作为价值评价的整体而予以适用,司法者要寻找的根本不是适用于具体案件的某个规范的答案,而是整个法律秩序的答案。"[1] 此外,价值判断还要受刑法解释方法的限制。在需要适用刑法解释方法的场合,适用价值判断的限度也应当受到限制,既不能随意适用价值判断,也不能过分适用价值判断。由于立法者在立法时就已经经过了价值衡量的过程,只有立法者认为值得刑法保护的法益才被规定在刑法规范中,所以司法机关在面对一般案件时直接适用刑法规范即可。但是,文义解释只能减轻司法机关部分的价值判断的负担,价值多元性与刑法教义学的形式缺陷,导致在部分情况下确实需要进行复杂的价值判断。如有学者指出,法律解释是法律适用层面的核心事务,它本质上是价值判断的结果。[2] 因此,在受罪刑法定原则制约的刑法体系中,即使法律解释过程中引入价值判断也不能超过刑法的明文规定。同时,为实现个案的价值目标,而超过国民对语义的预测可能性所作的解释属于类推解释,也是过分填充价值判断的表现,应当被禁止。

另一方面,价值判断还应受价值判断标准的内部制约。如果说刑法教义学的外部限制是给价值判断的适用设置了高压线,避免其违反基本的教义学规则;那么价值判断标志的内部制约则是给其加上了一套自我审查机制,促使价值判断更加科学、合理。因为人的价值世界是无限多样化的,为了避免价值判断的个别化、主观化,司法机关在

---

[1] 〔德〕伯恩·魏德士:《法理学》,丁小春、吴越译,法律出版社2003年版,第330页。

[2] 参见劳东燕:《功能主义的刑法解释》,中国人民大学出版社2020年版,第48页。

追求个案正义时,必须考虑自己所采取的价值判断标准是否具有普遍适用性。如美国法官卡多佐所说:"法院的标准必须是一种客观标准。真正作数的并不是那些我认为正确的东西,而是那些我有理由认为其他有正常智力和良心的人都可能会合乎情理地认为是正确的东西。"[1] 由此可见,司法机关个人对案件的价值判断并不能成为判断标准,只有从一般评价主体的意识出发,探寻他们普遍接受的价值判断标准,从而将其作为价值判断的依据,这也是防止价值判断随意性的重要方面。社会评判的基础是社会的公共价值和生活常识,这要求法官在进行个别化处理时,必须以社会的基础价值为依据,寻求最佳的解决方案。[2] 此外,采取普遍适用的价值规范不仅是对价值判断者提出要求,其实也是给予了价值判断的受众、其他参与主体共同监督价值判断的适用的机会,对价值判断者所适用的价值规范质疑,推动价值判断的适用能够经得起考验。

总的来说,价值判断不能弃刑法教义学于不顾,而径行通过价值判断得出判决结果,"这在严格的规则主义、法条主义、罪刑法定为主导意识形态的当代中国社会,不可能获得基本的正当性"[3]。在此基本前提下,价值判断自身的标准也将成为限制其过于主观的"紧箍咒"。此时,通过外部的刑法教义学体系的限制与内部的价值判断标准的限制,如何在刑法教义学体系下贯彻价值判断的路径也自然显现出来。

---

[1] 〔美〕本杰明·卡多佐:《司法过程的性质》,苏力译,商务印书馆1998年版,第54页。

[2] 参见胡玉鸿:《论司法审判中法律适用的个别化》,载《法制与社会发展》2012年第6期。

[3] 劳东燕:《刑事政策与刑法解释中的价值判断——兼论解释论上的"以刑制罪"现象》,载《政法论坛》2012年第4期。

第十二章
区块链技术下个人信息刑法保护论纲

科技本身的发展就需要法律提供良好的制度环境，同时，科技成果的应用也会带来一系列的新型法律问题。进入信息化社会后，信息安全已经上升到国家安全的层面。对于个人而言，个人信息泄露也成为现代社会的顽疾，严重损害个人合法权益。提高信息安全防范能力，治理涉信息数据违法犯罪，已经成为国家和社会各界的普遍共识。

在法律保护层面，2015年8月29日通过的《刑法修正案（九）》对刑法第二百五十三条之一作出重大调整，将出售、非法提供公民个人信息罪和非法获取公民个人信息罪整合为统一罪名——侵犯公民个人信息罪。具体而言，一方面，将犯罪主体扩展至一般行为主体，既包括普通身份的自然人，也包括一般的单位及其工作人员，取消了原来特定单位的限制，并对利用职权或职务实施的行为从重处罚。另一方面，将行为方式中的"违反国家规定"扩大至"违反国家有关规定"，使得侵犯公民个人信息罪规制的行为方式更加广泛。为了进一步完善定罪量刑标准,"两高"于 2017 年 3 月 20 日通过《关于办理侵犯公民个人信息刑事案件适用法律若干问题的解释》,其中详细明确了侵犯公民个人信息罪的行为对象、国家有关规定的含义、提供个人信息的认定、情节严重及情节特别严重的认定,以及宽严相济等适用问题。应当说,从刑法规范角度,当前的规范体系基本上能够满足惩治侵犯公民个人信息行为的司法适用。

随着区块链技术的出现及应用,一些研究者开始对运用区块链技术保护个人信息寄予厚望,并开始一些理论保护机制的构建,以及具体应用场景及其系统模型的设计。然而,相关保护机制是否能够完全有效防止个人信息泄露,是否会对当前的司法运用产生影响,都值得我们去重视、反思,并寻求合理、可行的解决方案。鉴于上述问题意识,我们将从刑法介入信息社会风险的必要性、区块链技术对于保障个人信息的理论设计及其问题、区块链对于个人信息刑法保护带来的认定困境及相应的应对路径等几个方面,探讨区块链背景下的个人信息刑法保护相关问题。

一、信息化社会背景下刑法谦抑性与犯罪化关系之反思

长期以来,刑法学界主张保持刑法谦抑性,刑法不宜过多介入社会生活领域的观点占据着主导地位。那么,刑法是否应当消极应对现代社会所带来的各种严重风险?换言之,刑法谦抑性的本质内涵究竟是消极、被动,还是适时、合理出现?其实现的路径又何在?只有厘清这些问题,才能够理解为何我们要对区块链技术保护下的个人信息坚持刑法保护,并探究如何构建相应的困境应对策略。

(一)刑法谦抑性的内涵及实现

针对侵犯公民个人信息的非刑法保护主要是民事侵权责任和行政

处罚，其法律依据包括《民法典》第一百一十一条、《侵权责任法》第三十六条，以及《网络安全法》。此外，对于个人信息的技术保护也一直在探索之中，尤其是区块链技术的出现，更加让人们期待个人信息安全保障得到加强。那么，在非刑事法律保护或者技术保护的前提下，是否还有必要对个人信息进行刑法保护呢？这是其后所有论述展开的根本性前提，只有坚持对个人信息进行刑法保护，才有反思技术保护不足以及所带来的刑法保护困境的必要性。

一般而言，将刑法谦抑性解读为刑法应当具有谦逊、抑制的品格。从汉语语义上，"谦逊"就是谦让、退让，"抑制"就是遏止、压制、谦下。[1] 概言之，刑法不能超前、频繁介入不应当由其先进行调整的领域，应当保持必要的克制，成为最后一道屏障。张明楷教授给刑法谦抑性下了一个定义："刑法应依据一定的规则控制处罚范围与处罚程度，即凡是适用其他法律足以抑止某种违法行为、足以保护合法权益时，就不要将其规定为犯罪；凡是适用较轻的制裁方法足以抑止某种犯罪行为、足以保护合法权益时，就不要规定较重的制裁方法。"[2] 这一定义既包括了入罪的谦抑性，也包括了处刑的谦抑性。对于刑法谦抑性内容概括最佳的应当是日本的川端博教授，他认为刑法的谦抑性有三项重要内容：补充性、片段性和宽容性。"由刑法的法益保护用其他手段不充分时，才应当以补充它的形式被适用；凭借刑法的法益保护不能是完整的、全面的，必须是特别选择一部分处罚；刑法只是特别选出以违法的形态侵害值得着重保护的重要法益的

---

[1] 参见夏征农、陈至立主编：《大辞海》，上海辞书出版社 2015 年版，第 2716、4224 页。

[2] 张明楷：《论刑法的谦抑性》，载《法商研究（中南政法学院学报）》1995 年第 4 期。

行为。"[1]

而对于违反刑法谦抑性的现象,可称为刑罚早期化或者法益保护早期化,它是指"适应刑法规定所保护的法益,将该法益侵害的结果发生以前的危险行为或者着手实行以前的预备行为作为一个独立的犯罪处罚的倾向"[2]。借鉴日本学者山中敬一"谦抑的法益保护原则"理论,即用道德规范或其他法规范保护不能带来效果或效果不充分时,才应开始发动"最后的手段"。马克昌教授也提出谦抑的法益保护早期化原则——是指在危险社会里,为了有效保护法益,法益保护早期化行为入罪是必要的,但应根据谦抑原则予以适当限制。[3] 此种观点具有合理性。同时,笔者还认为不能笼统地将犯罪化就等同于违反刑法的谦抑性原则,应当将其危险行为正犯化和危险行为正犯化的法益保护早期化,与民法、行政法等手段保护不充分的重要法益尚未入罪而有必要犯罪化的现象相区分。

犯罪化与刑法谦抑性本质上乃是保护法益与保障人权两个不同侧重的价值取向,对于二者之间是否就是完全的、根本的对立关系,本书持否定态度。相反,二者在一定程度上具有相互促进的作用。储槐植教授指出:"扩大犯罪圈无疑是我国当下进一步严密刑事法网、提升公民守法意识的必然选择。我国刑法谦抑性的着重点主要体现在总体刑罚量配置以及个罪平均刑罚量配置的减轻上;我国刑法的谦抑主要体现在刑的谦抑而不是罪的谦抑。"[4] 储槐植教授的观点对于当前及今后一定时期内我国社会对刑法的实际需求状况作出了客观的评

---

〔1〕〔韩〕金尚均:《危险社会与刑法》,成文堂2001年版,第1页。转引自马克昌:《危险社会与刑法谦抑原则》,载《人民检察》2010年第3期。

〔2〕马克昌:《危险社会与刑法谦抑原则》,载《人民检察》2010年第3期。

〔3〕同上。

〔4〕储槐植、何群:《刑法谦抑性实践理性辨析》,载《苏州大学学报(哲学社会科学版)》2016年第3期。

价，可谓一语中的。因此，面对当前社会转型与信息化的大潮中存在的巨大、潜在风险，有必要"坚持积极的刑法立法观，刑法的谦抑性并不反对及时增设一定数量的新罪。"[1] 概言之，实现刑法谦抑性的途径要借鉴储槐植教授所提出的"严而不厉"思想，即严密刑事法网，严格刑事责任，但刑罚轻缓，以此来应对非刑法保护不力时的重大社会风险。可见，对于个人信息进行刑法保护既有正当性，也有必要性，保护法益与保障人权并非完全对立。

（二）个人信息法律保护的位阶

进入信息化社会，重大风险大幅上升，新型犯罪层出不穷。面对信息类犯罪高发态势，究竟是依靠技术保护，还是依靠法律保护，尤其是刑法保护，各种观点莫衷一是。其中，很有代表性的一类观点是：刑法需要保持克制，应当通过完善前置法来应对个人信息泄露等问题。[2] 这也正是坚持刑法谦抑性的学者们所赞同的主张。当前，我国对个人信息的法律保护主要集中于刑法保护，造成这种现状的原因主要有两个方面：一方面，针对个人信息的犯罪以及派生犯罪猖獗，比如，贩卖个人信息，利用获取的个人信息进行网络诈骗、电信诈骗等等，需要动刑。另一方面，我国个人信息保护立法的滞后，造成了前置性法律缺失，非刑法的法律保护措施不力，刑法不得不介入。对涉个人信息的相关行为是否需要刑法介入（值不值得动用刑罚），刑法何时介入，都必须明确一个核心问题：个人信息的本质及其法律属性，从而明确个人信息法律保护的位阶以及刑法介入的程度，并完善其相应的规范体系。

---

[1] 周光权：《积极刑法立法观在中国的确立》，载《法学研究》2016 年第 4 期。

[2] 参见冀洋：《法益自决权与侵犯公民个人信息罪的司法边界》，载《中国法学》2019 年第 4 期。

关于个人信息的概念，从我国当前的立法来看，并无直接的法律界定。我国《宪法》在第三章"公民的基本权利与义务"中规定了公民的人身自由不受侵犯、人格尊严不受侵犯、住宅不受侵犯、通信自由和通信秘密不受侵犯。至于将个人信息权归入何种权利，存在争议。《民法典》第一百一十一条明确规定，自然人的个人信息受法律保护，任何组织和个人都必须依法运用并保证安全性。但对于个人信息的内涵与范围依然不明。对于个人信息的概念内涵作出明确界定是在司法解释层面实现的，[1]对其的定义侧重可识别性，包括单独识别和结合识别。但依然没有对个人信息的法律属性（权利类型）作出界定，也即侵犯公民个人信息罪保护的法益是什么。权利属性不同必然导致法律保护位阶的差异。

从文理解释的角度，个人信息是指与个人有关的所有信息，似乎并无不妥。它包括"人之内心、身体、身份、地位以及其他关于个人之一切事项的事实、判断、评价等在内的所有信息"[2]。个人信息涉及的范围之广，既包括客观性的事实信息，也包括主观性的表达信息；既包括隐私类信息，也包括可公开信息。主要涉及个人基本身份信息、社会交往信息、消费信息等。它有两大特点：一是主体性，个人信息的主体是人；二是关联性与可识别性。对于个人信息的本质，主要有三种观点：一是认为个人信息是所有权的一种载体，称为个人信息权，我们可以对它行使所有权的一切权能；二是认为根据我国当前立法对个人信息保护的体例进行体系解释，认为个人信息所体现的

---

[1] 最高人民法院、最高人民检察院《关于办理侵犯公民个人信息刑事案件适用法律若干问题的解释》第一条明确规定，刑法第二百五十三条之一规定的"公民个人信息"，是指以电子或者其他方式记录的能够单独或者与其他信息结合识别特定自然人身份或者反映特定自然人活动情况的各种信息，包括姓名、身份证件号码、通信通讯联系方式、住址、账号密码、财产状况、行踪轨迹等。

[2] 范江真微：《政府信息公开与个人隐私之保护》，载《法令月刊》2001年第5期。

是公民的隐私权；三是认为个人信息属于个人尊严与个人自由的范畴。[1] 对此，赵秉志教授明确指出："个人信息不等同于个人隐私，即便个人信息已经公开，仍有可能成为刑法第二百五十三条之一所规定犯罪的侵害对象。"[2] 这种观点应当说足以为我们明确个人信息的法律属性提供有益视角。

个人信息与个人隐私应当是包含与被包含的关系，前者不仅包括不愿为人知悉的信息，还包括通过一定程序可以公开让他人知悉，以及用于社会交往当然须让他人知悉的信息。将个人信息与个人隐私在同等意义上使用，不利于对公民权利的保护，也不利于信息时代对个人信息的合法合理利用。如果将个人信息界定为个人隐私的范畴，那么，所有个人信息的利用都必须经过本人的同意，无论是私人还是公权力机构都毫无例外。因此，必须明确个人信息的范围包括但不限于个人隐私。对个人信息依据其重要性进行分类，有利于有针对性地采取不同位阶法律保护手段。就广义的个人信息而言，应当尽可能在民事责任和行政处罚的范围内解决，而对于极其重要的、影响生命或财产权益的个人信息，应当纳入刑法规制范围，以同时实现保障社会良性运转和保护公民个人合法权益的双重目的。

二、区块链技术对个人信息技术保护的理论路径与风险

区块链是计算机技术领域的一项突破性技术，从产生以来就对各个领域产生着重要影响，诸多领域已经将其加以应用，尤其是金融行业，比较常见的应用平台包括比特币、以太坊、联盟链等，并且"区

---

[1] 参见高富平、王文祥：《出售或提供公民个人信息入罪的边界——以侵犯公民个人信息罪所保护的法益为视角》，载《政治与法律》2017年第2期。
[2] 赵秉志：《公民个人信息刑法保护问题研究》，载《华东政法大学学报》2014年第1期。

块链＋"正在逐渐成为其应用趋势。日本学者将区块链称为用互联网传递经济价值，构筑社会新模式的伟大技术。[1] 但应当看到，不论是技术本身还是其应用，都会产生一定的争议问题，区块链也不例外。就刑法学界及实务界而言，我们应当警惕区块链可能已经产生或潜在的巨大刑事风险，比如，ICO 行为的刑法规制、洗钱犯罪、涉税犯罪、外汇犯罪等等。本章主要就区块链对个人信息进行技术保护展开理性反思，并进一步分析区块链对个人信息刑法保护所产生的影响以及应对解决路径。

（一）区块链保护个人信息的理论机制

区块链（blockchain）在形式上是一种数据结构，分为"区块"和"链"两个基本结构。对于其具体含义，较为通俗的定义为："一种按照时间顺序将数据区块用类似链表的方式组成的数据结构，并以密码学方式保证不可篡改和不可伪造的分布式去中心化账本，能够安全存储简单的、有先后关系的、能在系统内进行验证的数据。"[2] 它具有去中心化、时序数据、集体维护、可编程和安全可信等特点，核心本质是去中心化。[3] 其价值与应用前景受到各个领域的高度重视，其技术优势主要在于去中心化的分布式结构，以共同维护方式来节省中介成本；不可篡改的时间戳[4]特征，可以追踪数据与实现信息防伪；非对称加密技术实现去中心化的信任，其最大价值在于实现互联

---

[1] 参见〔日〕野口悠纪雄：《区块链革命：分布式自律型社会出现》，韩鸽译，东方出版社 2018 年版，第 1—9 页。

[2] 沈鑫等：《区块链技术综述》，载《网络与信息安全学报》2016 年第 11 期。

[3] 参见袁勇、王飞跃：《区块链技术发展现状与展望》，载《自动化学报》2016 年第 4 期。

[4] 时间戳，是指一个能表示一份数据在某个特定时间之前已经存在的、完整的、可验证的数据，通常是一个字符序列，唯一地标识某一刻的时间。

网时代从信息互联到价值互联。[1]

上述价值是将区块链应用于金融领域所体现出来的优越性,那么,将区块链应用于金融行业之外的其他领域,如教育、医疗、公共服务等时,这些优越性是否还依然存在,甚至是否会产生新的风险?在此,我们主要就区块链应用于个人信息保护上的理论机制与框架设计展开论证,具体应用场景设定于互联网租车软件中的个人信息保护。对此,信息技术领域的研究者认为,将区块链技术应用于互联网租车平台中后,将会达到这样的效果:"互联网租车软件平台无法获取用户的行程路线隐私,从而无法将用户行程路线售卖给其他团体;其次,用户可看到所有的访问者记录,从而增强对自己数据的掌控感;再次,一旦用户决定停止使用该互联网租车软件,可以撤销其数据交互审计平台对自身数据的访问权;最后,假如撤销权限后该互联网租车软件平台遭受黑客入侵使得用户信息泄露,用户可将访问者记录作为证据状告互联网租车软件平台不及时清空用户信息的违规行为。"[2] 但实际上,上述场景中的隐私保护机制要借助于第三方数据库(即一种开源的数据库,只要提供一个链接便可使用,其存放的是用户隐私数据的加密形式,看不见隐私数据具体内容)与数据交互审计平台(即一种建构在区块链之上并对所有数据操作行为进行审计的系统,可保证所有相关数据操作都被记录在区块链中)来实现。

事实上,从区块链的产生与发展历程来看,其所有技术性特征在最初都是服务于经济价值的,对于将其应用于各领域以保障个人信息安全的能力其实是无法完全信任的。从宏观上而言,重要原因在于任何密码技术都存在被破解的可能,并且当前的区块链技术应用所涉及

---

[1] 参见林小驰、胡叶倩雯:《关于区块链技术的研究综述》,载《金融市场研究》2016年第2期。

[2] 章宁、钟珊:《基于区块链的个人隐私保护机制》,载《计算机应用》2017年第10期。

的数据体量相对较小，还没有真正让更大范围的用户参与其中。因此，区块链技术的优势在未来会迎来更多的挑战。接下来将会更加详细地论述为何区块链技术会在个人信息技术保护的实践中遇到瓶颈。

（二）区块链保护个人信息的实践检视

从前述具体应用场景下的基于区块链的个人信息保护来看，似乎当前及未来的个人信息保护问题得到了解决。但从区块链的原理构成及功能发挥来看，其存在的问题也是不应忽视的，尤其是实践上存在的困境。这也说明在个人信息保护这一重要命题上，即使有技术保护，也必须有法律保护包括刑法保护来加以规制，从而以刑罚的手段震慑涉信息犯罪。

理性面对区块链技术的应用与发展，我们应当清楚：区块链的技术特征保证价值交换高效（无信任下交易主体直接交易）、安全（每次交易使用不同的数字证书和账户地址）的优势，不等于其应用于其他领域时在保证信息安全上也具有程度相当高的优势。信息技术领域的研究者们也意识到区块链优势背后的潜在风险，其中很有代表性的观点认为，"大多区块链平台的数据都是公开透明地全量存储在每个节点上，仅依靠交易的签名与验证来确保资产的所有权和保证交易的不可伪造，除此之外，基本没有再提供其他的安全机制，有别于传统数据库中心化的访问控制。"[1] 简言之，区块链中的安全机制是单一的、薄弱的，缺少强有力的多重保护机制。更有研究者详细地从网络层面、交易层面、应用层面分析了区块链技术面临的隐私风险，即恶意节点可以轻易接入网络，任何加入区块链网络的节点都可以获得完整的全局账本并分析所有交易记录，区块链技术用户和区块链服务提

---

〔1〕 邵奇峰等：《区块链技术：架构及进展》，载《计算机学报》2018年第5期。

供商的行为均有隐私泄露风险。[1] 概括而言，区块链领域的研究者们也并不认为区块链技术是无可挑剔的完美技术，同样也是需要一体两面来看待的事物。

那么，能否通过技术手段来实现区块链技术应用中的个人信息安全呢？就区块链应用于信息保护而言，本书认为实际上它不是真正的"去中心化"，而是"多中心化"，因为每个节点都存储了所有信息，同样存在着信息泄露的风险。相对于金融领域点对点交易的"去中心化"优势，在个人信息保护的应用层面，实际上是"多中心"，而且这些"中心"——网络节点——实质上更多的是个人电脑，要让区块链网络中数以万计的个人电脑采用同等的安全技术措施，实际上很难实现，即便技术能够做到，其维护运营成本将是无法估量的。进一步，泄露的交易信息及其关联性可以用来推测敏感信息，这主要是通过降低区块链地址的匿名性来实现的，甚至可以发现匿名地址对应用户的真实身份信息。[2] 因此，在区块链技术大量应用的技术背景下，实践中个人信息保护依然是一个需要予以重视并加以法律保障的老问题。

三、区块链的技术特征对个人信息刑法保护的认定困境

为了满足社会发展与公民安全需求，刑法适时介入，保护公民个人信息具有现实意义。区块链的出现及发展，在保障交易高效、安全的同时，一些技术性的、尚未解决的难题会困扰刑事司法对于涉信息类犯罪的认定。结合区块链的技术特征，主要会增加以下两个方面的

---

[1] 参见祝烈煌等：《区块链隐私保护研究综述》，载《计算机研究与发展》2017年第10期。

[2] 同上。

认定困境:

(一) "去中心化" 弱化个人信息的权利属性

在刑法立法上,对于侵犯公民个人信息罪的犯罪对象——公民个人信息的界定一直处于空白状态。直到 2017 年"两高"出台相关司法解释,以"可识别性"为根本特征对"公民个人信息"进行了规范解释。[1] 然而,除了"可识别性"之外,公民个人信息还具备其他特征,比如权利性、重要性(层次性)等特征。可见,侵犯公民个人信息的行为,不仅本身侵犯了公民个人的合法权利,还会衍生一系列的关联犯罪,严重侵犯公民的生命财产安全。鉴于我们的论证重点在"可识别性",在此对其他问题不予探究。

既然"可识别性"是认定侵犯公民个人信息犯罪及相关犯罪的重要标准,一些主体为了规避法律,使个人信息变得"不可识别",将数据去身份化或匿名化,以实现把个人标识剥离出来。因此,可不可识别的界限变得模糊。[2] 由此产生的问题是,区块链技术下的匿名信息能否成为犯罪对象。对此,笔者认为,应当厘清个人信息的法律属性,这关乎刑法所要保护的是什么法益。这个问题在本章一开始就已经提出,在此再次重申。有学者提出了一个崭新的视角:"侵犯公民个人信息罪所保护的法益,是具备实质权利内涵的集体法益,具体为信息专有权,也就是法定主体对于所占有个人信息的处分权限。通过对信息专有权的刑法保护,可以实现对作为宪法法益的信息自决权

---

[1] 最高人民法院、最高人民检察院《关于办理侵犯公民个人信息刑事案件适用法律若干问题的解释》第一条规定:刑法第二百五十三条之一规定的"公民个人信息",是指以电子或者其他方式记录的能够单独或者与其他信息结合识别特定自然人身份或者反映特定自然人活动情况的各种信息,包括姓名、身份证件号码、通信通讯联系方式、住址、账号密码、财产状况、行踪轨迹等。

[2] 参见陈璐:《个人信息刑法保护之界限研究》,载《河南大学学报(社会科学版)》2018 年第 3 期。

的间接保护。"[1] 然而，进一步需要明确的焦点是：区块链"去中心化"的技术特征之下，这个拥有信息专有权的法定主体（集体）由谁来充任？是企业本身，还是国家有关职能部门？笔者认为，在信息社会与大数据的双重时代背景下，对于国家发展与国际竞争而言，信息已经成为一种重要的、潜在价值巨大的战略资源。因此，在承认公民个人的信息权益（主要是涉及生命和重要财产安全的才由刑法调整）的基础上，更加应当确立国家对于国民信息的专有权，以促进国家、社会与公民个体的共同发展。如此一来，我国的涉信息犯罪必将要进行一定的调整完善，以应对大数据、区块链等革命性互联网技术发展中的风险。

（二）可编程性强化个人信息犯罪的隐蔽性

智能合约的本质就是由代码组成的数字化协议，可编程智能合约是区块链在"去中心化""去信用"的基础上，实现促成交易、降低交易成本的重要构成机理。智能合约系统具有易用性和隐蔽性，智能合约不可逆转的自动性和执行性，使其具有提供信任基础和消除监管的效果，容易被不法分子利用。[2] 因此，一旦智能合约被不法分子利用，其产生的刑事风险将是巨大的，就涉信息犯罪的行为方式而言，涉及的罪名主要是侵犯公民个人信息罪。

根据《刑法》第二百五十三条之一，侵犯公民个人信息罪的具体行为方式包括出售、提供和非法获取。具体而言，"出售"是指将自己掌握的个人信息有偿提供给他人以从中牟利的行为；"提供"是指违反国家有关规定（广义上的违法）将自己掌握的个人信息提供给他

---

[1] 敬力嘉：《大数据环境下侵犯公民个人信息罪法益的应然转向》，载《法学评论》2018年第2期。
[2] 参见赵志华：《区块链技术驱动下智能合约犯罪研究》，载《中国刑事法杂志》2019年第4期。

人的行为，此行为不要求牟利，以区别于出售行为；"非法获取"是指以非法的手段获取公民个人信息的行为。在这里，不仅犯罪主体包括个人和单位，"他人"也包含个人和单位。需要强调的是，"出售""提供""非法获取"并未将所有的涉信息犯罪行为方式完全囊括。比如，合法获取个人信息后既不出售也不提供给他人，而是自己进行非法利用的行为该如何定性？就涉区块链中的涉信息犯罪而言，因为时间戳的存在，在记录的真实和完整性方面具有不可更改性，无法被犯罪行为所利用。因此，产生犯罪的环节主要在智能合约层面，即可编程智能合约实际上是强化了出售、提供、非法获取公民个人信息行为的隐蔽性。

至于智能合约可编程的特征强化了涉信息犯罪行为方式的隐蔽性，对于个人信息刑法保护所带来的认定困境从何而来，笔者认为主要是造成犯罪行为人所掌握的个人信息来源非法性的认定问题。从刑事司法实践来说，公诉机关承担着对行为人定罪量刑的证明责任，如果没有证据证明行为人所掌握信息来源的非法性，那么，就无法对相关的犯罪行为进行有效惩治。当然，在证明个人信息来源非法性的过程当中，"违反国家有关规定"的内涵也需要予以明确。根据2017年"两高"的司法解释，"国家有关规定"的范围包括法律、行政法规和部门规章。尽管如此，区块链智能合约技术原理带来的涉个人信息犯罪行为方式的隐蔽性问题依然存在，这需要我们从刑事立法与司法角度予以解决。

四、区块链时代个人信息刑法保护认定困境的应对建议

技术和制度本身发展不完善所带来的风险在短期内无法依靠其自身解决，也就是说区块链技术特征对个人信息刑法保护所带来的司法认定困境，应当从刑法规范立法与适用解释上有针对性地予以完善。

因此，本书从以下两个方面提出具体建议。

（一）厘清侵犯公民个人信息罪的保护法益

前面已经探讨了个人信息的法律属性，以及法律保护位阶。就刑法保护而言，必须要明晰其保护的法益，以及该法益是否值得刑法介入。因此，应当厘清侵犯公民个人信息罪所保护的法益及其重要程度，以应对区块链"去中心化"特征下合理地对涉信息犯罪进行提前预防与惩治。

首先，要厘清侵犯公民个人信息罪所保护的法益，需要在前述区别于个人隐私的基础上进一步将个人信息与相关概念区分开来。这里主要是与个人资料作区分。世界各国立法上对于个人信息、个人资料、个人隐私的理解尚未有一致观点。[1]"资料"和"信息"是一对既相互联系又相互区别的概念。"资料（Data）是指代表人、事、时、地的一种符号序列（不以文字为限），信息（Information）是指资料经过处理后可以提供为人所用的内容。"[2] 由此可见，个人资料是个人信息的具体表现形式，二者是形式与内容的关系。同时，个人信息的表现形式具有多样性，并不一定都表现为个人资料，没有物化为个人信息的个人资料客观存在，比如，一个人自然表现出来的个人属性。[3] 此外，相对而言，个人资料具有更强的客观性，资料收集者基于不同的目的对所收集到的个人资料进行不同的处理，形成不同的个人信息，甚至他们收集的个人资料是同一的，而得到的个人信息却

---

[1] 如1973年瑞典制定《资料法》，1974年美国制定《隐私权法》，1978年奥地利制定《信息保护法》等等。

[2] 张淑奇、王齐庄：《电子商务环境的信息系统》，武汉大学出版社2000年版，第13页。

[3] 参见齐爱民：《论个人资料》，载《法学》2003年第8期。

不尽相同。[1] 因此，个人信息是指与个人有关的、由个人资料提炼的（并非唯一途径）、具有价值的内容。所以，刑法要保护的法益也只能是载体所承载的价值，而非载体本身。

其次，对于个人信息的权利类型也有必要给予适当的体系性地位。目前主要有三种学说，分别是隐私权说、生活安宁权说和信息价值说。有学者认为这三种观点各有侧重，但也各存偏颇。因而，在上述三种学说基础之上，形成了融合三种学说优点，弥补其不足的"折中说"，即公民个人信息应为"违背公民本人真实意思表示且在客观上公开会造成公民个人人身、财产安全隐患的一切信息"[2]。此学说突出了主观真实意思表示是同意，客观危害性是人身、财产安全隐患等两大主客观特征。此外，也有学者明确将个人信息的权利类型界定为个人信息权，并进一步提出应当转变个人信息刑法保护的思路，即"从隐私权保护模式转向以个人信息权为基础的保护模式"。应当说，这些学说都有助于说明刑法规制涉个人信息犯罪的正当性与合理性。

最后，依然要重申，在信息化时代，随着大数据等信息应用技术的发展，个人信息体现的不再仅仅是公民个人的权利属性与自我价值，也体现出国家战略价值。因此，对于涉个人信息犯罪，刑法不仅不应当退步、萎缩，相反，应当以更加积极的姿态应对社会经济发展过程中危害性严重的数据信息类犯罪。这样才能够既维护公民的重要权益，也维护国家信息安全。

（二）完善刑事司法认定中的责任推定规则

在区块链技术对刑法适用所带来的认定困境上，可编程性导致个

---

[1] 参见陈波、周小莉：《个人资料与个人信息、隐私权的关系分析——基于行政公开视角》，载《江汉论坛》2011年第4期。

[2] 庄绪龙：《侵犯公民个人信息罪的基本问题——以"两高"最新颁布的司法解释为视角展开》，载《法律适用》2018年第7期。

人信息犯罪的隐蔽性增加是不可回避的问题。具体而言，具有可编程特征的智能合约被不法分子利用之后，因其点对点传输、数字验证加密，在认定行为中个人信息来源的非法性时，给司法实践造成一定的困境。

针对这一问题，本书尝试性提出责任的法律推定规则。对于该规则，笔者是受启发于《刑法》第三百九十五条的巨额财产来源不明罪。根据该条规定：国家工作人员的财产、支出明显超过合法收入，差额巨大的，可以责令其说明来源，不能说明来源合法的，差额部分以非法所得论。需要强调指出的是，有学者认为我国《刑法》中的巨额财产来源不明罪、非法持有型犯罪，如非法持有、私藏枪支、弹药罪，非法携带枪支、弹药、管制刀具、危险物品危及公共安全罪，持有、使用假币罪，非法持有属于国家绝密、机密的文件、资料罪等，都属于刑事诉讼中的举证责任倒置。[1]但笔者认为这一规定并非举证责任倒置，[2]而是基于法律规定的推定。原因在于《刑法》第三百九十五条中规定的"不能说明来源"，本质上是一种说明义务，也即如实交代的义务，并非强制性要求犯罪嫌疑人或被告人及辩护方承担具体的举证责任。事实上，当犯罪嫌疑人或被告人对"来源"提供线索之后，承担查证及举证责任的机关还是司法机关。当无法提供线索时，则推定超出合法来源的部分"不合法"。

就本章而言，将这一规则具体应用到区块链技术下的个人信息犯

---

[1] 参见彭荣、李一珊：《论刑事诉讼中的证明责任》，载《云南大学学报（法学版）》2015年第2期。

[2] 举证责任倒置一般在民事诉讼中涉及，它指基于法律规定，将提出主张的一方当事人（一般是原告）就某种事由不承担举证责任，而由他方当事人（一般是被告）就某种事实存在或不存在承担举证责任，如果该方当事人不能就此举证证明，则推定原告的事实主张成立的一种举证责任分配制度。在一般证据规则中，"谁主张谁举证"是举证责任分配的一般原则，而举证责任的倒置则是这一原则的例外。

罪的侵害对象来源非法性时，可以解释为：涉个人信息犯罪的行为人应当说明其所掌握的数据来源合法的线索，由公安司法机关来查证，并在法庭上举证、质证，最终由审判机关作出公正的裁判。之所以将上述"法律推定"引入个人信息刑法保护的司法认定当中，主要是因为在区块链技术下，个人信息犯罪的隐蔽性更强，如果仅仅依靠公安司法机关，将出现司法认定的困局。最终，这些都要依靠刑法立法或司法解释来予以法定化、规范化。

结语

申言之，大数据、区块链等重要信息技术的发展对于现代社会产生着深刻影响，在依靠科技创新形成了新的经济增长点的同时，由于科技的不当应用也带来了一些信息化社会风险。如何正确、合理运用各种法律手段来加以规制，以保障社会和个人权益，是新时代需要面临的新挑战。就区块链而言，从理论技术层面固然可以对保障个人信息安全起到一定作用，但也应当看到在实践层面所存在的问题。同时，不容忽视的是区块链的技术性特征对个人信息刑法保护所造成的认定困境：一是"去中心化"弱化了作为犯罪对象的个人信息的权利属性；二是可编程智能合约强化了个人信息犯罪的隐蔽性。面对这两大困境，在一定时期内自然无法从技术层面去解决。因此，应当从刑事立法或司法角度有针对性地予以完善，一方面，必须全面厘清侵犯个人信息罪所保护的法益；另一方面，应当借鉴《刑法》第三百九十五条的"法律推定"的规定模式。面对现代社会存在的社会风险，不仅要依靠技术，也要以完善的刑法制度来规制科技发展本身所带来的刑事风险。

进一步而言，由于信息领域技术的发展，加之社会活动与社会交往的频繁，当今世界信息交换速度之快、容量之大、潜在价值之大难以估量。随着云计算等技术手段的应用，大数据的潜在价值将很快显现，很多国家已经将信息大数据视为重要的战略资源。同时，它就像悬在人们头上的一把利剑，随时可能因为不当利用造成快速暴发且无法估量的危机。因此，应当坚持积极的刑法规制理念，防范信息社会可能存在的巨大刑事风险。此外，我国个人信息保护的法律规范相当分散，且位阶相对较低。[1] 针对我国个人信息被侵犯的严重性和法律规范的不协调性，从社会管理角度来看，我国个人信息保护缺少一部总的法律衔接和协调各种关系。因此，制定一部高位阶、系统化的"个人信息保护法"作为一般性保护手段，将刑法作为最后的屏障，也是需要重视的一个方面。

---

〔1〕 目前，我国与个人信息保护相关的法律规范有24部，其中国家法律3部，行政法规1部，司法解释2部，行政规章18部。

第十三章
反黑刑法立法四十年回顾与展望

中国进行有计划的、阶段性的、集中式反黑始于 1983 年开始的"严打"斗争。黑社会性质的组织犯罪作为有组织犯罪的一种重要形态，可追溯至我国近代以来的帮会问题。[1] 帮会组织是在中国沦为半殖民地半封建社会以后空前发展起来的，解放战争时期走向没落，中华人民共和国成立后帮会组织遭受到毁灭性打击。[2] 20 世纪六七十年代，社会治安较为混乱，严重刑事犯罪案件频发，党和国家亟待重建社会秩序。在这样的历史背景下，我国第一部《刑法》于 1979 年制定出台，并于次年元旦起实施，结束了我国没有刑法典的历史。

"文化大革命"结束后迎来第三次犯罪高潮，刑事案件尤其是恶性

---

[1] "黑社会性质组织""有组织犯罪""恶势力犯罪集团""帮会组织"等术语都是在中国不同历史时期所出现的市民社会的异化形态，因本章写作方向是刑法立法角度，故不对这几种形态的"组织"进行详细区分。同时，如无特殊说明，文中的"反黑"一词均将"严打""扫黑除恶"包含在内。

[2] 参见周育民、邵雍:《中国帮会史》，武汉大学出版社 2012 年版，序言第 1—4 页。

案件态势严峻。邓小平在1983年7月19日同当时公安部负责人谈话时指出:"……在非常状态,必须依法从重从快集中打击,严才能治住……"[1] 从此"严打"成为我国刑事政策的重要内容,并深刻影响着刑法立法与刑事司法。20世纪80年代至今,我国已集中开展三次反黑斗争,重特大恶性刑事犯罪迅速减少,社会治安状况得到根本改善,这主要得益于刑法立法的不断发展完善提供法治化指引。进入新时代,反黑斗争面临新的挑战。回顾我国反黑刑法立法的历史变迁,反思存在的不足并进一步提出相应的完善建议,对于进一步完善反黑法律体系,提升依法、正确、高效反黑能力,均具有重要的理论研究和实践指导意义。

一、反黑刑法立法四十年之变迁历程

1978年后我国迎来经济社会的重要转型发展期,严重刑事犯罪依然高发,社会治安形势不容乐观,紧急制定的1979年《刑法》已无法满足当时社会治理(控制)的客观需求。与此同时,从1983年开始我国进入集中式强力反黑时期,为避免陷入弊端诸多的"运动式"反黑,对刑法立法的修订与完善提出更高要求。刑法立法经过近四十年的发展,我国的反黑刑法规范体系逐渐完善,法治化水平得到极大提高。我们可以从刑法修订的时间、模式、内容等视角来看我国反黑刑法立法的发展进程。

(一) 20世纪八九十年代:专门立法活跃阶段

中华人民共和国第一部《刑法》制定于1979年,其中也涉及诸

---

[1] 参见邓小平:《邓小平文选》(第三卷),人民出版社1993年版,第33—34页。

多反黑可以适用的罪名，但实际上正式的反黑刑法立法是以1983年"严打"为标志。[1]针对严重的犯罪状况和恶劣的社会治安状况，仓促颁行的刑法典已不能适应"严打"提出后，国家依法从严、从快、从重打击严重刑事犯罪的司法实际。因此，大量的单行刑法出台，从1983年"严打"到1995年10月30日，全国人大常委会累计出台20部单行刑法，[2]其中直接涉及反黑的规范共有5部。[3]当然，在当时其余的单行刑法对于打击犯罪、维护社会秩序也起到了重要作用。

通过梳理单行刑法立法时期的时间要素，可以发现以下特征：（1）出台时间间隔短、频率高。从1983年第一个"严打"的单行刑法规范出台后的12年间，我国一共出台20部单行刑法规范，平均7.2个月就制定一部，其中间隔最短的仅为2个月零3天，同一天出台2部的也不在少数。（2）通过时间、颁布时间和生效实施时间几乎都为同一天，多直接表述为"自公布之日起实施"，即采取即时生效模式。这一方面是由于规范内容较少，另一方面也是为了能够及时满

---

[1] "反黑"一词始于1983年开始的"严打"，因而，反黑刑法立法的起始并非1979年《刑法》的制定。此外，20世纪八九十年代我国并未对黑社会性质组织进行法律界定，所以，对于黑社会性质组织犯罪的罪名适用没有严格标准，但从理论上以及当时的反黑实践而言，一般包括破坏社会主义市场经济秩序罪，侵犯公民人身权利、民主权利罪，破坏财产罪，妨害社会管理秩序罪等四类罪名。

[2] 参见陈兴良：《回顾与展望：中国刑法立法四十年》，载《法学》2018年第6期。陈兴良教授在文章中论述为24个，但实际上1981年6月10日通过的《关于死刑案件核准问题的决定》和1983年9月2日通过的《关于迅速审判严重危害社会治安的犯罪分子的程序的决定》不属于单行刑法，而属于刑诉法的内容，因此，1979年《刑法》制定后我国一共出台了22个单行刑法。同时由于笔者的视角是反黑刑法立法，故1983年之前的2个单行刑法不包括在内，本章使用20个单行刑法的提法。

[3] 具体包括1983年9月2日《关于严惩严重危害社会治安的犯罪分子的决定》、1990年12月28日《关于惩治走私、制作、贩卖、传播淫秽物品的犯罪分子的决定》和《关于禁毒的决定》、1991年9月4日《关于严惩拐卖、绑架妇女、儿童的犯罪分子的决定》和《关于严禁卖淫嫖娼的决定》。

足司法适用的需求。从以上两个方面的时间要素特征可以看出，20世纪八九十年代的反黑刑法立法处于相当活跃时期，呈现出有针对性地频繁立法现象。

从立法内容来看，根据与反黑直接相关的5个单行刑法规范，也可以明确该阶段刑法立法的特点。1983年9月2日第六届全国人大常委会第二次会议通过《关于严惩严重危害社会治安的犯罪分子的决定》，要求对于流氓犯罪，故意伤害，打击报复行凶，拐卖人口，涉枪涉爆，进行反革命活动，引诱、容留、强迫妇女卖淫等犯罪，要在法定最高刑以上判处刑罚，直至死刑。其后更是针对涉淫秽物品犯罪、毒品犯罪、拐卖妇女儿童犯罪专门出台单行刑法。需要强调指出的是，尽管1983年开始的"严打"对象范围是严重危害社会治安的刑事案件，但已经明确提出了将流氓团伙或者其他犯罪团伙作为打击的重点。至1986年年底，为期三年的"严打"斗争结束，全国共查获各种犯罪团伙197000个，查处的团伙成员876000人。[1] 从整体上来看，不仅重视对严重刑事犯罪的立法完善，也极其重视对社会风气的重塑。可以看出，20世纪八九十年代我国的反黑刑法立法呈现出活跃、精准、异常严厉等多重特点。

（二）20世纪末期：体系化修订完善阶段

经过近二十年的发展，我国逐渐形成由一部刑法典、22部单行刑法构成的刑法规范体系，反黑刑法规范的总体格局也保持着相对的一致性。由于1979年《刑法》出台仓促而存在诸多不完善之处，以及单行刑法纷繁复杂带来的刑法规范适用不统一、缺乏权威性等问题，对旧刑法进行全面的系统性修订已迫在眉睫。鉴于此，第八届全国人

---

[1] 参见何秉松：《中国有组织犯罪研究：中国大陆黑社会（性质）犯罪研究》（第一卷），群众出版社2009年版，第101页。

大第五次会议于 1997 年 3 月 14 日表决通过对刑法典的全面修订。在保留 1979 年《刑法》基本框架的基础上，对其实施以来颁布的 22 个单行刑法进行合理吸收，章节结构更加合理，罪名体系更加完善。就反黑刑法立法而言，主要涉及以下几个方面：

一是取消了刑法典总则中关于"指导思想"的表述，其中包括"惩办与宽大相结合的政策"，以及"反革命""无产阶级专政"等表述，使我国刑法祛除了明显的"严打"刑事政策色彩，弱化了刑法立法的阶级斗争属性，为我国刑法立法的不断完善提供了广阔空间，也符合刑法现代化的发展趋势。

二是在刑法典总则中明确规定了"罪刑法定原则""刑法面前人人平等原则""罪刑相适应原则"等三个刑法基本原则。前者对反黑刑法立法的完善提出了更高要求，即反黑斗争必须在依法的前提下进行。后二者对于反黑刑事司法也提出要求，只要属于黑恶势力，从事黑恶势力犯罪活动，都应当予以打击。同时，在刑罚的适用上，也不能突破现有有效刑法规定予以严厉打击，应当通过刑法立法科学、合理地对疏漏之处予以完善。

三是在刑法典分则当中，一方面，将类罪名"反革命罪"修改为"危害国家安全罪"，具体罪名减少为 12 个，罪状表述更加与时俱进，符合实践需求；另一方面，扩大妨害社会管理秩序罪，分解"流氓罪"，对 1997 年之前颁布的单行刑法的内容进行移植吸收。[1] 至此，我国的反黑刑法罪名体系更加科学、完善，对于反黑刑事司法尤其是罪名的正确理解与高效适用都起到重要的依据和指导的作用。

此次刑法典的全面修订是一次整体性、结构性、系统性的全面完善，我国的刑法立法从根本结构和理念上趋于稳定。我国反黑刑法立

---

[1] 参见刘守芬：《关于"97 刑法"与"79 刑法"若干问题的比较》，载《中外法学》1997 年第 3 期。

法也随着统一和相对完备的刑法典的生效实施而逐渐走向统一、稳定阶段。此后的反黑刑法立法，将不会再出现大规模的全面修订完善，更加不会出现20世纪八九十年代"严打"时期反黑刑法立法极度活跃的现象，犯罪化趋势也将逐步实现相对稳定，这也是我国刑法发展逐渐理性与现代化的必然趋势及当然结果。

（三）21世纪初以来：全面稳定发展阶段

进入21世纪，我国经济社会发展迅速，前期的反黑斗争效果显著。黑社会性质组织犯罪也呈现出隐蔽性特征，如违法犯罪手段网络化与信息化、披上合法外衣——"漂白身份"、拉拢政权中的腐败分子充当"保护伞"、极端恶性暴力犯罪活动下降，以及黑恶势力犯罪"软暴力"倾向，等等，这些突出的新问题对反黑刑法立法提出新的严峻挑战。与此同时，经历了对1997年《刑法》的全面修订，我国的刑法体系总体上也趋于完善，刑法完善方式以刑法修正案模式为主导，进入成熟稳定发展阶段。对刑法规范进行司法适用解释也成为刑事司法正确、高效开展的重要前提。在此种背景下，我国反黑刑法立法的完善也进入了修正案与司法解释相结合的时期。从1979年《刑法》实施至2024年年底，我国总共通过12个刑法修正案，其中与反黑直接关联的主要涉及4个刑法修正案：

其一，《刑法修正案（六）》（2006年6月29日实施）。涉及的内容主要包括：在《刑法》第三百零三条新增一款，增设开设赌场罪；完善掩饰、隐瞒犯罪所得、犯罪所得收益罪，主要是增加行为对象、兜底性行为方式条款以及情节严重的法定刑；完善洗钱罪的上游犯罪，新增贪污贿赂犯罪、破坏金融管理秩序罪、金融诈骗犯罪等三类上游犯罪。

其二，《刑法修正案（七）》（2009年2月28日实施）。涉及的内容主要是完善绑架罪，增加绑架致人死亡、杀害被绑架人的行为方式及绝对确定的死刑法定刑，并且增加罚金刑。绑架杀人犯罪曾经是黑恶势力犯罪集团满足其非法要求的重要途径，完善绑架罪的客观行为方式并加重刑罚，有利于增强打击惩治绑架犯罪活动的刑法力度。

其三，《刑法修正案（八）》（2011年5月1日实施）。涉及的内容主要是在总则当中新设限制减刑制度，将"犯罪集团的首要分子"新增为不适用缓刑的对象，将"黑社会性质的组织犯罪"纳入特殊累犯范围，将符合一定宣告刑的"有组织的暴力性犯罪"适用不得假释的规定；在分则中主要是完善走私罪、强迫交易罪、敲诈勒索罪、寻衅滋事罪，提高组织、领导、参加黑社会性质组织罪的法定刑并明确其法律特征，[1] 完善协助组织卖淫罪以及完善传授犯罪方法罪的法定刑。

其四，《刑法修正案（九）》（2015年11月1日实施）。涉及的内容包括：完善危险驾驶罪（飙车入刑）、抢夺罪（多次抢夺）、妨害公务罪（暴力袭警入刑）、绑架罪（故意伤害被绑架人），新增扰乱国家机关秩序罪和组织、资助非法聚集罪，完善破坏法律实施罪的法定刑及数罪并罚规定，完善毒品犯罪行为方式规定及其法定刑，完善组织卖淫罪、强迫卖淫罪、协助组织卖淫罪。

通过以上系列刑法修正涉及的反黑刑法规范修改来看，犯罪罪名体系的完善主要是增加行为方式，提高法定刑，新增罪名极少。在修改的频率上，最短间隔2年2个月，最长间隔4年6个月；在通过及生效实施时间上，前两者为公布之日起生效实施，后两者由于修改条文较多，为隔时生效实施。这些特征在一定程度上体现出我国刑法现代化进程中的理性犯罪化的趋势。同时，伴随"扫黑除恶"专项斗争的开展，在刑法依据尤其是罪名体系及刑罚制度已经相对完善的情形

---

[1] 我国首次对于黑社会性质组织的特征进行明确界定是2002年全国人大常委会表决通过的《关于〈中华人民共和国刑法〉第二百九十四条第一款的解释》。

下，如何正确理解、高效适用相关刑事政策文件与刑法规范成为新时代反黑刑法立法的重要内容。为了提高"扫黑除恶"工作的法治化水平，实现预定目标和成效，"两高两部"于2018年1月出台《关于办理黑恶势力犯罪案件若干问题的指导意见》（以下简称《指导意见》），总体上强调依法、准确、高效、有力惩处黑恶势力犯罪，要求宽严相济、宽严有据、罚当其罪。具体而言，一方面，更加深入、全面对黑社会性质组织及其行为方式的认定作出更加明确、细致的规定；另一方面，对黑恶势力及其犯罪集团、利用软暴力实施犯罪、非法放贷讨债、"保护伞"等突出问题提出意见。此外，还提出依法处置涉案财产，彻底铲除黑恶势力的经济基础。为进一步扎实开展"扫黑除恶"斗争，2019年4月"两高两部"连续出台四个联合司法解释，[1] 细化2018年《指导意见》的要求，加强"扫黑除恶"斗争的法律理解与适用，防止人为降低或拔高黑恶势力犯罪的认定标准。

从1983年"严打"到"扫黑除恶"，我国反黑刑法立法发展历时四十载，经历了立法政策从单一从严到宽严相济、立法态势从应急活跃到常态稳定、立法内容从服务于精准打击到全面完善与加强司法适用并重的历史变迁。这表明我国的反黑刑法立法不仅在提供反黑刑法依据上发挥着决定性作用，并且在顺应、促进我国刑法现代化的进程中也产生着更加积极的影响。

---

[1] 详细内容参见最高人民法院、最高人民检察院、公安部、司法部：《关于办理恶势力刑事案件若干问题的意见》（以下简称《意见一》）、《关于办理"套路贷"刑事案件若干问题的意见》（以下简称《意见二》）、《关于办理实施"软暴力"的刑事案件若干问题的意见》（以下简称《意见三》）以及《关于办理黑恶势力刑事案件中财产处置若干问题的意见》（以下简称《意见四》）。

二、反黑刑法立法四十年之基本内容

反黑刑法立法发展变化的四十年是我国总体刑法立法发展的缩影，是在反黑社会治理实践及反黑刑事政策影响下反黑刑法立法的自我完善，反黑斗争得到法治化保障，依法反黑成效显著。在这一过程当中，每一个重要阶段的反黑刑法立法都有其特定背景下的突出贡献，具体体现在以下三个方面：

（一）初步形成反黑刑法立法罪名体系及刑罚结构

我国1979年《刑法》是特定社会历史背景下的紧急立法。作为中华人民共和国第一部刑法典，其在权威性和统一性上的积极作用不言而喻。但它内容上的不完善在司法实践当中很快凸显，这也是促使其后频繁制定通过单行刑法规范的重要原因。20世纪八九十年代反黑刑法立法完善的方向也应当是着眼于罪名体系和刑罚体系的不断完善。

一是罪名体系问题。1979年《刑法》分则部分共有8章，104个条文，而在罪名数量上，根据1981年最高人民法院起草的《关于适用刑法分则罪名的初步意见》，刑法分则有罪名8类，共128个具体罪名，[1] 并没有形成统一的反黑罪名适用标准及体系。但笔者认为，初期反黑罪名体系适宜以作为反黑开始标志的1983年"严打"为判断标准。具体而言，根据1983年9月2日通过的《关于严惩严重危

---

[1] 参见徐伟：《改革开放40年来中国刑法结构的动态走势和变化规律》，载《深圳大学学报（人文社会科学版）》2018年第3期。具体罪名数量分别为：反革命罪20个，危害公共安全罪20个，破坏社会主义经济秩序罪15个，侵犯公民人身权利、民主权利罪23个，侵犯财产罪9个，妨害社会管理秩序罪26个，妨害婚姻、家庭罪6个以及渎职罪9个。

害社会治安的犯罪分子的决定》,当时涉及反黑的条文包括第一章反革命罪中第九十九条,第二章危害公共安全罪中第一百一十二条,第四章侵犯公民人身权利、民主权利罪中第一百三十四条、第一百四十条、第一百四十一条,以及第六章妨害社会管理秩序罪中第一百六十条、第一百六十九条。同时,还新增1个条文,即传授犯罪方法罪,共计8个条文、9个罪名。打击对象涵盖流氓犯罪,涉枪涉爆犯罪,拐卖人口犯罪,故意伤害犯罪,利用会道门、封建迷信反革命犯罪,引诱、容留、强迫妇女卖淫以及传授犯罪方法,这些犯罪的共同特征是严重危害社会治安,扰乱社会秩序。需要强调指出的是,反黑并非仅仅适用前述9个罪名,只不过在当时的社会背景下需要重点治理这几类犯罪。在1983年之后,由单行刑法新增的罪名共101个,其中直接涉及反黑的罪名新增21个,[1] 反黑的内容主要包括涉淫秽物品犯罪,毒品犯罪,拐卖、绑架妇女儿童犯罪,以及组织、强迫、引诱、容留、介绍卖淫犯罪。至1997年全面修订刑法,我国已经初步形成了反黑司法适用罪名体系。

二是刑罚体系问题。这里主要是指刑罚的轻重结构。1979年《刑法》颁行后的单行刑法尤其是直接与反黑相关的,其总体趋势体现"严打"精神,大幅提高有关犯罪的刑罚幅度,以符合从严从重的严惩要求。尤其是作为1983年开始"严打"标志的《关于严惩严重危害社会治安的犯罪分子的决定》,其内容主要是对于突出的9种严重危害社会治安的犯罪,明确要求可以在法定最高刑以上判处刑罚,直

---

〔1〕参见刘仁文主编:《废止劳教后的刑法结构完善》,社会科学文献出版社2015年版,第266—267页。书中指出,1979年后通过单行刑法的刑法罪名新增情况为:1983年新增罪名1个,1988年新增罪名13个,1990年新增罪名15个,1991年新增罪名8个,1992年新增罪名5个,1993年新增罪名12个,1994年新增罪名9个,1995年新增罪名39个。其中,1990年3个单行刑法中与反黑没有直接关联的罪名1个(侮辱国旗、国徽罪)、1991年3个单行刑法中与反黑没有直接关联的罪名1个(盗掘古文化遗址、古墓罪)。

至死刑。也就是说可以突破当时刑法典总则规定的有期徒刑最高 15 年的法定刑罚幅度。在其后直接与反黑相关的 5 个单行刑法中所涉及的罪名，与 1979 年的相关或相同罪名相比，也大幅提高了刑罚的幅度，如《刑法》第一百七十条的罪名及行为方式得到丰富，并将最高法定刑提高至死刑（原最高刑为 3 年有期徒刑），还增加刑罚幅度（10 年有期徒刑）、刑罚种类（没收财产）以及从重处罚的情形；《刑法》第一百七十一条的罪名及行为方式得到丰富，并提高其最高法定刑至死刑（原最高刑为 5 年有期徒刑），增加有关毒品罪名的刑罚幅度（7 年有期徒刑、10 年有期徒刑）；《刑法》第一百四十一条的罪名及行为方式得到丰富，并提高其最高法定刑至死刑，严惩拐卖妇女、儿童过程中的犯罪行为，包括收买行为、强奸行为、故意伤害行为等以及国家工作人员解救过程中的失职行为；《刑法》第一百四十条、第一百六十九条的罪名及行为方式得到丰富，并提高其最高法定刑至死刑。此外，还严惩相关的协助行为、单位犯罪行为。[1] 通过这一系列的刑法立法完善，从根本上改变了原有刑法典罪名及行为方式单一、刑罚轻重结构失衡（普遍过轻）的问题，满足了当时反黑刑事司法实践对于法律依据的迫切需要，保证了"严打"在法治化的轨道上进行。

概言之，我国反黑刑法立法四十年第一阶段的贡献性发展就是完善了罪名体系、丰富了行为方式、调整了刑罚轻重结构，使反黑刑法规范适用依据更加符合司法实践要求，为将来反黑刑法立法的继续发展奠定了重要基础。实际上，在其他类型犯罪的刑法立法上，也经历着同样的根本性改变，总体上使得我国的刑法规范体系更加科学、合

---

[1] 详细内容参见：1983 年 9 月 2 日《关于严惩严重危害社会治安的犯罪分子的决定》、1990 年 12 月 28 日《关于惩治走私、制作、贩卖、传播淫秽物品的犯罪分子的决定》和《关于禁毒的决定》、1991 年 9 月 4 日《关于严惩拐卖、绑架妇女、儿童的犯罪分子的决定》和《关于严禁卖淫嫖娼的决定》。

理、全面,化解了 1979 年《刑法》结构和内容不完善带来的司法适用困境,为后来 1997 年刑法的全面修订作好了理论与实践上的准备。

(二)明确界定"黑社会性质组织"的法律特征

至 1997 年对《刑法》进行全面修订前,我国的反黑刑法立法及司法已历时近十五年,但并未对反黑中的核心要素"黑社会性质的组织"进行法律界定,而是以具体犯罪行为的严重危害性——严重破坏社会秩序为衡量标准开展反黑司法。在 1997 年对《刑法》进行全面修订时,首次使用了"黑社会性质的组织"概念,在罪状描述中将其表述为"以暴力、威胁或者其他手段,有组织地进行违法犯罪活动,称霸一方,为非作恶,欺压、残害群众,严重破坏经济、社会生活秩序的黑社会性质的组织的……",但并没有明确界定其法律特征。这在很大程度上不利于反黑当中对于涉黑犯罪活动的犯罪主体的判断,影响反黑罪名适用。

全国人大常委会于 2002 年通过《关于〈中华人民共和国刑法〉第二百九十四条第一款的解释》,对"黑社会性质的组织"进行明确界定,要求在对其进行认定时必须同时满足三个条件:其一,组织形式特征。即人数众多,骨干成员基本固定,组织者、领导者明确。对于"人数众多"的理解,由于黑社会性质的组织本质上是一种犯罪集团,根据刑法总则对犯罪集团的相关规定,应当是三人及以上。其二,犯罪动机特征。一方面是经济性犯罪动机。即通过违法犯罪活动获取经济利益,谋取非法经济利益也成为维持组织运作的重要手段。另一方面是非经济性犯罪动机。即为非作恶,欺压、残害群众。这二者之间往往是有交叉的,但也不排除仅仅存在非经济性目的。其三,危害性特征。即称霸一方,在一定区域或行业内形成非法控制或者重大影响,严重破坏经济和社会生活秩序,本质乃是对市民社会内部秩序的严重破坏,其本身也是市民社会的一种异化形态。需要强调指出的是，2018年1月"两高两部"出台了《指导意见》，进一步对黑社会性质组织本身及其相关罪名的认定标准作出了更加明确的界定。

界定"黑社会性质的组织"的法律特征，对于防止和减少人为降低或拔高认定涉黑犯罪的标准意义重大。在进行法律界定前，反黑司法实际上更多地依赖"严打"刑事政策，以及单行刑法对于个别化犯罪类型的规定。因而，极易陷入"运动式"反黑司法，将不符合反黑本质的罪名进行"反黑化"适用，从而扩大了严惩的打击面。所以，对"黑社会性质的组织"进行法律界定，不仅可以明确其判断标准，而且能够理解涉黑集团的本质，以区别于其他类型的集团犯罪。这是反黑刑法立法取得的第二个阶段性的重要发展，在反黑罪名体系及刑罚轻重结构完善的基础上，为反黑司法的开展进一步加强了法治化保障。同时，也为后来对"恶势力、恶势力犯罪集团"的法律界定提供了指引和宝贵经验。

（三）统一"恶势力违法犯罪组织"的认定标准

21世纪初以来，"打黑除恶"专项斗争持续进行，成效显著。同时，反黑也面临着新情况、新问题，如黑社会性质组织及犯罪隐蔽性增强、恶势力及其犯罪集团活跃、犯罪手段"软暴力"化等等。随着"扫黑除恶"斗争的开展，实现压倒性胜利已成为新时代反黑的根本任务。为了确保依法、全面、深入开展"扫黑除恶"，"两高两部"出台联合司法解释规范恶势力及其犯罪集团的认定标准。将恶势力的内涵及特征法定化也是反黑刑法立法发展过程中取得的重要进展。

根据"两高两部"颁布的《指导意见》及《意见一》，恶势力犯罪组织应当同时符合下列特征：（1）组织形式特征。三人以上，经常纠集在一起，纠集者和成员都相对固定。（2）犯罪动机特征。恶势力实施犯罪活动的动机往往是为非作恶、欺压百姓，但并不排除其中掺杂了谋取经济利益的动机。（3）客观行为特征。以暴力、胁迫或者其他手段，在一定区域或行业内多次实施违法犯罪活动。需要注意的是，其中的违法行为不能因为量的积累而认定为犯罪行为。(4) 社会危害性特征。扰乱经济秩序、社会生活秩序，造成较为恶劣的社会影响。在认定过程中对于这四个特征的把握，应当首先考察组织形式特征，再结合其他三个特征，以避免将无组织的单个行为人实施的相关违法犯罪活动认定为恶势力违法犯罪。

同时，《指导意见》还明确列举恶势力主要从事的违法犯罪活动类型，主要包括强迫交易、故意伤害、非法拘禁、敲诈勒索、故意毁坏财物、聚众斗殴、寻衅滋事等。同时，还可能伴随实施开设赌场，组织、强迫卖淫，贩卖毒品，运输毒品，制造毒品，抢劫，抢夺，聚众扰乱社会秩序、公共场所秩序、交通秩序以及聚众"打砸抢"。当然，要认定为恶势力犯罪集团还需要同时满足犯罪集团的法定条件。此外，《意见三》还对当前频繁发生的"软暴力"进行法律界定。可见，新时代的反黑刑法立法更加强调认定标准的细化、可操作性，与时俱进，以更好地服务于反黑刑事司法实践。此外，还需要强调指出的是，虽然统一"恶势力违法犯罪组织"是我国反黑刑法立法过程当中的重要发展，但并不赞同以司法解释的方式来对相关概念"立法"，对这一问题的反思将在下文详细展开论述。

三、反黑刑法立法之反思与完善建议

反黑刑法立法四十年的发展是我国 1983 年以来反黑斗争持续法治化的重要体现。这四十年我国反黑刑法立法经历了不同时期的历史变迁，也取得了一些重要的发展成就，反黑的法治化水平不断提高。但也应当看到，反黑刑法立法也存在着不容忽视的问题，需要我们去正视并加以完善，以确保新时代反黑斗争赢得压倒性胜利。

（一）明确反黑立法权限并丰富立法模式

反黑刑法立法涉及犯罪与刑罚问题，属于国家立法权的范畴，在立法权限的划分上，我国《宪法》作了详细规定。其中，第六十二条第（三）项规定，制定和修改包括刑事法律在内的基本法律是全国人大的法定职权。而根据第六十七条第（二）、（三）、（四）项的规定，在法律制定和修改方面，全国人大常委会的法定职权是制定和修改基本法律以外的法律、在全国人大闭会期间对基本法律进行部分补充和修改（不得同该法律的基本原则相抵触）、解释法律（也称立法解释）。1979年《刑法》制定时并未规定黑社会性质组织的含义、认定标准及相关罪名，全国人大1997年对其进行全面修订时，在第二百九十四条第一款当中对"黑社会性质组织"进行了界定，后全国人大常委会又于2002年以立法解释的形式对其特征加以更加明确、具体的解释。可见，我国对于黑社会性质组织及其犯罪的刑法立法符合宪法关于立法权限的规定。

但是，在"恶势力""恶势力犯罪集团"等概念界定的立法问题上则出现了不同的走向。尽管从"严打"开始，恶势力及其违法犯罪就是惩治的重点，却并没有对其概念进行法律标准上的界定。直到2018年年初"扫黑除恶"专项斗争以来，"两高两部"先后在《指导意见》《意见一》中对"恶势力""恶势力犯罪集团"的特征进行了详细的法律标准规范。从法律性质上而言，这两份文件属于联合司法解释。但是从内容上来看，"恶势力""恶势力犯罪集团"在刑法立法当中并无规定，作为对审判工作、检察工作中具体应用法律问题所进行解释的司法解释，[1] 其本质是在尊重上位法基本原则和规定的前提

---

[1] 全国人大常委会于1981年通过《关于加强法律解释工作的决议》，其中明确了立法解释、司法解释、行政解释的解释内容、解释主体以及其他相关问题。

下对已有法律的适用进行解释和细化。显然，以联合司法解释的方式来界定"恶势力""恶势力犯罪集团"的含义及特征，存在着司法解释立法化、僭越立法权、架空刑法立法的根本缺陷。此外，刑法立法完善方式单一的问题，也存在于反黑立法之中。

由此看来，明确立法权限，丰富立法模式，是未来我国反黑刑法立法应当重点完善的方向之一。具体而言，在立法权限上，应当明确全国人大、全国人大常委会，以及"两高两部"在反黑刑法立法及司法当中的角色与权限职能定位，从根本上理顺反黑刑法立法中各主体的权限范围，以利于整个刑法体系的发展完善。在立法模式上，至少应该采取刑法修正案的方式，其制定主体是全国人大常委会，不仅法律位阶高，具有权威性，也能够相对保持刑法典的稳定性和统一性、灵活性。但这同样也存在着架空全国人大立法权的根本缺陷，尽管这种缺陷在短期内所造成的不利影响还不明显，但会带来刑法适用的混乱。因此，最佳立法模式应当是单行刑法。其优点在于单行刑法可以分担刑法典罪名，减轻刑法典压力，从整体上有利于刑法典阶段性完善（全面修订），符合刑法渊源多样化的刑法现代化的世界潮流。此外，单行刑法的立法主体宜改为全国人大。[1]

（二）统一涉黑恶犯罪的罪名适用标准

"反黑"本质上是一个政治及刑事政策用语，在刑法立法和刑事司法领域主要表现为反黑罪名体系的完善与适用。其中，重中之重又是从立法上如何确立反黑罪名适用标准，即哪些犯罪可以被认定为黑恶犯罪活动，从而加以从严惩处。其目的是确保反黑在司法实践当中不被人为扩大化，这乃是新时代反黑刑法立法的重要使命。

---

[1] 参见姚建龙、林需需：《多样化刑法渊源之再提倡——对以修正案为修改刑法唯一方式的反思》，载《河南警察学院学报》2018 年第 6 期。

在"严打"及"打黑除恶"阶段,并没有对反黑罪名的适用确立相对统一的标准。从实践来看,反黑打击的对象包括流氓恶势力团伙犯罪,故意伤害,故意杀人,贩卖人口(或者拐卖妇女儿童),涉枪涉爆犯罪,抢劫,毒品犯罪,反革命活动,黑社会性质组织集团犯罪,引诱、容留、强迫妇女卖淫,电信诈骗等犯罪。[1]"扫黑除恶"阶段,"两高两部"则明确在《意见一》当中列举了恶势力主要从事的违法犯罪活动,以及可能附随实施的违法犯罪活动,尽管并不赞同以司法解释的形式来予以明确,但为了防止司法过程中人为降低或抬高认定标准,相对统一标准的做法值得提倡。

之所以要统一涉黑恶犯罪的罪名适用标准,实际上是将反黑罪名与普通罪名加以区别,而对黑恶势力犯罪从严惩处。对于适用于黑恶势力犯罪的罪名有哪些,其认定标准是什么,笔者认为应当从两个层面去探讨:一是反黑对象本身的罪名适用。就黑社会性质组织而言,其本身已经被犯罪化,在刑法分则中共涉及三个罪名,其中主要是组织、领导、参加黑社会性质组织罪。而恶势力犯罪集团本身并没有被犯罪化,相应地反黑的内容主要是严惩恶势力所从事的一系列犯罪活动。二是反黑对象所从事的犯罪活动。也就是黑社会性质组织及恶势力犯罪集团所从事的犯罪活动。只要是这些组织所从事的犯罪都应当加以从严惩处,并不需要区分其犯罪目的是为非作恶、欺压残害群众,还是单纯地谋取经济利益。在这一问题上的区分标准有别于个体行为人所从事的犯罪活动应当严格分辨犯罪动机,但同时又存在一个悖论:独立个体行为人能否被认定为黑恶势力?答案当然是否定的,

---

[1] "严打"时期《关于严惩严重危害社会治安的犯罪分子的决定》重点列举了"严打"打击的对象,但当时并没有"黑社会性质组织"以及"恶势力犯罪集团"等概念;"打黑除恶"时期虽然在1997年《刑法》以及2002年的立法解释中明确了"黑社会性质组织"的概念及特征,但并没有正式文件统一明确哪些犯罪属于黑恶势力犯罪。

即独立一个个体是无法成为黑恶势力的。因此，反黑的对象不仅包括组织，还包括组织性不强的多个个体。

此外，在未来反黑刑法立法发展过程中，还应当注意以下三个问题：其一，反黑范围的确定标准问题。是以主体是否属于黑恶势力，还是以犯罪行为本身？对此，应当以主体标准为主，犯罪行为本身为辅。若以犯罪行为本身是否属于为非作恶、欺压残害群众进行判断，则反黑的范围相当狭窄，不利于打击黑恶势力犯罪集团。实际上，只要是能够认定为黑社会性质组织或者是恶势力犯罪集团，那么，其实施的一系列犯罪活动都应当被纳入反黑的范围。其二，"口袋罪"问题。"口袋罪"被诟病的根本原因在于其内涵模糊，对认定罪与非罪产生困扰，在反黑当中最为突出的"口袋罪"罪名便是寻衅滋事罪。我国《刑法》将寻衅滋事罪置于章罪名"妨害社会管理秩序罪"下的"扰乱公共秩序罪"之下，第二百九十三条第一款第（四）项将其客观行为方式之一描述为："在公共场所起哄闹事，造成公共场所秩序严重混乱"。其中，对于"起哄闹事"的界定标准是寻衅滋事罪成为"口袋罪"的症结所在。因此，在反黑司法实践中应当严格区分事出有因的打闹行为与无事生非的寻衅滋事。其三，黑社会性质组织与恶势力犯罪集团的区分问题。《刑法》第二百九十四条第五款对"黑社会性质组织"的特征描述与《意见一》对"恶势力犯罪集团"的特征描述具有高度的相似性，如犯罪动机、行为手段等，将后者认定为前者形成前的发展阶段，也即区别主要在社会危害的严重性程度上。但是，对这一区别的把握也存在很大的主观性。因此，从刑法立法或者司法解释层面对二者进行区分标准的统一规范也有极大意义。

（三）完善惩治恶黑势力犯罪的刑罚制度

正确认定罪名，合理运用刑罚，是反黑的两个重要环节，反黑刑法立法的任务就是要为此提供充分的法律依据。对于反黑刑罚制度的立法完善方向主要是从总则刑罚运用制度和分则相关罪名的刑罚配置。

黑社会性质组织有相关的独立罪名，在刑罚制度的完善上较之恶势力犯罪集团更加容易操作。早在《刑法修正案（八）》中就对惩治黑社会性质组织及其犯罪行为的刑罚进行完善，主要包括对有组织暴力性犯罪限制减刑，将黑社会性质组织犯罪纳入特殊累犯范畴，对累犯、犯罪集团的首要分子不适用减刑，对累犯、有组织暴力性犯罪不适用假释以及对组织、领导、参加黑社会性质组织罪配置罚金刑。同时，还在分则中对黑社会性质组织惯常性从事的犯罪进行了立法完善，如走私、强迫交易、敲诈勒索、寻衅滋事等。

随着新时代"扫黑除恶"斗争的开展，在完善并正确适用罪名的前提下，科学、合理配刑及刑罚运用是反黑的重点。"两高两部"在《指导意见》中重申了对于黑社会性质组织惩处的刑罚裁量规定，并且强调对于恶势力犯罪案件要充分运用共同犯罪和犯罪集团有关刑法规定，依法从严惩处。在《意见一》中进一步指出，要在宽严相济刑事政策指导下，正确运用法律规定加大惩处力度，严格掌握缓刑、减刑、假释，严格掌握保外就医适用条件，充分利用资格刑、财产刑、职业禁止等法律手段。由此可见，对于恶势力犯罪集团的刑罚运用基本上与黑社会性质组织一致。但存在的根本不足是，"恶势力犯罪集团"这一概念并没有刑法化。因此，未来刑法应当将"恶势力犯罪集团"的概念纳入刑法典，这不仅有利于体系性完善反黑的刑罚制度，也有利于反黑的长效机制建立。当然，就目前而言，并没有必要将恶势力违法犯罪组织本身予以犯罪化，较为合理的做法是以司法解释的方式对黑社会性质组织与恶势力犯罪集团二者进行明确区分，以更好地指导司法实践。

由于恶势力犯罪集团并未得到刑法的确认，并且"两高两部"在《意见一》中明确指出，恶势力犯罪集团主要从事的犯罪是强迫交易罪、故意伤害罪、非法拘禁罪、敲诈勒索罪、故意毁坏财物罪、聚众斗殴罪、寻衅滋事罪。因此，对于其刑罚制度的完善，主要应当从刑法分则中的上述罪名入手。具体而言，运用资格刑、财产刑剥夺恶势力犯罪集团的犯罪能力和影响范围。通过梳理发现，在《意见一》列举的7个主要犯罪罪名当中，配置罚金刑的有4个，并且，存在质疑的是寻衅滋事罪配置了罚金刑，而聚众斗殴罪却没有配置。对于资格刑而言，《刑法》第五十六条规定了应当剥夺政治权利与可以剥夺政治权利两种类型，前者的配刑对象是危害国家安全犯罪，后者的配刑对象是故意杀人、强奸、放火、爆炸、投毒、抢劫等严重破坏社会秩序的犯罪分子，而前述罪名均未配置资格刑。而在实践当中，恶势力犯罪集团已经渗透到基层政权组织，对恶势力犯罪集团适用资格刑将是未来反黑刑法立法完善的重要方向之一。需要强调指出的是，单纯对《意见一》中列举的系列罪名单独配置资格刑不具有可行性，亦会造成刑法体系的冗杂、混乱，相对合理的选择还是将"恶势力犯罪集团"刑法化之后，在总则当中明确对其资格刑的配置。

结语

概言之，从"严打"到"扫黑除恶"，我国反黑刑法立法不断完善，对提升反黑的法治化水平起着关键作用。在反黑刑事政策的影响下，四十年刑法立法经历了立法政策从单一从严到宽严相济、立法态势从应急活跃到常态稳定、立法内容从精准打击到深入全面的历程演变。概括而言，我国反黑刑法立法整体上符合刑法现代化的发展趋势，在罪名体系、刑罚结构及犯罪组织认定上基本能够满足反黑司法实践，但也存在需要进一步完善之处，如立法模式单一、涉黑恶罪名适用标准不明确、惩治黑恶势力犯罪的刑罚制度不完备等。因此，刑法立法未来应当进一步提高立法技术，以丰富立法模式、统一涉黑恶犯罪罪名适用标准、完善惩治黑恶势力犯罪的刑罚制度，为正确、高效的反黑刑事司法提供更加强有力的法治化保障，依法保护社会公众的生命财产权益。

事实上，我国的反黑实践，首先应当值得重点关注的是立法问题，即如何构建更加长效化的反黑法治化体系。刑法立法的发展取决于不同阶段经济社会状况，也离不开立法理念、立法技术的进步。我国反黑刑法立法历经四十年，诞生于"严打"时期，发展于"打黑除恶"时期，尤其是新时代的"扫黑除恶"时期，尽管是以准立法性质的司法解释形式。面对新时代的"扫黑除恶"专项斗争的逐步深入，刑法立法应当有所作为，为"扫黑除恶"以及今后还可能的反黑斗争提供更加完善的刑法依据及刑罚手段。当然，这并非要提倡大范围地扩大犯罪圈或是严苛刑罚，其目的乃是要以刑法立法为根本依托，建立法治化反黑的长效机制。

此外，需要强调的是，反黑并非囿于惩治黑社会性质组织犯罪以及恶势力组织犯罪，更要治理相关犯罪，加强社会综合治理，提升市民社会自治能力。其中，就刑法立法而言，应当进一步完善惩治及预防职务犯罪的法律依据，以严惩黑恶势力"保护伞"，铲除黑恶势力滋生壮大的温床。当然，也包括完善对行贿犯罪的立法。就当前的刑法立法而言，基本上能够满足依法反黑的需要。对于未来的反黑刑法立法，一方面，应当考虑反黑刑法体系自身的进一步精细化、系统化；另一方面，需要兼顾我国整体刑法体系的协调性，顺应刑法现代化的发展趋势。

第十四章
生物安全的刑法保障

自 2019 年年底以来,生物安全成为社会各界普遍关注的热点议题。习近平总书记在中央全面深化改革委员会第十二次会议上强调:"必须从保护人民健康、保障国家安全、维护国家长治久安的高度,把生物安全纳入国家安全体系。"[1] 保障生物安全必须走法治化道路,应当厘清并充分发挥法律体系中不同类别法律的应有作用,尤其是要合理运用刑法的保障作用。就生物安全的刑法保障而言,首先,应当科学、全面界定刑法保障视域下"生物安全"的内涵。其次,要明晰生物安全法律保障体系中刑法保障功能的定位,并反思生物安全刑法立法的现状。最后,在厘清刑法保障的体系性地位及刑法立法不足的基础上,提出未来我国生物安全刑法保障应当重点完善的方向。本章研究的意义在于理性看待并完善刑法的生物安全保障作用,提升

---

[1]《习近平谈总体国家安全:把生物安全纳入国家安全体系》,载 http://cpc.people.com.cn/n1/2020/0414/c164113-31673157-2.html,2020 年 5 月 5 日访问。

国家总体安全水平，以法治化、常态化治理实现国家安全利益与人民群众生命健康权益的双重保障。

一、刑法保障视域下之"生物安全"的内涵厘清

对于"生物安全"的概念界定，不仅要追溯、厘清理论渊源，明确核心实质，也要紧扣时代背景，增强前瞻性与发展性，避免封闭性与落后性。就前者而言，就是要全面、深入辨明"生物安全"在风险社会中的风险实质，从而对其进行风险分级；对后者而言，就是要将"生物安全"上升到国家安全的高度，以有效、全面统筹生物安全法律保障体系的完善，为生物安全刑法保障厘定功能与地位。生物安全概念的合理界定，对于生物安全理论研究的深入以及法律保障的完善，尤其是刑法保障的展开，均具有重要的理论与实践价值。

全国人大常委会于 2019 年 10 月 21 首次对《生物安全法（草案）》[1]进行审议，2020 年 4 月 30 日公布的《生物安全法（草案）》（二次审议稿）将"生物安全"定位于国家应对"生物因子及相关因素威胁"的能力，并列举了具体活动的涉及领域，包括疫情防控、生物技术研发、实验室生物管理、人类遗传资源与生物资源管

---

〔1〕 本章写作时，《生物安全法》还未正式出台，因此，关于生物安全立法体系的研究乃是基于《生物安全法（草案）》所进行的，为了体现本部分的理论研究体系及其价值，并未根据正式通过后的《生物安全法》对相应部分内容予以修改。《生物安全法（草案）》（二次审议稿）第二条："本法所称生物安全，是指国家有效应对生物因子及相关因素威胁，在生物领域能够保持稳定健康发展，利益相对处于没有危险和不受威胁的状态，具备保障持续发展和持续安全的能力。从事下列活动，适用本法：（一）防控重大新发突发传染病、动植物疫情；（二）研究、开发、应用生物技术；（三）实验室生物安全管理；（四）人类遗传资源与生物资源安全管理；（五）防范外来物种入侵与保护生物多样性；（六）应对微生物耐药；（七）防范生物恐怖袭击与防御生物武器威胁；（八）其他与生物安全相关的活动。"

理、防范外来物种入侵与生物多样性保护、应对微生物耐药、防御生物恐怖袭击与生物武器威胁等内容。笔者认为，有必要正面对"生物安全"进行规范视野的概念解构，明确其核心内涵是层级化的风险，进而才是构建体系性的国家应对能力。同时，基于刑法保障国家安全的立场，还应当对生物安全法益进行二元划分，以实现积极刑法预防观与刑法谦抑主义的协调共生、服务实践。

（一）风险社会理论中的"生物安全"

"生物安全"究竟是何种范畴，既不能单从其字面含义去理解，也不能仅从国家应对能力构建上去颠倒界定，而是必须放在风险社会的世界性议题背景下去深入解构，避免生物安全理解的过度抽象化与泛化，以实现生物安全风险应对能力的层级化、体系化完善。

从20世纪90年代贝克等人提出并发展"风险社会"观点及理论，到现在该理论被广泛应用到社会学、法学等学科理论构建与实践之中，尽管对"风险社会"理解的深度与广度不尽相同，但似乎都已接受当前社会的变革性转变，并试图将其应用到对诸多现象的解释、应对当中。的确如此，当今社会的系统性、复杂性、多变性错综交织，社会治理的难度剧增，各种显性风险与潜在风险也此起彼伏，我们正面临一个机遇与挑战并存、革新与风险同步的社会。由于生物安全风险涉及面广、危害性大、应对难度高等特点，必须要对"生物安全"进行深入、全面的解构，推动生物安全保障体系的层级化发展。

就实然层面而言，生物安全风险是一种人类社会发展与科技研发过程中的技术风险，危害后果具体、可见、严重。发展科技是人类社会的必然选择，由于科学技术的客观性、不确定性，在人类利用过程中必然会出现一定的风险，加之人为的不当或者不法研发及利用，也加剧了科技风险。这是工业社会被逐步淘汰、风险社会渐渐形成的三大凸显问题之一,即有害技术无处不在。[1] 这里所谓的"有害技术",并非对科技的彻底否定,而是从风险社会的视角着重强调在科技发展过程中对技术潜在风险的重视与预防。生物技术研发及应用更是存在巨大的、不确定的潜在风险,必须要坚持科学技术伦理。换言之,科技是一把双刃剑,必须在有利于人类、防范风险的原则基础之上开展科学技术研究及应用。

也正因为如此,对于生物安全风险,必须坚持防患于未然,以治理逻辑加强对生物安全风险的预防和管控。从这个意义上说,生物安全风险又是一种治理风险,这也是作为现代化进程之一的风险社会中各领域所面临的共同问题——对工业化社会已获得的标准进行重新制定。[2] 究其原因,在于支配关系的颠倒:由工业社会中的财富生产支配风险生产转变为风险生产支配财富生产。[3] 此外,"传统风险管理方式的弊端在于集中关注正常过程而忽视极端情况,以假装控制的方式反而加剧不可控制性。并且,传统风险分析和管理根植于安全研究,重点是对不确定性实施一种能被社会接受且有效的'管理',必须要转变为关注风险制造因果条件,而不仅仅是对结果的处置"[4]。对中国而言,由于历史上没有现代化的有利商业化背景,[5] 直到十一届三中全会后才开始社会主义现代化建设,尽管经过四十余年的现

---

〔1〕 参见邓正来:《中国法律哲学当下基本使命的前提性分析——作为历史性条件的世界结构》,载《法学研究》2006年第5期。

〔2〕 参见〔德〕乌尔里希·贝克、〔英〕安东尼·吉登斯、〔英〕斯科特·拉什:《自反性现代化:现代社会秩序中的政治、传统与美学》,赵文书译,商务印书馆2001年版,第10—11页。

〔3〕 参见〔德〕乌尔里希·贝克:《风险社会:新的现代性之路》,张文杰、何博闻译,译林出版社2018年版,前言第7页。

〔4〕 〔德〕贝克、邓正来、沈国麟:《风险社会与中国——与德国社会学家乌尔里希·贝克的对话》,载《社会学研究》2010年第5期。

〔5〕 参见黄仁宇:《现代中国的历程》,中华书局2011年版,第235—241页。

代化建设,中国的社会发展和经济建设都取得了举世瞩目的成就,但也存在着诸多的体制性弊端亟待革新。贝克将中国的这种现代化称为"压缩的现代化","既加强了风险的产生,又没有给风险的制度化预期和管理留下时间"[1]。因此,面对风险社会的各种风险,包括生物安全风险,必须要加强对风险深层次原因的研究,加强提前预防,将治理端口前移,以强化治理体系和治理能力现代化。

之所以以如此的篇幅探讨风险社会下的生物安全风险,不仅在于避免刑法理论研究对于风险社会理论的应用太过宏观、抽象,更重要的意义还在于促使反思生物安全风险管理向治理逻辑转换,以及刑法介入保障的程度,以体系化、层级化、法治化实现生物安全保障体系的发展。

(二)新国家安全观中的"生物安全"

对于"生物安全"的理解,不仅要进行社会学范式剖析,明确其具体内涵,还应当从国家安全的宏观层面去进一步与中国实际需求相结合,使对"生物安全"的界定既不至于泛化,也能够服务于国家安全保障体系大局。

"国家安全"一词的正式提出可追溯至 20 世纪 80 年代末,邓小平于 1989 年 12 月 1 日会见日本国际贸易促进协会时指出:"国家的安全要始终放在第一位。"[2] 尽管当时该词的内涵相对单一,主要是指国家主权安全,但从国家最高层面首次、正式使用意义重大。此后,历届党中央及其领导人都高度重视并发展国家安全理论思想。尤其是十八大以来,习近平总书记也一再强调国家安全的重要性,并且创造性地提出"总体国家安全观"思想,其内涵丰富,逻辑严密,且

---

[1] 〔德〕贝克、邓正来、沈国麟:《风险社会与中国——与德国社会学家乌尔里希·贝克的对话》,载《社会学研究》2010 年第 5 期。

[2] 邓小平:《邓小平文选》(第三卷),人民出版社 1993 年版,第 348 页。

不断发展，形成涉及传统安全与非传统安全、自身安全与共同安全两个维度，将中国发展与人类发展有机统一的新国家安全观。

总体国家安全观作为引领新时代国家安全治理能力的新安全观，其最大的特点就在于体系性、开放性、发展性。在 2020 年年初指挥抗击新冠疫情过程中，习近平总书记始终强调要贯彻落实总体国家安全观，并且在中央全面深化改革委员会第十二次会议上明确："必须从保护人民健康、保障国家安全、维护国家长治久安的高度，把生物安全纳入国家安全体系。"〔1〕实际上，从 2019 年上半年开始的生物安全立法就是在习近平总书记重要指示要求下所开展的生物安全保障法治化发展进程。〔2〕而新冠疫情的发生更加凸显出生物安全立法的必要性与紧迫性，在这样的背景下，2020 年 4 月《生物安全法（草案）》通过二审并于同年 6 月结束意见征求。从全国人大公布的意见征求情况看，社会公众关注的焦点在于："生物安全"的概念界定，生物安全管理体制的完善，严格法律责任，处理好与相关法律的关系。〔3〕

在国家安全体系框架内分析生物安全的地位及其保障价值，对于发展总体国家安全观，保障国家全方位的长久稳定与发展具有重要意义。在此之前，国家安全体系涵盖了十二种具体与抽象有机统一的安

---

〔1〕 中共中央党史和文献研究院编：《习近平关于防范风险挑战、应对突发事件论述摘编》，中央文献出版社 2020 年版，第 108 页。

〔2〕 参见《栗战书主持召开生物安全法立法座谈会》，http：//tv.cctv.com/2019/07/11/VIDEHC7106NUgUu7PCZHR3xi190711.shtml，2020 年 5 月 5 日访问。

〔3〕 参见《生物安全法草案等公开征求意见情况对外公布》，http：//www.legaldaily.com.cn/index/content/2020-08/07/content_8271687.htm，2020 年 9 月 17 日访问。

全范畴，其中，"以政治安全为根本，以经济安全为基础"[1]。在国家安全体系内，与生物安全相关的是科技安全、生态安全、资源安全，当然生物安全与后三者存在交叉、重叠关系，定位生物安全的地位不仅要考虑自身的属性，也要在整体国家安全体系内自洽。在传统安全威胁尚不突出的背景下，应当重视非传统安全中更多关乎共同安全的、关乎生命健康的、紧迫性的安全范畴。生物安全作为一种非传统安全，更是一种紧迫性的、关涉生命健康利益的共同安全。进一步而言，生物安全应该是除传统安全中政治安全、国土安全、军事安全，以及非传统安全中的经济安全之外，居于文化安全、社会安全、科技安全、网络安全、生态安全、资源安全等重点安全之上的核心安全，从而形成根本安全、基础安全、核心安全、重点安全相结合的"四位一体"国家安全逻辑体系。

生物安全之所以能够居于核心安全的地位，很大程度上是因为新冠疫情使我们认识到生物安全的重要性，其影响范围之广、程度之深，能够使社会经济几乎处于停摆状态。可见，作为风险社会诸多风险之一的生物安全风险，在总体国家安全观体系框架之下更显其重要性、紧迫性。对生物安全进行风险社会视野下的解读对于确定刑法保障的地位具有基础性作用，而进一步在总体国家安全观中加深对于生物安全的体系性定位，更加有利于为生物安全刑法保障提供正确指引。进入新时代，加强生物安全法治保障已经成为新时代贯彻落实总

---

[1] 中共中央党史和文献研究院编：《习近平关于总体国家安全观论述摘编》，中央文献出版社2018年版，第4页。总体国家安全观对于安全内容的排序是：政治安全、国土安全、军事安全、经济安全、文化安全、社会安全、科技安全、网络安全、生态安全、资源安全、核安全、海外利益安全。本书认为，其中的政治安全、国土安全、军事安全、核安全、海外利益安全应当属于传统安全，而经济安全、文化安全、社会安全、科技安全、网络安全、生态安全、资源安全，以及新近提出的"生物安全"，都应当属于非传统安全的范畴。

体国家安全观与全面依法治国方略的有力诠释与重要内容。

（三）生物安全的法益保护"二元论"

在刑法保护客体问题上，刑法学界逐渐倾向于法益理论，因其更加契合实质犯罪概念，而根源在于"刑法并没有保护所有应当保护的社会利益的功能与效力"[1]。换言之，刑法除了保护侵害其直接构成犯罪的重要法益外，只能以保障法的角色出现，以保障其他法律及其所保护的法益。就生物安全的刑法保障而言，不仅需要厘清生物安全的内涵，还需要明确刑法介入生物安全法律保护体系时，其保护的刑法法益是什么，并追问有无必要动用刑罚手段。这是构建生物安全刑法保障体系的根基性问题，也是本章探讨的核心问题之所在，是反思当前生物安全刑法立法及其完善的重要前提。

生物安全不仅是一种具体的科技风险，而且是一种治理风险，是具有层级性、复杂性的系统范畴。就前者而言，科技发展包括生物安全都需要法治化保障，但必须要警惕泛化安全保障论，推动科技进步与安全保障的双赢。就后者而言，刑法参与风险治理的手段与程度都应当审慎。但无论如何，重视法益的探寻及其重要性的判断，无疑是刑法保障生物安全的根本进路。需要强调指出的是，尽管法益理论正在我国理论界和实务界盛行，但具体何谓法益实际上也不宜再下一个更加具体的定义。法益只是抽象地表示刑法规范的保护客体或者目的，并不存在一般的本质内涵，需要在使用过程中自由地赋予，是一个开放的、包容的概念。[2] 因而，对于生物安全刑法保护的法益确定需要结合具体实践，坚持动态调整、具体认定的思路。

---

[1] 李海东：《刑法原理入门（犯罪论基础）》，法律出版社1998年版，第14—15页。

[2] 参见〔日〕伊东研祐：《法益概念史研究》，秦一禾译，中国人民大学出版社2014年版，第9页。

根据《生物安全法（草案）》（二次审议稿）第二条对"生物安全"的界定，生物安全涉及的具体领域包括：传染病、动植物疫情；生物技术研发及应用；生物实验室安全；人类遗传资源与生物资源安全管理；生物入侵与生物多样性；微生物耐药；生物恐怖袭击与生物武器威胁；等等。概括而言，其涵盖的生物安全范畴是生物致病风险、生物生态侵害风险、生物技术自身风险、生物技术非法利用风险、生物生态风险及生物资源利用管理风险等，进一步可以分为四大类别：一是正常、合理研发及应用生物技术、利用生物资源过程中的潜在未知风险；二是违反生物安全操作规程或管理规范造成或尚未造成严重后果；三是利用生物及生物技术实施违法犯罪所造成的重大生物安全威胁及实害结果；四是拒不履行或拒不配合生物安全管理、防治制度要求的职责或义务而造成的生物安全风险。实际上，可以发现，上述四种类型的生物安全风险，除第一种完全属于正常科研活动中的未知科技风险外，其余三种都综合了人为的非正常科技风险和生物安全管理（治理）风险。鉴于此，对于生物安全的法治保障应当坚持前置法保护与刑法保护相结合，附属刑法、单行刑法与刑法典保护相结合的刑法保障体系。

从宏观上来说，就是要做到该前置法保障的，刑法不越界，而该刑法介入的领域和时间，刑法适时、适度犯罪化，即在兼顾刑法谦抑主义和积极刑法预防观下坚持生物安全法益保护的"二元论"——对于风险一般的生物安全坚持前置法"优先、穷尽"原则，对潜在风险巨大的生物安全坚持刑罚威慑论，预防危害巨大的风险转化为现实。针对如何判断生物安全风险的程度，可以考虑以下几个方面：对正常、合理的研发及应用风险应当非犯罪化；对违规造成生物安全风险的，应当视其程度给予行业处理或违法认定；对利用生物及生物技术实施犯罪活动或其本身属于犯罪范畴的，应当坚决予以刑罚制裁；对违反生物安全管理（治理）职责或义务的，也应当视情况严重性依法认定为相关犯罪。

综合前述，以风险社会理论和新国家安全观为基础，以法益保护二元论为导向，宜将生物安全界定为：人类在利用生物及生物技术过程中的合理潜在风险、违规研发风险、犯罪利用风险及违反生物安全防控责任义务风险等，涵盖科技风险与治理风险两个面向的安全威胁。需要强调指出的是，就生物安全刑法保障而言，必须要重视相关行为的实质可罚性，其内容应当包括无价值判断的犯罪行为本身之当罚性和目的论判断的处罚行为人必要性之要罚性。[1] 即要避免在立法上、司法上将生物安全作泛化解释，而扩张生物安全刑事立法与刑事司法的边界，从而侵犯公民个人权利。

二、刑法内外：生物安全刑法保障的立法变迁

从生物安全的概念界定到坚持生物安全法益保护二元论，其目的在于实现精细化的生物安全法律保障体系与层级，有利于反思、指导、完善生物安全的刑法立法。对于生物安全刑法保障，必须坚持刑法之外由前置法调整并坚持优先、穷尽原则，而在刑法之内由刑法保护并坚持"严而不厉"的生物安全刑法保障发展进路。当然，对于前置法空白而法益保护紧迫之时，刑法也应当及时介入。鉴于此，必须检视当前我国生物安全刑法立法的现状，以在法益保护二元论的指导下完善我国的生物安全刑法立法保障体系。需要强调指出的是，生物安全刑法立法不仅包括刑法典及单行刑法，还涉及属于附属刑法范畴的行政刑法规范，以及关涉生物安全的刑法前置法等法律规范。

截至 2020 年 7 月，我国刑法立法历经四十余年发展，形成了 1

---

[1] 参见〔日〕松原芳博：《犯罪概念和可罚性》，毛乃纯译，中国人民大学出版社 2020 年版，序言第 2—6 页。

部刑法典、10个刑法修正案、1部单行刑法、13个立法解释的现行有效刑法规范体系。由于回顾、检视我国生物安全刑法保障的立法发展历程之需要,还会涉及1979年《刑法》及已经失效的22部单行刑法,[1]以立法变迁经验来指导当前及今后生物安全刑法立法的完善与发展。

(一) 1979年《刑法》颁布：单一化阶段

我国1979年《刑法》的出台几经曲折,在党的十一届三中全会精神的指导下,国家对搁置已久的《刑法草案(第33次稿)》在短短近4个月的时间内三次修订后审议通过。[2]之所以如此匆忙通过是出于当时结束刑事司法无法可依时代的迫切需要,但不容回避的是1979年《刑法》不论是在体系上,还是在条文内容上,从颁布后及现在来看,都显得较为粗糙、滞后,缺乏前瞻性,突出表现在罪名体系的不完善上,这一特点当然也体现在与生物安全相关的罪名上。

具体而言,1979年《刑法》与生物安全相关的条文是：(1)第二章危害公共安全罪下的第一百一十五条,其中包括对放射性、毒害性物质的安全管理。这里涉及的应当是生化安全危险。(2)第六章妨害社会管理秩序罪下的第一百七十八条,其中对国境卫生检疫作出规定,以防止传染病的传播。从对于生物安全的极为单一的刑法保障,也可以看出1979年《刑法》体系与内容在随后几年无法满足司法实践需要在预料之中。在随后的14年的时间内密集出台22部单行刑

---

[1] 我国刑法立法历史上累计公布过22部单行刑法,陈兴良教授在《回顾与展望：中国刑法立法四十年》一文中提出我国有24部单行刑法,实际上其中1981年6月10日通过的《关于死刑案件核准问题的决定》和1983年9月2日通过的《关于迅速审判严重危害社会治安的犯罪分子的程序的决定》属于刑事诉讼法规范的内容。故本书依然坚持我国有22部单行刑法的观点。

[2] 参见高铭暄：《20年来我国刑事立法的回顾与展望》,载《中国法学》1998年第6期。

法，呈现出时间间隔短、生效时间快的特征。[1]其中，涉及生物安全保障的主要是1993年9月1日起实施的《全国人民代表大会常务委员会关于惩治生产、销售伪劣商品犯罪的决定》，该决定明确将生产、销售不符合卫生标准的食品造成严重食源性疾患纳入刑法规制。

当然，单行刑法中还有涉及珍贵、濒危野生动物保护，惩治走私罪，严惩偷越国边境犯罪等规定，但从当时来看，其立法目的都与生物安全保障无关。因此，本章未将其列入生物安全刑法立法范畴。

(二) 1997年《刑法》颁布：重点化阶段

经过近二十年以单行刑法方式对1979年《刑法》的完善，1997年，在吸收22个单行刑法的基础上，全国人民代表大会对1979年《刑法》进行体系性修订，使得我国刑法典的体系结构更加完善、条文内容更加规范明确、对司法的指导作用也更加突出，这都使得我国刑法立法迈入一个新的发展时代。

同样，我国的生物安全刑法立法也体现出了重点化完善的特征，具体包括以下几个方面的内容：

第一，在第二章危害公共安全罪一章中，在保留原有关于放射性、毒害性物质的生产、存储、运输、使用之相关规定（1997年《刑法》第一百三十六条）的基础上，增加了对非法携带放射性、毒害性物质的刑法规制（1997年《刑法》第一百三十条）。

第二，在第三章破坏社会主义市场经济秩序罪一章中，在保留原有生产、销售不符合安全标准食品引起严重食源性疾病犯罪（1997年《刑法》第一百四十三条）的基础上，增加在生产、销售的食品中掺入有毒、有害非食品原料的犯罪行为方式（1997年《刑法》第一百四

---

[1] 参见姚建龙、罗建武：《我国反黑刑法立法四十年回顾与展望》，载《犯罪研究》2019年第5期。

十四条)。

第三,在第六章妨害社会管理秩序罪一章中新增独立节罪名——危害公共卫生罪。其中,第三百三十条规定了违反传染病防治法规定引起甲类传染病传播的犯罪行为;第三百三十一条规定了从事实验、保藏、携带、运输传染病菌种、毒种的刑法规制;第三百三十二条在1979年《刑法》之违反国境卫生检疫的规定的基础上增加了单位犯罪的规定;第三百三十七条规定了对违反进出境动植物检疫法构成犯罪的情形,入罪标准是逃避动植物检疫,引起重大动植物疫情的,同时,也增加了单位犯罪的规定。

第四,在第六章妨害社会管理秩序罪一章中新增独立节罪名——破坏环境资源保护罪。其中,在第三百三十八条污染环境罪中规定了排放、倾倒或处置含有传染病病原体废物的刑事责任;在第三百四十一条中增加非法猎捕、杀害、非法收购、运输、出售珍贵、濒危野生动物及其制品的犯罪行为,并且,不同于原来将此类罪名置于破坏社会主义市场经济秩序罪的体例安排;第三百四十六条对于本节所有罪名都增加了单位犯罪,以全面保护野生动植物资源及环境。

第五,在第八章渎职罪一章中新增三条涉及生物安全监管职责的渎职犯罪,分别是:第四百零八条的环境监管失职罪、第四百零九条的传染病防治失职罪、第四百一十三条的动植物检疫徇私舞弊罪与动植物检疫失职罪。在刑法中专门规定涉及生物安全保障职责的渎职犯罪,也应当是1997年《刑法》结构与内容科学性、体系性完善的重要体现之一。

以上是对1997年《刑法》对于生物安全刑法保障所作的全面立法梳理,体现了此阶段刑法立法的重点化完善特征,包括五大重点类罪:危害公共安全犯罪、破坏社会主义市场经济秩序犯罪、危害公共卫生犯罪、破坏环境资源保护犯罪及生物安全保障渎职类犯罪。需要说明的是,由于对对于生物安全的概念理解不同,对于生物安全罪名体系的归结也会出现差异，这正体现出厘清"生物安全"法益内涵的重要性，也是本章开篇首先对"生物安全"从多角度进行概念界定与内涵厘清的原因所在。

（三）刑法修正案时期：精细化阶段

尽管1997年《刑法》进行了系统性修订，但由于社会经济迅速发展及司法实践暴露出来的问题，1997年《刑法》依旧呈现出了修改与完善的必要性。而针对生物安全保障的刑法立法，也在系列刑法修正案中得到了精细化的完善，一共涉及六个刑法修正案。

一是《刑法修正案（三）》（2001年12月通过）在《刑法》第一百一十四、第一百一十五条中的"放射性、毒害性"增加了传染病病原体。同时，也在第一百二十五条、第一百二十七条中的"放射性、毒害性"增加了传染病病原体，丰富了生化类危险危害公共安全的种类。此外，还在第二百九十一条后增加一条，作为第二百九十一条之一，以规制投放虚假的爆炸性、毒害性、放射性、传染病病原体等物质，或者编造爆炸威胁、生化威胁、放射威胁等恐怖信息，或者明知是编造的恐怖信息而故意传播扰乱社会秩序的行为。实际上，该条并不是实体意义上的生物安全风险，而是风险治理意义上的生物安全。

二是《刑法修正案（四）》（2002年1月通过）在《刑法》第一百五十二条中增加一款作为第二款，将逃避海关监管将境外固体废物、液态废物和气态废物运输进境，情节严重的行为纳入刑法规制。这对于防治来自海外的生物安全威胁具有重要作用，生物安全刑法保障理应国内外兼顾，以做到全面保障。

三是《刑法修正案（七）》（2009年2月通过）对《刑法》第三百三十七条第一款进行修改，包括：（1）增加危险犯，即将违反有关动植物防疫、检疫的国家规定有引起重大动植物疫情危险，情节严重的行为纳入刑法规制。(2) 在动植物检疫国家规定之外增加动植物防疫国家规定，丰富前置法内容。(3) 删除"逃避动植物检疫"的目的规定，以简化条文内容。

四是《刑法修正案（八）》（2011 年 2 月通过）对《刑法》第一百四十三条和第一百四十四条的罚金方式作出调整，即由原来的按照销售金额进行比例罚金改为笼统的罚金制。其目的在于更好地加大对于此类犯罪的惩治力度，而避免了依据销售金额而确定罚金金额的不利之处。同时，还降低污染环境罪的入罪门槛，即取消"造成重大环境污染事故，致使公私财产遭受重大损失或者人身伤亡的严重后果"的规定，以"严重污染环境"替代。

五是《刑法修正案（九）》（2015 年 8 月通过）在《刑法》第一百三十三条之一中丰富危险驾驶罪的行为方式，将"违反危险化学品安全管理规定运输危险化学品，危及公共安全"的行为纳入刑法规制。实际上，此处要作扩大解释，第一百三十六条"危险物品肇事罪"不仅违反规定运输危险化学品会危及公共安全，违反规定运输放射性、毒害性等物品也会危及生物安全。

六是《刑法修正案（十一）（草案）》（2020 年 6 月一审）[1] 针对此次疫情第一次专门提出要加强生物安全刑法保障，并在草案中修改、增加共三处条文：(1) 提高污染环境罪的法定刑为七年以上，并规定四种法定情形。(2) 在第三百四十一条增加一款以规制食用野生动物而带来的巨大生物安全风险。但存在的问题是规定"以食用为目的"则大大缩小了刑法保障的范围，并不利于真正减少甚至杜绝因人类利用（包括食用）野生动物而带来的传染病意义上的生物安全风

---

[1] 本章内容写作时，《刑法修正案（十一）》还未正式表决通过，但正因如此，更加凸显本部分的写作价值，对于《刑法修正案（十一）（草案）》不完善之处的预测在正式立法中得到了确认，所以不对此部分内容根据正式立法进行修改。

险。(3) 在第三百四十四条中增加一款以规制因引进、释放或丢弃外来物种而造成的生物入侵范畴的生物安全风险。

从频繁地通过刑法修正案对生物安全的立法完善过程可以发现,进入 21 世纪以后,生物安全刑法立法朝着精细化方向发展,不断弥补漏洞。比如:丰富生物安全危险来源、坚持国内外协同防范、增加危险犯、降低入罪门槛、强化刑罚力度,以及根据疫情常态化防控需要针对性立法等。此外,还应当进一步完善刑法之外的生物安全保障前置法,主要体现为要构建法律效力较高的、能够指导和协调多部门发挥联合保障作用的行政法律法规体系。[1]

依然需要强调指出的是,由于"生物安全"的正式提出与重视是在新冠疫情期间,并无明确界定,[2] 本章对于生物安全刑法立法的变迁梳理及其反思都是在界定"生物安全"概念的基础之上进行的,也只有这样才能够避免生物安全刑法立法反思的全面泛化,也更有利于今后生物安全刑法立法的进一步完善。

三、立法展望:生物安全刑法保障的完善建议

不论是对生物安全的法益保护二元论的开展,还是对生物安全刑法立法的发展反思,都是紧紧围绕生物安全的概念内涵。同样,对于生物安全刑法立法保障的完善也应当围绕这一全文核心主线。就完善建议而言,一方面是在宏观层面上以生物安全概念作为指导明确生物安全保障的刑法内容体系架构,另一方面则是要从具体层面提出罪名

---

[1] 参见柯坚:《我国生物安全立法问题探讨》,载《中国环境管理》2000年第 1 期。

[2] 尽管《生物安全法(草案)》(二审稿)第二条对"生物安全"进行了明确界定,但本书认为其将"生物安全"界定为一种国家应对威胁的能力是不可取的,不利于从根源上建立、完善生物安全法律保障,尤其是刑法保障体系。

体系的完善建议、刑罚制度的完善建议，以及从立法基础层面倡导多元化的生物安全刑法立法修改模式。

（一）明确生物安全的刑法立法理论体系

通过对我国生物安全刑法立法变迁历程的梳理，可以将其立法特点归纳为契合整体刑法立法发展轨迹的由单一化阶段到重点化阶段再到精细化阶段的发展过程与完善。然而，不容忽视的是，我国的生物安全刑法立法保障体系仍然存在体系性缺陷：一是存在立法空白，如人类基因编辑、[1]非食用目的而滥捕杀野生动物等。二是对于罪名的体系定位有待进一步厘清，如将严重危及生命健康危害公共卫生犯罪置于社会管制秩序罪之下。三是在突出公共卫生安全保障，强化涉生物安全公共安全保障之外，对生物安全风险治理层面的立法不足，主要体现为在生物安全前置法不健全的前提下，行刑衔接存在不畅或漏洞。

基于以上问题，在提出具体的生物安全刑法保障立法建议之前，必须要明确和完善生物安全的刑法立法体系。一方面，依然要重视界定生物安全概念内涵的重要性及其内容，另一方面，也要对比借鉴国外生物安全相关立法的管理模式。就前者而言，笔者梳理了自然科学界对于"生物安全"概念的理解与界定，其中较为全面的观点是认

---

[1] 南方科技大学原副教授贺建奎在 2017 年 3 月至 2018 年 11 月期间通过伪造相关文书，招募 8 对夫妇志愿者（艾滋病病毒抗体男方阳性、女方阴性）参与人类胚胎基因编辑实验，最终有 2 名志愿者怀孕，其中 1 名生下双胞胎女婴。2019 年 12 月 30 日，深圳市南山区人民法院对此案一审公开宣判，包括贺建奎在内的 3 名被告人因共同非法实施以生殖为目的的人类胚胎基因编辑和生殖医疗活动，构成非法行医罪，分别被依法追究刑事责任。但笔者认为，贺建奎的行为实质上无法构成非法行医罪，其行为无法满足"为他人治病的"犯罪要件构成，因为贺建奎等人的行为不是针对患病的男性志愿者，而是改变人类胚胎基因，企图使女性志愿者生下"健康婴儿"。对此，刑法立法已经作了修改，完善了相关罪名，以更加合理、明确地规制此类行为，而不能扩大解释为其他罪名。

为,"现代生物安全理论以生命科学为核心,涵盖引起生物危害的内部因素(生物危害因子、科技产物)、外部条件(非人为如气候变暖、人为利用)、危害表现形式及发生规律与防控手段等内容"[1]。但此种概念界定涉及的范畴过于广泛,未集中于对生物安全本身的内涵界定,并不适合作为生物安全法律保障体系尤其是刑法立法保障体系的健全。此外,对于生物安全刑法立法保障体系的构建是应当以技术为基础还是以风险治理为基础,也是一个重要问题。与此相关,国际社会形成了两种立法模式:(1)以美国、加拿大等国为代表的基于产品的生物安全立法管理模式;(2)以欧盟等为代表的基于技术的生物安全立法管理模式。[2] 对于第一种模式,其弊端较为严重,主要表现为生物安全管理无法治本,无法形成有效的生物安全风险治理。而第二种模式强化以技术为防控核心的生物安全管理模式,这实际上也是生物安全最基础层面意义上的生物安全保障。从长远来看,这种安全保障模式的治理深度和广度远远不够,在世界风险社会的全球背景下,各国都会面临第二现代性(风险社会)的基本挑战。[3] 因此,不仅要强调生物安全风险治理层面的立法保障,还应当正确看待全球都将面临生物安全威胁,此次新冠疫情的全球暴发就是一个例证。

就我国构建生物安全刑法立法保障而言,应当结合生物安全的概念界定与二元化的法益保护理念,并吸收生物安全立法四十余年的变迁经验。当然,也应当充分借鉴、衔接生物安全法,这对于构建一体化的生物安全刑法保障体系,对于坚持刑法内外相结合的刑法保障理

---

[1] 刘杰等:《我国生物安全问题的现状分析及对策》,载《中国科学院院刊》2016年第4期。

[2] 参见于文轩、王灿发:《外国生物安全立法及对中国立法的思考》,载《科技与法律》2005年第4期。

[3] 参见〔德〕乌尔希里·贝克:《世界风险社会》,吴英姿、孙淑敏译,南京大学出版社2004年版,第3页。

念,均具有重要指导价值。具体来说,生物安全保障的刑法立法体系应当包括以下几个方面的内容:其一,公共卫生安全刑法保障。其中重点是防范重大突发新发传染病、动植物疫情。其二,生物科技风险刑法保障。其中重点是规范生物技术的研发及应用、实验室安全等。其三,涉生物安全风险类公共安全刑法保障。对于利用传染病病原体、生化物质进行危及公共安全行为的,也应当以危害公共安全罪的相关罪名及刑罚加以规制。当然,还包括生物恐怖袭击。其四,生物资源及人类遗传资源的刑法保障。对于其中破坏生物资源的犯罪可由现行的破坏环境资源保护罪进行刑法保障,而对于人类遗传资源的刑法立法则是空白,应当是今后生物安全刑法立法的完善重点之一。其五,生物安全管理渎职类犯罪。对于一般公民的生物安全保障义务应当规定在相关行为罪名的规范当中,如妨害公务罪。而对于国家机关及其工作人员的生物安全保障职责则应当在刑法中的渎职罪类罪中予以专门明确,除现有的罪名外,还应当继续予以完善。其六,生物安全关联犯罪刑法保障。由于生物安全的复杂性、系统性,加之全球风险化,对于生物安全的刑法保障还应当坚持一体化、国际化视野,加强治理关联犯罪,如走私犯罪、偷越国边境犯罪、涉生物武器犯罪等,这是后疫情时代防控常态化、全球化带给我们的有益启示。

对于生物安全刑法立法保障体系的构建不仅要借鉴生物安全法的相关立法体系,而且要坚持技术风险和治理风险的双重保障理念,明确刑法保障的边界,充分发挥前置法的规范作用,在确保生物安全的前提下要给予生物技术等科技足够的发展空间。当然,刑法立法体系还涉及刑法规范的类型,包括附属刑法、单行刑法及刑法典。关于这一问题,将在后面的立法模式当中进行详细论述。

(二)优化生物安全罪名体系与刑罚制度

就我国的社会现状及治理需求来看,在短时期内坚持预防刑法立法观，适时、适度犯罪化是必然趋势，但应当明确的是，总体上还是应当顺应刑法现代化的潮流，在刑法立法上突出表现为"严而不厉"[1]的犯罪化进路。不仅如此，刑法立法还应当能够做到"可进可退"——既可以做到犯罪化，也可以做到在犯罪化一定时期后非犯罪化，这也是兼顾刑法谦抑主义与积极刑法预防观的实现路径。当然，生物安全刑法立法规范体系的具体完善也应当坚持这样的理性思路。

在罪名体系问题上，在生物安全概念界定的基础上，笔者梳理出如下生物安全刑法罪名体系：（1）第二章危害公共安全罪中的"投放危险物质罪""危险驾驶罪""危险物品肇事罪"。（2）第三章破坏社会主义市场经济秩序罪中的"生产、销售有毒、有害食品罪"。（3）第六章妨害社会管理秩序罪第五节危害公共卫生罪中的"妨害传染病防治罪""传染病菌种、毒种扩散罪""妨害国境卫生检疫罪""妨害动植物防疫、检疫罪"；第六节破坏环境资源保护罪中的"污染环境罪""非法猎捕、杀害珍贵、濒危野生动物罪""非法收购、运输、出售珍贵濒危野生动物、珍贵、濒危野生动物制品罪"。（4）第九章渎职罪中的"环境监管失职罪""传染病防治失职罪""动植物检疫徇私舞弊罪""动植物检疫失职罪"。可以发现，当前生物安全刑法罪名存在的问题是：一方面，一些保障领域的罪名不完善；另一方面，一些罪名的体系地位不恰当。

鉴于此，笔者提出如下几点具体的完善建议：一是根据全面禁食野生动物需要，应当删除《刑法》第三百四十一条第二款（非法狩猎罪），以避免与《刑法修正案（十一）（草案）》拟增加的禁食用野生动物的规定相冲突。同时，删除草案中"以食用为目的"的规范表述，

---

[1] 参见储槐植：《刑事一体化》，法律出版社2004年版，第198页。在文中，储槐植教授提出"严而不厉"理论，其具体含义是刑事法网严密、刑事责任严格，但刑罚趋轻且合理。

以避免以其他目的猎捕、收购、运输、出售野生动物而实际作为食用用途的立法漏洞。二是在分则第二章危害公共安全罪之后增设一章——危害生物安全罪，将现有刑法罪名体系不能恰当归入的新型危害生物安全的犯罪行为纳入其中，以衔接生物安全法中达到犯罪程度的行政违法行为，如非法人类基因编辑行为，严重的生物安全能力建设失职、渎职行为，等等。由此一来，既可以不打乱当前的刑法罪名体系，又能够及时规制新型危害生物安全的犯罪行为。

在刑罚制度体系的完善上，主要体现在刑罚轻重结构不合理，如传染病防治失职罪的法定最高刑为三年，而同属于渎职罪类罪名下的"动植物检疫徇私舞弊罪、动植物检疫失职罪"的法定最高刑为十年；再如《刑法修正案（十一）（草案）》中作为禁食野生动物的条款，其刑罚竟与第一款的"非法猎捕、杀害珍贵、濒危野生动物罪"一致，而后者的法定最高刑为十年以上有期徒刑。显而易见，违反禁食野生动物刑法规范的刑事责任与非法猎捕、杀害珍贵、濒危野生动物有着巨大差别。因此，在完善生物安全刑罚制度过程中应当严格遵守"严而不厉"的刑法立法价值导向。此外，还应当考虑充分将罚金刑运用到生物安全刑法保障措施之中，以提高犯罪成本。

（三）提倡多元化生物安全刑法立法模式

在生物安全刑法立法的模式上，目前为止主要是刑法典和刑法修正案，13个立法解释对于生物安全尚未涉及。而就附属刑法而言，"我国已经没有实质意义上的附属刑法"[1]，包括《生物安全法》在法律责任章节中也未设具体的附属刑法条款，而是笼统规定为"违反本法规定，构成犯罪的，依法追究刑事责任"的立法模式。由此而

---

[1] 参见姚建龙主编：《刑法学总论》，北京大学出版社2016年版，第8—9页。

言，我国生物安全刑法立法的模式相对单一，况且刑法修正案立法修改模式本身也存在着僭越全国人民代表大会立法权的实质性缺陷及刑法条款协调引用困难、修改频率高等形式性缺陷。[1] 因此，不管是整体的刑法修订，还是就生物安全刑法立法的完善，都应当丰富刑法修订模式，坚持刑法修正案、单行刑法与附属刑法有机结合、协调统一的多元化理念。

首先，就刑法修正案而言，不宜每一次修订都将所有内容纳入其中，而忽视对刑法典的规范体系是否会产生不利影响，如罪名体系归类不当、刑罚轻重不协调等。相反，可以考虑同时采用刑法修正案和单行刑法的方式，这不仅有利于刑法规范体系的协调，也有利于理论研究与司法适用的运用。其次，在单行刑法问题上，在遇到社会情况重大变化如突发新发重大传染病疫情时，应当出台专门的单行刑法，这样既能够提高司法应对的效率，也能够在今后不适应实际情况之时及时废止，不至于对刑法典频繁改、废。最后，由于我国实际上已经不存在附属刑法规范，对于是否应当在行政法律法规中规定附属刑法条款还有待考证。但从理论上而言，在行政法律法规中直接规定相应的附属刑法规范的确可以提高规范的适用效率，而且不会使得刑法典过于庞杂、体系混乱。至于具体如何规定，有学者提出，"以指引型为主体、修改型为补充、创制型为特别"[2]。但这样是否会使得附属刑法的制定及应用更加无所适从？可见，在这一问题上，还需要学界

---

[1] 参见姚建龙、林需需：《多样化刑法渊源之再提倡——对以刑法修正案为刑法唯一修改方式的反思》，载《河南警察学院学报》2018年第6期。

[2] 张勇：《生物安全立法中附属刑法规范的反思与重构》，载《社会科学辑刊》2020年第4期。文中提出："指引型，是指不单独设置罪状和法定刑，而是采用依照刑法第X条的规定定罪处罚的立法模式；修改型，是指由于刑法典的条文不足以合理规制而对其进行修改和补充，包括构成要件的增删或法定刑幅度的调整以调控入罪范围；创制型，是指刑法典缺乏规定而在附属刑事责任条款中规定独立的罪名、罪状和法定刑，但应当遵守刑法总则的相关规定。"

进一步进行专门的深入研究。

申言之，将生物安全纳入国家安全体系是对总体国家安全观的新发展，确保生物安全必须依靠法治，尤其是要厘清刑法在生物安全法律保障体系中的地位与作用。通过风险社会理论视野的解构，宜将"生物安全"界定为人类在利用生物及生物技术过程中的合理潜在风险、违规研发风险、犯罪利用风险及违反生物安全防控责任义务风险等有机涵盖科技风险与治理风险两个面向的安全威胁。结合积极刑法预防观、刑法谦抑主义及总体国家安全观，生物安全的刑法保障应当坚持法益二元论，即对于风险一般的生物安全坚持前置法"优先、穷尽"原则，而对潜在风险巨大的生物安全坚持刑罚威慑论，预防危害巨大的风险转化为现实。我国生物安全刑法立法经历了从单一化到重点化再到精细化的演变历程，未来应当做到构建全面的刑法立法理论体系、优化罪名体系并完善刑罚制度，以实现罪与刑的良性配置及指导司法实践。同时，还应当坚持多元化的刑法立法模式，形成行政刑法、单行刑法及刑法典三者内容协调、适用有机衔接的生物安全刑法规范体系。良法是善治之前提，合理发挥刑法的生物安全保障作用，既有利于科技进步，也能实现保障国家安全与人民利益。

结语

不论刑法学界是否承认风险刑法这一概念，经济社会与科学技术的发展及应用已经将我们带入一个风险纷繁复杂的时代，这已经是不争的事实。在这样一个时代，刑法应当如何作为与不为，是一个问题的两面，并不对立，更不冲突。换言之，刑法谦抑主义与积极刑法预防主义既不是各自为政，也不是冲突对立，相反，正是刑法合理发挥其功能与作用的两大调节器。因此，犯罪化与非犯罪化在当代中国都应当被重视。

风险刑法的本质是预防刑法,[1] 在预防刑法时代,有效协调经济社会科技发展与犯罪圈扩大的问题,最根本的还是应当坚持刑法现代化的价值要求,实现路径还应当更多借鉴"严而不厉"的刑法立法思路。在生物安全刑法保障问题上,我们首先应当明晰生物安全法益的重要性与复杂性;其次,在具体的立法过程中还应当兼顾刑法现代化、一体化发展的内在要求;最后,还应当运用立法技术保证刑法立法的科学性、合理性与实践性。只有科学完备的刑法立法,才能够从根本上确保最大程度的正确、高效刑事司法。目前生物安全法治化保障已经成为我国国家治理体系与治理能力现代化的重要内容,生物安全刑法保障完善也将是今后刑法学界的一个研究热点与重点。期待刑法在参与社会治理的过程中更加理性与有效。

---

[1] 参见劳东燕:《风险社会与变动中的刑法理论》,载《中外法学》2014年第1期。

第十五章
"坚持受贿行贿一起查"的刑法立法检视与回应

2023年7月25日,《刑法修正案（十二）（草案）》[1]首次向第十四届全国人大常委会第四次会议提请审议,其中关于行贿罪的修改是本次修法的亮点之一,这次修法贯彻了"坚持受贿行贿一起查"政策,但也被解读为具有"受贿行贿同等罚"的立法趋势。立法机关有关负责人也明确表示:"这次修改是在2015年通过的《刑法修正案（九）》修改行贿犯罪的基础上对行贿犯罪的又一次重大修改,从刑法上进一步明确规定,对一些严重行贿情形加大刑事追责力度。"[2]

---

[1] 本章写作时,《刑法修正案（十二）》尚未正式通过。比较草案与正式法律案,可以发现本章的论述依然成立,更凸显出本章写作的价值,故不对本部分内容根据正式立法进行修改。

[2] 亓玉昆:《全国人大常委会法工委刑法室负责人就刑法修正案（十二）草案答记者问》,载《人民日报》2023年7月26日。

不可否认的是，在当前的立法趋势下，意图通过行贿非犯罪化[1]来打击受贿犯罪已不现实，但是"坚持受贿行贿一起查"是否应该在立法上体现为"受贿行贿同等罚"还有待商榷。应当说，我国就"坚持受贿行贿一起查"的政策性文件、指导案例已经非常丰富，确实到了向法治化转型的阶段。但是如果将立法修改解读为走向"受贿行贿同等罚"，则似乎偏离了该政策的真正目的。因此，本章透过行贿与受贿这对犯罪的本质，以对向犯理论为立法检视的视角，并通过梳理"坚持受贿行贿一起查"政策的发展脉络，对其实际含义进行解析，从而说明"受贿行贿一起查"不应被解读为"受贿行贿同等罚"。这既有利于准确把握"坚持受贿行贿一起查"政策的真正内涵，又有利于为该政策的法治化提供正确的指引，进而提出一些有关行贿罪立法结构的完善建议。

一、对向犯理论视角下的"坚持受贿行贿一起查"

现有刑法理论普遍承认，受贿与行贿是行为主体对立且行为方向交错的对向犯。[2]"坚持受贿行贿一起查"正是抓住了受贿与行贿之间一体两面的对向关系，通过查处行贿行为而顺藤摸瓜地揪出隐藏于深处的受贿行为。但是许多刑法学者呼吁将受贿罪与行贿罪变为"异

---

〔1〕 笔者曾在《贿赂犯罪立法结构的调整》一文中提出了"行贿非犯罪化"的主张，这主要是考虑到该做法有利于矫正行贿是导致腐败恶化的逻辑错误，遏制司法机关为获取行贿人的证据而减轻甚至不追究刑事责任的"越权"做法，还能以刑罚的不对等性打破利益同盟关系，因此，以"行贿非犯罪化"来调整贿赂犯罪的立法结构的思路并非标新立异，而是意在提供一种理性的视角，以期对我国的腐败犯罪治理有所裨益。参见姚建龙：《社会变迁中的刑法问题》，北京大学出版社2019年版，第407页。

〔2〕 参见柯耀程：《贿赂罪成罪条件之认定——评彰化地方法院九十年度诉字第一三四九号判决》，载《月旦法学杂志》2004年第7期。

罪同刑"的对向犯,而且《刑法修正案(十二)(草案)》对行贿罪的修改也确实在拉平两罪之间的差距。实际上,从对向犯理论的视角来看,这种立法倾向值得商榷,也难言具有加重刑罚的必要性。

(一) 对向犯不同罚的理论依据

通常来说,我国《刑法》规定了四种对向犯:一是"同罪同刑",即双方的罪名和法定刑都相同,例如"非法买卖枪支、弹药、爆炸物品罪";二是"异罪异刑",即双方的罪名与法定刑都不相同,例如受贿罪与行贿罪;三是"异罪同刑",即双方都构成犯罪,但双方的罪名不同而法定刑相同,例如出售、购买假币罪;四是"只处罚一方",即只处罚一方的行为,例如销售假药罪。在德国刑法中还规定有"同罪异刑"的对向犯,[1] 是指双方都构成犯罪,且罪名相同但法定刑不同,不过我国并没有此种类型的罪名。我们先需要重点讨论的是,在受贿罪与行贿罪这组对向犯中,为什么行贿罪能在立法上获得较轻的刑罚?这是展开讨论受贿罪与行贿罪不应向"异罪同刑"转化的基本前提。

前田雅英教授就对向犯的处罚问题提出:"很多情形下,不处罚的实质理由被认为是违法性或责任欠缺或者微弱,但是也存在着仅凭这种理由不能予以解释的情形(共犯论的政策性色彩)。在必要的共犯不可罚的范围中,很大一部分是基于刑事政策、立法技术上的理由。"[2] 可见,在具有对向犯性质的两个行为中,之所以会出现不予以处罚或较轻处罚一方行为的情况,是因为立法者的有意安排,而违法性、有责性的欠缺则是对这种安排的理论解释。

---

[1]《德国刑法典》第173条规定,尊亲属与卑亲属乱伦,适用相同罪名,但刑罚不一样。

[2]〔日〕前田雅英:《刑法总论讲义(第6版)》,曾文科译,北京大学出版社2017年版,第289页。

首先，具体到受贿罪与行贿罪的设立上来看，立法者在处罚上的"区别对待"仍然具有很清晰的"立法有意性"的痕迹可循。1952年4月18日，我国制定了第一部专门打击腐败犯罪的单行刑事法规《中华人民共和国惩治贪污条例》（以下简称《惩治贪污条例》），该规定虽然在罪名上未将贪污犯罪与行贿犯罪相区分，但是就行贿犯罪规定了特别自首制度，甚至规定免予刑事处分的情形，体现出立法者对行贿犯罪所采取的从宽处罚的立场。之后的1979年《刑法》中，行贿罪也是被规定为轻罪，最高法定刑为3年。不过，从此之后，立法者就在不断提升行贿罪的法定刑，加大对行贿犯罪的惩治力度，直到1997年《刑法》规定行贿罪的最高法定刑为无期徒刑。但是立法者仍然刻意保留了减轻处罚或者免除处罚的规定，这种刻意体现在《刑法修正案（九）》中，立法者将原来的"可以减轻处罚或者免除处罚"，修改为"可以从轻或者减轻处罚"，同时又增加了减轻或者免除处罚的情形。由此可见，立法者对行贿罪的几番调整，虽然不断缩短受贿罪与行贿罪之间的法定刑距离，但却仍然有意坚持着特别自首制度，体现出了"受贿行贿不同罚"的重要立场。

其次，受贿罪与行贿罪的"区别对待"同样具有合理性。对向犯作为必要的共犯形态，在违法性上双方的必要参与行为并无质的不同（违法的质的统一性）。[1]但是，受贿与行贿犯罪的违法程度的判断不能简单地从犯罪的对称性出发，而是需要进一步对两个行为的违法程度进行一个量的衡量，这将影响处罚的轻重。贿赂犯罪的保护法益是一个尚无定论的问题，主要包括廉洁性说、职务行为的公正性说、职务行为的不可收买性说、职务行为的不可谋私利性说等等。笔者支持将"职务行为的廉洁性"作为受贿犯罪的保护法益，所以对受贿行为与行贿行为违法程度的判断，也应从对职务行为廉洁性的破坏上展

---

［1］ 参见钱叶六：《对向犯若干问题研究》，载《法商研究》2011年第6期。

开。从身份来看，受贿罪的主体都是国家机关工作人员，其是公权力的直接支配者，相较于行贿人而言，更容易影响公权力的行使，也更容易对公权力的廉洁性带来严重破坏。从社会影响来看，行贿行为可能导致市场扭曲、不公平竞争和损害公众利益，因为它扰乱了正常商业和政府活动，但是受贿行为损害了公众对政府和机构的信任，可能导致资源浪费、不公平分配和腐败的增加，相比之下，受贿行为的法益侵害性更为严重。由此可见，行贿行为的违法程度无法与受贿行为相提并论，所以刑法对二者规定不同的法定刑也符合对向犯的处罚依据。

最后，受贿与行贿犯罪的违法程度的判断也要准确把握二者之间的因果关系。比如有观点认为，行贿人未被追究刑事责任的比例过高，对行贿惩处偏弱的问题仍然存在，不利于切断行受贿犯罪因果链。[1] 这种观点看似合理，可是并不符合受贿与行贿犯罪的实际情况。在现实案件中，受贿行为与行贿行为之间并不完全对等，即受贿行为与行贿行为之间其实是充分必要条件，有受贿行为说明一定具有行贿行为，但是有行贿行为并不一定表明存在受贿行为。在不断披露的贿赂案件中不难发现，部分官员是在被"围猎"中迷失自我，但是也有部分官员是自甘被"围猎"，他们明知"围猎者"的目的，仍贪恋于各种利益，甚至成了"围猎者"的代言人。与此同时，还有更多不为"围猎"所腐蚀，时刻保持自律、清醒的公职人员。因此，上述观点实际上是犯了由果推因的逻辑错误，只看到了行贿行为可能导致的受贿行为，而忽视了受贿行为才是贿赂犯罪的核心所在。笔者曾从经济学的角度进行分析，行贿人行贿并不是以事后的处罚较轻甚至免除处罚为主要考量，其根本原因在于作为权钱交易初级产品的"贿

---

[1] 参见张维炜、丁子哲：《刑法修正案（十二）草案亮相：再举反腐利剑》，载《中国人大》2023年第15期。

赂"存在较大的消费市场，行贿人可以在该交易中获取较大的利益。因此，想要真正斩断受贿的因果链并不是从加重行贿行为的处罚出发，而应当是严惩借公权谋私利者，彻底破坏"贿赂"消费市场。如此，在消费群体消失后，行贿人的贿赂动机也会因失去其市场价值而消失。[1] 简单来说，因为行贿并不必然破坏职务行为的廉洁性，反而是严惩受贿行为将有利于减少行贿行为的出现，所以立法者也没必要将二者的处罚置于同一水平。

（二）不符合加重较轻处罚的转化条件

尽管对向犯的处罚是由立法者的意思所决定，但是加重一方原本较轻的处罚，甚至使之与另一方处罚相同，也应当遵循一定的理论基础，避免立法的恣意性。因此，笔者从加重处罚的理论依据出发，从而检视"受贿行贿同等罚"这种立法趋势的不合理之处。

首先，行贿罪既未超出犯罪类型的范围，也不必然加功于受贿罪。在片面对向犯中，要将不处罚参与行为向可处罚参与行为转化，有学者提出，如果原本不处罚一方的参与行为超出了必要参与行为的"最低必要参与程度"标准，那么就变成了可处罚参与行为，应适用刑法总则关于共犯之规定。[2] 显然，该种观点是将对向犯回归到了共犯理论中判断处罚的转化条件，同理，我们也可以将行贿行为回到共同犯罪的理论进行论证，说明加重处罚行贿行为的不合理性。在贿赂犯罪中，行贿人给予财物的行为实际是在教唆、帮助受贿人实施受贿行为，受贿人是实行犯，二者构成共同犯罪。而根据我国刑法的规定，教唆犯、帮助犯应当按照他在共同犯罪中所起的作用处罚，一般来说，行贿人都是无特定身份的人，无法直接、也不必然对法益产生

---

[1] 参见姚建龙：《社会变迁中的刑法问题》，北京大学出版社2019年版，第390页。

[2] 参见钱叶六：《对向犯若干问题研究》，载《法商研究》2011年第6期。

侵害，所以行贿人在共同犯罪中所起的作用显然无法与受贿人相同。所以，从我国的共犯处罚根据上来看，行贿和受贿也不应当同罚，这样才有利于实现处罚的协调。进一步来说，行贿行为并不必然加功于受贿行为，如果受贿人拒绝贿赂，那么行贿人只构成行贿罪（未遂），也就无法对法益造成更严重的破坏。因此，贿赂犯罪的成立，主要还是取决于受贿人接受贿赂与否，试图加重处罚行贿行为的做法并未切中贿赂犯罪的真正要害，难以说明加重处罚的合理性。

另外，受贿罪与行贿罪也缺乏平衡刑罚的必要性。第一，有学者以拐卖妇女、儿童罪与收买被拐卖的妇女、儿童罪为例，认为在共同对向犯中，很少有像这对犯罪一样的刑罚严重失衡的情况，这与共同对向犯的理论很难兼容，实有调整之必要。[1]是否应当提高收买被拐卖妇女、儿童罪的刑罚在此不论，但是这说明一个问题，即对向犯中的处罚应当做到罚当其罪，否则就有调整的必要性。那么回到行贿罪与受贿罪的讨论中，从法定最高刑的比较来看，行贿罪的法定最高刑已为无期徒刑，受贿罪的法定最高刑为死刑，二者的刑罚差距显然不能认为是处于失衡的地位。进一步说，如上文所述，行贿行为对职务行为廉洁性的侵害及其所产生的社会影响都要小于受贿行为，所以将行贿行为规定较轻的刑罚是合理的，并不违背罪刑相适应原则。第二，有批评观点认为，实践中同期判处的行贿案件与受贿案件数量相比严重失衡，行贿人未被追究刑事责任的比例过高，对行贿惩处偏弱的问题仍然存在。[2]这种批评观点虽然关注到了行贿罪与受贿罪案件数量之间的差距，但是这些案件中又有多少行贿人符合了减轻处罚或者免除处罚的情形，显然是缺乏统计的。更无法忽视的是，在查处

---

[1] 参见罗翔：《论买卖人口犯罪的立法修正》，载《政法论坛》2022年第3期。

[2] 参见亓玉昆：《全国人大常委会法工委刑法室负责人就刑法修正案（十二）草案答记者问》，载《人民日报》2023年7月26日。

贿赂犯罪的实践中，因为受贿犯罪普遍具有极强的隐蔽性，多数案件的侦破都需要依靠行贿人的指认及其提供的线索，所以在这种特殊的犯罪类型下，只能通过减轻或者免除行贿人处罚的方式，来获得侦破受贿案件的关键信息。因此，受贿与行贿犯罪的案件数量比并不能为加重对行贿罪的处罚提供依据，反而意味着受贿案件得到了应有的查处，犯罪"黑数"在减少。

总的来说，在对向犯理论的检视下，贿赂犯罪被规定为"异罪异罚"的对向犯既是立法者的有意安排，也是符合犯罪社会危害性的立法安排。刑法仍应当继续坚持贿赂犯罪"异罪异罚"，这不仅是遵循刑法理论的表现，也是把握此类特殊犯罪的关键要点。

二、"坚持受贿行贿一起查"法治化趋势下的内涵解析

《刑法修正案（十二）（草案）》对行贿罪的部分修改是以"坚持受贿行贿一起查"政策为基调进行的，毫无疑问，将党中央提出的政策放到法治轨道上运行是妥当的，体现出了该政策的法治化倾向，也是贯彻落实党中央重要部署的必由之路。但是，《刑法修正案（十二）（草案）》体现出的"坚持行贿受贿一起查"到"受贿行贿同等罚"的立法倾向仍然有待斟酌，因此，有必要对"坚持受贿行贿一起查"的实质内涵进行解析，才能够为该政策的法治化提供正确指引。

（一）"坚持受贿行贿一起查"的发展、丰富与完善

从"坚持受贿行贿一起查"政策的发展脉络来看，该政策经历了发展、丰富、完善三个阶段，在此过程中不但未表现出"受贿行贿同等罚"的立场，反而是在具体落实的过程中不断强调，"一起查"不等于"同等罚"。基于此，立法者应当正确认识"坚持受贿行贿一起查"的政策精神，避免立法结果偏离政策的预期目的。

第一，政策的提出阶段。2017年10月，党的十九大报告中首次明确提出了"坚持受贿行贿一起查"的方针政策，报告同时还提出了"坚持无禁区、全覆盖、零容忍""坚持重遏制、强高压、长震慑"，都是紧紧围绕反腐败斗争而提出，表明我党对腐败的高压态势。所以从党的十九大报告来看，"坚持受贿行贿一起查"还是以打击受贿为核心，通过查处行贿行为来瓦解行贿与受贿利益圈，更好地揪出腐败官员，以及通过震慑行贿人，在源头上降低腐败发生的可能性。紧接着，习近平总书记又在出席十九届中央纪委二次全会时再次强调了这一要求，由此，"受贿行贿一起查"可以说是作为一项党的重要方针政策被确定了下来。但是，究竟该如何具体理解"受贿行贿一起查"这一重要部署，还有待相关部门进一步地在实践中探索。

第二，政策内涵的丰富阶段。2021年9月，中央纪委国家监委与多部门联合印发《关于进一步推进受贿行贿一起查的意见》（以下简称《意见》），对进一步推进"受贿行贿一起查"作出具体的工作安排与部署，以持续加大对行贿的查处力度。有关负责人就《意见》回答记者提出的"对行贿人进行处理时，纪检监察机关是如何把握政策的"问题时，明确回复道："受贿行贿一起查并不等于同等处理，要统筹运用纪律、法律、行政、经济等手段，综合施策，分类处理。"[1] 这充分说明，"坚持受贿行贿一起查"并不表示二者同等处理。随后，为了进一步明确查办行贿犯罪的重点任务，2022年4月，中纪委同最高人民检察院共同发布5起关于行贿的典型案例。这5起典型案例再次说明"坚持受贿行贿一起查"的重心在"一起查"，而不在实现"同等罚"。以江西王某某行贿案为例，虽然王某某一直未交代其涉嫌行贿犯罪事实，但是监察机关与检察机关加强配合，通过

---

[1]《中央纪委国家监委会同有关单位联合印发〈关于进一步推进受贿行贿一起查的意见〉》，https://www.ccdi.gov.cn/toutiao/202109/t20210908_249687.html。

统筹王某某行贿案与钟某某受贿案，协调证据收集、调取工作，最终实现了对王某某零口供定案，并依法追缴行贿人不正当获利2亿多元。本案实际说明了两种犯罪之间的紧密关系，以及体现出了"坚持受贿行贿一起查"的优势所在。在这个阶段中，"坚持受贿行贿一起查"不再是国家进行反腐败斗争的一句口号，其实质内涵被不断丰富，也在实际办案的摸索中得到落实。

第三，政策内涵的完善阶段。2022年10月，党的二十大报告再次明确要求坚持"受贿行贿一起查"，报告仍是重点强调腐败的危害性，要求继续加大对行贿行为查处力度，进一步健全完善惩治行贿的法律法规。同年12月9日，最高人民检察院印发了《关于加强行贿犯罪案件办理工作的指导意见》（以下简称《指导意见》），进一步贯彻了党中央的重要决策，强调以合法、精确、有力的方式打击行贿犯罪，实现"遏制源头"和"切断蔓延"。2023年3月29日，中央纪委国家监委、最高人民检察院又联合发布5起行贿犯罪典型案例，进一步突出查处行贿犯罪的工作重点，如多次行贿、巨额受贿、对在国家重点领域的国家机关工作人员行贿。[1] 应当说，此后印发的文件和公布的指导案例，实际是在进一步阐明"坚持受贿行贿一起查"不仅是程序上的要求，也具有实体法上的惩治要求。"坚持受贿行贿一起查"的具体内涵在实践中不断明晰。

（二）"一起查"不等于"同等罚"

通过梳理"坚持受贿行贿一起查"的发展历程，不难发现，该政策在落实过程中一直强调的是利用受贿、行贿犯罪"一体两面"的犯罪特点，又同时反复提及准确把握办案措施，继续坚持宽严相济，所

---

〔1〕参见李鹏：《彰显严惩行贿犯罪态度决心》，载《中国纪检监察报》2023年3月30日。

以将"坚持受贿行贿一起查"解读为"受贿行贿同等罚"是片面化的理解。"坚持受贿行贿一起查"政策的施行,至少从坚持宽严相济和保障民生平衡两个角度,表明"一起查"不等于"同等罚"的立场。

一方面,落实"坚持受贿行贿一起查"政策的同时,也要精准有效施策,区分不同情况予以对待。在先后出台的《意见》《指导意见》中,我们能很清楚地发现两份文件既强调加大惩治行贿犯罪力度,依法精准有力惩治行贿犯罪,却又反复提到要区分行贿犯罪的不同情形、程度,做到罪责相适、宽严得当。这从外表来看是一对矛盾的关系,但其实反映出了"坚持受贿行贿一起查"的政策内核,即"受贿行贿一起查"并不等于"受贿行贿同等罚"。比如《意见》中明确规定了从严查处的五类行贿行为,由于这些行贿行为危害性较大,涉及国家重点领域,所以必须加大查处力度。同时还规定了如自动投案、真诚悔过,如实供述还未掌握的违法犯罪行为,有重大立功表现等从宽处罚情形。所以,两份文件仍然反复强调贯彻宽严相济的方法策略,希望通过认罪认罚从宽制度激励行贿人积极配合纪检监察机关办案,提供案件的关键线索,瓦解行贿人与受贿人之间的利益同盟。也正如有学者通过实证研究的方式表明,不对称严罚受贿且附条件大幅度宽宥行贿的方案对受贿冲动的强力抑制极大地削弱了行贿冲动抬升对贿赂达成的促进效果,在终端效果上降低了贿赂达成的可能性。[1]

另一方面,"坚持受贿行贿一起查"还强调确保行贿犯罪查处与民生保障的平衡。应当注意到,由于受贿行为和行贿行为的主体、方式、影响不同,所以策略方法也应有所区别。比如《意见》中专门强调,相关办案机关既要严肃惩治行贿,还要充分保障涉案人员和企业合法的人身和财产权益,保障企业合法经营;《指导意见》中也提出,

---

[1] 参见赵军:《贿赂犯罪治理策略的定量研究》,载《法学研究》2022年第6期。

鼓励对符合合规监管条件的涉行贿犯罪的企业进行企业合规整改。除此之外，还以 10 起行贿罪典型案例为支撑，进一步表明政策内涵，突出办案机关究竟如何结合性质情节、一贯表现、后果影响等要件，进行综合考量分析，实现应查尽查，不随意扩大惩治范围。显然，这些针对性的措施难以被复制到受贿犯罪中，对比之下，行贿犯罪与受贿犯罪当然也不能实现"同等罚"。因此，我们不能仅从"坚持受贿行贿一起查"的外表就认为二者应当并重惩处，而要深入政策的实质内涵，探究其真正目的，准确认识到强调严查行贿行为并不意味着一定要予以严峻的刑罚。

（三）强调行贿行为的不法性

"坚持受贿行贿一起查"的提出与确定不仅是为打击行贿行为，还有利于推进全民守法，维护公平正义，让"行贿受贿一样可耻"成为普遍信念。所以从这个方面来看，"坚持受贿行贿一起查"实际能通过查处行贿人给予行贿行为否定评价，从而实现对行贿行为的一般预防与特殊预防。

"坚持受贿行贿一起查"有利于一般预防的实现。在实际中，贿赂犯罪不仅未减少，反而呈现上升趋势，并且不断蔓延到多个领域和行业，这是一个不争的现实，而且行贿者的嚣张态度可能助长腐败风气，同时也会鼓励其他民众效仿行贿行为。如有学者所说，公平正义是一个秩序正常社会公众的普遍道德心态。恶行一旦得不到惩罚，这种道德心态会受到损害。[1] 因为从古今中外的历史与现实来看，当部分人通过特别手段获取了不正当利益，那么这种行贿风气将会盛行，所以"受贿行贿一起查"的一个重要目标就是，通过实施"受贿行贿一起查"政策净化社会风气，推动"行贿受贿一样可耻"的共识

---

〔1〕 参见李少平：《行贿犯罪执法困局及其对策》，载《中国法学》2015 年第 1 期。

在社会中普遍树立,促进全体公民遵纪守法,维护公平正义,体现了以建设廉洁政治为目标,推动整个社会廉洁的价值追求。[1]这实际就是借助政策的实施来提高社会对法治的认知,促使公众充分认识到行贿行为的不法性。同时,通过"坚持受贿行贿一起查"政策的落实,还能加强社会监督效果,鼓励公众积极举报腐败行为,遏制腐败文化的蔓延。

"坚持受贿行贿一起查"有利于特殊预防的实现。"坚持受贿行贿一起查"要求对行贿行为进行严格的执法和打击,特别是在调查和审理腐败案件时,从严查处行贿行为有助于打破腐败链条,减少行贿发生的机会。另外,"坚持受贿行贿一起查"体现出对行贿"零容忍"的坚决立场。我国当前的反腐力度是空前的,这也推动了我国纪检监察机关查处行贿犯罪的能力,如上文所提及的江西王某某行贿案,办案机关摆脱了过去过分依靠口供的状况,在该案中实现了"零口供"定案。随着办案机关的办案能力和手段的提升,这将有力打击行贿人的侥幸心理,实现对行贿犯罪的应查尽查。由此可见,"坚持受贿行贿一起查"的政策不仅通过一般预防措施来提高社会法治意识,还通过特殊预防手段来阻止行贿行为的发生,这种综合性的预防工作有助于减少腐败问题,维护社会公平和正义。

三、行贿罪在"坚持受贿行贿一起查"法治化下的立法选择

显然,"坚持受贿行贿一起查"不是"运动式"的反腐口号,而是国家坚决治理贿赂犯罪的重要工作基调,也表明将该政策置于法治的轨道运行的必要性。立法者应当理性地对待政策给刑事立法所带来

---

[1] 参见《坚持受贿行贿一起查释放什么信号?》,载《中国纪检监察》2017年第24期。

的影响，既要警惕"受贿行贿同等罚"的趋势进一步扩大，又要充分认识行贿罪所存在的不足，适时适当地完善相关立法。

（一）继续保留行贿罪中的特别自首制度

尽管行贿罪历经多次的立法修改，相关刑罚也不断加重，但是行贿罪中的责任减免条款依然保留。本书认为，我国《刑法》不能因为司法扩张了特别自首制度的适用，所以在立法上予以否定。而应当在继续保留行贿罪中的特别自首制度的同时，处理好其与其他减免刑事责任制度的关系。

某种程度上可以说，主张废除行贿罪中的特别自首制度是"司法感冒，立法吃药"的表现。《刑法修正案（九）》对特别自首制度的修改，正是基于司法实践对特别自首制度的滥用，导致大量行贿行为被放纵。立法者认为，难以依靠司法自觉来解决特别自首制度适用限缩的问题，于是在立法上限缩了可以从轻或免除处罚的适用情形，通过立法的方式限缩了特别自首制度的适用。但是从结果来看，特别自首制度在司法实践中的适用问题并未由此得到很好的解决。有实务部门的同志指出："从这些年法院一审新收案件数量看，行贿罪与受贿罪案件数的比例大概在1∶3，有的年份达到1∶4或者更大比例。鉴于实际受贿案件中通常牵涉多名行贿人，那么未被追究刑事责任的行贿人（次）比例可能会更高。"[1]所以有赞同废除特别自首制度的学者认为，特别为行贿罪设定的出罪条款已经导致行贿罪的追诉率严重低于受贿犯罪，这种结果产生了负面的示范效应，并对贿赂犯罪的治

---

[1] 亓玉昆：《全国人大常委会法工委刑法室负责人就刑法修正案（十二）草案答记者问》，载《人民日报》2023年7月26日。

理产生了影响。[1]然而，为什么在立法对特别自首制度进行限缩之后，仍然无法避免该制度的大量适用呢？实际上，这一方面说明特别自首制度在司法实践中获得了认可，另一方面说明该制度成功打破了行贿人与受贿人的攻守同盟。所以也有学者指出，《刑法修正案（九）》对行贿罪中的特别自首制度的修改是刑事政策上的重大失误，从法条关系来看，也必须扩大解释《刑法》第三百九十条第二款。[2]从《刑法修正案（十二）（草案）》来看，立法者并没有采取"废除特别自首制度"的观点，本书认为这是需要继续肯定与坚持的。

行贿罪中的特别自首制度符合"坚持受贿行贿一起查"的要求。"坚持受贿行贿一起查"仍然体现了区别对待的思想，这与宽严相济的刑事政策相契合。在从严的方面，比如在《刑法修正案（十二）（草案）》中，立法者拟在行贿罪中增加六种从重处罚的情形，[3]进一步加强对行贿犯罪的惩治。那么在从宽的方面就应当通过特别自首制度予以体现，"受贿行贿一起查"政策强调对受贿者和行贿者一起查处，但也充分考虑了具体的案件情节，包括数额大小、社会危害程度、是否主动交代等因素。这符合宽严相济的原则，即根据情节轻重、法律程序和社会公平等因素来综合考虑刑罚，以确保刑事制裁合法、公正、公平，同时也通过预防措施减少腐败问题的发生。如有学者所说，如果罔顾事理，在严惩腐败的名义下，突兀地改采并重惩罚的策

---

[1] 参见魏昌东、张笑宇：《我国"分体式"贿赂犯罪罪名体系构建：原理、反思与重构》，载蒋来用主编：《廉政学研究（2021年第2辑）》，社会科学文献出版社2021年版。

[2] 参见张明楷：《行贿罪的量刑》，载《现代法学》2018年第3期。

[3] 有下列情形之一的，依照前款的规定从重处罚："（一）多次行贿、向多人行贿的；（二）国家工作人员行贿的；（三）在国家重要工作、重点工程、重大项目中行贿的；（四）在组织人事、执纪执法司法、生态环保、财政金融、安全生产、食品药品、帮扶救灾、养老社保、教育医疗等领域行贿的；（五）为实施违法犯罪活动而行贿的；（六）将违法所得用于行贿的。"

略，将导致宽严相济的刑事政策在贿赂犯罪上的适用空间被大大挤压。[1]

鉴于受贿行贿案的特殊性，继续坚持特别自首制度其实具有现实合理性，也符合民众的期待。有学者认为，基于囚徒困境理论，就行贿受贿的宽宥而言，则应采取对称模式，给予行贿受贿双方同样的宽宥和减免优惠的机会，从而实现激励双方主动供述的目的。[2] 主张废除特别自首制度的学者其实忽略了两个问题：第一，特别自首制度是贿赂犯罪特殊性下的特别产物。在贿赂案件的现实中，监察、检察机关很难在缺少实质证据的情况下就对相关官员进行调查，大多是依靠行贿人的指认为突破口。唯有给予行贿人更宽宥的红利政策，才更有利于分化、瓦解行贿人与受贿人之间的紧密关系，从而获取追诉犯罪的关键证据。所以还有学者在《刑法修正案（九）（草案）》公开征求意见时就提出要考虑到刑法"由轻改重"所产生的不利影响，并认为如果立法修改规定，对于在被起诉之前自愿坦白行贿行为的行贿人只能获得减轻处罚而不能免除处罚，这可能会导致行贿人不愿意积极合作，从而对反腐败工作产生不利影响。[3] 由此可见，贿赂犯罪的具体情形其实与囚徒困境有所差别，因为在贿赂犯罪中，行贿人是顺藤摸瓜找到受贿人的关键，而囚徒困境实际是两名已经被捕的犯人的博弈，所以不能完全依靠该理论来否定特别自首制度。第二，不同的自首宽宥程度也是区别对待行贿、受贿行为的表现。受贿人作为公权力的掌握者，一般具有较高的社会地位，所以民众对他们有着更高

---

[1] 参见何荣功：《"行贿与受贿并重惩罚"的法治逻辑悖论》，载《法学》2015年第10期。

[2] 参见叶良芳：《行贿受贿惩治模式的博弈分析与实践检验——兼评〈刑法修正案（九）〉第44条和第45条》，载《法学评论》2016年第1期。

[3] 参见周光权：《〈刑法修正案（九）〉（草案）的若干争议问题》，载《法学杂志》2015年第5期。

的期待。如果将行贿人与受贿人适用同等的自首宽宥待遇，无法体现出从严惩处受贿行为的立场。

（二）修改行贿罪的部分犯罪构成要件

我国《刑法》对行贿罪的犯罪构成要件的规定并不完善，在司法实践中仍暴露出不少问题。有必要对行贿罪进行相应的完善，提高该罪对打击贿赂犯罪的重要作用。

第一，应当考虑删除行贿罪中"谋取不正当利益"的犯罪构成要件。针对行贿罪中的"谋取不正当利益"这一犯罪构成要件的理解一直存在多种不同观点。"两高"在2012年发布的《关于办理行贿刑事案件具体应用法律若干问题的解释》中的第十二条，[1]是迄今为止最全面、最有权威性的规定，被刑法学界普遍接受，并被一些教科书作为解释"谋取不正当利益"的标准答案。[2]但是仍然有主张取消"谋取不正当利益"的学者认为，"谋取不正当利益"这一规定，很大程度上限制了行贿罪的打击范围，促使社会上不法分子利用这一漏洞，不断地腐化国家工作人员，以此来谋取个人的私利。[3]本书赞同删除"谋取不正当利益"的犯罪构成要件的观点，具体理由如下。

除了同样持"取消说"观点的学者所提出的，与《联合国反腐败公约》和世界上其他国家就行贿罪的立法不尽相同，以及限缩了行贿罪的适用范围等理由之外，"谋取不正当利益"这一犯罪构成要件还

---

[1]《关于办理行贿刑事案件具体应用法律若干问题的解释》第十二条规定，行贿犯罪中的"谋取不正当利益"，是指行贿人谋取的利益违反法律、法规、规章、政策规定，或者要求国家工作人员违反法律、法规、规章、政策、行业规范的规定，为自己提供帮助或者方便条件。

[2] 参见车浩：《行贿罪之"谋取不正当利益"的法理内涵》，载《法学研究》2017年第2期。

[3] 参见王军明：《中国行贿罪的刑事立法困境及其完善》，载《当代法学》2019年第1期。

存在不适应贿赂犯罪发展变化的重要弊端,随着国家反腐力度的不断加大,犯罪分子也在绞尽脑汁地采取一些极具隐蔽性和迷惑性的新型行贿方式以逃避处罚。比如很多行贿人并不抱有谋取不正当利益的目的,往往是披着社交人情的外衣向国家工作人员给予财物,在与国家工作人员之间建立起一定感情基础后,以期未来某时能利用其职务便利获取不正当的利益。实际上,从行贿罪的立法沿革来看,"谋取不正当利益"并非自始就是一个不可或缺的犯罪构成要件,其存在的意义更多是为了强调"谋利"与"受贿"之间的联系。但是从贿赂犯罪愈发复杂的犯罪形势来看,删除"谋取不正当利益"之要件不仅能解决"感情投资型"行贿犯罪发现难问题,也能够摆脱对"谋取不正当利益"解释难的问题。

第二,应当考虑修改"给予国家工作人员财物"的犯罪构成要件。"给予国家工作人员财物"这一犯罪构成要件又是限制行贿罪处罚难的大问题,本书认为"财物"一词不当地限制了行贿的方式。随着行贿手段的隐蔽化、多样化,新型腐败早已不限于权钱交易的范畴。尽管"两高"也在追赶这种变化,例如在2016年发布了《关于办理贪污贿赂刑事案件适用法律若干问题的解释》,其中第十二条将"财物"扩大解释为"财产性利益",从而扩大了行贿罪的规制范围。但是仍有一些行贿类型无法被扩大解释涵括在内,比如性贿赂犯罪,这是刑法解释无法延伸到的区域。同时,党的二十大报告在再次强调"坚持受贿行贿一起查"的同时,还提出了严查新型腐败和隐性腐败的要求。在新型腐败和隐性腐败中,腐败不是传统的权钱交易,有的是追求"期权效应",公职人员退休后、调离后再谋求权力兑现;还有的超越了单一地追求不法经济收入,出现了经济问题和政治问题相交织的新型腐败现象。毋庸置疑,这些行贿的新手段、新类型已经远远超过了"财物"的字义涵摄范围,无法再期待借助刑法解释的方法进行化解。因此,本书认为应当将"给予国家工作人员财物"修改为

"给予国家工作人员不正当利益",扩大行贿罪的规制范围,这也与"坚持受贿行贿一起查"的要求相符。

(三)审慎地调整对行贿罪的处罚

近年来,我国频繁地针对行贿犯罪进行立法修改,总体呈现出加重处罚的立法趋势,"受贿行贿同等罚"也在一次次修法后逐渐实现。但是,过分专注拉平受贿罪与行贿罪之间的处罚差距并非明智之举,这不是说行贿罪的刑罚没有调整的必要,而是强调避免盲目与受贿罪进行形式比较。

避免过分频繁修法影响法的安定性。1952年出台的《惩治贪污条例》是第一部规定了行贿罪的单行刑法,此后又历经了1979年《刑法》、1988年《关于惩治贪污罪贿赂罪的补充规定》、1997年《刑法》以及《刑法修正案(九)》的多次修改,放眼"异罪异罚"对向犯中的各个罪名,鲜有哪个罪名经历了如此频繁的立法调整。诚然,如此频繁的修法确实可以说明我国贿赂犯罪形势的不断变化,以及立法者对贿赂犯罪的重视。但是,频繁修法所带来的问题也是显著的。比如《刑法修正案(九)》在匆匆修改了"行贿罪"前两档法定刑和刑罚幅度后,产生了行贿罪法定刑配置重于受贿罪的感觉,而且也没有规定具体的犯罪情节予以区分,展现出了立法者在行贿罪立法时的粗糙。因此,《刑法修正案(十二)》为了行贿罪与受贿罪能够更好衔接,只能又将行贿罪予以修改。现今,不少学者呼吁"受贿行贿同等罚",实际还是欠缺充分的理论依据或实证依据,所以刑事立法应当恪守理性,审慎判断提高行贿罪法定刑所产生的负面效果。比如,行贿罪的最高法定刑已为无期徒刑,如果继续提高,那么只能是为其配置死刑,从而在法定刑的形式配置上与受贿罪相同。需要注意的是,虽然受贿罪的最高法定刑为死刑,但是实践中已然很少直接适用死刑,多是适用终身监禁。因此,行贿罪也完全没必要与之攀比,而设置死刑、终身监禁的法定刑，否则既不符合我国减少死刑适用的立法趋势，也与行贿罪不法和有责的程度不相适应。

对向犯犯罪并不一定要求刑罚的相称性。我国"异罪异罚"的对向犯数量较多，从各个"异罪异罚"对向犯的法定刑配置来看，我国《刑法》就对向犯的规定从来不是简单地刑罚相称，而是根据不同行为配置相应的刑罚，以此实现罪刑相适应原则。如有学者指出："行贿本身并不是一种权力滥用行为，其造成的社会危害是通过受贿行为间接实现的，特别是在索贿的情况下，行贿具有被'塑造'的性质；从受贿与行贿的应受刑罚惩罚性进行判断，两者是有实质差别的，一般情况下后者的刑事可罚性要小一些。"[1] 另外，尽管从事物的因果关系的角度来看，行贿是"因"，受贿是"果"，但是这种判断并不准确，也不能给刑罚相称性提供足够的支撑。在贿赂犯罪中，行贿人看似是在积极"围猎"受贿人，但是其并未掌握犯罪的主动性，反而是受贿人手握主动，我们不能仅从表象去理解贿赂犯罪的因果关系。如果公民的基本利益能够得到较好的保障，不当利益谁也得不到，公民自然不会实施行贿行为，而形成这种局面的关键应当在于国家工作人员的廉洁自律与制度建设的保障。如是，受贿行为与行贿行为在违法性程度上的差异，以及受贿人与行贿人在身份地位上的差异，才是对受贿犯罪给予更重刑罚的真正依据。总的来说，受贿罪与行贿罪作为"异罪异罚"的对向犯，其法定刑的设置依据还应当是二者的不法与责任的程度，而"异罪异罚"才更有利于突出受贿与行贿之间的不法与责任的差别。

增设资格刑以规范非刑罚处罚措施的适用。根据湖南省纪委监委有关负责人介绍，该省探索建立了工程建设项目招投标行贿人"黑名

---

[1] 张勇：《"行贿与受贿并重惩治"刑事政策的根据及模式》，载《法学》2017年第12期。

单",列入其中的行贿人除了将被限制从事招投标活动外,还将受到其他一系列惩戒措施。[1] 这类法定刑之外的措施看似是加大了后续惩戒力度,实际上其所带来的隐患也不容小觑。有数据表明,在浙江省杭州市2018—2021年查处的行贿人中,88.4%为企业人员或个体户,不少行贿人是民营企业法定代表人。[2] 在如此高的比例下,我们必须考虑到,增设这些法定刑之外的惩戒措施,不仅将使其"寸步难行",同时也将给相关企业带来"难以承受之重"。对此,我国《刑法》可以考虑在行贿罪中增设资格刑,明确剥夺行贿人相关资格的具体情形,比如《刑法修正案(十二)(草案)》中规定的六种从重处罚情形可以适用资格刑,并同时规定资格刑的具体内容。通过在行贿罪中增设资格刑,既有利于限制有关部门增设行贿罪法定刑之外的惩戒措施,避免非刑罚惩戒措施的严厉性大于刑罚方法,也能更好地实现法法衔接,推进"三不腐"有效贯通,增强治理腐败效能。

结语

古人说:"国家之败,由官邪也;官之失德,宠赂章也。"[3] 腐败问题一直是古今中外千年难治的顽疾,如果不能对其从严治理,将极大地破坏党在人民心目中的形象,削弱党的执政效力。所以党的十八大以来,我们党开展史无前例的反腐败斗争,并取得了压倒性的胜利,其中的一个重要原因就是,我国现行刑法一直在不断完善惩治腐败犯罪的相关规定,以构建起严密的反腐法网,实现腐败问题标本兼

---

[1] 参见李靳:《斩断"围猎"与甘于被"围猎"的利益链——党的十九大以来纪检监察机关坚持受贿行贿一起查的实践与思考》,载《中国纪检监察》2021年第21期。
[2] 同上。
[3] 《左传·桓公二年》。

治。因此，为打好反腐败斗争的攻坚战、持久战，将与"坚持受贿行贿一起查"相关的丰富政策和实践经验转化为刚性的刑法规范显然是值得肯定的。但是，理性的刑事立法应当是在厘清"坚持受贿行贿一起查"不等于"坚持受贿行贿同等罚"的基础上，结合贿赂犯罪的特点"对症下药"，才更有助于提升我国对贿赂犯罪的治理能力，从而真正形成不敢腐、不能腐、不想腐的有效机制。

主要参考文献

一、著作类

1. 〔苏联〕А. Н. 特拉伊宁：《犯罪构成的一般学说》，中国人民大学出版社 1958 年版。
2. 〔美〕E. 博登海默：《法理学：法律哲学与法律方法》，邓正来译，中国政法大学出版社 2017 年版。
3. 〔英〕F. A. 哈耶克：《致命的自负》，冯克利、胡晋华等译，中国社会科学出版社 2000 年版。
4. 〔意〕贝卡里亚：《论犯罪与刑罚》，黄风译，中国大百科全书出版社 2003 年版。
5. 〔美〕本杰明·卡多佐：《司法过程的性质》，苏力译，商务印书馆 1998 年版。
6. 〔德〕伯恩·魏德士：《法理学》，丁小春、吴越译，法律出版社 2003 年版。
7. 陈瑞华：《刑事诉讼的中国模式（第三版）》，法律出版社 2018 年版。
8. 陈瑞华：《刑事诉讼的中国模式》，法律出版社 2008 年版。
9. 陈兴良主编：《犯罪论体系研究》，清华大学出版社 2005 年版。
10. 程啸：《侵权责任法（第二版）》，法律出版社 2015 年版。
11. 储槐植：《刑事一体化》，法律出版社 2004 年版。

12. 〔日〕大谷实：《刑法讲义总论（新版第2版）》，黎宏译，中国人民大学出版社2008年版。

13. 〔日〕大塚仁：《刑法概说（总论）（第三版）》，冯军译，中国人民大学出版社2003年版。

14. 邓正来：《中国法学向何处去——构建"中国法律理想图景"时代的论纲（第二版）》，商务印书馆2011年版。

15. 〔德〕恩施特·贝林：《构成要件理论》，王安异译，中国人民公安大学出版社2006年版。

16. 〔德〕菲利普·黑克：《利益法学》，傅广宇译，商务印书馆2016年版。

17. 冯亚东等：《中国犯罪构成体系完善研究》，法律出版社2010年版。

18. 付立庆：《积极主义刑法观及其展开》，中国人民大学出版社2020年版。

19. 付子堂主编：《法理学初阶（第五版）》，法律出版社2015年版。

20. 高汉成：《〈大清新刑律〉与中国近代刑法继受》，社会科学文献出版社2015年版。

21. 高汉成主编：《〈大清新刑律〉立法资料汇编》，社会科学文献出版社2013年版。

22. 高铭暄、马克昌主编：《刑法学（第九版）》，北京大学出版社、高等教育出版社2019年版。

23. 高铭暄、马克昌主编：《刑法学（最新修订）》，中国法制出版社2007年版。

24. 高铭暄等编著：《新中国刑法立法沿革全书》，中国人民公安大学出版社2021年版。

25. 高铭暄主编：《刑法学原理》（第一卷），中国人民大学出版社2005年版。

26. 〔德〕格吕恩特·雅科布斯：《行为 责任 刑法——机能性描述》，冯军译，中国政法大学出版社1997年版。

27. 公丕祥、蔡道通主编：《马克思主义法律思想通史》（第三卷），南京师范大学出版社2014年版。

28. 〔德〕哈贝马斯：《在事实与规范之间：关于法律和民主法治国的商谈理论》，童世骏译，生活·读书·新知三联书店2003年版。

29. 〔德〕黑格尔：《法哲学原理》，范扬、张企泰译，商务印书馆1961年版。

30. 胡选洪：《刑法教义学的向度》，四川大学出版社2016年版。

31. 〔德〕克劳斯·罗克辛：《德国刑法 总论（第1卷）：犯罪原理的基础构造》，王世洲译，法律出版社2005年版。

32.〔德〕克劳斯·罗克辛：《刑事政策与刑法体系（第二版）》，蔡桂生译，中国人民大学出版社 2011 年版。

33. 郎胜主编：《中华人民共和国刑法释义：第五版·含刑法修正案八》，法律出版社 2011 年版。

34. 郎胜主编：《中华人民共和国刑法释义：第六版·根据刑法修正案九最新修订》，法律出版社 2015 年版。

35. 劳东燕：《功能主义的刑法解释》，中国人民大学出版社 2020 年版。

36. 李海东：《刑法原理入门（犯罪论基础）》，法律出版社 1998 年版。

37.〔德〕李斯特：《德国刑法教科书（修订译本）》，徐久生译，法律出版社 2006 年版。

38. 梁根林主编：《犯罪论体系》，北京大学出版社 2007 年版。

39. 刘仁文主编：《废止劳教后的刑法结构完善》，社会科学文献出版社 2015 年版。

40. 刘士心：《刑法中的行为理论研究》，人民出版社 2012 年版。

41. 刘艳红：《实质刑法观（第二版）》，中国人民大学出版社 2019 年版。

42. 刘志伟、周国良编著：《刑法因果关系专题整理》，中国人民公安大学出版社 2007 年版。

43. 龙迪：《性之耻，还是伤之痛：中国家外儿童性侵犯家庭经验探索性研究》，广西师范大学出版社 2007 年版。

44.〔法〕卢梭：《社会契约论》，何兆武译，商务印书馆 2003 年版。

45.〔法〕罗兰·巴尔特：《符号学原理》，李幼蒸译，中国人民大学出版社 2008 年版。

46.〔美〕罗纳德·J. 博格等：《犯罪学导论——犯罪、司法与社会（第二版）》，刘仁文等译，清华大学出版社 2009 年版。

47.〔比〕马克·范·胡克：《法律的沟通之维》，孙国东译，法律出版社 2008 年版。

48.〔英〕梅因：《古代法》，沈景一译，商务印书馆 1959 年版。

49.〔日〕美浓部达吉：《公法与私法》，黄冯明译，中国政法大学出版社 2003 年版。

50.〔美〕尼尔·波兹曼：《童年的消逝》，吴燕莛译，广西师范大学出版社 2004 年版。

51.〔日〕前田雅英：《刑法总论讲义（第 6 版）》，曾文科译，北京大学出版社 2017 年版。

52.〔美〕乔治·H. 米德:《心灵、自我与社会》,赵月瑟译,上海译文出版社 1992 年版。

53. 邱兴隆:《刑罚理性辩论——刑罚的正当性批判》,中国检察出版社 2018 年版。

54.〔日〕山口厚:《刑法总论(第 3 版)》,付立庆译,中国人民大学出版社 2018 年版。

55.〔日〕松原芳博:《犯罪概念和可罚性:关于客观处罚条件与一身处罚阻却事由》,毛乃纯译,中国人民大学出版社 2020 年版。

56.〔日〕穗积陈重:《法典论》,李求轶译,商务印书馆 2014 年版。

57. 王晨:《刑事责任的一般理论》,武汉大学出版社 1998 年版。

58. 王泽鉴:《民法总则(增订版)》,中国政法大学出版社 2001 年版。

59. 武小凤编著:《刑事责任专题整理》,中国人民公安大学出版社 2007 年版。

60.〔日〕西田典之:《日本刑法总论》,刘明祥、王昭武译,中国人民大学出版社 2007 年版。

61. 颜厥安:《法与实践理性》,中国政法大学出版社 2003 年版。

62. 杨仁寿:《法学方法论(第二版)》,中国政法大学出版社 2013 年版。

63. 姚建龙:《长大成人:少年司法制度的建构》,中国人民公安大学出版社 2003 年版。

64. 姚建龙:《少年刑法与刑法变革》,中国人民公安大学出版社 2005 年版。

65. 姚建龙:《超越刑事司法:美国少年司法史纲》,法律出版社 2009 年版。

66. 姚建龙:《社会变迁中的刑法问题》,北京大学出版社 2019 年版。

67.〔日〕伊东研祐:《法益概念史研究》,秦一禾译,中国人民大学出版社 2014 年版。

68. 张明楷:《法益初论》,中国政法大学出版社 2000 年版。

69. 张明楷:《犯罪论的基本问题》,法律出版社 2017 年版。

70. 张明楷:《刑法的基本立场(修订版)》,商务印书馆 2019 年版。

71. 张明楷:《刑法格言的展开(第三版)》,北京大学出版社 2013 年版。

72.〔美〕茱迪·史珂拉:《美国公民权:寻求接纳》,刘满贵译,上海人民出版社 2006 年版。

73.〔日〕佐伯仁志、道垣内弘人:《刑法与民法的对话》,于改之、张小宁译,北京大学出版社 2012 年版。

二、论文类

1. 白建军:《论刑法不典型》,载《法学研究》2002 年第 6 期。
2. 柏浪涛:《德国附属刑法的立法述评与启示》,载《比较法研究》2022 年第 4 期。
3. 蔡拓:《世界主义与人类命运共同体的比较分析》,载《国际政治研究》2018 年第 6 期。
4. 车浩:《被害人教义学在德国:源流、发展与局限》,载《政治与法律》2017 年第 10 期。
5. 车浩:《理解当代中国刑法教义学》,载《中外法学》2017 年第 6 期。
6. 车浩:《行贿罪之"谋取不正当利益"的法理内涵》,载《法学研究》2017 年第 2 期。
7. 陈和华:《被害性与被害预防》,载《政法论丛》2009 年第 2 期。
8. 陈金林:《现象立法的理论应对》,载《中外法学》2020 年第 2 期。
9. 陈坤:《疑难案件、司法判决与实质权衡》,载《法律科学(西北政法大学学报)》2012 年第 1 期。
10. 陈磊:《纯粹规范性的故意概念之批判——与冯军教授商榷》,载《法学》2012 年第 9 期。
11. 陈庆安:《〈刑法修正案(十一)〉的回应性特征与系统性反思》,载《政治与法律》2022 年第 8 期。
12. 陈晓明:《风险社会之刑法应对》,载《法学研究》2009 年第 6 期。
13. 陈信勇、张小天:《刑法因果关系理论的一个哲学基础》,载《法学研究》1994 年第 1 期。
14. 陈兴良:《社会危害性理论——一个反思性检讨》,载《法学研究》2000 年第 1 期。
15. 陈兴良:《刑法教义学方法论》,载《法学研究》2005 年第 2 期。
16. 陈兴良:《从归因到归责:客观归责理论研究》,载《法学研究》2006 年第 2 期。
17. 陈兴良:《从刑事责任理论到责任主义——一个学术史的考察》,载《清华法学》2009 年第 2 期。
18. 陈兴良:《行为论的正本清源——一个学术史的考察》,载《中国法学》2009 年第 5 期。
19. 陈兴良:《形式解释论的再宣示》,载《中国法学》2010 年第 4 期。

20. 陈兴良：《刑法知识的教义学化》，载《法学研究》2011 年第 6 期。

21. 陈兴良：《风险刑法理论的法教义学批判》，载《中外法学》2014 年第 1 期。

22. 陈兴良：《回顾与展望：中国刑法立法四十年》，载《法学》2018 年第 6 期。

23. 陈兴良：《注释刑法学经由刑法哲学抵达教义刑法学》，载《中外法学》2019 年第 3 期。

24. 陈兴良：《刑法教义学中的形式理性》，载《中外法学》2023 年第 2 期。

25. 陈璇：《责任原则、预防政策与违法性认识》，载《清华法学》2018 年第 5 期。

26. 陈璇：《探寻刑法教义学的科学品质：历史回望与现实反思》，载《清华法学》2023 年第 4 期。

27. 陈泽宪：《刑法修改中的罪刑法定问题》，载《法学研究》1996 年第 6 期。

28. 储槐植、何群：《刑法谦抑性实践理性辨析》，载《苏州大学学报（哲学社会科学版）》2016 年第 3 期。

29. 邓正来：《中国法律哲学当下基本使命的前提性分析——作为历史性条件的世界结构》，载《法学研究》2006 年第 5 期。

30. 段卫利：《猥亵儿童罪的扩张解释与量刑均衡——以猥亵儿童的典型案例为切入点》，载《法律适用》2020 年第 16 期。

31. 冯军：《刑法的规范化诠释》，载《法商研究》2005 年第 6 期。

32. 冯军：《刑法中的自我答责》，载《中国法学》2006 年第 3 期。

33. 冯军：《刑法中的责任原则：兼与张明楷教授商榷》，载《中外法学》2012 年第 1 期。

34. 冯军：《刑法教义学的先行思考》，载《法学研究》2013 年第 6 期。

35. 冯亚东、李侠：《从客观归因到主观归责》，载《法学研究》2010 年第 4 期。

36. 高汉成：《中国近代刑法继受的肇端和取向——以 1907 年大清新刑律草案签注为视角的考察》，载《政法论坛》2014 年第 5 期。

37. 高铭暄：《20 年来我国刑事立法的回顾与展望》，载《中国法学》1998 年第 6 期。

38. 高铭暄：《关于中国刑法学犯罪构成理论的思考》，载《法学》2010 年第 2 期。

39. 高伟：《维亚克尔的法律继受理论与中国的民法继受》，载《政治与法律》2007 年第 6 期。

40. 高艳东：《不纯正不作为犯的中国命运：从快播案说起》，载《中外法学》2017 年第 1 期。

41. 龚刚强：《法体系基本结构的理性基础——从法经济学视角看公私法划分和私法公法化、公法私法化》，载《法学家》2005 年第 3 期。

42. 何荣功：《"行贿与受贿并重惩罚"的法治逻辑悖论》，载《法学》2015 年第 10 期。

43. 侯韦锋：《我国适用化学阉割制度的可行性研究》，载《犯罪研究》2017 年第 5 期。

44. 胡玉鸿：《论司法审判中法律适用的个别化》，载《法制与社会发展》2012 年第 6 期。

45. 冀洋：《法益自决权与侵犯公民个人信息罪的司法边界》，载《中国法学》2019 年第 4 期。

46. 江伟、范跃如：《刑民交叉案件处理机制研究》，载《法商研究》2005 年第 4 期。

47. 姜敏：《"客观归责"在中国犯罪论体系中的地位研究——以因果关系为切入点》，载《法学杂志》2010 年第 6 期。

48. 姜敏：《〈刑法修正案（十一）〉新增最低刑龄条款的正当根据与司法适用》，载《中国刑事法杂志》2021 年第 3 期。

49. 姜敏：《论中国特色刑法学话语体系：贡献、局限和完善》，载《环球法律评论》2022 年第 4 期。

51. 姜涛：《风险刑法的理论逻辑——兼及转型中国的路径选择》，载《当代法学》2014 年第 1 期。

52. 姜涛：《责任主义与量刑规则：量刑原理的双重体系建构》，载《政治与法律》2014 年第 3 期。

50. 姜涛：《从定罪免刑到免刑免罪：论刑罚对犯罪认定的制约》，载《政治与法律》2019 年第 4 期。

53. 蒋大兴：《商法：如何面对实践？——走向/改造"商法教义学"的立场》，载《法学家》2010 年第 4 期。

54. 焦宝乾：《法教义学的观念及其演变》，载《法商研究》2006 年第 4 期。

55. 敬力嘉：《大数据环境下侵犯公民个人信息罪法益的应然转向》，载《法学评论》2018 年第 2 期。

56. 劳东燕：《刑法解释中的形式论与实质论之争》，载《法学研究》2013年第3期。

57. 劳东燕：《风险社会与变动中的刑法理论》，载《中外法学》2014年第1期。

58. 劳东燕：《价值判断与刑法解释：对陆勇案的刑法困境与出路的思考》，载《清华法律评论》2016年第1期。

59. 劳东燕：《法条主义与刑法解释中的实质判断——以赵春华持枪案为例的分析》，载《华东政法大学学报》2017年第6期。

60. 雷磊：《法教义学观念的源流》，载《法学评论》2019年第2期。

61. 黎宏：《我国犯罪构成体系不必重构》，载《法学研究》2006年第1期。

62. 黎宏：《关于"刑事责任"的另一种理解》，载《清华法学》2009年第2期。

63. 李静：《犯罪构成体系与刑事诉讼证明责任》，载《政法论坛》2009年第4期。

64. 李琳：《〈刑法修正案（十一）〉中猥亵儿童罪加重情节的理解与适用》，载《现代法学》2021年第4期。

65. 李少平：《行贿犯罪执法困局及其对策》，载《中国法学》2015年第1期。

66. 刘军、王艺：《被害人教义学及其运用》，载《法律方法》2018年第2期。

67. 刘升平：《中国社会主义法律解释问题研究》，载《政法论坛》1985年第5期。

68. 刘守芬：《关于"97刑法"与"79刑法"若干问题的比较》，载《中外法学》1997年第3期。

69. 刘艳红：《晚近我国刑法犯罪构成理论研究中的五大误区》，载《法学》2001年第10期。

70. 刘艳红：《刑法学变革的逻辑：教义法学与政法法学的较量》，载《法商研究》2017年第6期。

71. 刘芝祥：《法益概念辨识》，载《政法论坛》2008年第4期。

72. 罗翔：《论买卖人口犯罪的立法修正》，载《政法论坛》2022年第3期。

73. 马克昌：《危险社会与刑法谦抑原则》，载《人民检察》2010年第3期。

74. 马克昌：《想象的数罪与法规竞合》，载《法学》1982年第1期。

75. 马克昌：《罪刑法定主义比较研究》，载《中外法学》1997年第2期。

76. 齐爱民：《论个人资料》，载《法学》2003 年第 8 期。

77. 钱叶六：《对向犯若干问题研究》，载《法商研究》2011 年第 6 期。

78. 邵奇峰等：《区块链技术：架构及进展》，载《计算机学报》2018 年第 5 期。

79. 沈鑫等：《区块链技术综述》，载《网络与信息安全学报》2016 年第 11 期。

80. 孙海波：《司法裁判中法官价值判断的理性限制体系及其展开》，载《法商研究》2023 年第 3 期。

81. 孙笑侠、郭春镇：《法律父爱主义在中国的适用》，载《中国社会科学》2006 年第 1 期。

82. 田宏杰：《知识转型与教义坚守：行政刑法几个基本问题研究》，载《政法论坛》2018 年第 6 期。

83. 童德华：《当代中国刑法法典化批判》，载《法学评论》2017 年第 4 期。

84. 童建明：《最有利于未成年人原则适用的检察路径》，载《中国刑事法杂志》2023 年第 1 期。

85. 童世骏：《"行动"和"行为"：现代西方哲学研究中的一对重要概念》，载《社会观察》2005 年第 3 期。

86. 万春、缐杰、张杰：《最高人民检察院第十一批指导性案例解读》，载《人民检察》2019 年第 1 期。

87. 王军明：《中国行贿罪的刑事立法困境及其完善》，载《当代法学》2019 年第 1 期。

88. 王利明：《法律体系形成后的民法典制定》，载《广东社会科学》2012 年第 1 期。

89. 王利明：《民法要扩张 刑法要谦抑》，载《中国大学教学》2019 年第 11 期。

90. 王迁：《论著作权保护刑民衔接的正当性》，载《法学》2021 年第 8 期。

91. 王雪梅：《儿童权利保护的"最大利益原则"研究》（上），载《环球法律评论》2002 年第 4 期。

92. 王钰：《功能责任论中责任和预防的概念：兼与冯军教授商榷》，载《中外法学》2015 年第 4 期。

93. 王钰：《罪责观念中自由和预防维度——以相对意志自由为前提的经验功能责任论之提倡》，载《比较法研究》2015 年第 2 期。

94. 王钰：《功能刑法与责任原则——围绕雅科布斯和罗克辛理论的展开》，

载《中外法学》2019 年第 4 期。

95. 王昭武：《法秩序统一性视野下违法判断的相对性》，载《中外法学》2015 年第 1 期。

96. 魏胜强：《融贯性论证与司法裁判的和谐》，载《法学论坛》2007 年第 3 期。

97. 吴小帅：《论刑法与生物安全法的规范衔接》，载《法学》2020 年第 12 期。

98. 习近平：《加强党对全面依法治国的领导》，载《求是》2019 年第 4 期。

99. 夏勇：《刑法与民法——截然不同的法律类型》，载《法治研究》2013 年第 10 期。

100. 谢晖：《解释法律与法律解释》，载《法学研究》2000 年第 5 期。

101. 熊伟：《儿童被害及其立法预防》，载《青少年犯罪问题》2015 年第 4 期。

102. 薛军：《当我们说民法典，我们是在说什么》，载《中外法学》2014 年第 6 期。

103. 薛军：《中国民法典编纂：观念、愿景与思路》，载《中国法学》2015 年第 4 期。

104. 薛瑞麟：《论刑法中的类推解释》，载《中国法学》1995 年第 3 期。

105. 杨春洗、苗生明：《论刑法法益》，《北京大学学报（哲学社会科学版）》1996 年第 6 期。

106. 杨兴培：《犯罪构成的立法依据》，载《法学》2002 年第 5 期。

107. 杨兴培：《犯罪客体——一个巨大而空洞的价值符号——从价值与规范的相互关系中重新审视"犯罪客体理论"》，载《中国刑事法杂志》2006 年第 6 期。

108. 杨兴培：《"三阶层"犯罪结构模式的中国语境批判》，载《东方法学》2021 年第 2 期。

109. 姚建龙：《论刑法的民法化》，载《华东政法学院学报》2001 年第 4 期。

110. 姚建龙：《犯罪后的第三种法律后果：保护处分》，载《法学论坛》2006 年第 1 期。

111. 姚建龙：《论少年刑法》，载《政治与法律》2006 年第 3 期。

112. 姚建龙：《国家亲权理论与少年司法——以美国少年司法为中心的研究》，载《法学杂志》2008 年第 3 期。

113. 姚建龙：《近代中国少年司法改革的进展与高度》，载《预防青少年犯罪研究》2014 年第 4 期。

114. 姚建龙：《防治学生欺凌的中国路径：对近期治理校园欺凌政策之评析》，载《中国青年社会科学》2017 年第 1 期。

115. 姚建龙：《中国少年司法的历史、现状与未来》，载《法律适用》2017 年第 19 期。

116. 姚建龙、林需需：《多样化刑法渊源之再提倡——对以修正案为修改刑法唯一方式的反思》，载《河南警察学院学报》2018 年第 6 期。

117. 姚建龙：《未成年人法的困境与出路——论〈未成年人保护法〉与〈预防未成年人犯罪法〉的修改》，载《青年研究》2019 年第 1 期。

118. 姚建龙：《未成年人违警行为的提出与立法辨证》，载《中国法学》2022 年第 3 期。

119. 叶良芳：《行贿受贿惩治模式的博弈分析与实践检验——兼评〈刑法修正案（九）〉第 44 条和第 45 条》，载《法学评论》2016 年第 1 期。

120. 张杰：《"隔屏猥亵"儿童行为的入罪疑义与理论证成——兼论价值判断在性侵儿童犯罪中的刑法教义学贯彻》，载《法学评论》2023 年第 2 期。

121. 张明楷：《论刑法的谦抑性》，载《法商研究（中南政法学院学报）》1995 年第 4 期。

122. 张明楷：《期待可能性理论的梳理》，载《法学研究》2009 年第 1 期。

123. 张明楷：《责任主义与量刑原理——以点的理论为中心》，载《法学研究》2010 年第 5 期。

124. 张明楷：《也论刑法教义学的立场：与冯军教授商榷》，载《中外法学》2014 年第 2 期。

125. 张明楷：《阶层论的司法运用》，载《清华法学》2017 年第 5 期。

126. 张明楷：《行贿罪的量刑》，载《现代法学》2018 年第 3 期。

127. 张明楷：《责任论的基本问题》，载《比较法研究》2018 年第 3 期。

128. 张明楷：《加重情节的作用变更》，载《清华法学》2021 年第 1 期。

129. 张文龙：《挑战与应对：犯罪全球化的主要表现及其研究》，载《求是学刊》2017 年第 1 期。

130. 张勇：《"行贿与受贿并重惩治"刑事政策的根据及模式》，载《法学》2017 年第 12 期。

131. 章宁、钟珊：《基于区块链的个人隐私保护机制》，载《计算机应用》2017 年第 10 期。

132. 赵军：《贿赂犯罪治理策略的定量研究》，载《法学研究》2022 年第

6 期。

133. 赵军：《探索、检验与刑法教义学的"翻新"——从经验方法拓展到研究取向转变》，载《中国法律评论》2023 年第 3 期。

134. 赵俊甫：《猥亵犯罪审判实践中若干争议问题探究——兼论〈刑法修正案（九）〉对猥亵犯罪的修改》，载《法律适用》2016 年第 7 期。

135. 赵俊甫：《刑法修正背景下性侵儿童犯罪的司法规制：理念、技艺与制度适用》，载《政治与法律》2021 年第 6 期。

136. 郑玉双：《价值一元论的法政困境——对德沃金〈刺猬的正义〉的批判性阅读》，载《政法论坛》2018 年第 6 期。

137. 中央全面依法治国委员会办公室：《推进法治中国建设夯实中国之治的法治根基》，载《求是》2020 年第 22 期。

138. 钟瑞栋：《"私法公法化"的反思与超越——兼论公法与私法接轨的规范配置》，载《法商研究》2013 年第 4 期。

139. 周光权：《犯罪构成理论：关系混淆及其克服》，载《政法论坛》2003 年第 6 期。

140. 周光权：《犯罪构成四要件说的缺陷：实务考察》，载《现代法学》2009 年第 6 期。

141. 周光权：《价值判断与中国刑法学知识转型》，载《中国社会科学》2013 年第 4 期。

142. 周光权：《积极刑法立法观在中国的确立》，载《法学研究》2016 年第 4 期。

143. 周光权：《法典化时代的刑法典修订》，载《中国法学》2021 年第 5 期。

144. 周振想：《关于犯罪构成理论的几个问题》，载《法学杂志》1986 年第 3 期。

145. 朱广新：《民法典编纂：民事部门法典的统一再法典化》，载《比较法研究》2018 年第 6 期。

146. 朱笑延：《舆论与刑法的偏差式互动：刑事责任年龄个别下调的中国叙事》，载《法学家》2022 年第 1 期。

147. 庄绪龙：《侵犯公民个人信息罪的基本问题——以"两高"最新颁布的司法解释为视角展开》，载《法律适用》2018 年第 7 期。

后 记

近四十余年来,中国刑法学研究大体经历了"去苏俄化"与"教义学化"两个阶段的转型,对于这样的发展趋向究竟如何评价以及最终会给中国刑事法治建设带来什么样的影响,尚需时间去回答。而中国刑法学究竟应向何处去,仍然是每一个刑法学人都无法回避的问题。

在《社会变迁中的刑法问题》一书中,笔者在反思我国近四十余年的刑法理论研究后不禁感慨:"刑法学者不应当也无法沉醉于自我之中,而应当更进一步关注现实,尤其是中国特色社会主义进入新时代的现实。"[1] 新时代的刑法学研究应当具有什么样的时代特质和时代担当,这正是本书探索的中心议题。

2016年5月17日,习近平总书记在哲学社会科学工作座谈会上指出要"以我国实际为研究起点,提出具有主体性、原创性的理论观点","推进学科体系、学术体系、话语体系建设和创新","构建具有

---

[1] 姚建龙:《社会变迁中的刑法问题》,北京大学出版社2019年版,第17页。

自身特质的学科体系、学术体系、话语体系"。[1] 中共中央办公厅、国务院办公厅在 2023 年 2 月印发的《关于加强新时代法学教育和法学理论研究的意见》中也明确要求："不做西方理论的'搬运工',构建中国自主的法学知识体系。"[2] 构建自主刑法学知识体系是新时代刑法学人首先需要面对的历史使命,也是无法回避的历史责任。但是,谈何容易。

回顾近代以来的刑法学研究,大体上均是以理论移植为中心,只不过主要是在苏俄刑法理论与德日刑法理论之间纠结。在笔者看来,苏俄或德日,均无所谓优劣,是否适合于中国土壤才是一个问题。没有相同的历史文化、制度基础与司法实践,而要引入外国刑法学理论,必然是无本之木和一场虚幻。近年来,中华法系研究也有着复兴的趋势。但是,回到传统法律文化与历史传统中就意味着自主知识体系的生成吗?这仍然是一个疑问。

如何形成自主刑法学知识体系,始终是本书试图去探讨的主题。尽管难度很大,本书仍然试图作出一定的理论贡献。例如,第一章梳理了习近平法治思想中的刑事法要义,以理清新时代中国刑法理论研究的方向。第二章刑法教义学概念考,梳理了刑法教义学在中国兴起的源流,发现这样的刑法教义学是否真的契合我国本土刑法研究,又能否对我国司法实务和刑法理论产生真正具有社会价值的推动力量,有待商榷。第三章延续笔者对刑民关系[3]的研究,提出私法的公法化这一重要分支经由现代民法的改革呈现出从私法公法化到民法刑法化的趋向。第五、六、七章则分别针对犯罪构成理论、因果关系理

---

[1] 习近平:《在哲学社会科学工作座谈会上的讲话(2016 年 5 月 17 日)》,人民出版社 2016 年版,第 19、22 页。

[2]《中办国办印发〈关于加强新时代法学教育和法学理论研究的意见〉》,载《人民日报》2023 年 2 月 27 日第 1 版。

[3] 姚建龙:《论刑法的民法化》,载《华东政法学院学报》2001 年第 4 期。

论、责任理论的德日化趋向进行了理论反思。需要承认的是，囿于理论积淀的不足，本书这些章节在自主刑法知识体系构建中的探讨总体呈现反思为主、建构不足的问题，而其他章节则试图弥补这一不足。

所谓自主知识体系，必然是该国刑事司法历史经验的积淀和解决现实问题的凝练。《关于加强新时代法学教育和法学理论研究的意见》指出，要"紧紧围绕新时代全面依法治国实践，切实加强扎根中国文化、立足中国国情、解决中国问题的法学理论研究，总结提炼中国特色社会主义法治具有主体性、原创性、标识性的概念、观点、理论，把论文写在祖国的大地上"[1]。立足于中国刑事司法实践，回答中国之问、时代之问，是新时代刑法学研究的实践使命，也是本书的另一条研究主线。例如，第四章对于因《民法典》颁行引发的刑法典焦虑，第八章对社会各界广泛关注的刑事责任年龄，第九、十、十一章对性侵未成年人等分则犯罪中的刑事司法疑难问题进行了理论分析，而第十二至第十五章则针对区块链、黑社会犯罪、生物安全的刑法保障、贿赂犯罪惩治等刑法热点、前沿争议问题进行了理论回应。

无论时代如何变迁，刑法学理论都应有须始终坚守的理论品格。在笔者看来，这就是刑法学的德性。《礼记·中庸》云："故君子尊德性而道问学。"而所谓"德性，谓性至诚者也。"（郑玄）如果用政治性语言表达，即以人民为中心。如果用学术性语言表达，那就是刑法始终应当坚守良善，尊重与保障人权。对德性的追问和坚守，始终是笔者在刑法学研究和其他领域的研究中努力贯穿的主线，也是本书各章观点立论的基础。德性并非自然法理论在刑法学研究中的简单折射，而是对于刑法学人良善的反复自省，对刑事立法与刑事司法合法

---

[1]《中办国办印发〈关于加强新时代法学教育和法学理论研究的意见〉》，载《人民日报》2023年2月27日第1版。

性、正当性的反复警醒。因为"法律人容易变坏",刑事立法与刑事司法走出蒙昧、重刑甚至血腥并不久远。

　　本书的主要内容曾以论文形式在《政治与法律》《中外法学》《环球法律评论》《法学》等期刊发表。本书的完成得到了我的学生罗建武、申长征、刘兆炀、潘孝舜、韩湘生等的支持,刘兆炀还协助完成了本书最后的统稿等工作,特此致谢。

姚建龙

2024年5月9日

于上海苏州河畔